MANUEL

DE LA

LÉGISLATION FRANÇAISE

A L'USAGE DE TOUT LE MONDE

COMPRENANT :

Un précis du droit Civil, du droit Commercial,

do la Procéduro,

du droit Criminel et du droit Administratif

AVEC

l'explication des nouvelles lois et les formules de tous les actes usuels

PAR

M. ÉMILE BENOIT

Avocat, Juge suppléant au Tribunal do Première Instanco d'Avignon.

PARIS

L. LAROSE, LIBRAIRE-ÉDITEUR

22, RUE SOUFFLOT, 22.

—

Sous-Presse — Paraîtra prochainement

MANUEL

DE LA

LÉGISLATION FRANÇAISE

A L'USAGE DE TOUT LE MONDE

COMPRENANT

un précis du droit civil, de la procédure, du droit commercial,
du droit criminel et du droit administratif

AVEC

l'explication de toutes les nouvelles lois et les formules de tous les actes usuels

PUBLIÉ PAR

MM. GROS FRÈRES, Imprimeurs de la Préfecture de Vaucluse

PROSPECTUS

Ce *Manuel* est avant tout un livre élémentaire. Rédigé dans un but pratique, il est destiné à tous ceux qui désirent s'initier à la connaissance des lois. Nos codes, avec leur langage aride, bref et abstrait, ne sont guère intelligibles pour les personnes étrangères au droit, et les ouvrages spéciaux qui traitent des diverses parties de la législation ne sont pas à la portée de tout le monde.

Nous avons pensé faire une œuvre utile en condensant dans un seul volume tout ce qu'il est indispensable de savoir sur le droit civil, le droit commercial, etc... etc... Dans un cadre restreint, mais assez large pour admettre tous les détails utiles, nous avons réuni les matières d'un abrégé usuel et commode, offrant la solution d'un grand nombre de questions pratiques.

« Le droit, c'est la vie », a dit un publiciste contemporain ; et, en effet, on le rencontre sans cesse mêlé aux besoins et aux événements de la vie humaine : il règne dans la cité comme dans la famille, et, même après la mort, il protége et sanctionne les dernières volontés de l'homme. Dès lors, on comprend la nécessité d'une exposition théorique et pratique à la fois, simple et précise, s'appuyant particulièrement sur les éléments, sur les principes, qui sont la base de toute étude sérieuse et profitable.

Tout le monde ne va point étudier à l'École de Droit, et pourtant *nul n'est censé ignorer la Loi* : nous voudrions, dans la mesure de nos moyens, concourir à faire de cette fiction légale une réalité.

Or, ne serait-il pas souverainement utile qu'avant de quitter les bancs de l'école primaire ou du collége, et tout au moins au début de la vie civile, le jeune homme acquît quelques notions des lois de son pays ? Le droit, assurément, est une science tout aussi usuelle, pratique et nécessaire que beaucoup d'autres sciences dont on surcharge les jeunes intelligences, dans ce temps d'éducation encyclopédique.

Au surplus, nous pensons qu'une notion claire et méthodique des principes du droit ne peut qu'éveiller une noble curiosité et inspirer aux esprits laborieux, une fois familiarisés avec nos codes, le goût d'une étude plus approfondie et plus complète.

APERÇU DE L'OUVRAGE.

Le *Manuel* est divisé en cinq parties : la première, traite du droit civil ; la seconde, de la procédure ; la troisième, du droit commercial ; la quatrième, du droit criminel ; et la cinquième, du droit administratif. Ces parties sont elles-mêmes divisées en Livres, Chapitres, Sections et Paragraphes, suivant que le comporte la nature de leurs objets, et sont suivies de lois d'utilité générale, telles que celles de police rurale, des forêts, des mines, etc...

A la suite de chaque question traitée nous avons placé les formules qui s'y rattachent : il existe une série d'actes qui, par leur nature, sont dispensés du ministère des officiers publics, tels sont les baux, les procurations, les ventes, les partages, les testaments, les reconnaissances de dettes, les sociétés civiles et commerciales, etc... etc... On en trouvera des modèles simples et tirés du texte même de la loi. Quant aux actes dont la rédaction est confiée à des hommes spéciaux, nos formules auront l'avantage d'offrir, à côté des explications purement théoriques, un modèle qui facilitera l'intelligence des principes.

Comme on le voit, par la généralité des matières, ce *Manuel* convient aux propriétaires, aux cultivateurs, aux commerçants, aux maires, aux juges de paix, aux étudiants en droit, aux huissiers, aux gens du monde, etc... Il pourrait être mis fructueusement entre les mains des élèves les plus âgés des écoles primaires, des élèves qui suivent dans les colléges et les pensionnats des cours d'histoire et de philosophie.

LE MANUEL DE LA LÉGISLATION FRANÇAISE, d'un format commode et maniable, contiendra 500 pages environ et sera vendu au prix de 3 fr. à Messieurs les souscripteurs seulement.

Ce *Manuel* représente la matière de plus de cinq volumes de droit, et si l'on considère que le prix d'un ouvrage de droit est en moyenne de 4 fr., on voit que ce volume est coté au prix des volumes in-12 ordinaires.

Les personnes qui souscriront dès aujourd'hui à cet ouvrage le recevront, une fois paru, *franco* par la poste au prix de 3 fr. 50.

SOUSCRIPTION

Je soussigné . . . .

demeurant à . . . .

déclare souscrire pour   *exemplaire* du MANUEL DE LA LÉGISLATION FRANÇAISE A L'USAGE DE TOUT LE MONDE, *au prix de 3 fr. 50 par exemplaire rendu franco.*

A . . . . , *le* . . . . *1875.*

LE SOUSCRIPTEUR,

Adresser le présent bulletin de souscription à MM. GROS FRÈRES, Imprimeurs-Éditeurs, à Avignon (Vaucluse), rue Saint-Dominique, 18.

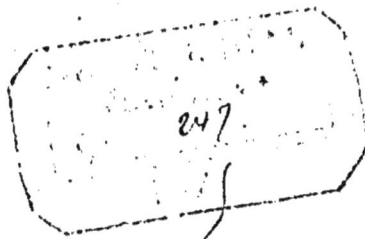

MANUEL

DE LA

LÉGISLATION FRANÇAISE

AVIGNON. — IMPRIMERIE ADMINISTRATIVE GROS FRÈRES.

MANUEL

DE LA

LÉGISLATION FRANÇAISE

A L'USAGE DE TOUT LE MONDE

COMPRENANT :

Un précis du droit Civil, du droit Commercial,

de la Procédure,

du droit Criminel et du droit Administratif

AVEC

l'explication des nouvelles lois et les formules de tous les actes usuels

PAR

M. ÉMILE BENOIT

Avocat, Juge suppléant au Tribunal de Première Instance d'Avignon.

PARIS	AVIGNON
L. LAROSE, LIBRAIRE	GROS FRÈRES, ÉDITEURS
22, Rue Soufflot, 22.	18, Rue St-Dominique, 18.

1876

PRÉFACE

Ce *Manuel* est avant tout un livre élémentaire. Rédigé dans un but pratique, il est destiné à tous ceux qui désirent s'initier à la connaissance des lois. Nos Codes, avec leur langage aride, bref et abstrait, ne sont guère intelligibles pour les personnes étrangères au droit, et les ouvrages spéciaux qui traitent des diverses parties de la législation ne sont pas à la portée de tout le monde.

Nous avons pensé faire une œuvre utile en condensant dans un seul volume tout ce qu'il est indispensable de savoir sur le droit civil, le droit commercial, etc... etc... Dans un cadre restreint, mais assez large pour admettre tous les détails utiles, nous avons réuni les matières d'un abrégé usuel et commode, offrant la solution d'un grand nombre de questions pratiques.

« Le droit, c'est la vie », a dit un publiciste contemporain ; et, en effet, on le rencontre sans cesse mêlé aux besoins et aux événements de la vie humaine : il règne dans la cité comme dans la famille, et, même après la mort, il protége et sanctionne les dernières volontés de l'homme. Dès lors, on comprend la nécessité d'une exposition théorique et pratique à la fois, simple et précise, s'appuyant particulièrement sur les éléments, sur les principes, qui sont la base de toute étude sérieuse et profitable.

Tont le monde ne va point étudier à l'École de Droit, et pourtant *nul n'est censé ignorer la Loi :* nous voudrions, dans la mesure de nos moyens, concourir à faire de cette fiction légale une réalité.

Or, ne serait-il pas souverainement utile qu'avant de quitter les bancs de l'école primaire ou du collége, et tout au moins au début de la vie civile, le jeune homme acquît quelques notions des lois de son pays ? Le droit, assurément, est une science tout aussi usuelle, pratique et nécessaire que beaucoup d'autres sciences dont on surcharge les jeunes intelligences, dans ce temps d'éducation encyclopédique.

Au surplus, nous pensons qu'une notion claire et méthodique des principes du droit ne peut qu'éveiller une noble curiosité et inspirer aux esprits laborieux, une fois familiarisés avec nos Codes, le goût d'une étude plus approfondie et plus complète.

DIVISION DE L'OUVRAGE

Le *Manuel* est divisé en cinq parties : la première traite du droit civil ; la seconde, du droit commercial ; la troisième, de la procédure ; la quatrième, du droit criminel ; et la cinquième, du droit administratif. Ces parties sont elles-mêmes divisées en Livres, Chapitres, Sections et Paragraphes, suivant que le comporte la nature de leurs objets.

A la suite de chaque question traitée nous avons placé les formules qui s'y rattachent : il existe une série d'actes qui, par leur nature, sont dispensés du ministère des officiers publics, tels sont les baux, les procurations, les ventes, les partages, les testaments, les reconnaissances de dettes, les sociétés civiles et commerciales, etc... etc... On en trouvera des modèles simples et basés sur le texte même de la loi. Quant aux actes dont la rédaction est confiée à des hommes spéciaux, nos formules auront l'avantage d'offrir, à côté des explications purement théoriques, un modèle qui facilitera l'intelligence des principes.

C'est ainsi que, dans toutes les branches des connaissances humaines, la théorie et la pratique, qui, séparées, dégénéreraient en spéculation et en routine, tendent, réunies, vers une utilité formelle et se prêtent un mutuel concours.

MANUEL

DE LA

LÉGISLATION FRANÇAISE

Notions préliminaires sur les Lois en général.

Le droit est la science des devoirs définis et sanctionnés par une autorité humaine ([1]). La législation est la formule que le pouvoir social a trouvée pour définir et sanctionner les devoirs.

La loi proprement dite est donc une règle, sanctionnée par la puissance publique, *une règle civilement et juridiquement obligatoire* ([2]), qu'il ne faut point confondre avec les principes de la religion, de la morale et de la philosophie.

Le propre de la loi est d'ordonner, de défendre, de permettre et de punir ; d'où quatre sortes de lois : *impératives*, quand elles prescrivent des règles ou des formalités, par exemple : de nourrir et d'élever ses enfants ; *prohibitives*, quand elles défendent certains actes, certaines dispositions, par exemple : de contracter un second mariage avant la dissolution du premier ; *facultatives*, quand elles laissent libres de faire ou de ne pas faire une action, par exemple : de faire ou de ne pas faire un testament ; *répressives* quand elles punissent non seulement les crimes et les délits, mais encore les contraventions de toutes sortes.

---

(1) « Le droit est la raison humaine en tant qu'elle gouverne tous les
» peuples de la terre. » (*Montesquieu*).

« Le droit n'est autre chose que la raison même et la raison la plus
» certaine, puisque c'est la raison reconnue par le consentement des
» hommes. » (*Bossuet*).

« Vivre honnêtement, ne léser personne, donner à chacun ce qui lui est
» dû, » tels étaient les préceptes du droit romain, d'après le droit naturel.

(2) Demolombe.

Une loi n'est exécutoire et obligatoire que du jour où elle est réputée connue par sa promulgation (¹), devenue publique et notoire. La promulgation résulte de l'insertion au *Journal officiel*.

Le décret du 5 novembre 1870 a substitué pour la promulgation des lois le *Journal officiel* au *Bulletin des Lois* qui, depuis lors, indique la date de l'insertion au *Journal officiel*.

Les lois et décrets sont obligatoires, à Paris, un jour franc après leur insertion au *Journal officiel* et, partout ailleurs, un jour franc après la réception du *Journal officiel* au chef-lieu de l'arrondissement.

La promulgation n'étant censée connue qu'un jour après celui où elle a été faite, et la loi n'étant obligatoire que ce jour-là, les actes passés entre cette connaissance présumée et la promulgation elle-même et faits conformément à la loi précédente ne pourraient être critiqués et seraient valables.

Au reste, la loi ne dispose que pour l'avenir, elle n'a point d'effet rétroactif : le bon sens a dicté cette règle tutélaire essentielle à la sécurité des citoyens. Ainsi donc, la loi nouvelle respecte toujours les droits acquis.

Une loi ne cesse d'être obligatoire que si elle est abrogée par une loi nouvelle : l'usage ne saurait abroger la loi.

Pour appliquer la loi, il est nécessaire de l'interpréter. On distingue deux sortes d'interprétations : l'interprétation doctrinale, qui n'est autre que l'autorité des jurisconsultes dont les théories peuvent aider les juges souvent absorbés par les faits, et l'interprétation judiciaire : c'est le cas du juge appelé à appliquer à des faits particuliers une loi générale. L'article 4 veut que, dans tous les cas possibles, les juges prononcent et ne s'abstiennent pas sous prétexte de silence, d'obscurité ou d'insuffisance de la loi. Dans un silence absolu de la loi, il faut que les juges prononcent d'après l'équité qui a toujours été regardée

---

(1) La *promulgation* est l'acte par lequel le Chef de l'État atteste l'existence de la loi, et la *publication* est le mode employé pour faire parvenir la loi à la connaissance des citoyens.

comme le supplément des lois. Le législateur ne peut
et ne doit voir que ce qui arrive le plus fréquemment
et la loi ne peut guère contenir que des préceptes
généraux qui s'appliquent aux cas particuliers par la
déduction des conséquences.

En outre, il est défendu aux juges de prononcer
par voie de disposition générale et réglementaire, car
il y aurait alors autant de législations que de ressorts
(¹). Un jugement ne peut lier que les parties entre
lesquelles il intervient et un règlement lierait tous les
justiciables et le tribunal lui-même. Autrefois les
parlements rendaient des arrêts dits de *règlement*
contenant des dispositions générales sur certaines
matières et qui avaient force de loi dans leurs ressorts,
mais aujourd'hui cela serait contraire au pouvoir
législatif et à l'uniformité des lois.

On distingue les lois qui intéressent l'ordre public
de celles qui n'ont pour objet que les intérêts privés.
À celles-ci on peut déroger par des conventions particulières, par exemple : on peut renoncer à une succession ; de même aussi la prescription est, pour celui qui
l'a acquise, un avantage qu'il peut ne pas opposer ou
faire valoir. Mais quant aux lois qui intéressent
l'ordre public il n'est point permis d'y déroger. Ainsi,
on ne pourrait pas intervertir l'ordre des juridictions,
faire juger par un tribunal administratif ce qui appartient à l'ordre judiciaire. De même, un père qui
donnerait par testament un tuteur à ses enfants
mineurs, ne pourrait point l'affranchir de l'obligation
de rendre compte, à la fin de la tutelle.

On ne peut non plus déroger par des contrats aux
lois qui intéressent les bonnes mœurs ; on a dit avec
raison qu'elles suppléaient les bonnes lois.

L'application de la loi ne s'étend jamais hors du
territoire, mais les lois concernant l'état et la capacité
des personnes suivent les français partout où ils résident. Il n'y aurait qu'une naturalisation chez les
étrangers qui pourrait changer l'état et la capacité.
Ainsi un français, qui veut rester français, ne peut

---

(1) On entend par *ressort* la circonscription territoriale sur laquelle
s'exerce le pouvoir d'un tribunal.

pas aller en pays étranger contracter mariage sans le consentement de ses parents avant 25 ans. De même, une française mariée reste toujours soumise à la puissance maritale, dans quelque pays qu'elle passe.

Les lois de police et de sûreté obligent tous ceux qui habitent le territoire. Un étranger devient le sujet passager de la loi du pays dans lequel il réside momentanément. Comme elle le protège pendant son voyage ou sa résidence, il lui doit, en retour, respect et obéissance.

Les immeubles, même ceux possédés par un étranger, sont régis par la loi française, parce que les lois *réelles* (c'est-à-dire celles qui ont directement les biens pour objet), exercent leur autorité sur tout le territoire, sans distinguer à qui les biens appartiennent.

PREMIÈRE PARTIE

DROIT CIVIL (¹)

LIVRE PREMIER

DES PERSONNES.

Le mot *personne* désigne tout être susceptible d'avoir des droits et des devoirs. Cette qualité de personne n'appartient pas seulement aux particuliers ; en effet certaines collections d'individus ou d'intérêts telles que l'Etat, les Communes, les Sociétés commerciales sont des *personnes morales* parce qu'elles sont susceptibles d'avoir des droits et des devoirs à remplir.

CHAPITRE PREMIER

Des Droits civils et de la qualité de Français.

(Articles 7 à 16 du Code civil).

SECTION PREMIÈRE. — *Des droits civils.*

Il importe de ne pas confondre la jouissance avec l'exercice d'un droit : *jouir* d'un droit c'est en être investi, c'est avoir la possibilité de faire une chose permise ; l'*exercer* c'est le mettre en pratique, c'est pouvoir réaliser le droit que l'on a en agissant soi-

---

(1) Le Code civil détermine l'état des *personnes* (français ou étranger, mineur ou majeur, mari ou femme etc.), et la condition des *choses* (meubles ou immeubles), il fixe également la nature et l'étendue des rapports de personne à personne (droit de créance), de personne à chose (droit réel), de chose à chose (servitudes), etc.

même; les mineurs et les interdits jouissent des droits
civils, mais leur père, leur mère ou leur tuteur les
exercent pour eux.

Tout français, sans distinction, jouit des droits
civils.

Les *droits civils* ou droits privés sont ceux qui
résultent de la puissance paternelle ou maritale, de la
tutelle, les droits d'acquérir des biens et de les transmettre par succession, donation et obligation.

Ces droits qui règlent les rapports entre particuliers
sont opposés aux droits *civiques* ou *politiques* par
lesquels les citoyens sont appelés à participer à l'exercice de la puissance publique. Tels sont les droits de
vote, d'éligibilité, le droit d'être juré, de remplir les
emplois publics, etc...

L'étranger qui aura été autorisé par le Chef de
l'Etat à établir son domicile en France, y jouira de
tous les droits civils tant qu'il y résidera, mais il ne
devient pas citoyen français, et par suite, il ne jouit
pas des droits politiques exclusivement attachés à la
qualité de français.

L'étranger résidant en France sans autorisation, y
jouira des mêmes droits civils que ceux qui sont
accordés aux français par les *traités* de la nation à
laquelle cet étranger appartient (art. 11). Il ne suffirait pas qu'une nation, par ses lois nous accordât
certains droits pour qu'elle obtînt les mêmes droits
chez nous. Il faut un traité entre elle et la France
afin que le gouvernement apprécie si la réciprocité
avec cette nation peut nous être utile.

En outre, la loi du 14 juillet 1819 a accordé aux
étrangers, sans aucune réciprocité, la faculté de
disposer et de recevoir par donation, par testament
ou par succession. Les étrangers peuvent aussi faire
tous les actes qui dérivent du droit naturel, tels que
acheter et vendre, se marier, etc... Ainsi donc, la
différence entre l'étranger et le français, en matière
civile, est bien minime aujourd'hui.

Bien que l'étranger soit libre de pénétrer et de
séjourner en France, cependant il peut être obligé
d'en sortir immédiatement sur l'ordre du Ministre de
l'Intérieur (loi du 3 décembre 1849).

La loi reconnaît et sanctionne les obligations entre français et étrangers afin de faciliter les relations d'affaires entr'eux.

L'étranger, même non résidant en France, pourra être cité devant les tribunaux français, pour l'exécution des obligations contractées par lui en France envers un français ; il pourra être traduit devant les tribunaux de France pour les obligations contractées en pays étranger avec un français.

Un français pourra être traduit devant un tribunal de France pour des obligations par lui contractées en pays étranger, même avec un étranger.

Si l'étranger est condamné et ne paie pas, on pourra saisir ses biens s'il en a en France, mais, depuis la loi du 22 juillet 1867, on ne peut plus l'incarcérer pour dettes.

En toutes matières, autres que celles de commerce, l'étranger qui sera *demandeur* sera tenu de donner *caution* pour le paiement des frais et dommages-intérêts résultant du procès, à moins qu'il ne possède en France des immeubles d'une valeur suffisante pour assurer ce paiement.

Quant à l'étranger qui est *défendeur*, la loi ne l'astreint pas à la même obligation, car ce serait peut-être le mettre dans l'impossibilité de se défendre. Remarquons que l'étranger demandeur ne doit donner caution qu'à un défendeur *français*.

Le jugement qui ordonne la caution fixe la somme jusqu'à concurrence de laquelle elle sera fournie.

L'étranger, autorisé par le gouvernement à établir son domicile en France est dispensé de fournir caution, puisqu'il jouit des droits civils.

Ajoutons que la France a conclu avec la Suisse et l'Italie des traités qui stipulent dispense réciproque de fournir caution.

SECTION II. — *De la qualité de Français.*

On est français par droit de naissance : 1° Quand on a reçu le jour en France ou à l'étranger de parents français ; 2° Quand on est né en France de parents inconnus ; 3° Quand on est né, hors mariage, d'un père inconnu et d'une mère française : 4° Enfin la loi du 7 février 1851 accorde la qualité de français à l'individu né en France d'un étranger qui lui-même y est né, à moins que dans l'année qui suit sa majorité il ne réclame la qualité d'étranger.

Voyons maintenant : *Comment on devient français.*

— 1° Les habitants d'un pays annexé à la France, par droit de conquête ou par un traité, deviennent français ;

— 2° On devient français par la naturalisation. Pour jouir de cette faveur légale, il faut, conformément au décret du 3 décembre 1849 ; être âgé de 21 ans, avoir satisfait à la loi sur le recrutement, avoir obtenu l'autorisation d'établir son domicile en France et y avoir effectivement résidé pendant 10 ans depuis cette époque.

La loi du 29 juin 1867, a réduit cette sorte de stage à 3 ans et à un an seulement pour les étrangers qui, par leur mérite ou leurs talents, ont rendu de grands services à la France ;

— 3° Tout individu, né en France d'un étranger qui lui-même y est né, est français, à moins que dans l'année qui suivra sa majorité, il ne réclame *la qualité d'étranger* par une déclaration faite soit devant l'autorité municipale du lieu de sa résidence, soit devant les agents diplomatiques et consulaires de France à l'étranger, et qu'il ne justifie avoir conservé sa nationalité d'origine par une attestation en due forme de son gouvernement, laquelle demeurera annexée à la déclaration. (Article 1er de la loi du 16 décembre 1874 modifiant la loi du 7 février 1851).

Mais s'il sert ou s'il a servi dans l'armée française ou s'il a satisfait à la loi du recrutement, sans exciper de son extranéité, la loi du 22 mars 1849, lui permet de réclamer, *à tout âge*, la qualité de français.

Quant au fils de l'étranger, qui, à l'âge de 21 ans, se prévaudrait de sa qualité d'étranger pour se soustraire à la loi du recrutement, il resterait étranger et ne jouirait d'aucun droit civique, il pourrait néanmoins réclamer la jouissance des droits civils accordés aux français dans son pays. Il arrive très souvent que des fils d'étrangers invoquent leur qualité pour se soustraire à la loi du recrutement ; il n'est pas inutile de rappeler ici qu'ils s'exposent dans ce cas à être renvoyés dans leur pays conformément à la loi du 3 décembre 1849 ;

— 4° L'enfant né en pays étranger d'un français qui a perdu cette qualité peut devenir français à tout âge, en remplissant les formalités imposées à l'enfant né en France d'un étranger ;

— 5° L'étrangère qui épouse un français devient française.

CHAPITRE II.

De la privation des Droits civils et politiques.

(Articles 17 à 34 du Code civil).

La perte de la qualité de français et certaines condamnations judiciaires font perdre les droits civils. Quant aux droits politiques on en est privé par la perte de la qualité de français, par la dégradation civique, par la condamnation à des peines afflictives et infâmantes, et par l'état de faillite.

On perd la qualité de français :

1° Par la naturalisation acquise en pays étranger, car un français est censé renoncer à sa patrie par cela seul qu'il en adopte une autre ;

2° Par l'acceptation *non autorisée* de fonctions publiques conférées par un gouvernement étranger ;

3° Par un établissement fait en pays étranger sans esprit de retour.

Les établissements de commerce ne sont jamais considérés comme faits sans esprits de retour dans la patrie ;

4° La femme qui épouse un étranger perd sa qualité de française ;

5° En prenant du service militaire ou en s'affiliant à une corporation militaire étrangère, sans l'autorisation du gouvernement on perd la nationalité française ;

2

6° On cesse d'être français par la séparation du pays que l'on habite d'avec le territoire français.

7° Enfin le français qui posséderait des esclaves et en ferait le trafic même en pays étranger est déchu de sa nationalité. (*Décret du 27 avril 1848*). Cette peine, toutefois, ne frappe pas la possession d'esclaves antérieure à ce décret ou qui résulterait de succession, de donations entre vifs ou testamentaires, ou de conventions matrimoniales. (*Loi du 28 mai 1858*).

On peut toujours recouvrer la qualité de français, mais les conditions varient suivant les cas : Celui qui a perdu la qualité de français dans les trois premiers cas (art. 17), pourra la recouvrer en rentrant en France, avec l'autorisation du gouvernement, et en déclarant qu'il veut s'y fixer (art. 18).

La française qui, ayant épousé un étranger, devient veuve, recouvre sa qualité de française pourvu qu'elle réside en France ou qu'elle y rentre, avec l'autorisation du gouvernement, et en déclarant qu'elle veut s'y fixer (art. 19). Ainsi dans la première hypothèse, elle redevient française par le bienfait de la loi, dans la seconde, elle est assimilée à l'ex-français, régi par l'art. 18.

Quant à celui qui a pris du service militaire chez l'étranger, sa position présente une gravité exceptionnelle. Aussi, il ne pourra rentrer en France qu'avec l'autorisation du gouvernement et recouvrer son ancienne qualité qu'en remplissant les conditions imposées à tout étranger pour devenir citoyen, c'est-à-dire les exigences réclamées pour la *naturalisation*, (stage de 3 ans).

Le Code ajoute : « Le tout sans préjudice des peines prononcées par la loi criminelle contre les français qui ont porté ou porteront les armes contre leur patrie. » (Art. 21).

Le français qui recouvre cette qualité ne peut s'en prévaloir que pour l'avenir ; ainsi ses co-héritiers peuvent l'exclure des successions qui s'ouvriraient à son profit pendant qu'il est étranger, ou recueillir sans sa participation celles qu'il aurait recueillies seul.

Certaines condamnations judiciaires et pénales ont pour effet de priver le condamné d'une partie de ses droits civils. D'après le Code, les trois peines perpétuelles (mort, travaux forcés à perpétuité, déportation) emportaient privation presque totale dss droits civils. Cette déchéance était appelée *mort civile*, le condamné étant réputé mort aux yeux de la société. La loi du 31 mai 1854, a aboli la mort civile en y substituant trois déchéances : *la dégradation civique*, *l'interdiction légale* (déjà établies pour les peines temporaires), et *l'incapacité de transmettre ou de recevoir* par donation entre vifs et par testament.

I. — *La dégradation civique* enlève l'exercice et la jouissance de tous les droits politiques et civiques, ainsi que de plusieurs droits de famille comme de faire partie d'un conseil de famille, d'être tuteur, curateur, subrogé-tuteur ou conseil judiciaire, si ce n'est de ses propres enfants et sur l'avis conforme de la famille. Sont en état de dégradation civique : les bannis et les individus contre lesquels elle a été prononcée comme peine principale, ou qui ont été condamnés à une peine criminelle afflictive ou infâmante.

II. — *L'interdiction légale* affecte les droits civils du condamné et lui en ôte *l'exercice* sans toutefois lui en ôter la *jouissance*. Le condamné tombe donc en tutelle et ne peut plus faire par lui-même aucun des actes les plus usuels de la vie. On paralyse dans sa main toutes les ressources afin qu'il ne puisse ni adoucir sa peine, ni faciliter son évasion. Sa personnalité juridique est plus profondément atteinte que celle du condamné qui perd la jouissance des droits civiques et politiques. L'interdit légal conserve néanmoins le droit de tester, de se marier, de reconnaître un enfant naturel : car ce sont là des droits essentiellement personnels et le caractère de l'interdiction légale prouve qu'elle ne s'applique qu'aux actes concernant le patrimoine du condamné.

III. — *La double incapacité de disposer et de recevoir à titre gratuit* constitue une déchéance spéciale qui seule désormais distingue, au point de vue civil, les peines perpétuelles des peines temporaires. Cette sévérité se justifie par la crainte que le condamné ne disposât mal de ses biens ou qu'il jouît d'une libéralité dont il n'est pas digne. Si antérieurement à sa condamnation le condamné a fait un testament, cet acte devient nul, car il faut que le testateur reste capable jusqu'à son décès. Quant à une donation entre-vifs, elle subsisterait parce que les donations produisent un effet actuel et irrévocable.

La dégradation civique et l'incapacité de disposer et recevoir durent toute la vie du condamné. Elles ne peuvent cesser que par la *réhabilitation*.

Néanmoins, le gouvernement a le droit de relever le condamné en tout ou en partie : 1° de la double incapacité ; 2° de l'interdiction légale. Ainsi il peut accorder au condamné, mais *dans le lieu d'exécution de sa peine,* l'exercice des droits civils et de quelques droits de famille dont il est privé.

Ces adoucissements de situation s'expliquent et se justifient par la nécessité d'entretenir et d'augmenter la prospérité de nos colonies pénitenciaires.

Dans certains cas, les tribunaux correctionnels peuvent ou même doivent appliquer la privation de quelques droits civils, civiques et de famille. Cette interdiction, généralement temporaire, n'a lieu que si elle est prononcée.

D'après les lois ou décrets postérieurs au Code pénal, certaines condamnations correctionnelles, dont il serait trop long de donner la nomenclature, entraînent aussi la perte de l'électorat ou de l'éligibilité. Ces incapacités cessent par la *réhabilitation* qui n'est prononcée que par décret du Chef de l'Etat, sur avis favorable de la Cour d'appel.

CHAPITRE III.

Des Actes de l'état civil.

(Articles 34 à 102 du Code civil).

Les actes de l'état civil sont des écrits où sont consignés par un officier public les événements qui constatent l'état civil ou privé d'une personne. Chaque acte est inscrit sur des registres tenus *doubles* et

tous les ans, au mois de janvier, les maires doivent
déposer l'un des doubles au greffe du tribunal civil de
l'arrondissement. Les faits transcrits sur ces registres
sont les naissances, les mariages, les décès, les reconnaissances d'enfants naturels, les légitimations et les
adoptions.

Trois personnes concourent à leur rédaction : un
officier public (le maire ou l'adjoint dans chaque
commune) ; des *témoins*, (dont le nombre varie suivant
les actes et qui ont pour rôle de certifier l'identité et
la sincérité des déclarants), *citoyens français et capables de signer pour les actes notariés* et simplement
âgés de 21 ans pour les actes de l'état-civil ; des *déclarants* (personnes instruites des faits qui les déclarent
à l'officier public chargé de leur rédaction) pour
lesquels on n'exige aucune condition.

Dans certains cas la présence des *parties* est
nécessaire. Les *parties* sont les personnes dont l'état
fait l'objet de l'acte à rédiger (*les époux*) ; ou celles que
le fait à constater intéresse (le *père*) ; ou les parents
les plus proches du défunt (*pour les décès*).

Le ministère des officiers de l'état-civil est purement
passif. Ils doivent se borner à énoncer les faits déclarés par les comparants, et s'abstenir rigoureusement
de toute contradiction ou commentaire.

Après la lecture faite et la mention de cette formalité, les comparants, les témoins et l'officier public
signent l'acte ; si les comparants ou les témoins ne
savent ou ne peuvent pas signer, mention est faite
dans l'acte de la cause qui les a empêchés de signer.

Chacun a le droit de demander communication d'un
acte de l'état-civil et de s'en faire délivrer un *extrait*.
Cet *extrait* n'est point une *copie abrégée* de l'acte,
mais bien une reproduction littérale et entière de
l'acte lui-même. On l'appelle *extrait*, parce que la
copie *intégrale* d'un acte de l'état-civil inscrit sur le
registre n'est relativement à ce registre qu'une copie
partielle.

Les registres de l'état-civil *font foi jusqu'à inscription de faux*, c'est-à-dire sont réputés conformes à la
vérité tant que celui auquel on les oppose n'en a pas
établi la fausseté, au moyen d'une procédure fort

périlleuse pour celui qui y recourt et que l'on désigne sous le nom d'*inscription de faux*.

Les extraits, de même que les registres, font foi jusqu'à inscription de faux pourvu qu'ils soient : 1° *Délivrés* par le maire ou le greffier du tribunal ; 2° *Certifiés affirmés* par lui conformes aux registres ; 3° *Légalisés* par le président du tribunal.

Dans les cas fort rares où il n'existe pas de registres de l'état-civil, soit parce qu'ils ont été détruits, soit pour tout autre cause, il faut d'abord prouver par témoin la perte des registres ; ensuite les naissances, mariages et décès pourront être prouvés par les papiers des père et mère décédés ou par témoins.

§ I. — LES NAISSANCES doivent être déclarées dans les trois jours de l'accouchement, par le père ou par le médecin ou la sage-femme ou tout autre personne qui aura assisté à l'accouchement ; et lorsque la mère sera accouchée hors de son domicile par la personne chez qui elle sera accouchée.

Toute personne qui, ayant assisté à un accouchement, n'aura pas fait dans le délai de trois jours la déclaration exigée par la loi art. 56 C. civ. est passible d'un emprisonnement de 6 jours à 6 mois et d'une amende de 16 francs à 300 francs, (*Code pénal* art. 346),

Toute personne qui aura trouvé un enfant nouveau-né sera tenu de le remettre à l'officier de l'état civil, ainsi que les vêtements et autres effets trouvés avec l'enfant et de déclarer toutes les circonstances du temps et du lieu où il aura été trouvé.

Une loi du 11 germinal an XI défend aux officiers de l'état-civil d'inscrire dans les actes de naissance d'autres noms que ceux en usage dans les calendriers et ceux de personnages connus de l'histoire ancienne.

§ II. — L'ACTE DE MARIAGE est un acte rédigé pour constater l'union des époux. Le mariage doit être précédé de deux publications faites le dimanche, à huit jours d'intervalle, à la municipalité du lieu où chacune des parties a son domicile. Si le domicile n'est établi que par une résidence de six mois les publications sont faites en outre au dernier domicile ; le mariage ne peut être célébré que trois jours après et non compris celui de la dernière publication. Il doit être célébré dans l'année de la dernière publication, autrement il faudrait renouveler les publications.

§ III. — LES DÉCÈS doivent être déclarés sans aucun délai par deux témoins parents ou étrangers. L'acte de décès prouve le fait même du décès et l'individualité de la personne décédée.

Quand une personne est décédée hors de son domicile, la personne chez qui le décès a lieu doit elle-même faire la déclaration avec un autre témoin. Aucune inhumation ne peut avoir lieu sans une autorisation délivrée sur papier libre et sans frais par l'officier de l'état-civil sous peine de 6 jours à 2 mois de prison et d'une amende de 16 francs à 50 francs.

Quand un individu s'est suicidé et en général, quand un cadavre porte des traces de mort violente, la personne chez qui se trouve ce cadavre doit immédiatement prévenir l'autorité et l'inhumation ne pourra avoir lieu qu'après qu'un officier de police assisté d'un docteur en médecine aura dressé un procès-verbal de l'état du cadavre.

Celui qui cache le cadavre d'une personne suicidée ou morte de mort violente est passible d'un emprisonnement de 6 mois à 2 ans et d'une amende de 50 francs à 400 francs. (*Code pénal* art. 359).

En général, les inhumations doivent toutes être faites au cimetière de la localité où le décès a eu lieu.; néanmoins on peut, avec une autorisation du maire, être inhumé dans une propriété privée, pourvu qu'elle soit située à quarante mètres au moins de l'enceinte des villes et bourgs. Si le terrain est situé hors du territoire de la commune où le décès a eu lieu, on devra prévenir le maire de la commune où doit se faire l'inhumation. (Circulaire du Ministre de l'Intérieur du 24 thermidor an XII et arrêté ministériel du 10 mars 1856).

Le transport d'un cadavre d'une commune à une autre dans le même arrondissement doit être autorisé par le sous-préfet; le transport d'un arrondissement dans un autre, dans le même département ou hors du département doit être autorisé par le préfet. (Décret du 13 avril 1861).

§ IV. — LA RECTIFICATION des actes de l'état-civil

peut être demandée : 1º Lorsque l'acte n'énonce pas tous les faits qu'il doit contenir, par exemple : Un acte de naissance qui ne contiendrait pas le sexe de l'enfant ; 2º Lorsqu'il énonce des faits qui ne doivent pas y être relatés ; 3º Lorsqu'il contient des altérations ou de fausses désignations dans les noms ou prénoms.

La modification ou la rectification est ordonnée par le tribunal sur la demande des parties et après l'audition des conclusions du ministère public.

L'officier de l'état civil à qui on présente un jugement rectificatif, doit se borner à l'inscrire de suite et dans son contenu sur son registre courant. Après quoi, il fait mention en marge de l'acte rectifié : 1º De la date du jugement rectificatif ; 2º De l'objet sommaire de la rectification.

Les extraits de l'acte rectifié ne peuvent plus être délivrés qu'avec les rectifications ordonnées et qui sont aussi consignées sur les registres déposés au greffe du tribunal.

CHAPITRE IV.

Du Domicile

(Articles 102 à 112 du Code civil).

Le domicile est le siége légal d'une personne ; la résidence n'est qu'une habitation momentanée. Le domicile réel de tout français est au lieu de son principal établissement, c'est-à-dire au lieu de son existence sociale, lieu où il est censé être aux yeux de la loi ; qu'il s'y trouve ou ne s'y trouve pas. Le domicile réel ou général se distingue du domicile *élu* qui est spécial à une affaire.

Le domicile détermine la compétence établie pour certains actes soit judiciaires, soit extra-judiciaires. Ainsi : les exploits d'huissier doivent être remis à personne ou domicile. C'est devant le tribunal de l'arrondissement de son domicile que l'on doit appeler le défendeur à un procès. C'est dans la commune où il est domicilié que le citoyen doit tirer au sort, c'est là que son mariage doit être publié ; c'est là enfin que s'ouvre sa succession. Il est souvent difficile de déterminer le domicile d'un individu qui n'a pas une demeure fixe, comme le colporteur ou le condamné libéré, et il faut parfois remonter jusqu'au lieu de la naissance ; car c'est là le *domicile d'origine* que tout individu conserve tant qu'il n'en acquiert pas un autre.

Le Code détermine le domicile du français quant à l'exercice de ses droits civils ; il ne règle donc pas le domicile politique qui se confond ordinairement avec le premier. Du reste, on est libre d'exercer ses droits politiques dans une autre localité; seulement, d'après la loi du 7 juillet 1874, il faut deux ans de résidence pour obtenir l'inscription sur la liste électorale municipale, quand on est étranger à la commune.

Le domicile réel peut se changer. On opère ce transport par le fait d'une habitation réelle dans un autre lieu, joint à l'intention d'y fixer son principal établissement.

La preuve de l'intention résultera d'une déclaration expresse faite tant à la municipalité du lieu qu'on quittera qu'à celle du lieu où on aura transféré son domicile.

A défaut de déclaration expresse, la preuve de l'intention dépendra des circonstances. En cas de contestation, les tribunaux apprécieront.

A l'égard des citoyens appelés à une fonction publique, la loi distingue:

Si la fonction est temporaire ou révocable — député ou préfet, — celui qui en est revêtu conservera le domicile qu'il avait auparavant, à moins qu'il n'ait manifesté une intention contraire.

L'acceptation de fonctions conférées à vie emportera translation immédiate du domicile du fonctionnaire dans le lieu où il doit exercer ses fonctions. La fonction forme évidemment alors le principal établissement du fonctionnaire. L'acceptation résulte de la prestation du serment.

La femme mariée n'a point d'autre domicile que

celui de son mari. Elle est tenue d'habiter chez son mari et doit le suivre partout où il juge convenable de résider. C'est donc là qu'elle est censée se trouver eût-elle sa résidence ailleurs. Cette règle cesse, toutefois, au cas de séparation de corps.

Le mineur non émancipé a son domicile chez ses père et mère ou tuteur. C'est donc à la personne ou au domicile du père ou du tuteur que doivent s'adresser les tiers quant à l'exercice de leurs droits contre le mineur.

Le majeur interdit a son domicile chez son tuteur. Quant au mineur émancipé il a son domicile propre, comme le majeur.

Les majeurs qui servent ou travaillent habituellement chez autrui ont le même domicile que la personne qui les emploie.

FORMULE *d'une Déclaration de Changement de domicile.*

Je soussigné (*nom, prénoms, profession et demeure*), ai l'honneur de déclarer, par ces présentes, à M. le Maire de......, que je suis dans l'intention de transporter mon domicile, le......, dans la commune de...., canton de......, arrondissement de...... En conséquence, je cesserai d'habiter la commune de..... et de faire partie de ses habitants à ladite époque et je requiers M. le Maire de ne plus me comprendre sur les états et rôles de sa commune pour aucuns services ni impositions à l'avenir ; autrement, je déclare faire toutes réserves et protestations de droit.

La présente déclaration a été faite pour me conformer à l'art. 104 du Code civil, et remise à M. le Maire qui m'en a donné récépissé.

Fait à....., le..... mil huit cent.....

(*Signature.*)

FORMULE *de la Déclaration à rédiger par le Maire du domicile que l'on quitte.*

Le (*date des mois et an*), devant nous, Maire ou Adjoint de la commune de....., canton de....., département de....., s'est présenté le sieur..... (*nom, prénoms, qualité*), lequel nous a déclaré être dans l'intention de changer son domicile habituel et de le transporter à..... En conséquence, nous lui avons donné acte de cette déclaration et il a signé avec nous, après lecture, ou a déclaré ne savoir signer.

(*Sceau de la Mairie*).   (*Signatures du déclarant et du Maire*).

L'acte de déclaration à rédiger par le Maire de la commune où l'on va fixer son domicile, est le même, sauf ce membre de phrase : « lequel nous a déclaré être dans l'intention de fixer son domicile dans cette commune ». (*Le reste comme ci-dessus.*)

CHAPITRE V.

'Des Absents.

(Articles 112 à 144 du Code civil).

L'absent, d'après la loi, est celui qui a disparu de son domicile, dont on n'a pas de nouvelles et dont l'existence est incertaine.

Lorsque une personne a cessé de paraître au lieu de son domicile ou de sa résidence, et que depuis quatre ans on n'en a point eu de nouvelles, elle est réputée absente et il y a lieu de prendre certaines mesures dans son intérêt, relativement à l'administration des biens qu'elle possède et de ceux qui peuvent lui échoir. Le conjoint, et les héritiers présomptifs de l'absent peuvent s'adresser au tribunal civil afin que l'absence soit déclarée.

Quant aux militaires absents, une loi du 9 août 1871 a remis en vigueur la loi du 13 janvier 1817 pour constater judiciairement le sort des français, ayant appartenu aux armées de terre et de mer, qui ont disparu depuis le 19 juillet 1870, jusqu'au 31 mai 1871.

CHAPITRE VI.

De la Minorité et de la Tutelle

(Articles 388 à 476 du Code civil).

La minorité est l'âge auquel on est présumé n'avoir point encore cette maturité d'esprit et ce jugement nécessaires pour se diriger et conduire ses affaires. L'art. 388 du Code civil dit : « *Le mineur est l'individu de l'un ou de l'autre sexe qui n'a point encore l'âge de 21 ans accomplis.* »

Le mineur est incapable d'exercer ses droits civils. Cependant, parvenu à l'âge de 16 ans, il peut disposer par testament et jusqu'à concurrence seulement de la moitié des biens dont la loi permet au majeur de disposer.

Le mineur qui n'a pas atteint sa dix-huitième année ne peut contracter un engagement volontaire. (Loi du 27 juillet 1872).

La tutelle est une charge gratuite imposée par la loi à un majeur pour protéger la personne et administrer les biens d'un mineur. Cette institution essentiellement protectrice intéresse au plus haut point la société tout entière ; car elle a pour objet l'éducation des personnes, le gouvernement des familles et la conservation de leurs patrimoines.

Trois sortes d'agents concourent au fonctionnement de la tutelle :

1° Le tuteur ; 2° Le conseil de famille ; 3° Le subrogé-tuteur.

SECTION PREMIÈRE. — Du tuteur.

Pendant la vie du père et de la mère les enfants ne sont pas en tutelle : le père est administrateur des biens personnels de ses enfants ; il est comptable, quant à la propriété et aux revenus des biens dont il n'a pas la jouissance, et quant à la propriété seulement de ceux des biens dont il a l'usufruit. Après le décès de l'un des époux la tutelle appartient de plein droit au survivant et celui-ci doit alors s'adresser au juge de paix pour convoquer le conseil de famille, afin de lui nommer un subrogé-tuteur. Mais le père peut, soit par testament, soit par une déclaration faite devant notaire ou devant le juge de paix, nommer à la mère survivante et tutrice un conseil spécial, sans l'avis duquel elle ne pourra faire aucun acte relatif à la tutelle.

Si au décès du mari la veuve est enceinte, elle devra le déclarer et faire nommer par le conseil de famille un curateur à son enfant. A la naissance de cet enfant elle en deviendra tutrice et le curateur sera de droit subrogé-tuteur.

Si la mère tutrice veut se remarier, elle devra convoquer le conseil de famille, lequel décidera si la tutelle doit lui être maintenue.

— Le dernier mourant des père et mère a le droit personnel de choisir un tuteur, parent ou étranger, à ses enfants mineurs. Ce choix se fait soit par testament, soit par acte notarié ou par une déclaration devant le juge de paix.

— S'il n'a pas été choisi aux mineurs un tuteur par le dernier mourant des époux, la tutelle appartient de droit à l'aïeul paternel ; à défaut de celui-ci, à l'aïeul maternel et ainsi en remontant, de manière que l'ascendant paternel soit toujours préféré à l'ascendant maternel du même degré.

— Lorsque le mineur reste sans père ni mère, ni ascendant, ni tuteur élu par le père ou la mère, le conseil de famille lui nomme un tuteur. Tout parent du mineur ou toute personne intéressée à lui faire nommer un tuteur pourra provoquer cette nomination ; le juge de paix pourra même d'office réunir le conseil de famille à cet effet. — Le domicile du mineur, pour toutes les opérations relatives à l'ouverture de la tutelle, est au lieu du domicile du dernier décédé des père et mère ou des ascendants.

Le tuteur prend soin de la personne du mineur et le représente dans tous les actes civils. Il administre ses biens en bon père de famille et répond des dommages-intérêts qui pourraient résulter d'une mauvaise gestion. Il perçoit les revenus des capitaux et des immeubles ; il reçoit même les capitaux à charge de les replacer immédiatement ; cependant, il peut faire déterminer par le conseil de famille la somme à laquelle commencera l'obligation de faire un placement. Le tuteur peut faire des baux qui n'excèdent pas neuf ans ; enfin il doit faire aux immeubles les réparations d'entretien et prendre ou renouveler les inscriptions hypothécaires.

Toutes les conventions que le mineur peut être appelé à conclure sont faites au nom du tuteur, mandataire général, excepté quand il s'agit d'un mariage ou d'un engagement militaire ; dans ces deux cas le mineur traite en son nom personnel.

Le tuteur ne peut acheter les biens du mineur même aux enchères publiques, ou les prendre à ferme, à moins que le conseil de famille n'ait autorisé le subrogé-tuteur à lui en passer bail, ni accepter la cession d'aucun droit ou créance contre son pupille.

S'il lui est dû, à son entrée en gestion, quelque

chose par le mineur, il doit le déclarer dans l'inventaire (auquel il est tenu de faire procéder dans les dix jours de sa nomination), sous peine de déchéance.

Pour garantir le mineur contre la mauvaise administration du tuteur, et pour lui assurer la restitution de toutes les sommes touchées pendant sa minorité, la loi lui donne sur les biens de son tuteur une hypothèque légale dispensée d'inscription pendant toute la durée de la tutelle. Mais comme le mineur, devenu majeur, doit veiller lui-même à la conservation de ses droits, il est tenu de faire inscrire cette hypothèque dans l'année qui suit sa majorité. (*Art. 8 de la loi du 23 mars 1855*).

Dans le mois qui suit l'inventaire, le tuteur doit faire vendre aux enchères, par un officier public, tous les meubles autres que ceux que le conseil de famille l'aurait autorisé à conserver en nature. Le père et la mère, tant qu'ils ont la jouissance des biens de leurs enfants, ne sont pas obligés de vendre les meubles ; s'ils préfèrent les conserver, ils feront faire une estimation à leurs frais, par un officier public nommé par le subrogé-tuteur et qui prêtera serment entre les mains du juge de paix et ils rendront la valeur estimative des meubles qu'ils ne pourraient représenter en nature.

Enfin le tuteur doit faire régler par le conseil de famille, selon l'importance des biens, la somme à laquelle pourra s'élever la dépense annuelle du mineur, ainsi que les frais d'administration de ses biens. Le père et la mère sont dispensés de cette formalité.

SECTION II. — *Du conseil de famille.*

Le conseil de famille est une réunion présidée par le juge de paix et composée de six parents ou alliés, trois du côté du père, trois du côté de la mère. Il faut toujours s'adresser au juge de paix quand on veut réunir le conseil de famille d'un mineur. Tout parent convoqué devra se présenter en personne ou par un fondé de pouvoir. Celui qui, sans excuse légitime, ne comparaît pas, peut être condamné par le juge de paix à une amende de 50 francs.

Le tuteur, même le père ou la mère, ne peut

emprunter pour le mineur, ni aliéner ou hypothéquer ses biens immeubles, sans l'autorisation du conseil de famille et dans le cas d'une nécessité absolue ou d'un avantage évident. La délibération du conseil de famille doit être homologuée par le tribunal. Sans l'autorisation du conseil de famille, le tuteur ne peut accepter ou répudier une succession ou une donation, introduire en justice une action relative aux immeubles du mineur, ni former une demande en partage.

Le tuteur ne peut transiger au nom du mineur qu'après y avoir été autorisé par le conseil de famille et de l'avis de trois jurisconsultes désignés par le Procureur de la République ; la transaction n'est valable qu'après l'homologation du tribunal.

Enfin pour céder une rente sur l'état supérieure à 50 francs, ou une action de la Banque de France, il lui faut l'autorisation du conseil de famille. (*Loi du 24 mars 1806, et décret du 25 septembre 1813*).

Si le tuteur a des sujets de mécontentement graves sur la conduite du mineur, il peut porter ses plaintes au conseil de famille afin d'user du droit de correction et, s'il est autorisé, provoquer la réclusion du mineur, comme le père lui-même.

Tout tuteur est comptable de sa gestion lorsqu'elle finit. Il ne peut réclamer aucune gratification, mais seulement les dépenses utiles qu'il justifie avoir faites dans l'intérêt du mineur.

En outre, pendant la gestion de la tutelle le conseil de famille peut exiger des états de situation, lesquels sont rédigés sur papier libre et remis au subrogé-tuteur sans aucune formalité de justice.

Le compte définitif de tutelle est rendu, aux frais du mineur, lorsqu'il a atteint sa majorité ou obtenu son émancipation. Si le compte donne lieu à des difficultés, elles seront soumises au tribunal civil ; le reliquat dû par le tuteur portera intérêts à dater de la clôture du compte. Au contraire, si le solde du compte est en faveur du tuteur, les intérêts ne courent au profit de ce dernier qu'à dater de la demande en justice qu'il formerait pour en obtenir le paiement, ou que par l'effet d'une convention.

Toute action du mineur contre son tuteur relativement aux faits de la tutelle se prescrit par dix ans à compter de la majorité.

Avant 1855, l'hypothèque légale du mineur sur les immeubles de son tuteur subsistait sans inscription ; mais aux termes de l'art. 8 de la loi du 23 mars 1855, le mineur devenu majeur ou ses héritiers doivent, pour conserver les effets de cette hypothèque, la faire inscrire dans l'année qui suit la cessation de la tutelle.

SECTION III. — *Du subrogé-tuteur.*

Dans toute tutelle il y a un subrogé-tuteur nommé par le conseil de famille. Ses fonctions consistent à agir pour les intérêts du mineur, lorsqu'ils sont en opposition avec ceux du tuteur. C'est une sorte de surveillant et de contrôleur légitime.

Le tuteur *légal* doit, avant son entrée en gestion, faire convoquer le conseil de famille pour la nomination du subrogé-tuteur. S'il s'est ingéré dans la gestion avant d'avoir rempli cette formalité, le conseil de famille convoqué, soit sur la réquisition des parents ou autres parties intéressées, soit d'office par le juge de paix, peut, s'il y a eu dol de la part du tuteur, lui retirer la tutelle.

Pour les tutelles déférées par le conseil de famille, la nomination du subrogé-tuteur a lieu en même temps que celle du tuteur.

Le subrogé-tuteur ne remplace pas de plein droit le tuteur, lorsque la tutelle devient vacante ou qu'elle est abandonnée par absence ou autrement ; mais il doit alors, sous peine de dommages intérêts, provoquer immédiatement la nomination d'un nouveau tuteur.

SECTION IV. — *Causes qui dispensent de la tutelle.*

Les causes d'excuse que la loi reconnaît sont les suivantes : Peuvent se dispenser d'être tuteurs les fonctionnaires publics, les militaires en activité de service, les individus âgés de 65 ans accomplis, ceux qui sont atteints d'une infirmité grave, ceux qui sont déjà chargés de deux tutelles, ceux qui ont cinq enfants légitimes vivants. Un étranger à la famille ne peut être obligé d'accepter la tutelle qu'autant qu'il n'existe pas dans la distance de quatre myriamètres des parents ou alliés en état de gérer la tutelle.

Les excuses doivent toujours être présentées au conseil de famille ; s'il les rejette, le tuteur peut s'adresser au tribunal pour les faire admettre.

L'excuse, l'incapacité et la destitution ont des effets presque identiques ; la différence qui existe entr'elles est dans la nature des motifs sur lesquels elles sont fondées.

La loi déclare incapables d'être tuteurs ou membres du conseil de famille : 1° Les mineurs, excepté le père et la mère ; 2° Les interdits ; 3° La femme, excepté la mère et les ascendantes ; 4° Ceux qui ont, ou dont les père et mère ont, avec le mineur, un procès dans lequel son état ou une partie de sa fortune sont compromis.

Les causes d'exclusion et de destitution entachent l'honneur et la dignité de la personne ; telles sont : 1° La condamnation à une peine afflictive ou infâmante ; 2° L'inconduite notoire ; 3° L'incapacité ou l'infidélité dans la gestion de la tutelle. C'est au conseil de famille qu'appartient le droit de destituer le tuteur, sauf recours au tribunal. Tout parent ou allié du mineur peut provoquer la réunion du conseil de famille à cet effet.

Sont exclus temporairement : 1° Les individus condamnés pour avoir excité ou favorisé la débauche et 2° Ceux contre qui le tribunal correctionnel aura prononcé cette exclusion. (Art. 42, du Code pénal).

Tout individu exclu ou destitué d'une tutelle ne peut faire partie du conseil de famille.

FORMULE *de la Procuration donnée par un parent faisant partie d'un conseil de famille, afin de se faire représenter à une réunion à laquelle il ne peut assister.*

Je soussigné (*nom, prénoms, profession*), demeurant à..... donne pouvoir à M..... de me représenter à la réunion du conseil de famille du mineur N..... qui doit avoir lieu le.... sous la présidence de M. le juge de paix de..... En conséquence, consentir en mon nom (*indiquer ici le motif de la réunion et l'avis du mandant*), etc.

Fait à.., .. le

(Signature)

FORMULE d'un État de situation fourni par le Tuteur au Subrogé-Tuteur.

État de situation de la gestion de tutelle que le sieur G..... remet au sieur H..... subrogé-tuteur du mineur L.....

Observations préliminaires. Le sieur G..... est entré en fonctions de tuteur en vertu de sa nomination par le conseil de famille assemblé chez M. le juge de paix du canton de... ., en date du.....

Les biens du mineur L..... consistent en *tant* d'inscriptions de rentes sur l'État, produisant ensemble la somme de.... lesquelles ont été achetées des deniers comptants, des recouvrements faits et du restant du prix des meubles qui se sont trouvés après le décès de la dame veuve....., mère dudit mineur.

Ils consistent aussi en *tant* d'immeubles, situés, l'un à....., produisant *telle* somme, l'autre à....., produisant....., et l'autre à....., lesquels produisent ensemble la somme de..... par année.

Les frais funéraires et de dernière maladie, ceux de scellés, d'inventaire et de vente de meubles, s'élevaient réunis à *telle* somme, et ont été payés par le sieur....., commissaire-priseur, sur le produit de la vente des meubles, suivant les quittances qui accompagnent son compte.

Les rentes et les revenus des immeubles ont produit ensemble cette année la somme totale de.....

Il a été sur ce produit, pour l'éducation et l'entretien du mineur, savoir : 1° au sieur....., professeur, demeurant à....., la somme de.....

Il a été payé au sieur..... la somme de....., pour arrérages de la rente viagère qui lui a été constituée avec hypothèque sur *tel* immeuble, par la dame veuve....., mère du mineur.

Il a été payé aussi à la demoiselle....., ancienne femme de chambre de ladite dame veuve....., *telle* somme, aussi pour arrérages de la rente viagère que cette dame lui a constituée par son testament, *ou* par contrat passé devant notaires, le.....

Déduction faite des dépenses, il est resté net, cette année, au mineur, sur les rentes et les revenus des immeubles, la somme avec laquelle le justifiant s'est mis en mesure d'acheter un immeuble du prix de....., situé....., *ou bien* une rente sur l'État, pour l'acquisition de laquelle il a donné commission au sieur....., agent de change, demeurant....., et dont la reconnaissance est aux pièces comptables.

Il reste quelques *recouvrements* à faire, sur la rentrée desquels on peut concevoir quelque inquiétude.

Le sieur....., demeurant....., doit la somme de..... qu'il a promis payer à *telle* époque.

Le sieur....., doit celle de.....

Si, comme ces débiteurs l'ont fait espérer, ces sommes rentrent aux époques par eux annoncées, l'argent comptant pourra s'élever, à la fin de l'année, toutes dépenses défalquées, à la somme de....., avec laquelle il pourra être fait une acquisition de *telle* nature, *ou bien* laquelle pourra être placée sur immeuble par première hypothèque.

Le présent état certifié sincère et véritable par le soussigné, à....., le..... mil huit cent.....

(Signature).

FORMULE d'un compte de Tutelle.

Compte que moi G..... (*nom, prénoms, profession et demeure du tuteur*), rends à L..... fils mineur de M. L..... et de dame..... aujourd'hui majeur *ou* émancipé, laquelle tutelle m'a été déférée par délibération du conseil de famille reçue par M. le juge de paix de..... le..... mil huit cent.....

RECETTE. — J'ai reçu du produit des meubles et effets de la succession de L..... père du mineur, qui a été faite par *tel* commissaire priseur, *ou par tel notaire le....* *telle* somme, ci... » fr.
de *tant* d'années de loyer *ou* fermage de telle propriété, ci.... » fr.
(Détailler les sommes reçues et leur origine).

TOTAL de la Recette.....	fr.

DÉPENSE. — J'a payé : 1° Pour frais d'inhumation de L..... père du mineur la somme de....., ci............................. » fr.
2° Au sieur N..... pharmacien, pour médicaments par lui fournis, la somme de... ., ci............................. » fr.
3° Au juge de paix qui avait apposé les scellés et suivant quittance, en date du..... la somme de....., ci.............. » fr.
(Détailler les diverses sommes payées).
Le rendant compte faite dépense,
1° De la somme de..... payée à..... pour cinq années de pension, nourriture et éducation, à raison de *tant* par année, suivant les quittances représentées, ci...................... » fr.
2° De la somme de..... payée au sieur..... tailleur, au sieur..... bottier..... etc. pour ouvrages de son état et fournitures par lui faites, ci................................ » fr.

TOTAL de la Dépense.....	»	fr.

RÉCAPITULATION { RECETTE........ fr. c.
{ DÉPENSE........ fr. c.

Il résulte de cette balance que la recette excède la dépense de la somme de..... dont je suis débiteur envers le dit L.....
Indépendamment de ladite somme de..... formant le reliquat dont je suis débiteur, L..... a de plus à recouvrer : 1° La somme de..... due par N..... en vertu de *telle* obligation, qui écherra le..... prochain ; *(énoncer toutes les sommes à recouvrer).*
Je certifie le présent compte sincère.
A..... le..... mil huit cent.....   *(Signature).*

FORMULE *de Décharge et Quittance données au Rendant compte.*

Je soussigné, reconnais et déclare que le compte que m'a rendu le sieur G....., mon ci-devant tuteur, et que j'ai examiné avec la plus scrupuleuse attention, en rapprochant l'inventaire et les pièces justificatives, est parfaitement exact et régulier, que j'y applaudis et en suis content ; je reconnais et déclare également que le sieur G..... m'a remis la somme de neuf mille francs, qui était l'excédant de la recette sur la dépense ; de tout quoi je le quitte et décharge entièrement.
A....., le..... mil huit cent.....   *(Signature).*

CHAPITRE VII

De l'Emancipation

(Articles 476 à 487 du Code civil).

L'émancipation est un acte juridique qui a pour effet d'affranchir un mineur soit de la puissance paternelle, soit de la tutelle.

Le mariage émancipe de plein droit les époux mineurs.

Le père ou la mère, à défaut de père, peut émanciper son enfant quand il a atteint l'âge de quinze ans révolus. A dix-huit ans le mineur resté sans père ni mère pourra être émancipé si le conseil de famille l'en juge capable.

L'émancipation s'opère par la seule déclaration, du père ou de la mère, ou du conseil de famille, reçue par le juge de paix assisté de son greffier.

La différence qui existe entre un mineur émancipé et un majeur, c'est que la capacité de celui-ci dans tous les actes de la vie civile n'a point de limites, tandis que le mineur émancipé ne fait seul que les actes de *simple administration* ; pour les autres, la loi place à côté de lui un curateur qui l'assiste.

L'émancipation relâche, sans les rompre, les liens de l'autorité paternelle. Le mineur émancipé peut cesser d'habiter avec ses parents, louer ses propriétés pour neuf ans ; il peut toucher ses revenus, vendre ses récoltes, faire opérer sur ses propriétés des travaux d'entretien ou d'amélioration, acheter des meubles et toutes les choses nécessaires à la vie, renouveler des inscriptions hypothécaires, faire des saisies-arrêts et des saisies immobilières contre ses débiteurs, intenter un procès relatif à des objets mobiliers, ou y défendre ; c'est-à-dire faire en un mot tous les actes de pure administration. Cependant les dépenses folles et inutiles, les conventions qui pourraient compromettre sa fortune peuvent être réduites par les tribunaux.

Le mineur émancipé ne peut, sans l'assistance de son curateur, intenter une demande en partage ou en licitation, ni y défendre, recevoir valablement un capital mobilier, intenter un procès relatif à ses immeubles, accepter une donation, vendre une rente sur l'État même au dessous de 50 francs, enfin recevoir son compte de tutelle.

S'il a fait quelqu'un de ces actes seul, l'acte est *rescindable*, mais seulement pour cause de lésion.

Le mineur émancipé ne peut, sans l'autorisation de son conseil de famille, aliéner une inscription de rente au dessus de 50 francs, accepter ou répudier une succession.

Pour vendre ses immeubles ou les hypothéquer, emprunter et transiger, il lui faut de plus l'homologation du tribunal.

Le mineur émancipé ne peut disposer de ses biens par donation ou par testament. Toutefois à seize ans, il pourra donner par testament, la moitié des biens dont un majeur peut disposer.

L'émancipation peut être retirée au mineur, mais l'émancipation résultant du mariage est irrévocable.

FORMULE d'un Acte d'Émancipation d'un Fils mineur par son Père, et de Nomination de Curateur par le Conseil de famille.

Cejourd'hui..... mil huit cent...., pardevant nous...., juge de paix du canton de....., assisté de notre greffier, en notre maison, sise à...., est comparu le sieur..... (nom, prénoms et profession), demeurant à..., père de....., mineur, issu de son mariage légitime avec défunte...., lequel nous a dit et déclaré que ledit....., son fils, âgé de quinze ans révolus, ayant les qualités nécessaires pour se conduire sagement et se diriger seul dans l'administration de sa fortune, il déclare que son intention est de l'émanciper, comme de fait il l'émancipe, à l'effet par lui de jouir des avantages que la loi accorde aux mineurs émancipés, nous requérant acte de sa déclaration.

De sa part, ledit..... mineur, aussi comparant et ici présent, a déclaré accepter avec reconnaissance l'émancipation à lui accordée par le sieur..., son père, et dont il le remercie.

Nous, juge de paix susdit et soussigné, avons donné acte au sieur...., de sa déclaration, et avons annoncé et dit à...., mineur, qu'il était émancipé, pour jouir par lui de tous les droits accordés aux mineurs émancipés par l'art. 481 du Code civil, mais avec les restrictions portées aux trois articles suivants, dont nous lui avons donné lecture. — De ce que dessus nous avons rédigé le présent, qui a été signé après lecture faite aux parties.

(Les signatures du père, du fils, s'il sait écrire, du juge de paix et du greffier.)

A ladite émancipation étaient présents les parents, et, à défaut de parents, les amis dudit.... mineur, d'après la convocation qui leur en avait été faite par le sieur...., père du mineur, savoir : 1°....., 2°....., 3°....., 4°....., 5°....., 6°....., à l'effet de composer avec nous le conseil de famille dudit mineur, pour procéder à la nomination du curateur au fils émancipé ;

Lesquels parents ont à l'instant délibéré et procédé avec nous à la nomination du curateur.

Le sieur...., oncle paternel ou maternel du mineur émancipé, ayant réuni les suffrages à l'unanimité, il a été par nous proclamé curateur dudit mineur, à l'effet de l'assister tant dans le compte de tutelle qui pourra lui être rendu, que dans les actions immobilières à intenter ou défendre, dans lesquelles il serait partie, conformément à l'art. 482 du Code civil.

Et ledit sieur...., ayant déclaré accepter la curatelle à lui déférée, a à l'instant prêté en nos mains le serment de bien et fidèlement en remplir les obligations. — De laquelle nomination de curateur nous avons fait et rédigé le présent procès-verbal, que toutes les parties ont signé avec nous, après lecture à elles faite.

(Les signatures.)

CHAPITRE VIII

De l'Interdiction

(Articles 489 à 512 du Code civil).

L'interdiction est l'état d'un majeur privé de sa raison et déclaré incapable de gérer sa fortune.

Les causes qui motivent l'interdiction sont l'imbécilité, la démence et la fureur passées à l'état d'habitude. — Les parents qui peuvent la demander sont les ascendants ou descendants jusqu'au douzième degré, mais non les alliés qui ne sont pas successibles.

L'interdit est assimilé au mineur pour sa personne et pour ses biens, avec cette différence toutefois qu'il ne peut se marier ni tester.

L'interdit n'a plus l'exercice de ses droits civils : un conseil de famille lui donne un tuteur chargé *d'agir* pour lui et de le *représenter*. Les revenus des biens de l'interdit doivent surtout être employés à adoucir son sort et accélérer sa guérison.

CHAPITRE IX

Du Conseil judiciaire

(Articles 513 à 515 du Code civil).

C'est un curateur désigné par la justice pour *assister* une personne incapable de faire seule certains actes de la vie civile.

Quand un majeur, sans être en état de démence ou d'imbécilité, dissipe sa fortune en prodigalités, les parents peuvent demander au tribunal qu'il lui soit nommé un conseil judiciaire, sans l'assistance duquel il ne pourra plaider, transiger, emprunter, recevoir un capital, vendre ses immeubles, les hypothéquer.

L'individu assisté d'un conseil judiciaire est donc

frappé d'une demi-interdiction et pour traiter avec lui il faut prendre les mêmes précautions que lorsqu'il s'agit d'un mineur, ou d'un interdit.

———————

CHAPITRE X.

Du Mariage

(Articles 144 à 311 du Code civil).

SECTION PREMIÈRE. — *Dispositions générales.*

Le mariage est l'union légitime de l'homme et de la femme ; source de la famille, garantie de la moralité publique, il est aussi la base de l'ordre social. Le Code ne le considère que comme un contrat civil et la liberté des cultes ne permet pas d'en subordonner la validité à une consécration religieuse. En outre, il est enjoint à tout ministre d'un culte de s'assurer, avant de procéder aux cérémonies religieuses d'un mariage, que l'acte de mariage a été préalablement reçu par l'officier de l'état civil.

Il ne faut pas confondre le mariage, c'est-à-dire l'acte de l'état civil, preuve de l'union conjugale, avec le contrat de mariage, c'est-à-dire avec les conventions matrimoniales relatives aux biens des époux.

Les conditions, requises à peine de nullité, pour pouvoir contracter mariage sont : 1° Que les futurs époux aient l'âge voulu par la loi ; 2° Qu'ils consentent au mariage ; 3° Qu'ils obtiennent le consentement des personnes sous la puissance desquelles ils se trouvent ; 4° Qu'ils ne soient point l'un ou l'autre engagés dans les liens d'un mariage encore existant ; 5° Qu'ils ne soient point parents ou alliés au degré prohibé.

§ I. L'homme ne peut se marier avant 18 ans révolus, la femme avant 15 ans révolus. Néanmoins il est loisible au Chef de l'Etat, pour des motifs graves, laissés à son appréciation, d'accorder des dispenses d'âge.

§ II. Le mariage se forme par le consentement des époux, consentement qui doit être libre, éclairé et exprimé au moment même de la célébration devant l'officier de l'état civil.

§ III. De plus, comme il importe que les futurs époux soient mis en garde contre l'égarement des passions et puissent être guidés et protégés, le fils qui n'a pas 25 ans, la fille qui n'a pas 21 ans accomplis, ne peuvent se marier sans le consentement de leurs père et mère. En cas de désaccord, le consentement seul du père suffit. Si le père est mort, absent ou interdit, le consentement de la mère suffit. Mais lorsque les père et mère sont morts ou sont dans l'impossibilité de manifester leur volonté, les aïeuls et aïeules les remplacent.

Les fils de 25 à 30 ans et les filles de 21 à 25 ans n'ont plus besoin du consentement de leurs parents, mais il doivent leur demander conseil, et en cas d'opposition de leur part, ils ne peuvent se marier qu'après avoir demandé leur conseil par un *acte respectueux*, renouvelé trois fois de mois en mois.

Un mois après le troisième acte, il pourra être procédé à la célébration du mariage.

Après l'âge de 25 ans pour les filles ou de 30 ans pour les fils, un seul acte respectueux sera nécessaire.

C'est donc par un *acte respectueux* que l'enfant doit demander le conseil des ascendants. Il faut que cet acte soit fait suivant certaines formes. Les sommations adressées par une personne à une autre se font d'ordinaire par huissier. Ici, au contraire, l'intervention de cet agent eût pu aigrir et la loi a préféré choisir un notaire dont le ministère est plus propre à ramener une entente.

L'acte comprend un original qui reste à l'enfant et des copies destinées à être remises aux ascendants. Dans le procès-verbal qui doit être dressé de la notification, il sera fait mention de la réponse. Le notaire, accompagné de deux témoins, en cas d'absence de l'ascendant, constate le fait et remet les copies à ses serviteurs ou, à leur défaut, à un voisin ou au maire. L'enfant, pour éviter un conflit fâcheux, n'est point tenu de suivre l'officier ministériel dans sa visite.

Il se peut que les ascendants dont le consentement ou le conseil est requis soient décédés, mais que l'on ignore le lieu de leur décès. En pareil cas, d'après un avis du Conseil d'Etat du 19 mars 1808, on peut procéder à la célébration du mariage des majeurs sur leur déclaration avec serment que le lieu du décès leur est inconnu. Quatre témoins doivent attester le fait en prêtant le même serment.

Les mineurs de 21 ans ne peuvent, en cas de décès de leurs ascendants, contracter mariage sans le consentement du conseil de famille.

Les enfants naturels, légalement reconnus, doivent, comme les enfants légitimes, obtenir le consentement ou demander le conseil de leur père et mère, mais non des autres ascendants. Il n'existe, en effet, aucune relation légale entre un enfant naturel et les parents de ses père et mère, sauf pour les prohibitions au mariage.

L'enfant naturel qui n'a point été reconnu et celui qui, après l'avoir été, a perdu ses père et mère, ou dont les père et mère ne peuvent manifester leur volonté, ne pourra, avant l'âge de 21 ans révolus, se marier qu'après avoir obtenu le consentement d'un tuteur *ad hoc*, nommé, suivant certains auteurs, par le tribunal et, selon d'autres, choisi par un conseil composé de parents ou amis.

Les ascendants et le tuteur *ad hoc* peuvent donner leur consentement par leur assistance à la célébration du mariage ou bien par un acte passé devant notaire. Quant au conseil de famille, il donne son consentement par une délibération, considérée comme acte authentique.

§ IV. On ne peut contracter un second mariage avant la dissolution du premier; la bigamie est un crime punissable des travaux forcés.

L'étranger, divorcé dans son pays, peut-il, du vivant de son ancien conjoint, se marier chez nous ? Son état résulte des faits légalement accomplis dans son pays; or, dès que son mariage a été dissous, il a recouvré la liberté de se marier.

La femme veuve ne peut se remarier que dix mois après la mort de son mari.

§ V. C'est dans un but de moralité et de décence publiques que la loi prohibe le mariage entre certains parents ou alliés.

La *parenté* est le lien du sang entre personnes qui descendent l'une de l'autre (parenté directe), ou qui descendent d'un auteur commun (parenté collatérale). — Elle est *légitime* lorsqu'elle résulte d'un mariage, *naturelle* dans le cas contraire.

L'*alliance* est le lien que le mariage établit entre chacun des conjoints et les parents de l'autre.

En ligne directe, le mariage est prohibé entre tous les ascendants et descendants légitimes ou naturels et les alliés dans la même ligne.

En ligne collatérale, le mariage est prohibé entre le frère et la sœur légitimes ou naturels et les alliés au même degré (art. 162).

Dans ces deux cas, la parenté naturelle constitue donc des empêchements identiques à ceux formés par la parenté légitime.

Le mariage est encore prohibé entre l'oncle et la nièce, la tante et le neveu (art. 163)

Néanmoins, il est loisible au chef de l'Etat de lever, pour des causes graves, les prohibitions portées par l'art. 162, (relativement aux mariages entre beaux-frères et belles-sœurs), et l'art. 163.

C'est une loi du 16 avril 1832 qui a permis ces dispenses.

Voyons maintenant comment se comptent les degrés de parenté. La ligne directe est la suite des parents qui descendent les uns des autres. Les lignes collatérales comprennent les différentes séries de parents qui descendent d'un auteur commun. Degré ou génération signifie la même chose. En ligne directe on compte les degrés par les générations ; ainsi le fils est, à l'égard du père, au premier degré ; le petit-fils au second, et ainsi de suite. En lignes collatérales on calcule les degrés en comptant le nombre de générations depuis le parent dont il s'agit, en remontant à l'auteur commun et en redescendant dans l'autre ligne jusqu'à la personne dont on cherche la parenté.

SECTION II. — Des formalités relatives à la célébration du mariage.

Les futurs époux qui remplissent les cinq conditions que nous venons de passer en revue, doivent, de plus, faire faire les publications prescrites par la loi, et remettre à l'officier de l'état civil les pièces dont nous allons parler :

1° Si les publications ont été faites dans d'autres communes que celles où le mariage doit être célébré, il faut remettre à l'officier de l'état civil un certificat constatant que ces publications ont été faites et qu'il n'existe point d'opposition; — 2° Chacun des futurs époux remettra une expédition de son acte de naissance, s'il est né dans une autre commune que celle où le mariage doit avoir lieu. Celui qui sera dans l'impossibilité de se procurer son acte de naissance devra faire dresser par le juge de paix un acte de notoriété qui remplacera l'acte de naissance. L'acte de notoriété dressé sur l'attestation de sept témoins devra être homologué par le tribunal ; — 3° Si les parents dont le consentement est requis sont absents, il faudra produire leur consentement par acte notarié et s'ils sont décédés, leurs actes de décès; — 4° S'il a été fait des actes respectueux, il faudra les remettre également à l'officier de l'état civil ; — 5° Si l'un des futurs a été marié, il doit produire l'acte de décès de son conjoint.

6° On doit remettre aussi à l'officier de l'état civil, s'il y a eu lieu : — les main-levées des oppositions qui ont été formées. — Un certificat délivré par le notaire devant lequel les futurs ont fait leur contrat de mariage (*loi du 10 juillet 1850*). — Enfin l'expédition du décret accordant des dispenses d'âge, de parenté ou d'alliance.

Les militaires, compris dans l'armée active, ne peuvent se marier que sur l'autorisation du Ministre de la guerre (décret du 16 juin 1808), sous peine de destitution et de la perte de leurs droits à toute pension ou récompense militaire.

Le français résidant en pays étranger peut se marier dans la forme usitée dans le pays ou dans la forme usitée en France devant les agents diplomatiques français, pourvu que le mariage ait été publié en France et en se conformant d'ailleurs à toutes les prescriptions de la loi française. Dans les trois mois de son retour en France, il devra faire transcrire son acte de mariage sur les registres de l'état civil du lieu de sa naissance.

Une certaine publicité accompagne le mariage, elle se compose : 1° De l'intervention d'un officier public, maire ou adjoint, du domicile de l'une des parties ; 2° De la célébration du mariage à la mairie, les portes ouvertes ; 3° De la présence de quatre témoins, parents ou non, âgés de 21 ans au moins. Au jour fixé après les délais des publications, l'officier de l'état civil, après avoir donné lecture des diverses pièces mentionnées plus haut et du chapitre VI du titre V *sur les droits et les devoirs respectifs des époux*, reçoit de chaque partie, l'une après l'autre, la déclaration qu'elles veulent se prendre pour mari et femme, puis il prononce au nom de la loi qu'elles sont unies par le mariage et en dresse acte sur le champ.

La loi ne reconnaît pas la validité d'une promesse de mariage, néanmoins celui qui abandonne, sans motif légitime, un projet de mariage, s'expose à une action en dommages-intérêts.

Quant aux causes qui peuvent justifier, de la part de l'un des futurs époux, l'abandon d'un projet de mariage, c'est là surtout une question de fait laissée à l'appréciation du tribunal.

SECTION III. — *Des oppositions au mariage.*

Elles consistent dans un acte par lequel certaines personnes ayant qualité à cet effet, font, par ministère d'huissier, défense à l'officier de l'état civil de célébrer un mariage. Le droit de former opposition appartient : 1° A la personne mariée déjà avec l'un des futurs ; 2° Aux ascendants dont le consentement est nécessaire ; 3° A défaut d'ascendants, les parents qui font partie du conseil de famille peuvent former opposition au mariage du mineur de 21 ans.

Le futur époux contre lequel l'opposition est faite a seul le droit d'en demander main-levée au tribunal.

SECTION IV. — *Des droits et des devoirs respectifs des époux.*

Les époux se doivent mutuellement fidélité, secours, assistance. Le mari doit protection à sa femme, la femme obéissance à son mari.

Toute infraction au devoir de la fidélité est aussi

coupable chez l'homme que chez la femme ; mais l'infidélité de cette dernière a des effets plus dangereux, puisqu'elle peut introduire dans la famille des enfants étrangers, et leur faire attribuer des droits qui n'appartiennent qu'aux enfants légitimes.

La femme est obligée d'habiter avec le mari et de le suivre partout où il juge à propos de résider : le mari est obligé de la recevoir et de lui fournir tout ce qui est nécessaire pour les besoins de la vie, selon ses facultés et son état.

SECTION V. — *Demandes en nullité de mariage.*

Le mariage est nul 1° Si les époux sont parents aux degrés prohibés ; 2° Si l'un des époux est engagé dans les liens d'un autre mariage ; 3° Si le mariage n'a point été célébré publiquement ou devant l'officier public compétent ; 4° Si les époux n'ont pas l'âge fixé par la loi. — Ces quatre causes de nullité peuvent chacune être invoquées par le ministère public et par toutes les personnes intéressées, à quelque époque que ce soit. — Le mariage est encore nul : 5° Si le consentement de l'un des époux n'a pas été donné librement, ou s'il y a eu erreur sur la personne que l'on a cru épouser. (Notons ici que l'erreur sur les qualités et sur la fortune d'un époux n'est point une cause de nullité) ; 6° Si le mariage a été contracté sans le consentement des parents ou du conseil de famille, dans le cas où ce consentement était une condition essentielle et ne pouvait pas être suppléé par les actes respectueux.

Le mariage déclaré nul peut, avant le jugement, avoir produit des effets civils en faveur des époux ou des enfants nés ou conçus, s'il a été contracté de bonne foi, mais, si l'un des époux a été de mauvaise foi, le mariage ne produit en sa faveur aucun effet civil. — On appelle *putatif* le mariage ainsi contracté de bonne foi.

SECTION VI. — *Obligations qui naissent du mariage.*

Le mariage produit ses effets entre époux — (devoirs de fidélité et de secours réciproques, puissance maritale, habitation commune) ; — entre les époux et les enfants (légitimité des enfants, puissance paternelle); — entre chacun des époux et les parents de l'autre (alliance, dette alimentaire). Nous allons nous occuper des rapports des époux avec leurs descendants et leurs ascendants.

Par le fait seul du mariage les époux contractent l'obligation de nourrir, entretenir et élever leurs enfants, c'est-à-dire de les mettre en état par une éducation convenable, de pourvoir eux-mêmes à leur entretien. Mais l'enfant ne peut pas forcer son père ou sa mère à lui procurer un établissement par mariage ou autrement.

Les enfants doivent des aliments à leurs père et mère et autres ascendants qui sont dans le besoin. Les aliments ne sont accordés que dans la proportion du besoin de celui qui les réclame et de la fortune de celui qui les doit. La dette alimentaire est indivisible et solidaire entre tous les enfants, en ce sens que leur quote-part seule peut varier, et que, si l'un ou plusieurs des enfants sont insolvables et sans ressources suffisantes, ceux-là qui se trouvent dans l'aisance en resteront seuls chargés, eu égard à leur fortune, mais il n'en résulte pas que le père ou la mère puisse agir contre l'un des enfants pour obtenir le paiement intégral.

La dette alimentaire est imposée aux gendres et aux belles-filles ; mais cette obligation cesse quand la belle-mère, devenue veuve, s'est remariée, et lorsque l'époux qui produisait l'alliance et les enfants issus du mariage sont décédés.

Réciproquement les gendres et belles-filles peuvent réclamer des aliments à leurs beau-père et belle-mère.

Si la personne qui est tenue de la dette alimentaire, justifie qu'elle ne peut pas payer une pension, le tribunal pourra ordonner qu'elle recevra et nourrira dans sa demeure celui auquel elle doit des aliments.

SECTION VII. — Incapacité de la femme mariée.

Cette incapacité est fondée sur la puissance maritale, sur les intérêts matrimoniaux et accessoirement sur la faiblesse et l'inexpérience naturelles de la

femme. La femme ne peut paraître en justice sans
l'autorisation de son mari, excepté en matière criminelle ou de police ; elle ne peut donner, vendre, hypothéquer, acquérir à titre gratuit ou à titre onéreux
sans le concours du mari dans l'acte ou son consentement par écrit, mais elle peut faire son testament et,
si elle est séparée de biens, les actes d'administration
de sa fortune personnelle sans avoir besoin de l'autorisation maritale.

Si le mari refuse son autorisation où s'il est dans
l'impossibilité de la manifester, parce qu'il serait
absent, mineur ou interdit, la femme pourra se faire
autoriser par la justice.

Une autorisation générale donnée par le mari à sa
femme n'est valable que pour l'administration des
biens seulement et doit résulter du contrat de mariage.
La femme ne peut vendre ses biens, en acquérir,
emprunter qu'en vertu d'une autorisation *spéciale* ;
l'autorisation d'emprunter une somme illimitée serait
nulle.

Il importe beaucoup de s'assurer que la femme
mariée avec qui l'on fait une convention est régulièrement autorisée, parce qu'elle peut opposer la nullité
de son engagement ; son mari et ses héritiers ont le
même droit, tandis que les majeurs qui ont traité avec
elle sont valablement engagés.

La femme qui veut se faire autoriser à la poursuite
de ses droits doit, si le mari présent et capable refuse,
lui faire une sommation préalable ; s'il persiste dans
son refus, elle adresse alors au président du tribunal
une requête à la suite de laquelle le président permet
à la femme de citer son mari, à la chambre du conseil
pour déduire les motifs de son refus.

Le mari entendu, ou faute par lui de se présenter,
il est rendu, sur les conclusions du ministère public,
jugement qui statue sur la demande de la femme.

Cependant l'autorisation du mari ne peut pas être
suppléée par celle de la justice dans deux cas :
1° Lorsque la femme veut aliéner ses immeubles
dotaux pour l'établissement des enfants communs
(articles 1555 et 1556 du Code civil), en supposant le
mari présent et capable ; — 2° Lorsqu'elle veut faire

le commerce, parce que le mari peut seul juger si sa femme est ou non capable de courir les chances périlleuses du commerce.

FORMULE *d'une Demande afin d'obtenir l'autorisation de se marier entre Oncle et Nièce, Beau-Frère et Belle-Sœur.*

A M, LE PRÉSIDENT DE LA RÉPUBLIQUE FRANÇAISE,

Monsieur le Président,

Le soussigné (*nom, prénoms, qualité*), âgé de...., demeurant à....

A l'honneur d'exposer qu'il a eu le malheur de perdre sa femme dans le courant de....., qu'il est resté veuf,.... avec deux enfants âgés de..., que sa nièce ou sa belle-sœur (*indiquer les noms et l'âge*), par affection pour ces enfants, et afin de ne pas les voir confiés aux soins d'une étrangère, consent à contracter mariage avec lui. C'est pourquoi il vous supplie, Monsieur le Président, de vouloir bien lever la prohibition de l'art. 162 *ou* de l'art. 163.

Il a l'honneur d'être avec respect, etc.

Nota. — Cette demande doit être remise au procureur de la République, avec les pièces à l'appui. Si les postulants sont indigents, ils ajoutent à leur demande ce qui suit :

« Comme les postulants justifient par les certificats ci-joints de l'impossibilité où ils sont d'acquitter les droits de sceau et d'enregistrement dûs aux termes de la loi du 28 avril 1816, ils vous supplient également, Monsieur le Président, de leur faire remise pleine et entière de ces droits. »

NOMENCLATURE *des Pièces à produire pour obtenir des Dispenses d'Alliance ou de parenté.*

§ I. — OBSERVATIONS.

Les demandes de dispenses doivent être adressées avec les pièces à à l'appui au Procureur de l'arrondissement dans lesquels les futurs (ou impétrants) se proposent de contracter mariage, et le procureur les transmet au Ministre de la justice chargé d'en faire un rapport au chef de l'État.

L'envoi des pièces n'est fait, à moins de circonstances tout-à-fait exceptionnelles, qu'après une année révolue depuis le décès du premier conjoint.

Toutes les pièces, sans exception, doivent être sur timbre, ou sur papier visé pour timbre en cas d'indigence des parties.

Les demandes de dispenses, pour le mariage d'un étranger en France, ne peuvent être accueillies, que lorsque le gouvernement de son pays lui aura préalablement accordé des dispenses.

Toutes les signatures apposées sur les pièces produites doivent être légalisées. Cette légalisation doit être donnée, savoir : pour les actes de l'état civil et pour tous les actes des fonctionnaires judiciaires, par le Président du Tribunal civil, ou par le Juge de paix du canton, et pour les autres pièces par le Maire de la commune du signataire ; la signature du Maire doit être, à son tour, légalisée par le Sous-Préfet, de l'arrondissement ou par le Préfet dans l'arrondissement chef-lieu.

§ II. — PIÈCES A PRODUIRE.

1ʳᵉ PIÈCE. — (*Nota.*) Lorsque les parties sont indigentes et qu'elles désirent être admises au bénéfice de la loi du 10 décembre 1850, elles doivent, outre toutes les autres pièces, produire les deux premières ci-après indiquées :

1° Certificat d'indigence délivré à l'impétrant, visé et approuvé par le Juge de Paix.

Modèle du certificat d'indigence.

Nous, Maire de la commune de..... soussigné, vu la loi du 10 décembre 1850, ayant pour objet de faciliter le mariage des indigents. Vu le certificat délivré le..... par le percepteur des contributions directes de la commune de....., portant que le sieur....., profession de....., demeurant à....., n'est point imposé (ou paie moins de 10 fr. de contribution.)

Vu aussi tous les renseignements pris, certifions l'indigence du sieur...

En foi de quoi nous lui avons délivré le présent certificat, pour obtenir en franchise de tous droits de timbre, de greffe et d'enregistrement, les extraits des registres de l'état civil, les actes de notoriété, de consentement, de publications, les délibérations du conseil de famille, les actes de procédure, les jugements et toutes les autres pièces dont la production pourra être nécessaire pour la célébration de son mariage.

Fait à....., le.... 187   (Sceau.)   (Le Maire.)

Nous, Juge de Paix du canton de.....

Vu l'extrait du rôle des contributions directes constatant que le sieur...., profession de....., paie moins de 10 francs (ou bien) : Vu le certificat du percepteur de la commune de...., constatant que le sieur....., profession de. ..., demeurant...., n'est point imposé.

Après avoir pris des renseignements, avons acquis la connaissance personnelle de l'indigence du sieur ...., et avons, en conséquence, visé et approuvé le présent certificat d'indigence en conformité de l'article 6 de la loi du 10 décembre 1850.

(Sceau.)   (Le Juge de Paix.)

2ᵐᵉ Pièce. — Certificat d'indigence délivré à l'impétrante, visé et approuvé par le Juge de paix du canton. (Voir le modèle de ce certificat au n° 1ᵉʳ ci-dessus.)

D'autres certificats semblables à ceux indiqués sous les numéros 1 et 2 doivent être obtenus par l'impétrant indigent et déposés par lui, dans chacun des bureaux d'enregistrement où il fera viser pour timbre, ou bien enregistrer les pièces dont la production lui est nécessaire pour obtenir des dispenses d'alliance.

3ᵉ Pièce. — Extrait du rôle des contributions directes concernant le futur ou impétrant.

Les personnes indigentes, comme celles qui ne le sont pas, doivent produire les différentes pièces indiquées sous les numéros 3 à 22.

4ᵐᵉ Pièce. — Extrait du rôle des contributions directes concernant la future ou l'impétrante.

5ᵉ Pièce. — Acte de Naissance du conjoint décédé.

6ᵐᵉ Pièce.—Acte de Mariage du conjoint décédé, avec le conjoint survivant.

7ᵉ Pièce. — Acte de Naissance et de décès, s'il y a lieu, de tous les enfants nés du mariage entre le conjoint décédé et le conjoint survivant.

8ᵉ Pièce. — Acte de Décès du conjoint décédé.

9ᵉ Pièce. — Acte de Naissance du futur ou impétrant.

10ᵐᵉ Pièce. — Actes de Décès des père , mère, aïeuls ou aïeules de l'impétrant dont le consentement ou le conseil devrait être requis pour le mariage projeté.

11ᵐᵉ Pièce. — Extrait du casier judiciaire concernant l'impétrant. (Cette pièce sera délivrée par le greffier du tribunal du lieu de la naissance de l'impétrant.

12ᵐᵉ Pièce. — Certificat de bonnes vie et mœurs, délivré à l'impétrant par le Maire de la commune qu'il habite.

13ᵐᵉ Pièce. — Certificat constatant l'absence de relations illicites entre les deux impétrants, délivré par le Maire de la Commune de l'impétrant.

14ᵐᵉ Pièce. — Certificat constatant que le mariage projeté serait vu avec faveur par la population de la commune qu'habite l'impétrant, délivré par le Maire de cette commune.

15ᵐᵉ Pièce. — Certificat délivré à l'impétrant par le Maire de la commune qu'il habite et constatant :

1° Le revenu réel de ses propriétés et les impôts dont elles sont grevées;
2° Le produit de son industrie ;
3° Les autres ressources qu'il posséderait à un titre quelconque ;
4° Les charges qu'il aura à supporter par l'effet du mariage projeté.

16ᵐᵉ Pièce. — Acte de naissance de l'impétrante.

17ᵐᵉ Pièce. — Actes de Décès des père, mère, aïeuls et aïeules de l'impétrante dont le consentement ou le conseil devrait être requis pour le mariage projeté.

18ᵐᵉ Pièce. — Extrait du casier judiciaire concernant l'impétrante. (Cette pièce sera délivrée par le greffier du tribunal du lieu de la naissance de l'impétrante).

19ᵐᵉ Pièce. — Certificat de bonnes vie et mœurs délivré à l'impétrante par le Maire de la commune qu'elle habite.

20ᵐᵉ Pièce. — Certificat constatant l'absence de relation illicites, délivré par le Maire de la Commune qu'habite l'impétrante.

21ᵐᵉ Pièce. — Certificat constatant que le mariage projeté serait vu avec faveur, par la population de la commune qu'habite l'impétrante, délivré par le Maire de cette commune.

22ᵐᵉ Pièce. — Certificat délivré à l'impétrante par le Maire de la commune qu'elle habite, constatant :

1° Le revenu réel de ses propriétés et les impôts dont elles sont grevées ;
2° Le produit de son industrie ;
3° Les autres ressources qu'elle posséderait à un titre quelconque ;
4° Les charges qu'elle aura à supporter par l'effet du mariage projeté.

23ᵐᵉ Pièce. — Dans le cas où il aurait existé entre les parties des relations incestueuses.

Actes de Naissance et, s'il y a lieu, de reconnaissance et de décès de tous les enfants nés des impétrants. S'il y a grossesse, elle doit être constatée par le rapport d'un homme de l'art assermenté.

24ᵐᵉ Pièce. — Acte de Notoriété dressé par le Maire de la commune de l'un ou l'autre des impétrants, constatant et expliquant toutes les différences même les plus légères, qui peuvent exister dans l'orthographe des prénoms et noms des personnes dénommées dans les pièces produites.

25ᵐᵉ Pièce. — Supplique adressée par les impétrants au Chef de l'État, à l'effet d'obtenir des dispenses d'alliance pour contracter mariage.

1° Toute demande de dispenses doit être appuyée sur des motifs graves ; par exemple : — Si le mariage projeté doit assurer au futur dispensé un état et des moyens d'existence qui lui manqueraient ;— S'il doit mettre ses mœurs à l'abri des dangers auxquelles elles seraient exposées ; — s'il doit consacrer des affections nées de rapports ou des soins naturels et inévitables de famille ;— s'il est contracté dans l'intérêt des enfants d'un premier mariage ; — s'il doit conserver un établissement ou une exploitation dont la ruine blesserait des intérêts importants à ménager ; — s'il doit prévenir ou terminer des procès réels ou des discussions litigieuses, empêcher un partage nuisible ou faciliter des arrangements de famille.

2° Enfin la Supplique doit être signée par les futurs, et aussi par leurs pères, mères, aïeuls ou aïeules dont le consentement est nécessaire pour le mariage projeté. Ceux-ci certifieront qu'ils donnent leur consentement à ce mariage. (Dans le cas où une ou plusieurs parties ne pourraient ou ne sauraient signer, le Maire de la commune qu'elles habitent devra mettre l'attestation suivante au pied de la Supplique.)

Cejourd'hui......, devant nous, maire de la commune de....., s'est présenté le sieur..... (ou la dame) ...., lequel ne sachant (ou ne pouvant) signer, nous a prié de lui donner lecture de la Supplique qui précède, adressée au Chef de l'État, à l'effet d'obtenir des dispenses d'alliance pour contracter mariage avec sa belle-sœur (ou bien) pour le mariage du sieur..... son fils, veuf de...., avec sœur de celle-ci.

Après avoir lu en entier la Supplique ci-dessus au comparant, celui-ci nous a déclaré qu'il en comprenait parfaitement le sens et la portée, que cette pièce renferme l'expression fidèle et exacte de sa pensée et de sa volonté. (S'il s'agit du père ou de la mère des impétrants ou de l'un d'eux) : qu'il donne consentement au mariage projeté de son fils ou de sa fille avec.....

En foi de quoi nous avons dressé le présent que nous avons signé.

Fait à....., le..... 187

(Sceau).   (Le Maire.)

Nota. Si les parties demandent des dispenses de *parenté*, elles doivent produire *tous* les actes de naissance et de mariage *à partir de l'auteur commun* indispensable pour établir d'une manière certaine le degré de parenté.

Le coût des dispenses de parenté ou d'alliance s'élève à :

1° Droit de sceau. . . . . 200 fr »
2° Droit d'enregistrement. . . . . 41 fr. »
plus le double décime.
3° Droit du référendaire . . . . 50 fr. »
4° Frais matériels alloués au référendaire . . . . 10 fr. 30
5° Droits de greffe pour la délivrance de l'expédition du décret. 30 fr. »

FORMULE *du Consentement à donner par le Mari aux Acquisitions, aliénations ou engagements de la femme.*

Je soussigné (*nom, prénoms, profession et demeure*), après avoir pris connaissance des motifs pour lesquels la dame (*nom, prénoms*), mon épouse est dans l'intention de — donner *tel* bien (*meuble ou immeuble*), à *telle* personne, *ou* est dans le dessein d'aliéner, — *ou* hypothéquer tel immeuble lui appartenant et recueilli par elle de *telle* succession, qu'elle s'est réservé, à titre de paraphernal, par notre contrat de mariage, en date du...., *ou bien* connaissant l'utilité dont peut être pour elle..... l'acquisition qu'elle désire faire, à titre onéreux, ou la cause de l'acquisition qu'elle désire faire, de *telle* propriété à titre gratuit et approuvant cette cause, *ou* les motifs de l'aliénation qu'elle veut faire, *ou* de l'hypothèque qu'elle veut conférer ;

Déclare lui donner et lui donne par le présent écrit tout consentement qui lui est nécessaire, l'autorisant à énoncer mon présent consentement dans l'acte qu'elle veut passer pour qu'il soit stable et inattaquable par moi et par qui que ce soit.

Fait à...., le..... 187   (*Signature du mari.*)

Nota. Si le consentement était donné dans l'acte parce que le mari y concourrait, l'acte se rédigerait ainsi :

Nous soussignés, moi et mon épouse, que j'autorise à l'effet du présent acte, promettons de faire...., *ou bien* paierons à M ....la somme de..., valeur reçue comptant, *ou* en marchandises, *ou bien* paierons à M..... *telle* chose *ou telle* propriété, sise à..., pour *tel* prix et sous *telles* conditions.

Fait à...., le....,

(*Les signatures du mari et de la femme* qui doit signer en énonçant ses noms de famille).

Il suffirait aussi que le mari mit au bas de l'acte : *Bon pour autorisation.*

FORMULE *de la sommation à faire par la femme au mari pour requérir son autorisation.*

ACTE D'HUISSIER.

L'an mil huit cent soixante...., le...., à la requête de la dame.... (*nom et prénoms*), épouse du sieur..... (*nom, prénoms et profession*), commune en biens, demeurant avec lui, à....., laquelle fait élection de domicile en mon étude, j'ai..., huissier, reçu au tribunal de.... etc., demeurant rue....., soussigné.

Requis, sommé et interpellé ledit sieur.... en son domicile sus-désigné, en parlant à sa personne.

De procéder conjointement avec la dame...., son épouse, sur la demande qu'elle se propose de former contre le sieur.... (*nom, prénoms, profession et demeure*, afin, par exemple, de désistement de possession, de *telle* propriété qu'il détient indûment, laquelle est située.... et appartient à ladite dame requérante, *ou* de consentir par écrit ou sur la présente sommation que ladite dame, son épouse, forme seule la demande : ce que ledit sieur.... a refusé de faire, et même de dire les causes de son refus ; c'est pourquoi, je lui ai déclaré que ladite dame, son épouse, se pourvoira incessamment à l'effet d'obtenir de la justice l'autorisation dont elle a besoin pour former la demande ; et à ce que le sieur susnommé n'en ignore, je lui ai en sondit domicile, en parlant comme dessus, laissé copie de la présente dont le coût est de....

(*Signature de l'huissier.*)

FORMULE *de la Requête à présenter par la Femme d'après le refus constaté de son Mari de l'autoriser.*

ACTE D'AVOUÉ.

A M. le Président du Tribunal de....

La dame...... (*nom et prénoms*), épouse commune en biens du sieur... (*nom, prénoms, profession et demeure*), requiert qu'il vous plaise, vu la sommation faite audit sieur...., par exploit de..., huissier, en date du ..., enregistré et ci-joint constatant le refus dudit sieur...., son mari, de l'autoriser à former une demande en désistement de possession de *telle* propriété, située ...., à elle appartenant et indûment détenue par le sieur...., (*nom, prénoms, profession et demeure*), lui permettre de faire citer le sieur..... son mari, à comparaître à jour fixe en la Chambre du Conseil du Tribunal, pour déduire les causes de son refus, et en cas de persévérance être ensuite donnée par le Tribunal l'autorisation dont la requérante a besoin ; et vous ferez justice.

(*Signature de l'avoué de la femme*).

Cette requête est ainsi répondue :

Permis de faire citer le sieur..... à comparaître le .... de ce mois à *telle* heure, en la Chambre du Conseil du tribunal.

(*Le Président du Tribunal*).

Nota. En vertu de cette ordonnance sur requête l'huissier cite le mari au jour fixé par le président du tribunal, pour y être entendu et y déduire les causes de son refus, et le tribunal rend ensuite un jugement qui accorde ou refuse l'autorisation.

———◄◊◄◊◄◊►———

CHAPITRE XI

De la Séparation de Corps.

(Articles 306 à 311 du Code civil).

C'est l'état de deux époux que la justice a dispensés de l'obligation de vivre ensemble. Le lien du mariage n'est pas rompu ; il n'est que relâché. La séparation de corps entraine toujours la séparation de biens ; au contraire, la séparation de biens peut exister seule.

Le mari peut demander la séparation de corps pour adultère de la femme ; la femme ne peut la demander, pour la même cause, que si le mari a entretenu sa concubine dans la maison commune aux deux époux. Les autres causes réciproques de séparation de corps sont les excès, les services, les injures graves, et la condamnation à une peine infâmante.

L'époux contre lequel la séparation est prononcée perd les avantages que l'autre époux a pu lui faire par contrat de mariage ou, depuis le mariage, par donations, (arrêt de la cour de cassation du 23 mai 1845), mais l'époux au profit duquel la séparation est prononcée, peut renoncer à se prévaloir de cette déchéance exclusivement établie dans son intérêt, (Cassation, arrêt du 12 février 1849).

Si l'époux qui a obtenu la séparation n'a pas de ressources suffisantes pour vivre, le tribunal pourra condamner l'autre époux à lui servir une pension.

Les époux sont toujours libres de faire cesser les effets de la séparation en se réconciliant. La loi n'exige pour cela aucune formalité ; toutefois la séparation de biens continue à subsister à moins que les époux ne déclarent, dans un acte notarié, que leur intention est de reprendre le régime matrimonial qu'ils avaient adopté.

CHAPITRE XII

Du Contrat de Mariage.

(Articles 1387 à 1581 du Code civil).

Après avoir exposé les règles de l'association con-jugale, en ce qui touche la personne des époux, nous passons de suite aux règles de cette association en ce qui concerne leurs biens.

Le mariage proprement dit engendre des droits et des devoirs qui sont d'ordre public et auxquels les époux ne peuvent point déroger. Le contrat de ma-riage, au contraire, est, sauf quelques restrictions, abandonné au libre arbitre des contractants. Dans un acte, rédigé par un notaire, antérieurement au ma-riage (¹), les parties elles-mêmes formulent toutes les conventions relatives à la jouissance et à l'administra-tion de leurs biens, en y ajoutant les clauses qui leur conviennent, pourvu qu'elles ne soient pas contraires aux bonnes mœurs, aux droits résultant de la puis-sance maritale et paternelle et à l'ordre légal des successions. Le législateur a déterminé quatre sé-ries de règles, appelées *régimes*, que les époux peu-vent adopter à leur choix : 1° *le régime de commu-nauté (légale ou conventionnelle)* ; c'est le régime de droit commun et les époux qui n'ont pas fait de contrat notarié sont censés l'avoir accepté ; — 2° *le régime sans communauté* ; — 3° *le régime de sépa-ration de biens* ; — 4° *le régime dotal.*

SECTION PREMIÈRE. — Du régime de communauté légale.

La communauté, soit légale, soit conventionnelle commence au jour du mariage. Les époux ne peuvent pas convenir qu'elle commencera à une autre époque, mais ils peuvent la stipuler conditionnellement.

---

(1) On ne peut, après la célébration du mariage, apporter aucune modifi-cation au contrat.

On voit figurer dans ce régime trois personnes ayant chacune un patrimoine distinct ; le mari, la femme et la communauté. Le mari administre les trois patrimoines.

Les biens de la communauté se nomment *biens communs*. Les biens personnels de chaque époux s'appellent *propres*. Enfin on appelle *acquêts* les immeubles ou les meubles achetés pendant le mariage et qui tombent en communauté.

§ Ier. ACTIF DE LA COMMUNAUTÉ. — L'actif de la communauté se compose : 1° de tout le mobilier appartenant aux époux ; ce qui comprend non-seulement celui qu'ils possédaient au jour de la célébration du mariage, mais encore celui qu'ils ont acquis depuis, soit à titre onéreux, soit à titre de succession ou donation, à moins que le donateur n'ait stipulé que les objets mobiliers par lui donnés ne tomberaient pas dans la communauté ; 2° de tous les fruits, revenus, intérêts et arrérages, de quelque nature qu'ils soient, perçus ou échus pendant le mariage et provenant des biens appartenant aux époux lors de sa célébration, ou de ceux qui leur sont échus pendant le mariage, à quelque titre que ce soit. Les produits des carrières et mines ouvertes pendant le mariage tombent dans la communauté, sauf récompense, s'il y a lieu. La communauté profite aussi des fruits pendants par racine au temps où elle commence, et l'époux propriétaire profite à son tour de ceux qui sont dans le même état au moment de la dissolution de la communauté, le tout sans récompense de part ni d'autre. Mais s'il s'agit de coupes de bois qui, d'après l'aménagement ordinaire, auraient dû être faites pendant la communauté, et qui ne l'ont point été, l'époux propriétaire en doit récompense ; 3° enfin, la communauté comprend tous les immeubles acquis pendant le mariage à titre onéreux.

Cependant cette dernière règle est susceptible de plusieurs exceptions à l'égard : 1° de l'immeuble abandonné ou cédé à l'un des époux par ses père, mère ou autre ascendant, soit pour le remplir de ce qu'il lui doit, soit à la charge de payer les dettes du donateur à des étrangers, lequel immeuble reste propre à l'époux donataire, sauf récompense ou indemnité ; 2° de l'immeuble acquis pendant le mariage à titre d'échange contre celui appartenant à l'un des époux : la subrogation réelle qui a lieu dans ce cas donne à l'immeuble acquis le caractère de propre, sauf récompense s'il y a eu soulte ; 3° des immeubles acquis en remplacement de ceux propres à l'un des époux et qui ont été aliénés pendant la communauté, lorsque les conditions prescrites, pour que la subrogation ait lieu, ont été remplies ; 4° de l'acquisition faite pendant le mariage, à titre de licitation ou autrement, de portions d'un immeuble dont l'un des époux était propriétaire par indivis au moment du mariage, sauf indemnité envers la communauté de la somme fournie pour l'acquisition de cet immeuble.

§ II. Passif de la communauté. — Le passif de la communauté se compose : — 1° de toutes les dettes mobilières dont les époux étaient grevés au jour de la célébration du mariage, sauf récompense pour celles relatives aux immeubles qui leur sont propres ; 2° des dettes mobilières dont se trouvent chargées les successions qui leur échoient pendant le mariage ; 3° des dettes, tant en capitaux qu'arrérages ou intérêts, contractées par le mari pendant la communauté, ou par la femme, du consentement du mari, sauf récompense s'il y a lieu ; 4° des arrérages et intérêts seulement des rentes ou dettes passives personnelles aux époux ; 5° des repartitions usufructaires des immeubles qui n'entrent point en communauté ; 6° enfin, des aliments des époux, de l'éducation et entretien des enfants et de toute autre charge du mariage.

Observons toutefois que la communauté n'est tenue des dettes mobilières de la femme, antérieures au mariage, qu'autant qu'elles ont date certaine ; et qu'à défaut de cette condition, le créancier ne peut poursuivre la femme que sur la nue-propriété de ses immeubles personnels.

Quant aux dettes de successions échues aux époux pendant le mariage, il faut distinguer : si la succession est purement mobilière, les dettes sont pour le tout à la charge de la communauté, lors même que la succession serait échue à la femme, et que les dettes excèderaient l'émolument ; toutefois, si la femme n'a accepté la succession qu'avec autorisation de justice et qu'il y ait eu inventaire, les créanciers après avoir épuisé les biens de la succession, ne peuvent poursuivre leur paiement que sur la nue-propriété des autres biens de la femme : l'inventaire est nécessaire pour prévenir le concert frauduleux qui pourrait exister entre le mari et la femme.

Si la succession est purement immobilière, il est clair que les dettes ne peuvent être à la charge de la communauté ; mais quant aux tiers, il faut observer que si la succession est échue au mari, les créanciers peuvent poursuivre leur paiement, non seulement sur les biens propres du mari, mais encore sur ceux de la communauté, sauf récompense ; si, au contraire, la succession est échue à la femme, et que celle-ci l'ait acceptée du consentement de son mari, les créanciers peuvent poursuivre leur paiement sur tous les biens personnels de la femme ; mais, si la succession n'a été acceptée par la femme que comme autorisée par la justice, les créanciers, en cas d'insuffisance des biens de la succession, ne peuvent se pourvoir que sur la nue-propriété des autres biens personnels de la femme.

Enfin, si la succession est tout à la fois mobilière et immobilière, les dettes dont elle est grevée ne sont à la charge de la communauté que jusqu'à concurrence de la portion contributoire du mobilier dans les dettes, eu égard à la valeur de ce mobilier comparée à celle des immeubles. Cette portion contributoire se règle d'après l'inventaire auquel le mari doit faire procéder, soit de son chef, si la succession le concerne personnellement, soit comme dirigeant et autorisant les actions de la femme, s'il s'agit d'une succession à elle échue. Si cet inventaire n'a pas eu lieu, et qu'il en résulte un préjudice pour la femme, elle ou ses héritiers peuvent, lors de la dissolution de la communauté, poursuivre les récompenses de droit, et même être admis à faire preuve, tant par titres et papiers domestiques que par témoins, et au besoin, par commune renommée, de la quantité et de la valeur du mobilier. Le mari n'est jamais reçu à faire cette preuve, car il ne tenait qu'à lui de se procurer celle prescrite par la loi.

La contribution ci-dessus n'a lieu qu'entre les époux ; les créanciers de la succession conservent toujours le droit de poursuivre leur paiement total, même sur les biens de la communauté, que la succession soit échue au mari ou à la femme, pourvu que dans ce dernier cas, elle ait été acceptée du consentement du mari, Ils ont le même droit quand la femme a accepté la succession avec l'autorisation de justice, et qu'il n'a pas été fait d'inventaire : mais s'il en a été fait, ils ne peuvent poursuivre que les biens de la succession et la nue-propriété de ceux de la femme. Toutes ces dispositions s'appliquent au paiement des dettes d'une donation.

§ III. ADMINISTRATION DE LA COMMUNAUTÉ. — Le mari administre seul les biens de la communauté ; il a le droit de les vendre, aliéner et hypothéquer sans le concours de sa femme, mais il ne peut, si ce n'est pour l'établissement des enfants communs, disposer à titre gratuit ni des immeubles de la communauté, ni même de l'universalité ou d'une quotité du mobilier. La raison en est simple : donner c'est perdre, et administration signifie conservation.

Le mari, comme chef de la communauté, a droit d'administrer les biens de la femme, et il est responsable de tout dépérissement causé par défaut d'actes conservatoires ; il peut passer les baux, mais, à la dissolution de la communauté, ils ne sont obligatoires pour la femme et ses héritiers qu'autant qu'ils ont été faits pour une période qui n'excède pas neuf ans ; il exerce seul toutes les actions mobilières et possessoires de sa femme, mais il ne peut aliéner ses immeubles sans son consentement. Par une conséquence nécessaire du pouvoir conféré au mari, la communauté est tenue de toutes les dettes contractées soit par lui, soit par la femme avec son consentement.

Le droit qu'a le mari d'obliger la femme ne peut s'étendre aux engagements résultant de délits, de sorte que le paiement des amendes encourues par le mari peut, comme dette mobilière, être poursuivi sur les valeurs de la communauté, sauf récompense à la femme ou à ses héritiers lors de la dissolution. Quant aux condamnations (*amendes*, *frais* ou *dommages-intérêts*), prononcées contre le mari pour crime, elles ne frappent que sa part dans la communauté et ses biens personnels.

Pour la femme, elle n'a aucun droit tant que dure la communauté. Tout acte fait par elle sans le consentement exprès ou tacite de son mari est nul et n'engage pas les biens communs. L'autorisation de justice, suffisante dans certains cas pour la rendre habile à disposer de ses propres biens, ne peut lui donner la capacité nécessaire pour disposer de ceux de la communauté, excepté dans les cas de la plus grande urgence, comme s'il s'agissait de tirer son mari de prison, ou d'établir des enfants communs pendant l'absence de leur père : par la même raison, les amendes auxquelles elle est condamnée pour crime, ne peuvent s'exécuter, pendant la communauté, que sur la nue-propriété de ses biens.

La femme peut s'obliger en qualité de commune ou en son propre nom. Elle est obligée en qualité de femme commune : 1° lorsque son mari contracte pendant la communauté, puisque le mari est le mandataire tacite de la femme ; 2° lorsqu'elle agit en vertu de la procuration générale de son mari, les obligations qu'elle consent en cette qualité étant censées contractées par le mari seul. La femme dispose et contracte en son propre nom, lorsque son mari contracte et dispose, et qu'elle intervient au contrat, ou lorsqu'elle contracte seule avec le consentement exprès ou présumé de son mari.

Ces deux modes d'obligations diffèrent essentiellement en ce que, quand la femme n'est obligée qu'en qualité de commune, elle cesse de l'être du moment qu'elle perd cette qualité, c'est-à-dire du moment qu'elle a renoncé à la communauté, et que, même en cas d'acceptation, elle n'est tenue que jusqu'à concurrence de son émolument. Mais lorsqu'elle a contracté en son nom personnel, elle ne peut se décharger à l'égard du créancier, même en renonçant à la communauté.

§ IV. DISSOLUTION DE LA COMMUNAUTÉ. — Comme toutes les sociétés, la communauté est dissoute par la mort; la séparation de corps et la séparation de biens sont encore des causes spéciales de dissolution. A la dissolution d'une société il en faut connaître la situation; de là l'obligation d'en faire l'inventaire; mais le défaut d'inventaire ne donne plus lieu, comme anciennement, à la continuation de la communauté, sauf aux parties intéressées à prouver la consistance et la nature des biens et effets communs, tant par titres que par témoins, et même par commune renommée.

La séparation de biens ne peut être poursuivie qu'autant que la dot de la femme est mise en péril; elle doit être prononcée judiciairement et ne saurait être volontaire. Le droit de demander la séparation de biens est personnel à la femme, et ses créanciers ne peuvent former cette demande sans son consentement; néanmoins, en cas de faillite ou de déconfiture du mari, ils peuvent exercer les droits de leur débitrice jusqu'à concurrence du montant de leurs créances. La femme ne peut poursuivre la séparation de biens sans autorisation du président du tribunal civil de son domicile, et tout jugement qui prononce la séparation doit être publié dans un journal d'annonces judiciaires, et exécuté contre le mari dans la quinzaine de son obtention, sous peine de nullité. Tout créancier du mari peut attaquer ce jugement pendant l'année qui suit sa publication.

La communauté se dissout en outre par la séparation corps qui entraine toujours la séparation de biens.

La femme séparée, soit de corps, soit de biens, reprend la libre administration de sa fortune, peut disposer de son mobilier et l'aliéner; mais elle ne peut aliéner ses immeubles sans le consentement du mari, ou, à son refus, sans autorisation de justice. Il importe de remarquer que si l'aliénation a été faite par la femme séparée, du consentement de son mari, il est garant envers sa femme ou ses héritiers du défaut d'emploi ou de remploi du prix de l'immeuble aliéné, quoiqu'il ne le soit pas cependant de l'utilité de l'emploi; au lieu que, si la vente a été faite avec l'autorisation de justice, le mari n'est garant du défaut d'emploi ou de remploi, qu'autant qu'il a concouru au contrat, ou qu'il est prouvé que les deniers ont été touchés par lui ou qu'il en a profité.

La femme séparée de biens doit contribuer, proportionnellement à ses facultés et à celles du mari, tant aux frais du ménage qu'à ceux de l'éducation des enfants communs; elle doit supporter entièrement ces frais s'il ne reste rien au mari.

Au surplus, la communauté dissoute, soit par la séparation de corps, soit par la séparation de biens, peut être rétablie du consentement des deux conjoints; mais il faut : 1° Qu'elle le soit par acte devant notaire, et avec minute, publié et affiché comme le jugement de séparation de biens ; 2° Que cet acte ne contienne aucune dérogation aux conditions qui réglaient la communauté avant la séparation. La communauté rétablie de cette manière reprend son effet du jour du mariage, et les choses sont remises au même état que s'il n'y avait pas eu de séparation, sans préjudice néanmoins de l'exécution des actes qui, dans cet intervalle, ont été faits par la femme dans les limites de la loi.

La communauté dissoute, il reste à examiner quels sont les droits de chacun des époux, et, comment ils varient suivant que la femme accepte la communauté ou y renonce.

§ V. ACCEPTATION DE LA COMMUNAUTÉ ET DE LA RENONCIATION QUI PEUT Y ÊTRE FAITE.—C'est une règle particulière à la société entre époux que, lors de la dissolution, la femme a la faculté de l'accepter ou d'y renoncer ; ce privilège, que l'autre associé ne partage point, est un secours qu'il a fallu donner à la femme pour qu'une communauté onéreuse ne la ruinât pas : il s'ensuit que la communauté qui l'associe à la moitié des profits ne l'expose pas à la moitié des pertes ; elle s'en décharge en renonçant à toute espèce de droits sur les biens de la communauté, même sur le mobilier qu'elle y a versé, sauf le linge et les hardes à son usage qu'elle reprend dans tous les cas.

Pour pouvoir renoncer, il faut que la femme ait fait un inventaire, qu'elle ne se soit pas immiscée dans

les biens de la communauté, et qu'elle n'en ait rien
diverti ou recélé ; car, dans ces cas, elle serait privée
d'une prérogative dont sa mauvaise foi la rendrait
indigne.

Quant au délai dans lequel la femme doit déclarer si elle accepte la communauté ou y renonce,
il faut distinguer : si la dissolution résulte d'un jugement de séparation de biens, comme la femme doit
exercer des poursuites dans la quinzaine, elle doit
prendre qualité dans le même délai. Si la dissolution
est opérée par la séparation de corps, la femme qui
n'a point, dans les trois mois et quarante jours après
la séparation, accepté la communauté, est censée y
avoir renoncé, à moins qu'étant encore dans le délai,
elle n'en ait obtenu la prorogation en justice contradictoirement avec le mari ou lui dûment appelé. Si,
au contraire, la communauté est dissoute par la mort
du mari, la présomption est pour l'acceptation, et, en
conséquence, la femme ne peut conserver la faculté
de renoncer qu'autant qu'elle a fait bon et fidèle
inventaire, et qu'elle ne s'est pas immiscée.

La faculté de renoncer se transmet aux héritiers
de la veuve avec les mêmes charges et conditions.

La renonciation doit être faite au greffe du tribunal
de première instance dans l'arrondissement duquel
le mari avait son domicile ; toute renonciation faite
au préjudice des créanciers de la femme peut être
attaquée par eux, et ils ont le droit d'accepter la
communauté de leur chef.

Quand la communauté est dissoute par la mort
du mari, la femme a le droit, pendant les trois mois
et quarante jours qui lui sont accordés pour faire
inventaire et délibérer, de prendre sa nourriture et
celle de ces domestiques sur les provisions existantes,
et, à défaut, par emprunt au compte de la masse
commune, à la charge d'en user modérément. Elle
ne doit aucun loyer, à raison de l'habitation qu'elle
a pu faire, pendant ces délais, dans une maison
dépendante de la communauté ou appartenant aux
héritiers du mari ; et si la maison qu'habitaient les
époux à l'époque de la dissolution de la communauté
était tenue par eux à titre de loyer, le paiement doit

en être pris sur la masse ; enfin, le deuil de la femme est aux frais de la succession de son mari, et il est réglé selon la fortune de ce dernier. Ces droits n'appartiennent qu'à la femme veuve, et n'ont pas lieu quand la dissolution de la communauté s'opère du vivant du mari, ils lui sont personnels et ne passent point à ses héritiers.

§ VI. PARTAGE DE LA COMMUNAUTÉ APRÈS L'ACCEPTATION. — Dans le cas d'acceptation par la femme, la communauté se partage, et c'est par ce dernier mode qu'elle se détermine et disparaît. Quant aux formes, à l'exécution, aux effets, aux garanties et aux soultes auxquels un partage de communauté peut donner lieu, les règles sont celles établies pour le partage des successions.

Chaque époux rapporte à la masse ce qu'il doit à la communauté, soit à titre d'emprunt, soit à titre de récompense ou d'indemnité ; et chaque époux, ou son héritier, prélève : 1° ses biens personnels qui ne sont point entrés en communauté, s'ils existent en nature, ou ceux qui ont été acquis en remploi ; 2° le prix de ses immeubles qui ont été aliénés pendant la communauté, et dont il n'a pas été fait remploi ; 3° enfin, les indemnités qui lui sont dues par la communauté.

La privation absolue de pouvoir et d'influence, qui a constamment éloigné la femme de tous les actes d'administration, doit encore lui donner ici une faveur, une préférence dont la justice ne peut être contestée, et qui se réalise par trois moyens.

En premier lieu, les prélèvements de la femme se font avant ceux du mari (1). Ils s'exercent d'abord sur l'argent comptant et le mobilier, et subsidiairement sur les immeubles de la communauté, cas auquel la femme a le choix des immeubles ; enfin, en cas d'insuffisance de la communauté, sur les biens personnels du mari qui est toujours responsable. Au contraire, le mari ne peut exercer ses reprises et prélèvements que

_____

(1) Depuis l'arrêt de la Cour de Cassation du 16 janvier 1858, les actions en reprises de la femme constituent, comme celles du mari, de véritables créances ; elle concourt donc avec les autres créanciers de la communauté.

sur les biens de la communauté ; les biens de la femme sont, à cet égard, inattaquables.

Les héritiers de la femme exercent, à son défaut, tous les droits qui lui sont attribués dans le partage de la communauté : s'ils sont divisés, en sorte que l'un ait accepté la communauté à laquelle l'autre a renoncé, celui qui a accepté ne peut prendre que sa portion virile et héréditaire dans les biens qui échoient au lot de la femme. Le surplus reste au mari qui demeure chargé, vis-à-vis de l'héritier renonçant, des droits que la femme aurait pu exercer en cas de renonciation, mais jusqu'à concurrence de la portion virile héréditaire du renonçant.

Si l'un des époux a diverti ou recélé quelques effets de la communauté, il est, pour toute peine, privé de sa portion dans les effets recélés.

Le passif de la communauté se partage, ainsi que l'actif, par égales portions.

Le passif de la communauté se compose des dettes contractées par la communauté, et chaque époux est tenu d'en payer la moitié : dans ces dettes on comprend les frais de scellés, inventaire, vente de mobilier, liquidation, licitation et partage.

Pour plus de clarté, il faut distinguer ici les droits que les deux époux peuvent avoir l'un contre l'autre, et les droits des créanciers contre les deux époux collectivement ou contre chacun d'eux séparément.

Après le partage consommé, si l'un des époux est créancier personnel de l'autre ou son donataire, la créance ou la donation s'exerce sur la part de communauté échue à l'époux débiteur ou donateur et sur ses biens personnels ; mais ce droit réciproque est toujours subordonné aux droits des créanciers qu'on peut ranger en quatre catégories : 1° créanciers de la communauté, qui ont l'obligation personnelle et solidaire des deux époux ; 2° créanciers de la communauté, qui n'ont que l'obligation du mari ; 3° créanciers personnels du mari ; 4° créanciers personnels de la femme.

En général, la femme n'est tenue, soit vis-à-vis du mari, soit vis-à-vis des créanciers, que de la moitié des dettes de la communauté, lorsqu'un inventaire exact a été fait après la dissolution ; et, dans ce cas, fût-elle même engagée personnellement, elle ne peut être poursuivie et forcée à payer au-delà de sa moitié. Mais, s'il n'y a pas eu d'inventaire, ou si elle s'est engagée solidairement avec son mari, le créancier porteur de son obligation solidaire peut la poursuivre pour la totalité de la créance, sauf à elle à recourir, pour son indemnité, contre son mari ou ses héritiers.

En principe, toutes les fois que l'un des époux est forcé de payer pour l'autre, ou simplement poursuivi, il a contre lui un recours légitime en garantie ou en remboursement.

Tout ce qui est dit ci-dessus est observé même lorsque l'un des époux ou tous deux ont des enfants de précédents mariages. Si toutefois la confusion du mobilier et des dettes opérait, au profit de l'un des époux, un avantage supérieur à la quotité disponible de l'article 1098 du Code civil, les enfants du premier lit de l'autre époux auraient l'action en retranchement.

SECTION II. — *Communauté conventionnelle.*

La communauté conventionnelle n'est autre chose qu'une modification de la communauté légale, telle que l'intérêt ou la volonté des époux peut le conseiller ou l'exiger sans se mettre en opposition avec la loi. Il peut donc y avoir autant de communautés conventionnelles qu'on peut imaginer de conventions différentes dans le régime de la communauté.

Le Code a indiqué les *modifications les plus usuelles* que les époux peuvent apporter à la communauté légale. Ce sont : 1° *La communauté réduite aux acquêts.* Dans ce cas, la communauté commence avec zéro, tant en actif qu'en passif, et se composera soit des revenus des biens propres, soit des gains provenant de l'industrie des époux ; 2° *La clause d'exclusion de tout ou partie du mobilier présent ou futur*, par laquelle les époux conviennent qu'ils conserveront comme biens propres, soit la totalité, soit une partie de leurs capitaux mobiliers. C'est une dérogation au principe que tous les meubles tombent dans la communauté, et comme elle tend à les assimiler aux immeubles, on l'appelle aussi clause *d'immobilisation* ou de *réalisation* de propres ; 3° *La clause d'ameublissement* par laquelle les époux conviennent de faire tomber tout ou partie de leurs immeubles dans la communauté; 4° *La clause de séparation de dettes* par laquelle les époux excluent de la communauté tout ou partie des dettes qu'ils avaient lors du mariage. Mais la communauté doit supporter les intérêts de ces dettes ; 5° *La clause de reprise d'apport franc et quitte* par laquelle la femme stipule qu'elle reprendra tout ou partie de son mobilier franc et quitte de toute dette, en renonçant à la communauté, mais alors elle déduit de la valeur du mobilier qu'elle reprend le montant des dettes tombées de son chef dans la communauté ; 6° *La clause de préciput* par laquelle les époux conviennent que le survivant prélèvera, avant partage, une certaine somme sur les biens de la communauté ; 7° *La clause de parts inégales* par laquelle les époux conviennent que, lors du partage des biens communs, l'un d'eux prendra des parts inégales, ou toute la communauté, en payant une somme fixe aux héritiers de son conjoint, ou même sans rien payer du tout ; 8° *La clause de communauté à titre universel* par laquelle les époux conviennent de faire entrer en communauté soit tous leurs biens présents, soit tous leurs biens à venir, soit tous leurs biens présents et à venir.

SECTION III. — *Du régime sans communauté.*

Ce régime est celui par lequel les époux conviennent que chacun d'eux conservera les biens provenant de son chef, en sorte qu'il n'y aura que deux patrimoines ; celui du mari et celui de la femme. Sous ce rapport, le régime sans communauté présente un effet analogue au régime de séparation de biens ; mais il en diffère essentiellement en ce qu'il confère au mari la jouissance et l'administration des biens de la femme ainsi que tous les bénéfices provenant de son travail ou de son industrie, à la condition de supporter toutes les charges du mariage.

Les époux peuvent convenir que la femme touchera annuellement, sur ses seules quittances, une certaine portion de ses revenus pour son entretien et ses besoins personnels.

Les immeubles constitués en dot ne sont point inaliénables, néanmoins ils ne peuvent être aliénés qu'avec l'autorisation du mari ou de justice.

SECTION IV. — Du régime de séparation de biens.

Ce régime a lieu lorsque les époux conviennent qu'ils conserveront chacun leurs biens, et que la femme aura la jouissance et l'administration de son patrimoine.

Le régime de séparation de biens *conventionnelle* diffère de la séparation de biens *judiciaire* en ce que : 1° La séparation de biens conventionnelle est irrévocable, tandis que la séparation de biens judiciaire peut finir par le rétablissement du régime antérieur ; 2° Dans la séparation de biens conventionnelle les charges du mariage sont supportées par les deux époux dans la proportion indiquée au contrat et à défaut de convention à cet égard, elles ne sont supportées par la femme que pour un tiers de ses revenus, tandis que dans la séparation de biens judiciaire, les charges sont supportées pour chacun des époux en proportion de ses facultés.

SECTION V. — Du régime dotal.

Ce régime est ainsi appelé à raison de la manière particulière dont la dot se trouve régie après la constitution qui en a été faite.

La dot, comme sous les autres régimes, est le bien que la femme apporte au mari pour l'aider à supporter les charges du mariage ; mais, pour que la dot soit régie par les dispositions spéciales du régime dotal, il faut que le contrat de mariage constate que *les époux ont adopté le régime dotal*, et renferme une constitution de dot.

Ce régime a pour but d'assurer la conservation des biens de famille en garantissant la femme et les enfants contre toute éventualité.

§ Ier. CONSTITUTION DE DOT. — La dot ne peut être constituée que par le contrat de mariage ; elle ne peut être augmentée après la célébration.

La loi du mariage imposant l'obligation commune aux deux époux de nourrir, entretenir et élever leurs enfants, il s'ensuit que, dans tous les cas, lorsqu'un père et une mère constituent une dot sans distinguer la part de chacun, la loi suppose qu'ils y contribuent par égales portions ; mais si la constitution dotale est faite par le père seul, quoiqu'en présence de la mère, celle-ci n'est pas engagée, et la dot demeure en entier à la charge du père.

La nature de la dot veut qu'elle ne perde jamais son caractère de libéralité ; d'où il suit : 1° que, si un père a constitué à sa fille ce qu'il croyait lui devoir, la dot est due même lorsque la créance n'existerait pas ; 2° que si une fille dotée sans désignation précise par ses père et mère a des biens propres dont ils jouissent, la dot sera prise, non sur les biens propres de la fille dotée, mais sur les biens des père et mère qui l'ont constituée ; 3° que si le survivant des père et mère constitue une dot sans désignation spéciale pour biens paternels et maternels, la dot se prendra d'abord sur les biens du prédécédé, parceque les droits que l'enfant doté peutavoir sur ces biens est une dette de l'époux survivant pour qui la libération doit précéder la libéralité.

Ceux qui constituent une dot sont tenus à la garantie des objets constitués, et les intérêts en courent de plein droit du jour du mariage contre ceux qui l'ont promise, encore qu'il y ait terme pour le paiement, s'il n'y a stipulation contraire.

§ II. INALIÉNABILITÉ DU FONDS DOTAL. — Le principal caractère qui distingue le régime dotal consiste dans l'inaliénabilité de l'immeuble constitué en dot. Si la dot a été constituée de tous les biens présents et à venir, tout ce qui survient est dotal ; si elle a été bornée aux biens présents, tout ce qui survient après le contrat est *extra-dotal*.

La dot consiste en argent, en meubles ou en immeubles. Si elle est constituée en argent, le mari en devient débiteur ; si c'est en effets mobiliers mis à prix, le mari en est censé acheteur, à moins qu'on ne déclare que l'estimation n'a pas été faite pour opérer vente ; si les effets mobiliers ont été estimés sans cette clause, le mari ne doit que le prix porté au contrat.

La règle contraire est établie pour les immeubles : si la dot consiste en immeubles estimés, leur estimation n'opère pas vente en faveur du mari, à moins qu'on ne le déclare expressément.

Les immeubles constitués en dot sont dotaux de leur nature, c'est-à-dire inaliénables : ni le mari, ni la femme, ni tous les deux ensemble, ne peuvent aliéner ou hypothéquer le bien dotal ; et les tiers ne peuvent le prescrire, à moins que la prescription n'ait commencé avant le mariage.

Le bien dotal aliéné sans juste cause peut être revendiqué, même par le mari, pendant le mariage ; il ne peut l'être par la femme qu'après sa dissolution, parce que ce n'est qu'à ce moment qu'elle a le droit d'agir. Ajoutons que l'immeuble dotal peut être aliéné avec permission de justice, et aux enchères, après trois affiches : 1° pour tirer de prison le mari ou la femme ; 2° pour fournir des aliments à la famille ; 3° pour payer les dettes de la femme ou de ceux qui ont constitué la dot, lorsque ces dettes ont une date certaine antérieure au mariage ; 4° pour faire de grosses réparations indispensables à la conservation de l'immeuble dotal ; 5° enfin, lorsque cet immeuble se trouve indivis avec des tiers et qu'il est reconnu impartageable. Dans tous ces cas, l'excédant du prix de la vente au-dessus des besoins reconnus reste dotal, et il en est fait emploi comme tel au profit de la femme.

Quand les valeurs qui doivent être acquises en remploi ne sont pas déterminées par le contrat de mariage, le remploi se fait en immeubles, en rentes sur l'Etat ou en actions de la Banque de France. (*Décrets des 16 janvier et 1er mars 1808, et loi du 2 juillet 1862, art. 46*).

Ainsi, on ne s'écarte de la règle, que pour y rentrer quand on a satisfait à la nécessité.

§ III. RESTITUTION DE LA DOT. — A la dissolution du mariage, la femme rentre de plein droit en possession de sa dot, comme un propriétaire grevé d'usufruit rentre en pleine possession de ses droits par le décès de l'usufruitier.

Si la dot consiste en sommes ou en effets estimés, qui ne constituent qu'une dot en argent, les héritiers du mari ont un an pour la restituer : pendant cette année ils en doivent les intérêts, ou, si la veuve le préfère, ils lui fournissent des aliments proportionnés à l'état et à la fortune du défunt ; la veuve a de plus, dans tous les cas, le droit de continuer, pendant un an, son habitation dans la maison conjugale et de faire payer son deuil.

Contrairement au droit romain, la femme et ses héritiers n'ont pas de privilège sur les créanciers antérieurs à elle en hypothèque ; mais une disposition plus digne de la législation romaine a été conservée : si un père a marié sa fille à un insolvable, s'il a livré la dot à un époux qui ne présentait aucune sûreté, ni dans ses biens, ni dans l'exercice d'un art ou d'une profession, sa fille est dispensée de rapporter à sa succession la dot qu'elle a perdue par l'imprudence de son père ; elle n'y rapporte que l'action qu'elle a contre son mari pour se faire rembourser,

§ IV. BIENS PARAPHERNAUX. — Tous les immeubles qui ne sont pas constitués en dot sont paraphernaux, c'est-à-dire que la femme en a l'administration et la jouissance exclusives. Lorsqu'elle donne procuration à son mari pour les administrer, celui-ci est simplement revêtu des droits et soumis aux obligations du mandataire ; si elle permet, ou seulement si elle tolère que le mari en jouisse, ce dernier est tenu, comme usufruitier, des charges de la jouissance ; mais, dans aucun cas, il ne peut être obligé qu'à la restitution des fruits non consommés.

La femme ne peut aliéner ni hypothéquer ses paraphernaux sans le consentement de son mari. Ajoutons pour terminer, qu'en se soumettant au régime dotal, les époux peuvent néanmoins stipuler une société d'acquêts ; et dans ce cas, le régime dotal est, de tous les régimes, celui qui répond le mieux aux justes préoccupations des familles.

FORMULE d'un Compte de Communauté.

Compte que L..... (nom, prénoms, profession et demeure du rendant compte), rend des biens de la communauté qui a existé entre lui et la dame N..... (nom et prénoms de famille), son épouse, décédée le....., aux sieurs P..... et F.... (noms des oyants-compte), héritiers de son épouse.

ACTIF DE LA COMMUNAUTÉ.

La communauté était composée : 1° de meubles, qui suivant l'inventaire fait après le décès de mon épouse par Maître...., notaire, le...., ont été estimés à la somme de...., ainsi qu'il se peut voir en l'inventaire. . . . . ci . . . . . fr.

2° ...., etc. *(énoncer successivement tous les biens de la communauté).*

3° *(Si les époux étaient commerçants).* D'un fonds de commerce de *telles* marchandises, estimé *tant* . . . . ci . . . . . fr.

Total de l'actif. . . . . fr.

PASSIF DE LA COMMUNAUTÉ.

Il y avait à acquitter comme dette de la communauté : 1° les frais funéraires de la défunte, qui se sont élevés à la somme de ci . . . . fr.

2° *(énoncer toutes les dettes acquittées et celles qui restent encore à payer).*

Total du passif . . . . fr.

REPRISES QUI PEUVENT ÊTRE FAITES.

Le rendant compte a à faire reprise de telle somme employée au remboursement de *telle* dette de la succession des père et mère de son épouse, ainsi qu'il est constaté en l'inventaire fait après le décès de ceux-ci . . . . fr.
(Énoncer ainsi toutes les sommes dont on peut faire reprise, comme ayant servi à acquitter les dettes personnelles de la défunte) . . . . ci. . . . . . fr.

Total des reprises. . . . . fr.

RÉCAPITULATION DE LA BALANCE DU COMPTE.

Actif de la communauté . . . . fr. . . . . cent.
Passif. fr. . . . . cent.
Reprises. . . . . fr. . . . . cent.

Duquel compte il résulte que moi, L....., suis redevable envers les héritiers de mon épouse de la somme de......

Le présent compte certifié par moi exact et sincère, a été dressé à ...... le.....

(Signature).

FORMULE *de quittance dudit compte de communauté.*

Nous, A....., B....., C....., reconnaissons avoir reçu de L....., la somme de....., que nous nous sommes à l'instant partagée comme reliquat du compte de la communauté qui a existé entre lui et la dame......, notre tante *ou* notre mère. En conséquence, nous le tenons quitte et déchargé de la totalité des répétitions que nous avions à faire pour ledit compte.

A......, le .... mil huit cent.....		*(Signatures).*

CHAPITRE XIII

De la Filiation.

(Articles 312 à 342 du Code civil).

La filiation est le rapport établi entre deux personnes dont l'une est née de l'autre. Ce rapport s'appelle *paternité* ou *maternité*, si on l'envisage au point de vue soit du père, soit de la mère : Il y a trois espèces de filiations : 1º filiation légitime ou légitimée ; 2º filiation naturelle simple, naturelle adultérine ou incestueuse ; 3º filiation adoptive, laquelle est aussi légitime. Comme des droits et des obligations sont attachés à l'état de famille, il importe beaucoup d'assurer l'ordre et la suite des générations en définissant les conditions de la parenté.

SECTION PREMIÈRE. — Des enfants légitimes.

L'enfant légitime est celui qui est né de deux personnes mariées. Mais il n'est pas nécessaire que l'enfant soit né pour être considéré comme légitime ; il suffit qu'il soit conçu, parce que, toutes les fois qu'il s'agit de l'intérêt d'un enfant, la loi répute né celui qui est conçu.

L'enfant légitime entre dans la famille de ses père et mère et acquiert un droit de successibilité générale ; il en est de même de l'enfant légitimé, mais seulement à dater du jour de la célébration du mariage de ses père et mère.

L'enfant conçu pendant le mariage est présumé avoir pour père le mari ; mais la loi permet à celui-ci, et même à ses héritiers, de faire tomber cette présomption dans certains cas. Ainsi, la loi fixe à 180 jours la plus courte durée de la grossesse et à 300 jours la plus longue durée ; partant de ces bases, elle permet de désavouer l'enfant né avant le 180ᵐᵉ jour du mariage ou après le 300ᵐᵉ jour de la mort du mari.

Néanmoins, si le mari a connu la grossesse avant le mariage, s'il a signé l'acte de naissance et enfin si l'enfant n'est pas né viable, le mari ne pourra le désavouer.

Le mari pourra encore désavouer l'enfant : 1° si, pendant l'époque où la conception a dû avoir lieu, il a été dans l'impossibilité physique de cohabiter avec sa femme ; 2° en cas d'adultère, si la naissance lui a été cachée ; 3° en cas de séparation de corps prononcée ou même demandée, le père peut désavouer l'enfant né 300 jours après l'ordonnance du président qui autorise la femme à la poursuite de ses droits, ou moins de 180 jours après le rejet de la demande ou la réconciliation. (*Loi du 6 décembre 1850*).

L'action en désaveu doit être intentée dans le mois de la naissance de l'enfant, si le mari se trouve sur les lieux, ou dans les deux mois de son retour ou de la découverte de la fraude, si la naissance lui a été cachée.

Tout acte extra-judiciaire contenant le désaveu de la part du mari ou de ses héritiers est comme non avenu, s'il n'est suivi, dans le délai d'un mois, d'une action en justice dirigée contre un tuteur *ad hoc* donné à l'enfant, et en présence de sa mère.

SECTION II. — *Preuve de la filiation des enfants légitimes.*

Pour prouver que l'on est enfant légitime il suffit de produire son acte naissance : à défaut d'acte de naissance, la possession constante d'état d'enfant légitime suffit. La possession d'état s'établit par une réunion de faits propres à justifier la parenté d'un individu avec la famille à laquelle il prétend appartenir.

Les principaux de ces faits sont : — que l'individu a toujours porté le nom du père auquel il prétend appartenir ; — que le père l'a traité comme son enfant et a pourvu en cette qualité, à son éducation, à son entretien et à son établissement ; — qu'il a été reconnu constamment pour tel dans la société ; — qu'il a été reconnu pour tel par la famille.

A défaut d'acte de naissance et de possession d'état, ou si l'enfant a été inscrit soit sous de faux noms, soit comme né de père et mère inconnus, la preuve de la filiation peut se faire par témoins. Toutefois cette preuve ne peut être admise que s'il existe un commencement de preuve par écrit résultant des titres de famille, des registres et papiers domestiques du père ou de la mère, ou d'actes publics ou privés émanés de ceux qui contestent la qualité de l'enfant.

La loi accorde un délai très court à ceux qui ont intérêt à contester la légitimité d'un enfant, et au contraire, elle ne limite pas la durée du droit qui appartient à l'enfant de réclamer son état : ce droit est imprescriptible. Les tribunaux civils sont seuls compétents pour statuer sur les réclamations d'état.

SECTION III. — Des enfants naturels.

Ce sont ceux nés hors mariage de deux personnes entre lesquelles il n'existe aucune prohibition de mariage. Les enfants naturels, autres que ceux nés d'un commerce incestueux ou adultérin (1), peuvent être légitimés par le mariage subséquent de leurs père et mère, lorsque ceux-ci les ont reconnus avant leur mariage, ou qu'ils les reconnaissent dans l'acte même de célébration.

La reconnaissance d'un enfant naturel est faite par un acte authentique (2) : lorsqu'elle ne l'a pas été dans son acte de naissance la reconnaissance doit être expresse. Ainsi, on ne peut indiquer le père d'un enfant naturel sur la déclaration de la mère; de même le père, en le reconnaissant, ne peut indiquer la mère sans l'aveu de celle-ci.

---

(1) L'enfant adultérin est celui qui est issu de deux personnes qui à l'époque de sa conception n'auraient pu se marier ensemble, parce que l'une d'elles ou toutes les deux étaient déjà engagées dans les liens d'un mariage encore existant.

L'enfant incestueux est celui dont les père et mère étaient, à l'époque de sa conception, unis par un lien de parenté ou d'alliance susceptible de faire obstacle à leur mariage.

Les enfants adultérins et incestueux n'ont que le droit de réclamer des aliments. Lorsque leur père ou leur mère leur aura fait apprendre un art mécanique, ou lorsque l'un d'eux leur aura assuré des aliments de son vivant, ils ne pourront élever aucune réclamation contre leur succession.

(2) L'acte authentique est celui qui a été reçu par des officiers publics (notaire, maire, juge de paix), ayant le droit d'instrumenter dans le lieu où l'acte a été rédigé et avec les solennités requises.

La recherche de la paternité est interdite, excepté en cas d'enlèvement, si l'époque de la conception coïncide avec celle de l'enlèvement. Malgré cette prohibition, la fille séduite peut faire condamner son séducteur à des dommages intérêts, sans pouvoir le faire déclarer père de son enfant. Au contraire, la recherche de la maternité est admise : on peut réclamer sa mère et prouver que l'on est réellement le fils dont telle femme est accouchée : mais pour être admis à faire cette preuve il faut avoir un commencement de preuve par écrit.

Il ne faut pas confondre la reconnaissance avec la légitimation ; la reconnaissance n'enlève pas à l'enfant, né hors mariage, sa qualité d'enfant naturel ; la légitimation, au contraire, lui donne les mêmes droits que s'il était né pendant le mariage. La loi défend de reconnaître ou de légitimer les enfants incestueux ou adultérins.

FORMULE *d'un Acte de Désaveu d'un Enfant né pendant le mariage*

ACTE D'HUISSIER

L'an mil huit cent soixante-et-quinze...., le..... à la requête du sieur.... (*nom, prénoms, profession et demeure*), pour lequel domicile est élu en sa demeure, ou en l'étude de Maître...., avoué au Tribunal de...., j'ai, N....., huissier, etc...., demeurant...., soussigné,

Signifié, déclaré et fait connaître à la dame (*nom et prénoms de famille*), épouse dudit sieur...., demeurant en son domicile, en parlant à....,

Que ledit sieur n'entend point et ne veut point reconnaître comme étant de lui, l'enfant dont est accouchée ladite dame...., le....., lequel a été présenté le.... et inscrit sur les registres de l'état civil de la Mairie de,.... sous *tel* nom, comme fils de lui, sieur....., et d'elle, son épouse ; qu'il le désavoue formellement pour être de lui, protestant de se pourvoir, dans les délais de la loi, pour faire admettre ledit désaveu ; et à ce que ladite dame n'en ignore, je lui ai, en sondit domicile, en parlant comme dessus, laissé copie du présent, dont le coût est de.....

(*Signature de l'huissier*).

L'ASSIGNATION *à donner, dans le mois, au tuteur ad hoc et à la mère de l'Enfant, les ajournerait à comparaître au Tribunal de première instance.*

Pour voir dire que le désaveu fait à la requête du sieur....., demandeur, par acte extrajudiciaire du....., et signifié à la dame....., le....., de *tel* enfant, comme prétendu né de lui demandeur, et de ladite dame, son épouse, sera déclaré bon et valable, attendu que ledit sieur...., pendant le temps qui a couru depuis le 300° jusqu'au 180° jour avant la naissance de l'enfant, avait été dans l'impossibilité absolue de cohabiter avec ladite dame son épouse ; et qu'en conséquence l'acte de naissance de cet enfant, en date du... , étant sur les registres des naissances de la mairie de...., sera réformé, en ce que ledit (*les prénoms de l'enfant*) y est qualifié enfant dudit sieur... ; que les mots *né de... et de...* seront biffés et rayés, et qu'en marge dudit acte, sur les deux registres, il sera fait mention du jugement à intervenir ; à quoi faire seront contraints par les voies de droit l'officier de l'état civil et tous autres dépositaires de ces registres ; quoi faisant, ils seront valablement déchargés ; que défenses seront faites audit.... de se prétendre et dire enfant dudit sieur..., et de porter son nom ; que le jugement sera déclaré commun avec ladite dame.... pour être exécuté également à son égard, et pour lui être fait défense de donner à son enfant le nom dudit sieur...., etc.

FORMULE *d'un Acte de Reconnaissance d'un Enfant naturel.*

Par devant nous, juge de Paix, du canton de.... , département de....., demeurant à....., assisté de notre greffier, est comparu le sieur....' (*nom, prénoms, âge, profession et demeure*).

Lequel nous a déclaré qu'il est père de l'enfant dont est accouchée tel jour la demoiselle.... (*nom, prénoms, âge, profession et demeure*), qu'il reconnaît ledit enfant pour être le sien, et qu'il entend que cet enfant ait à son égard et à l'égard de sa succession tous les droits que lui assurent les articles 757 et 758 du Code civil ; de laquelle reconnaissance il nous a requis acte, que nous lui avons octroyé ; et a ledit sieur...., signé avec nous après lecture faite. (*S'il ne sait pas signer il en est fait mention*)..

Fait à....., le....., 187   (*Signatures*).

La même reconnaissance pourrait se faire par acte devant notaire.

CHAPITRE XIV

De l'Adoption et de la Tutelle officieuse.

(Articles 343 à 370 du Code civil).

§ I. DE L'ADOPTION. — C'est un acte judiciaire qui, sans faire sortir l'adopté de sa famille, établit entre lui et l'adoptant des rapports civils de paternité et de filiation. C'est une imitation très-imparfaite de la nature, puisqu'elle n'opère aucun changement de famille et n'établit de liens juridiques qu'entre l'adoptant et l'adopté.

La loi distingue trois sortes d'adoptions dont les effets sont cependant identiques : 1° *l'adoption ordinaire*, moyen de consolation et de libéralité offert à la vieillesse de ceux qui n'ont pas d'enfants ; 2° *l'adoption rémunératoire*, sentiment de reconnaissance inspiré par le dévouement de l'adopté qui a sauvé la vie de l'adoptant ; 3° *l'adoption testamentaire*, qui est celle du tuteur officieux mourant avant la majorité de son pupille, après 5 ans de tutelle officieuse.

Les conditions requises pour *l'adoption ordinaire* sont au nombre de 6 dans la personne de *l'adoptant* : 1º être âgé de plus de 50 ans ; 2º n'avoir pas de descendants légitimes ; 3º avoir 15 ans de plus que l'adopté ; 4º obtenir, s'il est marié, le consentement de son conjoint ; 5º avoir donné des soins non interrompus pendant six ans au moins à l'individu que l'on veut adopter, alors qu'il était mineur ; 6º jouir d'une bonne réputation.

Du côté de l'adopté trois conditions sont requises : 1º qu'il soit majeur, car il s'engage par un contrat solennel et irrévocable ; 2º qu'il n'ait pas déjà été adopté par une autre personne, à moins que ce soit par le conjoint de l'adoptant ; 3º qu'il obtienne, s'il n'a pas 25 ans révolus, le consentement de ses père et mère. ou qu'il requière seulement leur conseil, s'il a plus de 25 ans.

Pour *l'adoption rémunératoire* il suffit que l'adoptant soit majeur, plus âgé que l'adopté, ne fut-ce que de quelques mois, qu'il n'ait pas de descendants légitimes et que son conjoint y consente. — Mais l'adopté doit réunir les mêmes conditions que pour l'adoption ordinaire.

L'adoption s'opère par une déclaration faite devant le juge de paix qui dresse acte des consentements respectifs des parties. Cet acte est soumis à l'homologation du tribunal civil qui vérifie si toutes les conditions de la loi ont été remplies. Le jugement est rendu sans être motivé : *il y a lieu* ou *il n'y a pas lieu à l'adoption.* Dans le mois qui suit, il est soumis à la Cour d'appel qui renouvelle les mêmes formalités. Dans les trois mois de l'arrêt de la Cour, l'adoption est inscrite, à la réquisition de l'une ou de l'autre des parties sur les registres de l'état civil.

§ II. EFFETS DE L'ADOPTION.— Elle confère le nom de l'adoptant à l'adopté, en l'ajoutant au nom propre de ce dernier.

L'adopté conserve tous ses droits dans sa famille naturelle.

Le mariage est prohibé : entre l'adoptant, l'adopté

et ses descendants; entre les enfants adoptifs du même individu ; entre l'adopté et les enfants qui pourraient survenir à l'adoptant ; entre l'adopté et le conjoint de l'adoptant et réciproquement entre l'adoptant et le conjoint de l'adopté.

L'obligation réciproque de se fournir des aliments dans les cas prévus par la loi existe entre l'adoptant et l'adopté et continue de subsister également entre l'adopté et sa famille naturelle.

L'adopté a droit à la succession de l'adoptant comme un enfant légitime, mais il ne succède pas aux parents de l'adoptant ; les liens civils de paternité résultant de l'adoption sont restreints entre l'adoptant et son fils adoptif.

L'adoptant ou ses parents ne succèdent pas à l'adopté; les biens de celui-ci appartiennent à ses héritiers légitimes. Mais les biens que l'adopté a reçus de l'adoptant, par donation ou autrement, font retour à l'adoptant ou à ses descendants à la charge de contribuer aux dettes. Le surplus des biens de l'adopté appartiendra à ses parents.

§ III. DE LA TUTELLE OFFICIEUSE. — C'est un contrat de bienfaisance par lequel on s'engage à nourrir et élever gratuitement un mineur et à le mettre en état de gagner sa vie. La tutelle officieuse est un moyen de préparer et de faciliter l'adoption.

La loi exige les mêmes conditions que pour l'adoption ordinaire ; sauf que le pupille doit avoir moins de 15 ans. Si le tuteur officieux meurt sans avoir adopté son pupille, il est fourni à celui-ci, jusqu'à l'âge de 21 ans, des moyens de subsister réglés amiablement avec les héritiers ou judiciairement.

Dans les 3 mois qui suivent sa majorité, le pupille peut requérir son tuteur de l'adopter et, en cas de refus, le tuteur officieux peut être condamné par le tribunal à une indemnité.

FORMULE d'un Acte d'Adoption.

L'an mil huit cent soixante-et-quinze, le......
Par-devant nous, L....., juge de paix du canton de....., arrondissement de.... département de....., assisté de notre greffier, en notre demeure, sise à....., se sont présentés le sieur.... et la dame....., son épouse, demeurant à..... assistés du sieur....., demeurant avec eux.

Le sieur...., âgé de plus de cinquante ans, ainsi qu'il nous l'a justifié par son acte de naissance, en date du...., n'ayant ni enfants, ni descendants, suivant qu'il nous l'a déclaré, nous a requis de rédiger la déclaration qu'il vient nous faire ; qu'ayant donné des soins non interrompus audit sieur...., âgé de 21 ans, *ou* à la demoiselle âgée de 21 ans, et lui ayant fourni des secours pendant plus de six ans, il se proposait de l'adopter, et nous a expressément déclaré qu'il l'adoptait effectivement, à l'effet de lui transmettre son nom et le même droit à sa succession qu'aurait l'enfant né dans le mariage, aux charges et obligations imposées par la loi. La dame...., épouse dudit comparant, a aussi expressément déclaré consentir et avoir pour agréable l'adoption faite par son mari de la personne dudit sieur...., *ou* de ladite demoiselle.....

Et de sa part, ledit sieur...., *ou* ladite demoiselle nous a formellement déclaré accepter l'adoption que veulent bien faire de sa personne les sieurs et dame...., aux soumissions qu'il *ou* qu'elle fait de se conformer aux obligations qui lui sont imposées par la loi; et comme il *ou* elle n'a ni père, ni mère, il *ou* elle nous a produit leurs actes de décès, qui ont été joints au présent acte.

Desquelles comparutions, dires, déclarations et consentement respectifs, Nous, juge de paix, avons fait et rédigé le présent procès-verbal, qui a été lu aux comparants, qui ont déclaré l'accepter et y persister, et ont toutes les parties signé avec nous et notre greffier, après lecture faite les jour et an que dessus. *(Les signatures)*.

FORMULE *d'un Acte d'Adoption à inscrire sur les registres de l'Etat civil.*

L'an..... le..... du mois de.... par-devant nous, officier de l'Etat civil de la commune de...., arrondissement de.... département de,.....

Sont comparus (*noms, prénoms, professions et domiciles de l'adoptant et de l'adopté*), lesquels nous ont représenté le jugement rendu le ...... par le tribunal de première instance de..... portant homologation de l'acte passé devant le juge de paix du canton de..... par lequel le sieur A. déclare adopter le sieur B., et ce dernier accepter cette adoption, ensemble l'arrêt rendu le..... par la Cour d'appel de.... qui a confirmé ledit jugement ; et les sieurs A. et B. nous ayant requis de procéder à l'inscription de l'adoption sur les registres de l'Etat civil, nous déclarons, au nom de la loi, que le sieur A... a adopté et adopte le sieur B... ici présent et acceptant, dont acte.

Fait en présence de..... et de..... témoins, lesquels ont signé avec nous et les parties, après lecture. *(Signatures)*.

CHAPITRE XV.

De la Puissance Paternelle.

(Articles 371 à 387 du Code civil).

C'est l'autorité que la loi reconnaît au père et à la mère sur la personne et sur les biens de leurs enfants mineurs et non émancipés. La puissance paternelle comprend donc l'exercice des droits d'éducation, de garde, de correction, d'administration et de jouissance légale des biens. Pendant le mariage, le père seul exerce l'autorité ; après son décès, elle appartient à la mère.

L'enfant doit, à tout âge, honneur et respect à son père et à sa mère ; durant sa minorité, il ne peut quitter la maison paternelle sans le consentement de celui qui exerce l'autorité (père ou mère), si ce n'est pour enrôlement volontaire, après 18 ans accomplis.

D'autre part, le devoir des père et mère est de développer les facultés physiques et morales de leurs enfants, par l'éducation.

Le père qui aura des sujets graves de mécontentement sur son fils âgé de moins de 16 ans, pourra obtenir du président du tribunal l'ordre de le faire détenir en prison pendant un mois. Le président ne peut pas refuser de faire droit à cette demande ; mais si l'enfant mineur a plus de 16 ans, le président pourra selon les circonstances, accueillir ou rejeter la demande. La mère survivante et non remariée ne pourra faire détenir son enfant qu'avec le concours des deux plus proches parents paternels.

L'enfant détenu pourra réclamer contre la mesure prise à son égard, en adressant un mémoire au procureur général près la Cour d'appel.

Remarquons d'ailleurs que cette détention n'a rien d'infâmant et n'est qu'une simple correction.

Le père, pendant le mariage, et le survivant des époux, après la dissolution du mariage, ont la jouissance des biens de leurs enfants jusqu'à l'âge de 18 ans ou jusqu'à leur émancipation. La mère qui se remarie perd cette jouissance, ainsi que l'époux survivant qui ne fait pas faire un inventaire. (article 1442).

Sont soumis à cette jouissance légale tous les biens de l'enfant, sauf ceux qu'il a acquis par un travail séparé de celui de ses parents ou qui lui ont été donnés sous la condition que le père et la mère n'en auront pas l'usufruit.

On dit que le père est *administrateur légal* des biens de ses enfants et non pas *tuteur*, parce que, durant le mariage, les enfants mineurs ne sont point en tutelle ; mais l'incapacité de l'enfant mineur est la même que lorsque, privé de son père et de sa mère, il est gouverné par un tuteur.

Ce n'est qu'à la majorité ou à l'émancipation que l'enfant a le droit d'exiger le compte des biens qui lui appartiennent ; le père ou la mère doit donc comprendre dans son compte les revenus des biens de son fils depuis que celui-ci a atteint l'âge de 18 ans ou depuis son émancipation, sauf à prélever alors sur ces revenus tout ce qui a pu être dépensé pour l'entretien et l'éducation de l'enfant.

FORMULE *du Compte rendu par un Père à son Fils de l'administration qu'il a eue des biens de ce dernier depuis le.....* (date) *jour où il a atteint sa 18° année.*

I. Recettes.

Suivant inventaire dressé au décès de Madame....., mère du sieur M.... par Maître....., notaire à....., le....., la fortune du sieur consistait en,.... (*indiquer, d'après l'inventaire, l'importance de la fortune du mineur*):
Produit des immeubles (*indiquer le montant des loyers reçus, ou des récoltes faites en nature*) ci . . . . 3.000 fr.
Produit des capitaux :
1° Intérêts de la somme de..... due par X, ci . . . . 1.000 »
2°   Id.   due par Z, ci . . . . 1.800 »

                   TOTAL . . . . . 5.800 fr.

II. Dépenses.

1° Pour nourriture, logement et entretien du sieur M..... pendant trois ans (*détailler autant que possible*), ci . . . . . 2.000 fr.
2° Pension au collège, etc...., etc...., ci . . . . 3.000 »
3° Frais de voyage, etc....., etc....., ci. . . . . 400 »
4° Leçons d'agrément, etc....., etc...., ci . . . . 200 »

                   TOTAL. . . . . 5.600 fr.

Balance.

Les recettes se sont élevées, pendant trois ans, à . . . . . 5.800 fr.

Les dépenses   Id.   à . . . . . 5.600 »

            RESTE dû . . . . . 200 »

Approuvé par M.... fils, qui reconnaît avoir reçu de son père la somme de 200 fr. pour solde ; il reconnaît, en outre, avoir reçu les titres et papiers relatifs à ses immeubles et à ses capitaux, dont décharge définitive sans aucune réserve.
Fait double à....., le.....   (*Signatures*).

LIVRE DEUXIÈME
Des Biens et des différentes modifications de la Propriété.

CHAPITRE PREMIER

Des Biens en général

(Articles 516 à 543 du Code civil).

Après nous être occupé des personnes, l'ordre naturel des idées nous amène à nous occuper de leurs biens.

SECTION PREMIÈRE. — De la distinction des biens.

On entend par *biens* les choses susceptibles d'une propriété publique ou privée. La division des biens en *meubles* et *immeubles* domine toute notre législation.

Les immeubles proprement dits sont les choses qui ayant reçu de la nature ou de l'homme une assiette fixe et immobile ne peuvent pas être transportées d'un lieu dans un autre; ainsi les terres et les bâtiments. Mais il est des choses mobiles de leur nature que la loi rattache aux immeubles à raison de leur destination ou de leur incorporation à un immeuble; ainsi les animaux et les instruments destinés par le propriétaire à l'exploitation d'une ferme sont immeubles tant qu'ils demeurent attachés au fonds [1]. Les

---

[1] Et de même sont immeubles par destination : les semences données aux fermiers, les pigeons des colombiers, les lapins des garennes, les ruches à miel, les poissons des étangs, les pressoirs, chaudières, alambics, cuves et tonnes, les ustensiles nécessaires à l'exploitation des forges, papeteries et autres usines, les pailles et engrais, et tous les effets mobiliers que le propriétaire a attachés au fonds à perpétuelle demeure en les y scellant, de telle sorte qu'ils ne peuvent être détachés sans fracture ou détérioration.

récoltes, les bois taillis ou de futaie et les fruits sont immeubles tant qu'ils ne sont pas détachés du sol : ils deviennent meubles aussitôt qu'on les coupe. On regarde aussi comme immeubles les servitudes, l'usufruit des choses immobilières et les actions qui tendent à revendiquer un immeuble.

Sont meubles par leur nature, tous les objets qui peuvent se transporter d'un lieu à un autre, soit par eux-mêmes comme les animaux, soit par le fait de l'homme, comme les choses inanimées (¹). Sont meubles par la détermination de la loi, tous les droits dont l'objet est mobilier, c'est-à-dire l'usufruit des choses mobilières, les créances, les actions ou obligations des compagnies de finance, de commerce ou d'industrie, les rentes perpétuelles ou viagères soit sur l'état, soit sur des particuliers.

Les matériaux provenant de la démolition d'un édifice, comme ceux assemblés pour en construire un nouveau, sont meubles, tant qu'ils ne sont pas employés dans une construction.

Il s'agit maintenant de bien déterminer le sens de diverses expressions usitées dans la pratique. Ainsi le mot *meubles* employé seul dans un contrat ou dans un testament, ne comprend pas l'argent comptant, les pierreries, les créances, les livres, les médailles, les instruments des sciences, des arts et métiers, le linge de corps, les chevaux, les équipages, les armes, les grains, les vins, les foins et autres denrées et en un mot ce qui fait l'objet d'un commerce. Les mots *meubles meublants* ne comprennent que les meubles destinés à l'usage et à l'ornement des appartements, comme tapisseries, lits, siéges, glaces, pendules, tables, porcelaines, tableaux, statues et autres objets de cette nature. Mais les collections de tableaux ou de porcelaines, renfermées dans des galeries ou des pièces particulières ne sont pas comprises sous la dénomination de *meubles meublants.*

L'expression *biens meubles, mobilier, effets mobi-*

---

(1) Ainsi sont meubles les bâteaux, bacs, navires, moulins à vent ou à eau, bains sur bâteaux et généralement toutes usines non fixées par des piliers et ne faisant point partie de la maison.

liers, comprennent en général tout ce qui n'est pas *immeuble*.

La vente ou le don d'une *maison meublée* ne comprend que les meubles meublants.

Des distinctions qui précèdent il résulte : 1° que le créancier d'un propriétaire ne peut faire une saisie-mobilière des objets qui ont été placés sur un fonds pour son exploitation ; — 2° qu'une donation, pour comprendre tout le mobilier que possède le donateur, doit être faite de tous les biens meubles, effets mobiliers, sous peine d'être réduite à une partie du mobilier ; il en est de même d'un testament et d'une vente ; 3° que les coupes de bois taillis et de futaies ne peuvent être saisies *mobilièrement* qu'autant que les arbres sont abattus. C'est ainsi que la distinction des biens modifie l'exercice du droit des tiers.

SECTION II. — *Des biens dans leur rapport avec ceux qui les possèdent.*

Les biens peuvent appartenir soit à des particuliers, soit à des personnes morales, c'est-à-dire à l'état, aux communes, aux départements, aux établissements publics.

Les particuliers gèrent et administrent eux-mêmes leurs biens et en ont la libre disposition à moins qu'ils ne soient incapables ; mais les biens appartenant à des personnes publiques sont administrés par des mandataires lesquels représentent la personne qui en a la propriété. Les biens de l'état se divisent d'ailleurs en biens du domaine public, biens du domaine privé de l'état et biens de la liste civile.

Les biens du *domaine public* sont ceux affectés à l'usage commun des citoyens ou à la défense de la nation comme : les chemins, routes et rues à la charge de l'État, les fleuves ou rivières navigables ou flottables, les rivages, les ports, les rades, les fossés et remparts des places de guerre. Ces biens sont imprescriptibles, ils ne peuvent être aliénés qu'en vertu d'une loi.

Les biens du *domaine privé de l'État* sont les lais et les relais de la mer, les biens vacants et sans maîtres, ceux des personnes qui décèdent sans héritiers, les terrains et fortifications des anciennes places de guerre qui ont changé de destination. Ces biens, que l'Etat possède à peu près de la même manière que les particuliers, sont susceptibles d'aliénation et de prescription.

Les biens de *la liste civile* sont ceux spécialement affectés à l'usage du chef de l'État. Ils comprennent une dotation annuelle et la jouissance des palais nationaux et de leurs dépendances.

On entend par *biens communaux* les immeubles à la propriété ou au produit desquels les habitants d'une commune ont un droit acquis.

Notre Code divise de la manière suivante, les droits (réels) que l'ont peut avoir sur les biens : droit de propriété, droit d'usufruit, droit de servitude. Voyons d'abord le droit de propriété.

CHAPITRE II

De la Propriété.

(Articles 541 à 577 du code civil.)

La propriété est le droit de jouir et de disposer des choses de la manière la plus absolue, pourvu qu'on n'en fasse pas un usage prohibé par la loi oupar les règlements.

La propriété a pour fondement le travail; ainsi établie elle est sacrée, inviolable et nécessaire à l'organisation sociale. Le Code a reconnu ces principes en proclamant que nul ne peut être contraint de céder sa propriété, si ce n'est pour cause d'utilité publique et moyennant une juste et préalable indemnité. (Art. 545, code civil.)

Les attributs de la propriété sont : *user*, *jouir*, *disposer*; réunis en la même personne, ils constituent la pleine propriété. Dans le cas contraire, la propriété est démembrée et il en résulte des droits d'usage, d'usufruit et de nue-propriété.

Le propriétaire d'un bien acquiert tous les *produits*

qu'il donne et les *choses unies accessoirement* à la sienne et s'y incorporant. Cette cause légale d'acquisition se nomme l'*accession*.

On entend par *produits* tout ce qu'on peut retirer d'une chose; les produits s'appellent *fruits*, si la chose était destinée à les fournir. Les fruits sont naturels, industriels et civils. On appelle fruits *naturels* ceux que la chose produit d'elle-même, spontanément, ainsi les fruits des arbres, le croît des animaux; fruits *industriels* ceux que la chose produit avec le travail de l'homme, comme les récoltes ensemencées; fruits *civils* ceux que l'on perçoit à l'occasion de la chose, ainsi les loyers d'une maison, les arrérages d'une rente, les intérêts d'un capital.

Les fruits n'appartiennent au propriétaire de la chose qu'à la charge par lui de rembourser les frais de labours, de travaux et de semences faits par des tiers : si, par exception, le propriétaire ne possède pas la chose, ils appartiennent au possesseur de bonne foi.

La *possession* est le fait d'avoir une chose à sa disposition et de s'en considérer comme propriétaire. Elle se compose de deux éléments : la détention matérielle d'une chose et l'intention de la détenir comme sienne. Pour acquérir les fruits, le possesseur doit avoir la *bonne foi* et le *juste titre*; c'est-à-dire croire qu'il est réellement propriétaire et posséder en vertu d'un titre translatif de propriété, (testament, partage, vente... etc.)

Nous avons déjà dit que tout ce qui s'unit et s'incorpore à la chose appartient au propriétaire. Le Code considère ce droit d'accession relativement aux choses immobilières et aux choses mobilières.

§ I. DU DROIT D'ACCESSION RELATIVEMENT AUX CHOSES IMMOBILIÈRES. — L'accession des choses immobilières est fondée sur ce principe : la propriété du sol emporte celle du dessus et du dessous (¹). Comme conséquence de cette règle, toutes constructions, plantations et ouvrages sur un terrain sont présumés faits par le propriétaire, à ses frais et lui appartenir, si le

(1) Sauf quelques exceptions en matière de mines.

contraire n'est pas prouvé. Mais cette présomption peut être combattue et détruite si l'on établit que les matériaux employés ou que les arbres plantés ne lui appartenaient pas, ou bien que les constructions et plantations ont été faites par un autre que par lui.

Le propriétaire du sol qui a fait des constructions ou des plantations avec des matériaux ou des plantes qui ne lui appartenaient pas, doit en payer la valeur ; il peut aussi être condamné à des dommages intérêts, mais le propriétaire des matériaux ou des plantes n'a pas le droit de les enlever.

Quant aux constructions et aux plantations faites par un tiers avec ses matériaux ou ses plantes, sur le terrain d'autrui, le propriétaire du terrain les acquiert en vertu du principe : *la propriété du sol emporte celle du dessus et du dessous.* Mais il doit une indemnité au constructeur si celui-ci a cru réellement bâtir sur son propre terrain ; et il peut, à son choix, ou lui rembourser le prix de ses dépenses, ou lui tenir compte de la plus-value que le fonds a acquise par ces constructions ou plantations.

Si le constructeur a été de mauvaise foi, le propriétaire des terrains peut refuser d'acquérir les ouvrages et obliger ce dernier à les démolir et enlever, et alors, non seulement il n'est pas tenu de l'indemniser, mais il a le droit de lui réclamer des dommages-intérêts. D'où il résulte, que s'il veut conserver les constructions ou plantations, il lui sera facile de satisfaire le constructeur de mauvaise foi.

Les propriétaires des terres riveraines d'un fleuve ou d'une rivière, acquièrent par accession et sans indemnité, les alluvions ou attérissements qui s'unissent à leurs fonds.

Les îles qui se forment dans un fleuve appartiennent toujours à l'État. Quant à celles qui se forment dans une rivière, elles n'appartiennent à l'État que lorsque la rivière, est navigable et flottable. Dans le cas contraire, elles appartiennent aux riverains de la manière suivante : l'île s'est-elle formée d'un seul côté ? les propriétaires riverains de ce côté peuvent seuls la revendiquer ; s'est-elle formée des deux côtés ?

les propriétaires riverains de ces deux côtés y ont droit à partir du milieu de la rivière.

Lorsqu'une portion considérable et reconnaissable d'un fonds a été enlevée par les eaux et unie à un fonds inférieur ou à la rive opposée, le propriétaire de la partie enlevée peut réclamer son terrain, mais il doit faire sa demande dans l'année ; plus tard, il ne serait recevable que si le maître du fonds auquel la partie enlevée s'est unie n'en avait pas encore pris possession.

Si une rivière abandonne son lit pour s'en creuser un autre sur les fonds riverains, le lit abandonné passe à titre d'indemnité aux propriétaires des fonds nouvellement occupés.

Enfin, les animaux sauvages qui se fixent sur une propriété en deviennent l'accessoire, de même que les pigeons, lapins, poissons qui passent dans un autre colombier, garenne ou étang ; pourvu qu'ils n'aient pas été attirés par fraude et par artifice.

§ II. DU DROIT D'ACCESSION RELATIVEMENT AUX CHOSES MOBILIÈRES. — Les choses mobilières peuvent s'unir et s'incorporer de trois manières : 1° par l'adjonction ; 2° par la spécification ; 3° par le mélange.

L'*adjonction* est l'union de deux choses qui restent néanmoins distinctes et reconnaissables. Celle-là est la principale pour l'usage, l'ornement ou le complément de laquelle l'autre lui a été unie, ou bien encore c'est celle qui est la plus considérable en valeur, ou en volume, si les valeurs sont égales. Quand la chose unie est beaucoup plus précieuse que la chose principale et qu'elle a été employée à l'insu du propriétaire, celui-ci peut en demander la séparation, même quand il pourrait en résulter quelque dégradation de la chose à laquelle elle a été jointe.

La *spécification* est la transformation en un objet nouveau d'une chose appartenant à autrui. En principe, l'objet nouveau appartient au maître de la matière première, à la charge par lui de rembourser à l'ouvrier le prix de la main d'œuvre. Toutefois si la main d'œuvre avait une valeur plus considérable que la matière première, l'objet nouveau appartiendrait à l'ouvrier, mais il devrait rembourser le prix de la matière au propriétaire. Enfin, si l'ouvrier avait lui-même fourni une partie de la matière, l'objet nouveau lui appartiendrait en commun avec la personne qui a fourni l'autre partie.

Le *mélange* est l'union de plusieurs choses confondues au point qu'il est impossible de les distinguer. Si les matières qui ont servi à former le mélange, sont d'égale valeur et peuvent être facilement séparées, on doit diviser l'objet entre tous ceux dont les matières ont été employées à leur insu, s'ils le demandent. Mais lorsqu'elles ne peuvent être séparées, l'objet formé par le mélange reste la propriété commune de tous ceux dont la matière a été employée.

Enfin, si les matières sont d'inégale valeur, l'objet formé par le mélange appartient au maître de la matière la plus précieuse, lequel est tenu de rembourser aux autres la valeur des matières qu'ils ont fourni

Notons en terminant que ceux qui emploient les matières d'autrui, à l'insu des propriétaires, peuvent être condamnés à des dommages-intérêts, sans préjudice des poursuites au criminel, s'il y a eu vol.

CHAPITRE III.

De l'Usufruit, de l'Usage et de l'Habitation.

(Articles 578 à 636 du Code civil).

SECTION PREMIÈRE. — *De l'usufruit.*

L'usufruit est un démembrement de la propriété. On le définit : le droit de jouir des choses dont un autre a la propriété, comme le propriétaire lui-même, mais à la charge d'en conserver la substance. Ainsi donc, l'usufruitier n'a pas le droit de changer la destination de la chose, de l'affecter à des services différents de ceux qu'elle procurait au moment de l'entrée en jouissance.

L'usufruit est un droit réel et temporaire qui ne peut s'exercer que sur la chose d'autrui. Le nu-propriétaire n'est point obligé de faire jouir de la chose l'usufruitier; il le laisse jouir.

L'usufruit est mobilier ou immobilier suivant que l'objet sur lequel il porte est mobilier ou immobilier.

L'usufruit s'établit par la loi ou par la volonté de l'homme. Il y a deux cas d'usufruit établis par la loi : celui qu'ont le père et la mère sur les biens de leurs enfants mineurs, et celui qu'a l'époux survivant pour le tiers des biens dépendant de la succession de l'enfant décédé qui ont été dévolus aux parents de la ligne opposée.

L'usufruit s'établit également de deux manières par la volonté de l'homme ; soit à titre gratuit par donation ou testament, soit à titre onéreux par vente, échange, etc.

L'usufruit est susceptible de diverses modalités, ainsi, il peut être constitué sans terme ni condition ou à terme, c'est-à-dire pour ne commencer qu'à partir de tel jour ; on peut aussi le constituer sous condition suspensive ou résolutoire.

§ 1. DES DROITS DE L'USUFRUITIER. — L'usufruitier a le droit de percevoir et d'acquérir les fruits, soit naturels, soit industriels, soit civils que produit la chose sur laquelle son usufruit est établi. Remarquons ici que les fruits naturels ou industriels lui sont acquis par cela seul qu'ils sont détachés du sol, mais s'il meurt avant la récolte, les fruits qui sont encore pendants par branches ou par racines appartiennent au nu-propriétaire. Quant aux fruits civils, au contraire, l'usufruitier les acquiert jour par jour et la quotité qu'il peut en réclamer se détermine par la durée de la jouissance : l'usufruit est-il, par exemple, établi sur une maison louée au prix de 365 francs par an, les héritiers de l'usufruitier auront le droit d'exiger autant de fois un franc qu'il y a de jours écoulés depuis la location.

Si au moment où l'usufruit prend naissance la récolte est toute prête, l'usufruitier ne doit point une indemnité au propriétaire pour les semences et travaux, mais aussi, à la cessation de l'usufruit, ce dernier aura le droit de percevoir la récolte pendante sans rien payer aux héritiers de l'usufruitier. Cette règle ne s'applique pas à ceux qui ont fait les travaux de la récolte, labours et semences, ils doivent toujours être payés.

L'usufruitier peut céder son droit, mais cette cession n'empêche pas que l'usufruit ne reste attaché à sa personne. Il peut aussi consentir des baux, mais pour neuf ans seulement, et vendre, par avance, une récolte; si, dans l'intervalle, l'usufruit venait à s'éteindre, une telle vente serait assimilée à un bail limité.

L'usufruit proprement dit ne saurait être établi sur les choses dont on ne peut faire usage qu'en les consommant, comme les blés, les vins, l'argent etc... (1), à l'égard de ces choses on cède un droit analogue nommé *quasi-usufruit*. La pleine propriété se trouve alors cédée, mais à la charge de rendre les objets en pareille quantité, qualité et valeur, ou *leur estimation*, à la fin de la jouissance. Le quasi-usufruitier doit en principe rendre l'équivalent en nature des choses qu'il a reçues ; il n'est tenu d'en payer l'estimation que dans le cas où elles ont été estimées au moment de la constitution d'usufruit.

Les choses qui, sans se consommer par le premier usage, se détériorent avec le temps, comme le linge ou les meubles meublants sont susceptibles d'un véritable usufruit. Elles sont restituées identiquement, dans l'état où elles se trouvent, lors de la cessation de l'usufruit.

On peut avoir un véritable usufruit sur une créance, une rente perpétuelle, une rente viagère, car ce sont là autant de capitaux productifs de *fruits civils*. Remarquons toutefois que l'usufruit d'une rente viagère équivaut à son aliénation, si la jouissance de l'usufruitier se prolonge jusqu'à ce que la rente soit éteinte.

Quant aux pépinières, bois taillis, et hautes futaies mises en coupes réglées, l'usufruitier en jouit en se conformant pour l'aménagement des coupes, aux usages des anciens propriétaires ou du pays. Les coupes lui sont acquises comme les fruits naturels, au fur et à mesure qu'elles ont lieu.

---

(1) A moins qu'ils n'aient été remis non pour être consommés, mais pour servir à l'étalage d'une boutique.

Quant aux arbres frutiers ou de haute futaie qui ne sont point en coupes réglées, on les considère comme des dépendances du fonds lui-même. Par conséquent, l'usufruitier ne peut les couper que pour les faire servir à l'entretien du fonds, comme le ferait un bon père de famille. Ainsi, il peut prendre dans les bois des échalas pour ses vignes, et les arbres nécessaires à la réparation des bâtiments ; il acquiert aussi les arbres fruitiers accidentellement détruits, à charge de les remplacer par d'autres.

L'usufruitier a le droit d'exploiter les carrières et les mines qui étaient en exploitation au moment de la constitution de l'usufruit.

Il jouit des servitudes actives attachées au fonds, profite des attributs du droit de propriété (accessions, pêche, chasse), et il doit supporter les servitudes passives.

En outre, afin de conserver la substance de la chose sujette à l'usufruit, il doit faire toutes les dépenses d'entretien, mais lors de la cessation de l'usufruit, il ne peut réclamer aucune indemnité pour les améliorations qu'il pourrait avoir faites.

Quant aux constructions ou plantations qu'il aurait faites sur le fonds, le propriétaire ne les conserve qu'à la condition de payer à l'usufruitier ce qu'elles lui ont coûté.

§ II. DES OBLIGATIONS DE L'USUFRUITIER. — *Avant d'entrer en jouissance* il doit faire dresser, à ses frais, en présence du propriétaire, ou lui dûment appelé, un inventaire des meubles et un état des immeubles sujets à l'usufruit, sinon il sera présumé avoir reçu les biens en bon état ; — fournir caution de jouir en bon père de famille, soit en se faisant garantir par une personne solvable, soit en donnant un gage suffisant pour répondre des détériorations pouvant provenir de son fait. S'il ne fournit pas caution, il est privé de l'*exercice* de son droit de jouissance.

Sont dispensés de donner caution : — 1° Les père et mère ayant l'usufruit légal des biens de leurs enfants, excepté s'ils ont été institués usufruitiers par testament d'un bien dont la propriété a été léguée à leurs enfants ; — 2° le vendeur ou le donateur sous réserve d'usufruit ; — 3° l'usufruitier qui en a été affranchi par le constituant ; le testateur peut également le dispenser de faire inventaire, mais le propriétaire peut le faire à ses frais.

Pendant sa jouissance, l'usufruitier doit : — 1° Veiller à la garde et à la conservation des biens sujets à l'usufruit, et avertir le propriétaire si un tiers commet des actes qui pourraient causer quelque dommage ; — 2° supporter à lui seul toutes les charges annuelles de l'héritage et contribuer à celles qui sont imposées extraordinairement sur la propriété ; — 3° entretenir la chose dans l'état où il l'a reçue ; mais il ne doit pas faire les grosses réparations qui demeurent à la charge du propriétaire (¹). Celui-ci peut, sur la demande de l'usufruitier, être contraint de les faire, à moins qu'il ne préfère abandonner sa nue-propriété. L'usufruitier est également tenu de faire les réparations d'entretien qui étaient à faire, lors de son entrée en jouissance, si elles sont telles que leur négligence compromettrait la chose.

L'usufruitier d'un troupeau n'est obligé de l'entretenir que jusqu'à concurrence du profit qu'il en retire.

4° L'usufruitier doit payer les frais du procès qui ne regarde que la jouissance ; ceux concernant la nue-propriété restent à la charge du propriétaire. Dans le cas où un tiers revendiquerait le fonds, l'usufruitier doit dénoncer cette usurpation au propriétaire, sans quoi il serait responsable de tous les dommages qui en résulteraient ; — 5° l'usufruitier doit, si le legs d'usufruit par testament porte sur l'universalité des biens, contribuer au payement des dettes laissées par le défunt. On estime la valeur des fonds sujet à usufruit ; on fixe ensuite la contribution aux dettes à raison de cette valeur. Le *légataire particulier* d'un droit d'usufruit n'a rien à payer : si son droit porte sur un immeuble hypothéqué, il doit abandonner l'immeuble ou payer le créancier hypothécaire, mais alors il a son recours contre le nu-propriétaire de l'immeuble sujet

---

(1) Les grosses réparations étant des charges de la propriété, si l'usufruitier les fait lui-même, il a droit à une indemnité à la fin de l'usufruit.

à l'usufruit, ou contre le débiteur de la dette acquittée. Le testateur qui lègue l'usufruit d'un immeuble hypothéqué peut imposer à ses autres héritiers l'obligation de payer le créancier hypothécaire avant de délivrer l'immeuble à l'usufruitier.

A la fin de l'usufruit, l'usufruitier doit rendre compte au propriétaire, à moins que la chose ait péri par cas fortuit ou par force majeure : si la chose n'a péri qu'en partie, il la restitue dans l'état où elle se trouve. Si la chose a péri par sa faute il est obligé d'indemniser le propriétaire.

§ III. EXTINCTION DE L'USUFRUIT. — L'usufruit s'éteint : 1° *par la mort* naturelle de l'usufruitier, parce que l'usufruit est essentiellement temporaire et intransmissible aux héritiers. On peut néanmoins constituer un usufruit sur plusieurs têtes, pourvu que ceux au profit desquels il est établi soient tous vivants ou au moins conçus ; ils en jouissent alors conjointement ou *successivement*. — Si l'usufruit a été constitué au profit d'un établissement public, il ne dure que 30 ans.

L'usufruit s'éteint encore : 2° par *l'arrivée du terme* fixé par la loi ou par les parties à la durée de l'usufruit ; cependant l'usufruit accordé jusqu'à ce qu'un tiers ait atteint un âge fixe, dure jusqu'à cette époque, encore que le tiers soit mort avant l'âge fixé; 3° *par la consolidation*, c'est-à-dire par la réunion sur la même tête des deux qualités d'usufruitier et de propriétaire, mais elle ne peut avoir lieu dans la personne du nu-propriétaire qui ne fait qu'être dégrevé d'une servitude ; 4° par le *non-usage* pendant 30 ans, car la loi est favorable au retour de l'usufruit à la nue-propriété ; 5° par la *prescription* de dix et vingt ans accomplie au profit d'un tiers possesseur ayant juste titre et bonne foi : il acquiert la pleine propriété ; 6° par la *perte totale* de la chose, si elle n'a péri qu'en partie, l'usufruit subsiste sur les portions restantes : quant aux bâtiments incendiés ou détruits et qui étaient *directement* l'objet de l'usufruit, ni le sol, ni les matériaux ne sont plus susceptibles d'usufruit; 7° par la *renonciation* à l'usufruit ; si le propriétaire vend ou aliène la chose sujette à l'usufruit, il ne peut aliéner que son droit de nue-propriété et l'intervention de l'usufruitier à l'acte d'aliénation ne fait point présumer la renonciation qui ne peut être faite que par une déclaration formelle ;

8° *Par abus de jouissance*, lorsque l'usufruitier, ne jouissant pas en bon père de famille, commet des dégradations sur le fonds ou le laisse dépérir faute d'entretien. Dans ce cas, la loi permet au tribunal de prononcer l'extinction de l'usufruit, sur la demande du nu-propriétaire ; les créanciers peuvent intervenir au procès et demander que leur débiteur ne soit point déchu de son droit, en offrant la réparation des dégradations commises et des garanties pour l'avenir.

SECTION II. – De l'usage et de l'habitation.

L'*usage* est un droit personnel d'usufruit limité aux besoins de l'usager et de sa famille. On entend ici par le mot de *famille* le conjoint de l'usager, ses enfants légitimes et ses enfants naturels reconnus et ses domestiques. A la différence de l'usufruit qui embrasse la totalité des services et des fruits de la chose, l'usage n'y donne droit que dans une certaine mesure, réglée par le titre constitutif, testament ou contrat.

Si l'usager à raison de ses besoins absorbe la totalité des fruits, il peut se faire mettre en jouissance directe du fonds et le cultiver lui-même. Dans le cas contraire, il n'a que le droit d'exiger en nature la portion de fruits dont il a besoin. Le droit d'usage n'est point cessible, par conséquent : 1° les créanciers de l'usager ne peuvent point l'exercer à sa place ; 2° ils ne peuvent attaquer la renonciation qu'il en a faite, alors même qu'il est démontré que c'est en fraude de leurs droits ; 3° ils ne peuvent le saisir et le faire vendre. Ajoutons que le droit d'usage ne peut être loué ni hypothéqué.

Avant d'entrer en jouissance l'usager doit donner caution de jouir en bon père de famille, faire dresser un inventaire des meubles et un état des immeubles. Il est tenu : 1° de contribuer au payement des intérêts des dettes du défunt, lorsque l'usage a été constitué par testament et qu'il est universel ou à titre universel ; 2° de supporter une portion des frais occasion-

nés par les procès relatifs à la jouissance ; 3º de payer
en tout ou en partie, suivant qu'il absorbe tous les
fruits ou n'en prend qu'une partie, les réparations
d'entretien, les frais de culture et les contributions.

L'*habitation* est le droit de demeurer avec sa famille, pendant sa vie ou pendant le temps fixé par le
titre constitutif, dans la maison d'autrui. Ce droit ne
peut être cédé ni loué ; c'est autrement dit le droit
d'usage établi sur une maison.

FORMULE *d'un Acte constitutif d'Usufruit.*

Entre nous soussignés.... (*noms, prénoms, professions et demeures*), il
a été convenu ce qui suit :
Le sieur A... donne et abandonne au sieur B... pour lui et sa famille,
l'usufruit de..... (*désigner avec précision la propriété donnée en usufruit*), pour en recevoir les loyers *ou* les fermages, lesquels lui appartien-
dront en toute propriété, sous l'obligation qu'il contracte de veiller à la
conservation de cette maison *ou* de cette terre, et de remplir les obligations imposées aux usufruitiers par le Code civil, à l'exception de celle de
donner caution, dont A... le dispense formellement.
Et le sieur B.., remerciant le sieur A... du bienfait qu'il lui accorde,
promet et s'engage à veiller avec le plus grand soin à la conservation de
cette maison, et à remplir toutes les obligations imposées par le Code
civil.
Fait double entre nous, sous nos signatures privées, à..., le .... mil
huit cent.....　　　　　(*Approbation d'écriture et signatures*).

CHAPITRE IV.

Des Servitudes ou Services Fonciers.

(Articles 637 à 710 du Code civil.)

Une servitude est une charge imposée sur un héritage ([1]), au profit d'un héritage appartenant à un
autre propriétaire. Par conséquent, un immeuble peut
être démembré pour le service, l'utilité ou l'agrément
d'un immeuble voisin appartenant à une autre personne.

On appelle *fonds servant* le fonds qui doit la servitude et *fonds dominant* celui auquel elle est due.

---

(1) Par *héritage* on entend toute espèce d'immeubles corporels.

La servitude est en même temps un droit (*réel*), et une charge, selon qu'on la considère sous son rapport actif ou passif; elle assujettit le propriétaire du fonds servant à *souffrir* ou à *s'abstenir* (jamais à *faire*), sans établir *aucune prééminence* d'un héritage sur un autre, car la loi a voulu prévenir toute arrière-pensée pouvant rappeler la hiérarchie foncière du régime féodal.

On ne peut avoir de servitude sur *ses propres fonds* ; car cela n'ajouterait rien au droit de propriété du maître qui peut disposer l'un de façon à augmenter l'utilité de l'autre.

On divise les servitudes en trois classes : 1° *servitudes naturelles* ou qui dérivent de la situation naturelle des lieux ; 2° *servitudes établies par la loi ;* 3° servitudes *établies par le fait de l'homme :* ce sont là, à proprement parler, les véritables servitudes, car elles ne pèsent que sur les fonds à l'égard desquels le propriétaire les a consenties, tandis que les servitudes naturelles et légales sont établies sur toutes les propriétés.

SECTION PREMIÈRE. — *Des servitudes naturelles.*

Les servitudes naturelles sont relatives : 1° aux eaux ; 2° au bornage ; 3° à la clôture.

§ I. DES EAUX. — Les fonds inférieurs sont obligés de recevoir les eaux qui découlent *naturellement* des fonds supérieurs. Le propriétaire du fonds inférieur ne peut point élever de digue pour empêcher cet écoulement; mais aussi celui du fonds supérieur ne doit rien faire pour aggraver la servitude du fonds inférieur.

Le propriétaire qui a une source dans son fonds peut en user à sa volonté. Mais, il n'en est plus le maître absolu, s'il a cédé le droit d'en recevoir les eaux qui en proviennent aux propriétaires inférieurs à qui elles sont utiles, ou lorsqu'il l'ont acquis par prescription. De même, si la source fournit aux habitants d'une commune ou d'un hameau l'eau qui leur est nécessaire, l'intérêt privé fléchit devant l'intérêt

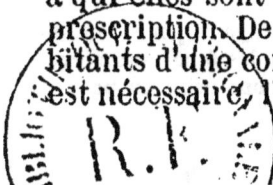

7

public, le propriétaire du fonds ne peut absorber l'eau à son gré, mais il a droit à une indemnité.

Celui dont la propriété borde une eau courante, autre que les fleuves et les rivières navigables et flottables, peut s'en servir pour l'irrigation de ses terres, sans empiéter sur le droit des autres riverains. Si l'eau traverse la propriété, il peut en user comme il l'entendra, mais à la charge de la rendre, à la sortie du fonds, à son cours naturel.

Lorsque un fonds riverain est démembré, soit par aliénation partielle, soit par partage après le décès du propriétaire, les portions qui ont cessé d'être riveraines ne perdent pas le droit à l'usage de l'eau, lorsqu'il existe un fossé ou autre travail destiné à faire participer au bénéfice de l'irrigation toutes les parties du fonds démembré.

Les contestations entre propriétaires appelés à bénéficier d'un cours d'eau sont jugées par les tribunaux civils, qui, en prononçant, doivent concilier l'intérêt de l'agriculture avec le respect dû à la propriété et à l'industrie, mais en observant toujours les règlements particuliers et locaux sur l'usage des eaux.

Dans l'intérêt de l'agriculture, la loi du 29 avril 1845, autorise le propriétaire riverain d'un cours d'eau à obtenir le passage de ces eaux sur les fonds intermédiaires, pour l'irrigation d'une autre propriété qui ne serait pas voisine du cours d'eau. La même loi autorise le propriétaire dont le fonds serait submergé à obtenir sur les propriétés voisines un passage pour procurer un écoulement aux eaux nuisibles (¹). Dans l'un et l'autre cas, les propriétaires des fonds assujettis à cette servitude ont droit à une indemnité préalable qui, en cas de contestation, sera fixée par le tribunal civil de l'arrondissement.

Une autre loi, du 11 juillet 1847, autorise le propriétaire riverain d'un cours d'eau, qui a le droit d'en user pour l'irrigation de ses propriétés, à appuyer sur

---

(1) Remarquons que cette dernière servitude, n'ayant pour but que l'écoulement des eaux nuisibles ou l'assainissement des fonds submergés, ne pourrait être créée dans le but de faire mouvoir une usine ou pour un usage d'agrément.

la propriété du riverain opposé les travaux d'art nécessaires à sa prise d'eau, moyennant une indemnité
préalable. Le propriétaire sur le terrain duquel l'appui sera réclamé pourra toujours demander l'usage
commun du barrage, en contribuant pour moitié aux
frais d'établissement et d'entretien.

Enfin, la loi du 10 juin 1854, sur le drainage, a
établi la servitude de passage des eaux pour les terrains non submergés, mais dans lesquels les eaux sé-
journent à l'intérieur du sol et nécessitent des travaux
de drainage et de dessèchement. Tout propriétaire
qui veut assainir son fonds par le drainage, peut,
moyennant une indemnité préalable, en conduire les
eaux souterrainement ou à ciel ouvert à travers les
propriétés qui séparent ce fonds d'un cours d'eau.
Mais, les propriétaires des fonds voisins ou traversés
ont le droit de se servir, moyennant indemnité, des
travaux faits pour l'écoulement.

§ II. DU BORNAGE. — Tout propriétaire peut forcer
son voisin à borner leurs propriétés contigües. Ce
droit est d'intérêt public et imprescriptible. Le bornage se fait à frais communs, mais les frais d'arpentage doivent être supportés proportionnellement à
l'étendue des héritages, et les frais du procès qui peut
en résulter sont à la charge exclusive de la partie qui
succombe.

En effet, le bornage est tantôt *amiable*, tantôt *judiciaire*

Le bornage est *amiable*, quand les parties s'entendent pour la délimitation de leurs propriétés respectives, et qu'elles ont capacité pour y procéder. Dans
ce cas, il peut se constater par acte sous signature
privée. Souvent, quoique les parties soient d'accord,
elles désirent, pour le bien de l'opération, qu'elle soit
faite par un ou plusieurs experts arpenteurs nommés
par elles. Elles dressent alors entre elles un acte de
nomination d'experts, en y déterminant leur mission.
Les arpenteurs ainsi nommés procèdent à leur mission
et constatent leur opération dans un procès-verbal de
bornage qui doit être signé par les experts et toutes
les parties intéressées.

Le bornage est *judiciaire*, lorsque les parties ne

pouvant s'entendre, il leur faut recourir à la justice. Les juges de paix sont compétents toutes les fois que la propriété ou les titres qui l'établissent ne sont pas contestés. Si les titres ou la propriété sont contestés. le juge de paix se déclare incompétent et dresse un procès-verbal de non conciliation, puis l'affaire est portée devant le tribunal civil. S'ils ne sont pas contestés, le juge de paix se déclare compétent et ordonne soit un transport sur les lieux, soit une expertise, puis il est procédé aux opérations de bornage.

Lorsque dans les opérations de bornage, on trouve une contenance plus grande ou plus petite que l'étendue indiquée aux titres, chacun des propriétaires reçoit un excédant ou éprouve une réduction, proportionnellement à l'étendue de sa propriété.

L'action en bornage peut être intentée par un usufruitier, un usager, un possesseur, sauf au demandeur à mettre en cause le propriétaire.

L'article 456 du code pénal punit d'un emprisonnement d'un mois à un an et d'une amende de 50 fr. au moins, celui qui déplace ou supprime des bornes ou des arbres plantés pour établir les limites entre différents héritages.

§ III. DROIT DE CLOTURE. — Tout propriétaire peut clôre son héritage, sauf le cas où il devrait un passage à une propriété enclavée. Mais le propriétaire qui clôt son héritage perd son droit au parcours et à la vaine pâture dans la proportion du terrain qu'il y soustrait.

SECTION II. — Des servitudes établies par la loi.

Les servitudes établies par la loi sont relatives à l'utilité publique ou de l'État, à l'utilité communale et à l'utilité des particuliers. (1).

---

(1) Les servitudes qui se rapportent à l'utilité publique et communale sont régies par le droit administratif. Ce sont les suivantes :

1° *Chemin de halage.* — Cette servitude a pour but de faciliter la navigation intérieure et le changement des fleuves en routes de commerce. On applique aux rivières flottables comme aux rivières navigables ; mais les rivières simplement flottables à *bûches perdues* n'y sont pas comprises.

La propriété des riverains s'étend jusques au flot ; elle est seulement grevée d'une servitude de passage. Les productions du sol restent donc

Les servitudes légales relatives à l'utilité des particuliers sont celles de *mitoyenneté*, celles concernant la *distance et les ouvrages intermédiaires requis pour certaines constructions*, — les *vues sur la propriété du voisin*, — *l'égout des toits*, — et le *droit de passage*.

§ I. DE LA MITOYENNETÉ. — Le mur mitoyen est celui qui appartient, *indivisément* en commun

---

au riverain, et le chemin suit les variations de la rivière, de telle sorte que s'il est emporté par les flots, les riverains sont tenus d'en fournir un nouveau ; si la rivière se porte sur la rive opposée, ou s'il se forme un atterrissement, le chemin avance, et la propriété s'accroît proportionnellement ; enfin, si la rivière est sujette à des accroissements périodiques, la servitude est emplacée en prenant un terme moyen entre les eaux basses et l'élévation des hautes eaux. (Décret du 22 janvier 1808.)

2° *Réparation et Construction des chemins publics.* — Si l'utilité publique exige la réparation ou la construction d'un chemin, le voisin est obligé de laisser déposer sur son héritage les matériaux et instruments nécessaires : si sa propriété contient des matériaux utiles, il doit en supporter l'expropriation : si la route est momentanément impraticable, on peut le forcer à fournir passage au public, sur sa propriété, moyennant indemnité. Il est d'autres assujettissements de ce genre, qui pèsent sur les riverains des routes ; qu'il nous suffise d'indiquer le décret du 16 décembre 1811, et la loi du 28 juillet 1824, comme formant la législation de la matière. La loi du 15 juillet 1845 a appliqué aux propriétés riveraines des chemins de fer les servitudes qui résultent de la grande voirie et sont relatives à l'alignement, aux ouvrages d'art, à l'écoulement des eaux, plantations, aux excavations, à la distance de deux mètres pour bâtir, et au dépôt de matières inflammables.

3° *Prohibition de bâtir à distance des forêts.* — Cet assujettissement consiste dans la défense d'élever certaines constructions dans le voisinage des bois soumis au régime forestier, et dans des rayons déterminés. Il serait trop long d'entrer dans les détails. Le motif de la prohibition, est la conservation des forêts, et la prévision des accidents qui pourraient les détruire. Nous renvoyons à l'ordonnance de 1669 et au Code forestier, article 151 et suivants.

4° *Places de guerre.* — Il est également prohibé d'élever des constructions d'une certaine nature, dans le voisinage des places de guerre, et dans des rayons déterminés. Le motif d'intérêt public est facile à saisir. Des lois spéciales régissent encore cette matière : les lois du 10 juillet 1791, du 9 décembre 1811, du 10 juillet 1851, le décret du 10 août 1853, et la loi du 22 juin 1854.

5° *Cimetières.* — Suivant le décret du 7 mars 1808, lorsque les terrains destinés aux inhumations se trouvent hors de l'enceinte des villes et à la distance exigée par les règlements, nul ne peut, sans autorisation, élever aucune habitation, n'y creuser un puits, à moins de cent mètres de distance. Les bâtiments existants ne peuvent être restaurés ; les puits doivent être comblés dans le rayon déterminé.

à deux propriétaires dont il sépare les héritages.
C'est une communauté *sui generis* différant de la
communauté ordinaire, quant à la manière de la
prouver (art. 653, 654 code civil), quant à ses effets et
sa durée (art. 656), et quant à la manière de l'acquérir (art. 661).

Dans les villes et les campagnes, tout mur, servant
de séparation entre bâtiments jusqu'à l'héberge (¹), ou
entre cour, jardins, enclos, dans les champs est
présumé mitoyen, à moins que le contraire ne résulte des titres ou de certains signes apparents. En
effet, dans les campagnes, les murs de séparation ne
sont pas obligatoires, car la loi n'impose pas aux propriétaires, comme dans les villes et faubourgs l'obligation de se clore. Mais dans les villes et faubourgs chacun peut contraindre son voisin à contribuer aux constructions et réparations de la clôture faisant séparation de leurs maisons. La hauteur de la clôture est
fixée suivant les règlements particuliers ou les usages
reconnus, et à défaut d'usages et de règlements, tout
mur de séparation entre voisins, construit ou rétabli,
doit avoir au moins 32 décimètres de hauteur, compris le chaperon, dans les villes de 50 mille âmes et
au-dessus, et 26 décimètres dans les autres.

§ II. Droits et devoirs des co-propriétaires d'un
mur mitoyen. — La réparation et la reconstruction
d'un mur mitoyen sont à la charge de tous ceux qui y
ont droit, et proportionnellement aux droits de
chacun.

Cependant on peut se dispenser de contribuer à la
reconstruction et aux réparations, en abandonnant le
droit de mitoyenneté, et le terrain sur lequel repose
ce mur, même dans les villes et faubourgs où la clôture est forcée. (Cour de Cassation, arrêt du 3 décembre 1862).

Toutefois, on ne peut renoncer à la mitoyenneté
quand on utilise le mur pour appuyer un bâtiment.

Posons en principe qu'on ne peut d'aucune façon
utiliser à son profit un mur sur lequel on n'a aucun
droit de propriété ; mais la loi accorde à tout pro-

---

(1) C'est-à-dire jusqu'au point d'élévation du bâtiment le moins élevé.

priétaire voisin d'un mur, le droit d'obliger le maître de ce mur à lui en céder la mitoyenneté en tout ou en partie, en payant moitié de la valeur de la portion qu'il veut rendre mitoyenne et moitié de la valeur du sol.

Le voisin qui acquiert la mitoyenneté ne peut faire supprimer les travaux appuyés contre le mur par le vendeur. Il ne peut également faire supprimer les vues qui existeraient depuis plus de 30 ans, mais il a le droit de faire fermer les jours de souffrance lors même qu'ils remonteraient à plus de 30 ans.

En général, l'un des voisins ne peut pratiquer dans le corps d'un mur mitoyen aucun enfoncement, ni y appliquer aucun ouvrage sans le consentement de l'autre. En cas de refus, il faut s'adresser au tribunal et faire nommer des experts qui détermineront les précautions nécessaires pour que l'ouvrage à faire ne soit pas nuisible aux droits de l'autre propriétaire.

En prenant ces précautions, on peut appuyer une construction contre un mur mitoyen, y placer des poutres dans toute l'épaisseur, à cinquante-quatre millimètres près, sans préjudice du droit qu'a le voisin de faire réduire la poutre jusqu'à moitié du mur, dans le cas où il voudrait lui-même asseoir des poutres dans le même lieu.

Tout co-propriétaire peut faire exhausser le mur mitoyen à ses frais, en payant une indemnité de surcharge qui sera fixée par experts en cas de désaccord.

Si le mur n'est pas en état de supporter la surcharge, celui qui veut l'exhausser doit le faire reconstruire en entier à ses frais, et prendre de son côté l'excédant d'épaisseur.

Le voisin qui n'a pas contribué à l'exhaussement peut en acquérir la mitoyenneté, en payant la moitié de la dépense, et la valeur de la moitié du sol fourni pour l'excédant d'épaisseur.

Quand il s'agit de travaux qui ne peuvent en aucune façon dégrader le mur, l'un des voisins peut les exécuter sans le consentement du co-propriétaire ; ainsi, on peut appliquer contre un mur mitoyen des vignes, des espaliers, sans la permission du voisin.

Mais, l'un des voisins ne peut, *sans le consentement*

de l'autre, pratiquer dans le mur mitoyen aucune·
fenêtre ou ouverture de quelque manière que ce soit,
et le consentement ne peut pas être remplacé par
l'autorisation du tribunal, comme lorsqu'il s'agit des
travaux dont nous avons déjà parlé.

§ III. OUVRAGES QUE L'ON NE PEUT APPUYER CONTRE
LE MUR MITOYEN. — On ne peut creuser un puits, une
fosse d'aisance près d'un mur mitoyen, y adosser une
cheminée, une forge, un four ou fourneau, une étable,
un magasin de sel ou de matières corrosives, sans·
laisser la distance, ou sans faire les ouvrages pres-
crits par les usages ou règlements locaux. Le contre-
mur à établir doit avoir au moins 65 centimètres·
d'épaisseur.

La loi gardant le silence sur les distances à observer
à défaut de règlements ou usages locaux, c'est aux
tribunaux à trancher la question d'après ce qui sera
le plus utile.

§ IV. DU FOSSÉ MITOYEN. — Tous fossés entre deux
héritages sont présumés mitoyens, à moins que le
contraire ne résulte des titres ou de certains signes.

Le principal caractère qui détruit la présomption
de mitoyenneté, c'est quand le rejet de la terre se
trouve d'un côté seulement ; dans ce cas, le fossé est
censé appartenir à celui du côté. duquel le rejet se
trouve.

Le fossé mitoyen doit être entretenu et curé à frais·
communs. La loi n'a prescrit aucune distance pour
creuser un fossé ; on peut donc l'établir sur la limite
de la propriété voisine ; mais comme on est responsable du dommage qui peut résulter pour cette propriété
de l'existence d'un fossé, on fera bien de laisser toujours un intervalle entre le bord du fossé et le champ
voisin. Cet intervalle doit être d'une largeur égale à
la profondeur du fossé. Dans ce cas, pour conserver
la propriété du terrain que l'on aura laissé au delà
du fossé, il sera prudent de faire constater contradictoirement avec le voisin l'existence de ce terrain.

§ V. DE LA HAIE MITOYENNE. — Pour savoir si une·
haie est mitoyenne, il faut avant tout consulter les
titres ; en l'absence de titre, la loi a tracé certaines
règles que l'on peut invoquer ; ainsi, toute haie qui

sépare deux héritages également clos de tous côtés est présumée mitoyenne.

Si un seul des héritages est clos, les haies sont présumées appartenir au propriétaire de cet héritage.

Une haie mitoyenne doit être entretenue à frais communs.

On peut acquérir la possession d'une haie en l'entretenant seul, en la cultivant et en la taillant des deux côtés. Il faut donc éviter avec soin, et réprimer promptement des actes de cette nature, dont un voisin de mauvaise foi pourrait se prévaloir pour prétendre que la haie lui appartient exclusivement.

La faculté accordée au voisin d'un mur d'en acquérir la mitoyenneté ne s'étend pas au propriétaire voisin d'un fossé ou d'une haie.

§ VI. DISTANCE PRESCRITE PAR LA LOI POUR LA PLANTATION DES ARBRES. — Dans les pays où il existe des règlements particuliers ou des usages constants et reconnus, déterminant la distance des plantations, on doit s'y conformer. A défaut de règlements et d'usages, il n'est permis de planter des arbres de haute tige qu'à la distance de deux mètres de la ligne séparative des deux héritages, quand même on ne les laisserait pas grandir ; et, à la distance d'un demi-mètre pour les autres arbres et haies vives.

Le voisin peut exiger que les arbres et les haies plantés depuis moins de trente ans, à une moindre distance, soient arrachés.

Celui sur la propriété duquel avancent les racines peut les couper lui-même ; quant aux branches, il ne peut les couper, mais il peut contraindre le propriétaire de l'arbre à les couper.

§ VII. FRUITS PENDANT SUR LE VOISIN. — La question de savoir à qui appartiennent les fruits des branches qui avancent sur le terrain voisin n'est pas résolue par le Code civil ; on décide cependant aujourd'hui qu'ils appartiennent au propriétaire de l'arbre, même lorsqu'ils sont tombés.

Dans beaucoup de localités on partage par moitié les fruits des branches qui avancent sur la propriété voisine. Le propriétaire du champ couvert par les rameaux se trouve ainsi indemnisé du préjudice que l'ombre de ces branches cause à son champ, et le propriétaire de l'arbre doit préférer ce léger sacrifice au préjudice que pourrait lui causer l'élagage de son arbre.

§ VIII. DES VUÉS SUR LA PROPRIÉTÉ DE SON VOISIN.— Pour avoir des vues droites ou un balcon en face de la propriété de son voisin, il faut qu'il y ait une distance de 19 décimètres (6 pieds) entre cette propriété et le mur.

On ne peut avoir des vues obliques ou de côtés qu'à 6 décimètres (2 pieds) de distance de la propriété voisine.

On entend par vues obliques, celles que l'on ouvre dans un mur établi perpendiculairement sur la propriété voisine.

Cependant le propriétaire d'un mur non-mitoyen joignant immédiatement la propriété voisine, peut avoir des jours sur cette propriété, à la condition que ces fenêtres seront à verre dormant (c'est-à-dire continuellement fermées), et qu'elles seront garnies d'un treillis de fer dont les mailles auront un décimètre (environ 3 pouces 8 lignes), et qu'elles seront établies à 26 décimètres (8 pieds) au-dessus du plancher, si c'est au rez-de-chaussée, et à 19 décimètres (6 pieds) pour les étages supérieurs. C'est là ce qu'on nomme *jours de souffrance.*

§ IX. DE L'ÉGOUT DES TOITS. — Tout propriétaire doit établir ses toits de manière que les eaux pluviales s'écoulent sur son terrain ou sur la voie publique ; il ne peut les faire verser sur le fonds du voisin. Cette règle reçoit une exception en faveur de celui qui a acquis une servitude de gouttière ou d'égoût.

§ X. DU DROIT DE PASSAGE. — Le propriétaire dont les fonds n'ont aucune issue sur la voie publique peut réclamer un passage sur les fonds de ses voisins, pour l'exploitation de son héritage, à la charge de payer une indemnité proportionnée au dommage qu'il peut causer. Si les propriétaires des terrains assujettis laissent exercer le passage pendant trente ans sans réclamer une indemnité, on peut leur opposer la prescription.

En général, le passage doit s'exercer du côté où le

trajet est le plus court du fonds enclavé à la voie publique, et surtout du côté où il doit être le moins dommageable pour le fonds sur lequel il est accordé.

Les besoins de l'agriculture ont établi certaines tolérances entre les propriétaires et leurs voisins. Ainsi, les terres sur lesquelles aboutissent une ou plusieurs parcelles, doivent supporter le passage de la charrue et des chevaux des aboutissants qui, sans cette faculté, ne pourraient pas cultiver l'extrémité de leurs propriétés.

SECTION III. — Des servitudes établies par le fait de l'homme.

Les servitudes établies par le fait de l'homme sont celles qui ont pour fondement la volonté expresse ou tacite des propriétaires. Ce sont là, avons-nous déjà dit, les véritables servitudes ; elles sont innombrables, les propriétaires peuvent les établir comme bon leur semble pourvu que le *service* ne soit imposé ni à la personne, ni établi au profit de la personne, ni contraire à l'ordre public.

L'usage et l'étendue des servitudes se règlent par le titre constitutif et, à défaut, par les règles que nous allons voir.

On divise les servitudes en trois classes : 1° urbaines ou rurales ; — 2° continues ou discontinues selon qu'elles s'exercent ou non par elles mêmes, sans aucun fait de l'homme ; ainsi les conduits d'eau, les égoûts, les vues, les plantations d'arbres sont des servitudes continues ; les droits de passage, puisage, pacage sont des servitudes discontinues ; — 3° apparentes ou non apparentes, selon qu'elles s'annoncent ou non par des ouvrages extérieurs, tels qu'une porte, une fenêtre, etc.

Notons ici que, les servitudes *discontinues et non apparentes*, telles que : un droit de passage, la servitude de ne pas bâtir, ne peuvent jamais s'acquérir par la possession.

§ I. COMMENT S'ÉTABLISSENT LES SERVITUDES : 1° *par titre exprès*, c'est-à-dire par l'effet d'une convention à titre gratuit ou à titre onéreux, ou par l'effet d'un testament. Si le titre constitutif d'une servitude est perdu ou détruit, on peut le remplacer par un titre *récognitif* et à défaut par la preuve testimoniale et la prescription.

Les servitudes s'établissent encore : — 2° *par la prescription trentenaire*, mais elle n'est admise que pour les servitudes continues et apparentes, car pour prescrire il faut posséder publiquement et réellement ; — 3° par la *destination du père de famille*. On appelle ainsi l'arrangement par lequel le propriétaire de deux héritages a destiné l'un d'eux au service de l'autre. Par conséquent, s'il vend l'un de ces fonds, ou tous les deux à des personnes différentes, ou s'il les transmet à ses héritiers, une servitude se trouve créée (*continue et apparente* évidemment). La destination du père de famille vaut titre ; celui qui l'invoque doit prouver : 1° que les deux fonds actuellement divisés ont appartenus au même propriétaire ; 2° que c'est par lui que les choses ont été mises ou laissées dans l'état duquel résulte la servitude.

§ II. DES DROITS ET OBLIGATIONS DU PROPRIÉTAIRE DU FONDS AUQUEL EST DUE LA SERVITUDE, ET DU PROPRIÉTAIRE DU FONDS QUI LA DOIT. — A défaut d'explications données par le titre constitutif, l'établissement d'une servitude implique la concession de tout ce qui est nécessaire pour en user. Le propriétaire du fonds dominant a le droit de faire sur le fonds servant tous les ouvrages nécessaires pour l'exercice et la conservation de la servitude, et aux frais du propriétaire du fonds servant, si le titre l'y oblige. Mais dans ce cas, ce dernier peut, en abandonnant le fonds assujetti, se soustraire à cette obligation.

Si le fonds dominant vient à être partagé entre plusieurs propriétaires, la servitude demeure telle qu'auparavant et est due à chaque parcelle du fonds divisé.

Le propriétaire du fonds servant ne peut rien faire qui tende à diminuer l'usage de la servitude ou à la rendre moins commode, et le propriétaire du fonds dominant ne peut en user que suivant son titre constitutif et sans aggraver la condition du fonds servant.

Si des difficultés s'élèvent, les tribunaux sont appelés à les résoudre, en conciliant autant que possible l'avantage du fonds dominant avec la commodité du fonds servant ; dans le doute, ils se prononcent en faveur du propriétaire du fonds servant.

§ III. Extinction des servitudes. — Les servitudes s'éteignent : 1° par l'*impossibilité d'en user*, mais elles revivent si les choses sont rétablies de manière à ce qu'on puisse en user ; — 2° par la *confusion*, c'est-à-dire la réunion sur la même tête de la qualité de propriétaire des deux fonds ; — 3° par le *non-usage* volontaire ou forcé, pendant 30 ans, pour toutes espèces de servitude, à partir du jour où le propriétaire du fonds dominant a cessé de jouir de la servitude.

Pour conserver une servitude, il n'est pas nécessaire de l'exercer en personne ; elle peut être exercée par les fermiers, artisans, etc..., par un possesseur de mauvaise foi, et, dans le cas où le fonds dominant est indivis, par l'un des co-propriétaires. S'il se trouve parmi les co-propriétaires du fonds dominant un mineur ou un interdit (contre lesquels la prescription ne court point), il aura, en conservant son droit, sauvegardé les droits de tous.

Le mode d'exercice de la servitude, c'est-à-dire la manière d'en user se prescrit comme la servitude elle-même. Ainsi, le propriétaire du fonds dominant exerce-t-il pendant 30 ans une servitude autre que celle qui lui est due ; celle dont il n'a pas usé est éteinte, mais il acquiert celle qu'il a exercée, si elle est à la fois continue et apparente. Il en est de même, s'il a usé de la servitude qui lui est due, d'une manière autre que celle que son titre lui constitue.

Formule *de Cession de Servitude.*

Entre nous, soussignés, L... (*nom, prénoms profession et demeure*), d'une part ;

Et le sieur M.... (*nom, prénoms, profession et demeure*), d'autre part, il a été convenu et arrêté ce qui suit :

Ledit L..., cède au sieur M.... qui accepte, le droit de servitude de... (*dire la nature de la servitude*), sur le.... à lui appartenant, aux conditions que ledit sieur M... ne pourra en jouir que par lui *ou ses héritiers ou autres personnes de sa maison, que....* (*énoncer les autres causes prohibitives s'il y en a*) ;

Et en outre, moyennant la somme de.... que ledit sieur M.... a effectivement payée comptant audit sieur L...., ainsi qu'il le reconnait, et dont il le tient quitte et déchargé.

Fait double à..., le mil huit cent....

(*Approbation d'écriture et signatures*).

FORMULE *d'une Concession d'Eau.*

Entre nous soussignés (*noms, prénoms, profession et domicile*) ont été faites les conventions suivantes :

Moi, L.. ., propriétaire d'un fonds situé au quartier de...., territoire de...., dans lequel jaillit une source d'eau assez abondante, cède et vend au sieur M..., propriétaire d'un fonds contigu au mien, le droit de se servir de tout *ou* partie de ladite source pour en arroser ses propriétés pendant *tels* jours de chaque semaine, à la charge par ledit M...., de répondre de tous événements qui pourraient résulter de l'écoulement desdites eaux envers les propriétaires inférieurs.

Cette cession est faite moyennant le prix et somme de.... que ledit M... s'engage à payer dans le délai de ... avec intérêts à compter de ce jour.

Fait double, à...., le...,, mil huit cent...   (*Signatures.*)

FORMULE *de Bornage fait par les parties elles-mêmes.*

Entre les soussignés : M. A..., propriétaire, demeurant à.... d'une part,

Et M. B...., propriétaire, demeurant à..... d'autre part ;

Il a été dit et convenu ce qui suit :

MM. A.... et B... sont propriétaires de deux pièces de terre contiguës, situées sur le territoire de la commune de. .., l'une de la contenance de.... appartenant audit sieur A...., et tenant du nord à...., du midi à..., du couchant à ..., et du levant à.....; et l'autre pièce de la contenance de...., appartient au sieur B...., et tient du nord à.... etc.

Pour fixer les limites de ces deux pièces de terre, MM. A.... et B.... les ont d'abord fait arpenter par un géomètre, le sieur C..., qui a reconnu que chacune avait la contenance ci-dessus exprimée.

En conséquence, les parties ont, sur les indications dudit C...., planté quatre bornes formant. entre les deux propriétés contiguës, une ligne droite du nord, à la distance de cinq mètres de *tel point* (*arbre, bâtiment, chemin*), et celle qui est plantée à l'extrémité sud, à la distance de.....; la troisième est placée sur la ligne droite tirée de l'une des deux bornes sus-mentionnées soit à une distance de trente mètres de celle à l'extrémité nord, la quatrième à la distance de vingt mètres de la troisième.

MM. A.... et B.... déclarent ce bornage bon et valable et s'obligent à veiller réciproquement à la conservation des bornes.

Fait double, entre les parties, à.... le....

    (*Approbation d'écriture et de signatures*).

Enregistrement, droit fixe de 2 fr. plus le double décime.

FORMULE *de Nomination d'experts à fin de Bornage.*

Entre les soussignés : M. C....., propriétaire, demeurant à....., d'une part, M. D..., propriétaire, demeurant à d'autre part ;

Il a été dit et convenu ce qui suit :

MM. C... et D..., étant dans l'intention de faire procéder au bornage, à l'amiable, entre eux, de deux pièces de terre contiguës, situées à.... et leur appartenant, sur la contenance respective.desquelles pièces il ne sont pas d'accord, chacun se prévalant contre l'autre des énonciations de son titre, qui ne peuvent pas concorder avec celles de l'autre titre;

Ont, par ces présentes, nommé pour leurs experts, savoir : M. P... et M. L..., auxquels ils donnent conjointement tous pouvoirs à l'effet de procéder, tant à l'arpentage desdites deux pièces de terre, qu'à leur bornage sur la ligne qui doit les séparer l'une de l'autre, avec faculté, par eux, de s'adjoindre un troisième expert, dans le cas où ils ne s'accorderaient ; desquelles opérations il sera dressé, par ces experts, en la présence des parties, où elles dûment appelées, un procès-verbal, les parties s'engageant réciproquement à exécuter ce rapport en tout son contenu, comme décision en dernier ressort et sans appel.

Les parties remettront immédiatement auxdits experts leurs divers titres de propriétés, concernant lesdites deux pièces de terre, afin qu'ils puissent s'en aider réciproquement, dans le cours de leurs opérations.

MM. C... et D... s'ajournent d'un commun accord, pour procéder à ces opérations, sur les lieux, au jeudi dix décembre heure de midi, s'obligeant à y faire trouver leurs experts respectifs, sans qu'il soit besoin d'une sommation, et étant bien convenu que, faute par l'une des parties d'être présente aux jour, lieu et heure indiqués, il sera procédé, en son absence, auxdites opérations, sans nouvel ajournement.

Fait double à..., le.... 187 .

(*Approbations d'écriture et signatures.*)

Enregistrement : droit fixe de trois francs, plus le double décime.

FORMULE *de Procès-verbal de Bornage.*

L'an mil huit cent soixante-dix, le dix-neuf décembre,

Nous, soussignés, Pierre A...., géomètre, demeurant à...., et Paul B...., géomètre, demeurant à...., choisis d'un commun accord par MM. C.... et D...., suivant acte sous signature privée en date du...., enregistré à...., le...., f°..., par le receveur qui a perçu...., à l'effet de procéder au bornage de deux pièces de terre contiguës, situées à..., et leur appartenant ;

La pièce de terre appartenant à M. C.... tient du nord à...., du midi à du levant à..., et du couchant à... ; elle contiendrait, d'après les titres de propriété, deux hectares vingt ares.

La pièce de terre appartenant à M. D... tient du levant à...., du couchant à..., du nord à..., etc. ; elle devrait, suivant les titres de propriété, contenir un hectare dix ares.

Nous étant transportés sur les lieux le dix décembre 187..., jour convenu entre les parties, et en leur présence, nous avons procédé à l'arpentage des deux pièces de terre dont il s'agit, et nous avons reconnu que la totalité du terrain contient trois hectares quinze ares au lieu de trois hectares trente ares que réclament les deux titres réunis, ce qui fait un déficit de quinze ares.

Il était donc nécessaire d'attribuer à chacune des deux pièces de terre une contenance moindre que celle indiquée par le titre et de leur faire subir une réduction proportionnelle à leur étendue. D'après cela, nous avons réduit la propriété de M. C.... à deux hectares dix ares, contenance que ladite pièce doit avoir désormais, et celle de M. D... à un hectare cinq ares, contenance que ladite pièce de terre doit avoir désormais, au lieu d'un hectare dix ares réclamés par le titre.

Et afin que lesdites propriétés soient bien délimitées dans l'avenir, et pour assurer le résultat de notre opération, nous avons posé des bornes ainsi qu'il suit... (Détailler avec soin les bornes, leur placement et le lieu qu'occupe chacune d'elles.)

Toutes ces bornes sont en pierre, et ont environ quarante centimètres de hauteur.

En foi de quoi, nous avons signé le présent procès-verbal pour valoir ce que de raison.

Fait à...., le.... 187...   （*Signatures.*)

Droit d'enregistrement : 3 francs, plus le double décime.

FORMULE *de Conclusions d'une citation en bornage.*

« Attendu que le requérant est propriétaire d'un corps de domaine, d'une contenance de... hectares... ares... centiares, situé au lieu dit...., commune de..., confrontant, du..., aux terres labourables (ou vignes pâturages, bois, etc.) appartenant au sieur....; — Attendu que ce domaine se trouve contigu à celui du sieur...; et qu'il n'existe aucune borne séparative des deux héritages ; — Attendu qu'aux termes de l'art. 646 du Code civil, tout propriétaire peut obliger son voisin au bornage de leurs propriétés contiguës : Voir déclarer que, par M. le Juge de Paix de...., procédant seul ou avec l'assistance de tel expert géomètre qu'il plaira à ce magistrat commettre, s'il ne préfère ordonner une expertise sans se rendre lui-même sur les lieux, il sera procédé, en présence des parties, ou elles dûment appelées, à la délimitation et au bornage de la propriété du requérant et de la propriété du défendeur, d'après l'application des titres de propriété des parties ; et en cas d'expertise ordonnée, pour, sur le rapport des experts fait et déposé, être par les parties requis, et par M. le Juge de paix statué ce qu'il appartiendra, avec dépens contre ledit sieur.... qui, mis en demeure par une sommation du..., enregistrée, de procéder à un bornage amiable, a refusé d'y consentir ; — *Déclarant en outre* le requérant, que si le sieur... élève *des contestations de nature à ne pouvoir être jugées par M. le Juge de Paix*, le présent exploit VAU-DRA COMME CITATION EN CONCILIATION sur la demande en bornage que le requérant portera ultérieurement devant le tribunal compétent. »

Nota. Il est bon d'observer que cette citation doit être prudemment donnée aux deux fins qui y sont énoncées.

FORMULE *d'un Acte constitutif de Mitoyenneté.*

Nous soussignés L.... (*nom, prénoms, profession et demeure*), d'une part ; et M..... (*nom, prénoms, profession et demeure*), d'autre part ;

Voulant séparer par un mur nos propriétés contiguës, situées à.... quartier de....

Sommes convenus de ce qui suit :

1° Il sera bâti à frais communs à la limite divisoire de nos dites propriétés, un mur de.... mètres de hauteur, fondations comprises et de centimètres d'épaisseur.

2° Ce mur sera établi à *telle* époque, en se conformant aux articles 653 et suivants du Code civil.

Fait double, à...., le,... mil huit cent....

(*Signatures et approbation d'écriture.*)

FORMULE *de cession de Mitoyenneté d'un Mur.*

Entre les soussignés :

M...., propriétaire, demeurant à...., d'une part,

Et N...., propriétaire, demeurant à.... d'autre part ;

Il a été dit et convenu ce qui suit :

M.... vend par ces présentes, avec toutes garanties de droit, à N.... qui accepte, la mitoyenneté du mur situé...., ledit mur ayant une hauteur de..... et une longueur de.... séparant leurs propriétés. Ledit mur cédé est construit en moëllons et a une épaisseur de....

Pour, par N...., jouir et disposer dudit droit de mitoyenneté comme lui appartenant à compter de ce jour.

Le prix de la présente cession est fixé d'un commun accord à la somme de..., payable, avec les intérêts de la manière suivante....

Fait à double original à. .. le...

(*Approbation d'écriture et signatures.*)

FORMULE *d'un Acte d'Abandon de Mitoyenneté.*

Entre les soussignés, L.... (*nom, prénoms, profession et demeure*), d'une part ; et M... (*nom, prénoms, profession et demeure*), d'autre part, co-propriétaires de.... (*désigner l'objet mitoyen*), séparant nos propriétés, ont été faites les conventions suivantes :

Moi, L...., ne voulant point contribuer aux réparations du mur mitoyen qui sépare la propriété du sieur M...., et la mienne, située à...., abandonne et déclare abandonner par le présent acte mon droit de mitoyenneté dudit mur, lequel restera la propriété entière dudit M....

Et moi, M...., acceptant l'abandon, à moi fait par le sieur L ...., du mur mitoyen séparant nos propriétés énoncées ci-dessus, je m'oblige et déclare m'obliger par le présent acte envers le sieur L...., à réparer ou reconstruire à mes frais le mur dont il s'agit, qui cesse dès aujourd'hui d'être mitoyen entre nous et devient ma propriété exclusive.

Ledit abandon est évalué, d'un commun accord, à la somme de...

Fait double, à....., le.... mil huit cent ....

(Signatures des parties, avec approbation de l'écriture par celle qui n'a point écrit l'acte).

LIVRE TROISIÈME

Des différentes manières dont on acquiert la Propriété.

Dispositions générales.

(Articles 711 à 717 du Code civil).

Nous allons voir maintenant les différentes manières d'acquérir la propriété et examiner comment s'établissent, se transmettent, se prouvent et s'éteignent les droits relatifs aux personnes et aux biens.

La propriété des biens s'acquiert et se transmet par succession, par donation, par l'effet des conventions, par l'accession, par la prescription, par la loi, par l'occupation, par la tradition.

Parmi ces divers modes d'acquisition et de transmission, les uns sont des modes *dérivés*, c'est-à-dire qu'on devient propriétaire d'une chose qui, avant nous, appartenait à autrui; les autres sont des modes *originaires*, c'est-à-dire qu'on devient propriétaire d'une chose qui n'appartenait à personne. Ainsi, l'*occupation* est un mode originaire d'acquérir, consistant à prendre possession d'une chose qui n'appartient à personne; telle qu'un objet abandonné, un animal sauvage, un trésor, etc...

Au contraire *la loi* est un mode dérivé d'acquérir, (au même titre que la prescription ou la donation), ce mode consistant dans la volonté exprimée du législateur qui, par exemple, accorde aux père et mère l'usufruit légal des biens personnels de leurs enfants mineurs.

On acquiert *à titre gratuit*, si l'on reçoit sans rien donner; on acquiert *à titre onéreux* si l'on donne une chose en échange de celle qu'on reçoit.

La propriété d'un trésor appartient à celui qui le trouve dans son propre fonds. On appelle *trésor* toute chose cachée ou enfouie sur laquelle personne ne peut prouver sa propriété et qui est découverte par le pur effet du hasard.

Si le trésor est trouvé dans le fonds d'autrui, il appartient pour moitié à celui qui l'a découvert, et pour l'autre moitié au propriétaire du fonds.

La chose trouvée n'appartient donc pour moitié à celui qui la découvre que quand les fouilles et les recherches sont faites dans un tout autre but que celui de chercher un trésor; en cultivant, par exemple, ou creusant les fondations d'un bâtiment; dans ce cas, moitié du trésor appartient à l'ouvrier. Mais, si le propriétaire d'un terrain fait faire des fouilles avec l'intention de découvrir un trésor, l'ouvrier n'aura aucun droit sur la chose trouvée.

De même, celui qui ferait des fouilles dans le terrain d'autrui, sans la permission ou sans l'ordre du propriétaire, n'aurait aucun droit sur la chose découverte.

Quant aux choses perdues, égarées, oubliées, celui qui les trouve doit les déposer entre les mains de l'autorité, et il ne peut en acquérir la propriété que si ces objets n'ont pas été réclamés dans le délai de trois ans (¹).

---

(1) On croit généralement qu'un objet perdu appartient à celui qui le trouve, c'est une erreur ; une chose perdue ne cesse pas d'appartenir à son maitre, et il est du devoir de celui qui la trouve de faire les démarches nécessaires pour le découvrir ; la morale et la loi condamnent également celui qui, trouvant un objet perdu, garde le silence, et met ainsi le propriétaire dans l'impossibilité de le retrouver.

Il faut donc, faire savoir, soit en le déclarant à la police, soit par les voies ordinaires de publicité, que l'on a trouvé un objet perdu ; en province, les objets perdus et retrouvés doivent être déposés au bureau de police ou à la mairie.

A Paris, les objets trouvés doivent être déposés à la préfecture de police. Après un an, on remet ces objets à la personne qui les a trouvés, si le propriétaire ne les a pas réclamés ; mais elle n'en devient pas immédiatement propriétaire.

En effet, le propriétaire d'une chose perdue ou volée peut la réclamer pendant trente ans entre les mains de celui qui l'a trouvée ou volée, et pendant 3 ans, à dater de la perte du vol entre les mains de celui qui l'aurait achetée, sauf le recours de celui-ci contre celui de qui il la tient ; ainsi, dans ce dernier cas, on devient propriétaire de la chose que l'on a achetée après trois ans de possession. (Art. 2279).

On voit par là quel inconvénient il y a à acheter un objet trouvé ou volé.

Cependant, quand on a acheté une chose perdue ou volée, dans une foire ou dans un marché, ou dans une vente publique, ou d'un marchand vendant des choses pareilles, le propriétaire originaire ne peut se la faire rendre qu'en remboursant à l'acheteur le prix qu'elle lui a coûté.

Les bestiaux perdus doivent être mis en fourrière pendant huit jours ; après ce délai, le maire doit prévenir le receveur des domaines, qui en fera ordonner la vente par le juge de paix ; après un délai de trois ans le prix sera remis à l'inventeur, déduction faite des frais, si le propriétaire ne l'a pas réclamé.

Les principes ci-dessus s'appliquent *aux titres au porteur*, tels que rentes sur l'État, actions, obligations ou coupons de ces mêmes titres, la cour de Paris et la cour de cassation l'ont plusieurs fois décidé, notamment le 23 décembre 1858, le 17 novembre 1856, et le 21 août 1855.

Les coupons d'actions au porteur, détachés de leurs titres, qui ont été perdus ou volés, peuvent, comme tout autre objet mobilier, être réclamés pendant trois ans, entre les mains de tout tiers détenteur et même de celui qui les aurait reçus en payement : à ce cas est applicable la disposition du deuxième paragraphe de l'article 2279 du Code civil.

Et il en est ainsi, surtout dans le cas où le tiers détenteur exerce la profession de changeur ; l'obligation pour les changeurs de s'assurer de l'individualité de ceux qui leur transmettent de pareilles valeurs résultant, non-seulement des principes généraux du droit, mais encore des obligations spécialement attachées à l'exercice de leur profession. (Décret. 19-27 mai 1791.)

Observons néanmoins que celui qui se trouve ainsi obligé de restituer

CHAPITRE PREMIER.

Des successions.

(Articles 718 à 892 du code civil.)

La *succession* (¹) est la réunion des biens, des droits actifs et passifs laissés par une personne décédée et leur transmission à une personne survivante. Une succession est *légitime* ou *testamentaire* suivant que la transmission s'effectue en vertu de la loi ou par le seul effet de la volonté exprimée par le *de cujus* (²).

. Les *héritiers légitimes* sont les personnes qui, à cause de leur parenté légitime avec le défunt, succèdent en vertu de la loi. Ils continuent la personne

---

ces titres volés ou perdus à leur propriétaire a le droit d'exercer son recours contre celui duquel il les tient.

Les mesures à prendre en cas de perte ou de vol de titres au porteur sont les suivantes : faire faire par huissier au syndicat des agents de change, au siège de la société qui a émis ces actions ou obligations, une signification de la perte ou du vol, avec défense de prêter leur concours à la négociation de ces valeurs ou d'en payer les intérêts.

En vertu de la loi du 15 juin 1872, relative aux titres au porteur, le propriétaire dépossédé fera donc notifier par huissier à l'établissement débiteur un acte indiquant le nombre, la nature, la valeur nominale, le numéro, et s'il y a lieu, la série des titres. — Il devra aussi, autant que possible énoncer : 1° l'époque et le lieu où il est devenu propriétaire, ainsi que le mode de son acquisition ; 2° l'époque et le lieu où il a reçu les derniers intérêts ou dividendes ; 3° les circonstances qui ont accompagné sa dépossession. Cette notification emportera opposition au payement tant du capital que des intérêts ou dividendes échus ou à échoir. Lorsqu'il se sera écoulé une année depuis l'opposition sans qu'elle ait été contredite, et que dans cet intervalle, deux termes au moins d'intérêts ou de dividendes auront été mis en distribution, l'opposant pourra se pourvoir auprès du président du tribunal civil de son domicile, afin d'obtenir l'autorisation de toucher les intérêts ou dividendes échus ou à échoir, au fur et à mesure de leur exigibilité et même le capital des titres frappés d'opposition dans le cas où ledit capital serait exigible.

(1) Du mot latin *succedere*, être mis à la place de quelqu'un, lui *succéder*.

(2) On désigne ainsi celui de la succession duquel il s'agit, c'est-à-dire le défunt.

juridique du défunt et sont tenus de payer les dettes, même au-delà de ce qu'ils reçoivent.

Les *successeurs irréguliers* sont ceux qui viennent à la succession en vertu de la loi, et ne font que succéder aux biens ; ils ne sont tenus que jusqu'à concurrence de ce qu'ils reçoivent.

On désigne du nom de *légataires*, les personnes qui n'ont des droits sur une succession que par suite de la volonté exprimée du défunt ; et du nom de *donataires* ceux qui ont reçu, du vivant du défunt et par sa volonté, tout ou partie de ses biens.

SECTION PREMIÈRE. — *De l'ouverture des successions, de la saisine des héritiers* (¹), *et des qualités requises pour succéder.*

Les successions s'ouvrent par la mort naturelle. Il importe de connaître le moment précis de la mort du *de cujus*, lorsque l'héritier est décédé à peu près au même moment que lui, parce que, suivant les cas, il a pu ou il n'a pas pu recueillir la succession du *de cujus* et la transmettre, avec la sienne, à ses propres héritiers.

Lorsque plusieurs personnes respectivement appelées à la succession, l'une de l'autre, périssent dans le même événement, (un naufrage ou un incendie), *sans qu'on puisse établir laquelle est décédée la première*, la présomption de survie est déterminée par les circonstances du fait, et, à leur défaut, par la force de l'âge et du sexe. Si les personnes qui ont péri dans le même événement avaient moins de quinze ans, la plus âgée est présumée avoir survécu. Avaient-elles moins de quinze ans, et plus de soixante, c'est au contraire, la plus jeune. Avaient-elles, plus de soixante ans, c'est aussi la plus jeune qui est présumée avoir survécu. Si les co-mourants, de sexe différent, avaient de seize à soixante ans, l'homme est présumé avoir survécu s'il y avait entr'eux égalité d'âge, ou si la différence n'était pas de plus d'une année.

Pour succéder, il faut nécessairement exister au

---

(1) On applle *saisine* l'investiture instantanée des droits actifs et passifs du défunt. L'héritier légitime est, en vertu de la loi, *saisi* de la jouissance et de l'exercice de ces droits. Au contraire les successeurs irréguliers doivent demander la saisine à la justice.

moment de l'ouverture de la succession ; ainsi sont incapables de succéder : 1° Celui qui n'est pas encore conçu ; 2° l'enfant qui n'est pas né viable.

C'est à celui qui prétend être héritier (ou à ses ayants-cause) à établir qu'il était conçu à l'instant du décès du *de cujus* et qu'il est né vivant.

Le mort civilement ne pouvait également succéder, ayant la loi de 1854, mais, depuis, cette déchéance a été remplacée par la double incapacité de disposer et de *recevoir par testament* ou par donation.

En outre, une personne peut être capable de recueillir des successions et en être cependant exclue comme indigne de succéder.

Ainsi, l'indignité est encourue par : 1° celui qui a été condamné pour avoir donné ou tenté de donner la mort au *de cujus* ; 2° celui qui a porté contre lui une dénonciation capitale jugée calomnieuse ; 3° celui qui, étant majeur, n'a pas dénoncé à la justice le meurtre du *de cujus*, dont il était instruit.

Un fils peut mourir avant son père et laisser des enfants ; ceux-ci viennent alors à la succession de leur grand-père concurremment avec ses autres enfants et recueillent la part qu'aurait reçue leur père ; c'est ce qu'on nomme *venir par représentation*. La représentation est une fiction de la loi dont l'effet est de faire entrer les représentants dans la place et dans les droits des représentés ; elle a lieu à l'infini dans la ligne directe descendante ; mais, en ligne collatérale, elle n'est admise qu'en faveur des descendants des frères et sœurs du défunt.

SECTION II. — *Des successions régulières.*

La loi ne considère ni la nature, ni l'origine des biens pour en régler la succession. La qualité seule des parents laissés par le *de cujus* fixe la vocation à la succession.

On distingue les héritiers légitimes et les héritiers irréguliers ; les premiers, sans manifestation de volonté, sont investis instantanément, à la mort du défunt, de la jouissance et de l'exercice des droits actifs et passifs ; et les seconds ont les mêmes droits, mais en en demandant l'exercice à la justice.

Parmi les héritiers légitimes, il y a cinq ordres de successeurs : 1° les descendants ; 2° les ascendants privilégiés (le père et la mère ;) 3° les collatéraux privilégiés (frère et sœur) ; 4° les ascendants non privilégiés ; 5° les collatéraux non privilégiés jusqu'au douzième degré.

Le défunt laisse-t-il des descendants légitimes, légitimés ou adoptifs, ceux-ci excluent tous autres.

Le défunt laisse-t-il son père et sa mère et des collatéraux autres que frères et sœurs et des ascendants, le père et la mère excluent tous autres ; car chacun dans sa ligne exclut tous collatéraux autres que frère et sœur et tous ascendants.

Y a-t-il des frères et sœurs, le père et la mère viennent en concours ; ils prennent la moitié : si l'un des deux est décédé, l'autre n'a droit qu'au quart, et les autres trois quarts appartiennent aux frères et sœurs.

L'un des deux est-il décédé et se trouve-t-il en concours avec les collatéraux ou ascendants non privilégiés de l'autre ligne, le survivant prend la moitié, et, en outre, il prend l'usufruit du tiers des biens auxquels il ne succède pas en propriété ; l'autre moitié revient aux parents de l'autre ligne quels qu'ils soient.

Il est, en effet, à remarquer que, dans notre droit, ce n'est pas le parent le plus proche qui succède ; la succession se partage toujours entre la ligne paternelle et la ligne maternelle, et se distribue moitié à l'une, moitié à l'autre.

Le défunt laisse-t-il des frères et sœurs en concours avec des ascendants autres que père et mère, les premiers excluent les ascendants comme ils excluent tous autres collatéraux ; — et par exception au principe que la succession dévolue à des collatéraux se divise en deux parts, les frères utérins excluent non-seulement les collatéraux de leur ligne (les collatéraux maternels), mais aussi les collatéraux de la ligne dont ils ne font pas partie.

Si les frères et sœurs ne sont pas nés du même mariage et qu'ils soient en concours entre eux, les frères germains prennent part dans les deux lignes ; les frères consanguins, dans la ligne paternelle seulement; les frères utérins, dans la ligne maternelle seulement.

Les ascendants, autres que père et mère, sont exclus : 1° par les descendants du défunt; 2° par ses frères ou sœurs ou descendants d'eux.

Les collatéraux ordinaires sont exclus : 1° par les descendants ; 2° par les frères ou sœurs ou descendants d'eux ; 3° par les ascendants, quels qu'ils soient, dans la ligne à laquelle appartiennent ces ascendants.

Il y a, en dehors de cet ordre établi, un cas de succession légitime particulier, en faveur des ascendants donateurs. Les ascendants, dit l'art. 747, succèdent à l'exclusion de tous les autres aux choses par eux données à leurs enfants ou descendants décédés sans postérité, lorsque les objets donnés se retrouvent en nature dans la succession. Si les objets ont été aliénés, les ascendants recueillent le prix qui peut en être dû; ils succèdent aussi à l'action en reprise que pouvait avoir le donataire.

SECTION III. — *Des successions irrégulières.*

Les successeurs irréguliers sont : l'enfant naturel, le conjoint et l'État. Quoique la loi refuse à l'enfant naturel le titre d'héritier, elle lui accorde cependant le droit de prendre une portion et quelquefois même la totalité de la succession, lorsqu'il a été légalement reconnu. Cette portion varie suivant la qualité des héritiers avec lesquels il concourt ; si ce sont des enfants légitimes, elle est du tiers de ce qu'il aurait eu s'il eût été légitime lui-même ; il prend la moitié de la succession s'il concourt avec des ascendants ou des frères et sœurs, et les trois quarts s'il concourt avec d'autres collatéraux ; enfin, il succède à la totalité, lorsque ses père et mère ne laissent pas de parents au degré successible, c'est-à-dire au douzième degré.

La représentation a lieu dans ce genre de succession, en ce sens que l'enfant naturel peut être représenté, mais non représentant ; ses enfants peuvent réclamer la portion qu'il aurait eue dans la succession de ses père et mère, mais, quant à lui, il n'a de droit à aucun titre sur les biens des parents de ces mêmes père et mère.

Toute réclamation est interdite à l'enfant naturel, quand il a reçu, du vivant de ses père ou mère, la moitié de ce qui lui est attribué par la loi, avec déclaration expresse qu'on entendait le réduire à la portion assignée; quant à l'enfant adultérin ou incestueux, il n'a droit qu'à des aliments. La succession de l'enfant naturel décédé sans postérité est dévolue au père ou à la mère qui l'a reconnu, ou par moitié à tous les deux, s'il a été reconnu par l'un et l'autre.

En cas de prédécès des père et mère de l'enfant naturel, les biens qu'il en a reçus passent aux frères et sœurs légitimes, s'ils se retrouvent en nature dans la succession ; tous les autres biens sont recueillis par les frères et sœurs naturels ou par leurs descendants,

Lorsque le défunt ne laisse ni parents au degré successible, ni enfants naturels, les biens de sa succession appartiennent au conjoint qui lui survit, et à défaut de conjoint, à l'Etat ; mais le conjoint et l'administration des domaines, qui prétendent droit à la succession, doivent faire apposer les scellés, faire faire inventaire, et demander l'envoi en possession au tribunal dans le ressort duquel la succession est ouverte; le conjoint est en outre tenu de donner caution, pendant trois ans, pour la valeur du mobilier. Ces mêmes dispositions sont communes aux enfants naturels appelés à défaut de parents.

SECTION IV. — De l'acceptation, de la renonciation et du bénéfice d'inventaire.

Il existe sur cette matière deux principes de notre ancien droit que le Code civil a consacrés ; 1° le mort saisit le vif ; 2° n'est héritier qui ne veut. Nous avons vu que l'héritier est saisi de la succession dès la mort du défunt ; mais si elle est onéreuse ; s'il y a plus de dettes que d'actif, l'héritier ne saurait être tenu de l'accepter; il a la faculté d'y renoncer; cette renonciation se fait au greffe du tribunal dans le ressort duquel la succession s'est ouverte, et, du jour où elle est faite, le renonçant est censé n'avoir jamais été héritier. Pour pouvoir renoncer, il faut n'avoir pas accepté la succession, n'avoir disposé d'aucune de ses valeurs, soit mobilières, soit immobilières, n'avoir enfin rien diverti ou recélé des effets qui la composent ; car, dans ces trois cas, on est héritier, et tenu de payer les dettes de l'hérédité.

Accepter ou renoncer serait une alternative souvent difficile, à raison de l'incertitude qui règne sur l'émolument d'une succession : aussi, c'est pour que l'héritier puisse agir en connaissance de cause que la loi a établi le bénéfice d'inventaire. L'héritier qui veut en user, le déclare par un acte fait au greffe du tribunal du lieu de l'ouverture de la succession, et qu'on nomme acceptation bénéficiaire.

L'héritier bénéficiaire a trois mois, du jour du décès, pour faire l'inventaire des biens qui composent la succession, et quarante jours, à partir de sa clôture, pour délibérer sur le parti à prendre entre l'acceptation et la renonciation.

L'effet du bénéfice d'inventaire est de donner à l'héritier l'avantage : 1° de n'être tenu du paiement des dettes de la succession que jusqu'à concurrence de la valeur des biens qu'il a recueillis, même de pouvoir se décharger du paiement des dettes en abandonnant tous les biens qui la composent aux créanciers et aux légataires ; 2° de ne pas confondre ses biens personnels avec ceux de la succession, et de conserver contre elle le droit de réclamer le paiement de ses créances.

L'héritier bénéficiaire administre les biens de la succession ; il paie les créanciers au fur et à mesure qu'ils se présentent ; mais il ne peut disposer d'aucune des valeurs sans autorisation de justice, sous peine d'être déchu du bénéfice d'inventaire et d'être tenu du paiement de toutes les dettes.

Tous les frais de scellés, d'inventaire et de compte sont à la charge de la succession. Si l'héritier bénéficiaire ne rend pas compte de son administration, il peut y être contraint sur ses biens personnels ; mais après l'apurement du compte, il ne peut être poursuivi que pour les sommes dont il se trouve reliquataire.

Quand une succession n'est recueillie par personne elle est réputée *vacante* : les créanciers font alors nommer, par le tribunal, un curateur, contre lequel ils dirigent leurs demandes, et qui réalise toutes les valeurs de la succession.

SECTION V. — Du partage et des rapports.

Les inconvénients sans nombre qui résultent d'une communauté forcée, ont fait décider par la loi que nul n'est tenu de demeurer dans l'indivision. Ainsi, le partage peut toujours être provoqué par l'un des héritiers : quand toutes les parties sont majeures et d'accord, elles peuvent y procéder comme elles l'entendent, par acte public ou sous seing privé, former les lots, les tirer au sort, et fixer les soultes ; c'est là un contrat comme un autre, qui fait la loi des parties ; mais s'il y a des héritiers mineurs, interdits ou absents, ou que les parties ne soient pas d'accord, on a recours alors aux scellés, inventaire, demande en justice, estimation des immeubles par experts, formation de lots, liquidation devant un notaire commis par le tribunal, tirage au sort ; en un mot, à toutes les formalités prescrites par la loi.

Avant de procéder au partage des valeurs qui se trouvent dans la succession, chaque héritier doit rapporter à la masse commune ce qu'il a reçu directement ou indirectement du défunt, à moins que ces dons ne lui aient été faits expressément par préciput et hors part, ou avec dispense de rapport : toutefois, le père n'est pas tenu de rapporter les dons faits à son fils ; pareillement le fils, venant de son chef à la succession du donateur, ne doit pas le rapport du don fait à son père, même quand il aurait accepté la succession de celui-ci ; enfin, l'époux n'est pas tenu de rapporter le don fait à son conjoint.

Les frais de nourriture, d'entretien, d'éducation, d'apprentissage, ceux ordinaires d'équipement, de noces et présents d'usage ne doivent pas être rapportés ; si l'immeuble donné a péri par cas fortuit et sans la faute du donataire, il n'est pas sujet à rapport.

Le rapport se fait en nature ou en moins prenant : en nature, lorsque c'est l'objet même donné qui est rapporté à la succession ; en moins prenant ou fictivement, quand ce n'est pas cet objet qui est rapporté, mais sa valeur ou une quantité représentative. Ce dernier mode de rapport a lieu dans deux cas : le premier, quand il existe dans la succession de quoi faire des lots à peu près égaux pour les autres co-héritiers ; le second, quand le donataire a aliéné l'immeuble avant l'ouverture de la succession.

Les rapports faits, on compose la masse, on forme les lots, en évitant autant que possible de morceler les héritages et de diviser les exploitations, et en faisant entrer dans chaque lot, s'il se peut, la même quantité de meubles, d'immeubles, de droits ou de créances de mêmes nature et valeur.

Après le partage, remise doit être faite à chacun des co-partageants des titres particuliers aux objets qui lui sont échus, et les titres communs à toute l'hérédité sont remis à celui que les héritiers ont choisi pour en être dépositaire, à la charge d'en aider les co-partageants à toute réquisition.

Les héritiers contribuent entre eux au paiement des dettes dans la proportion de leur émolument ; mais l'héritier auquel il a été abandonné un immeuble grevé d'hypothèque, est tenu de payer les créances inscrites intégralement, sauf son recours contre ses co-héritiers, à raison de la part pour laquelle ils doivent y contribuer : c'est ce qu'on appelle être tenu hypothécairement.

Les créanciers d'un héritier qui veulent éviter que le partage soit fait en fraude de leurs droits, peuvent s'opposer à ce qu'il y soit procédé hors de leur présence (¹).

Par l'effet du partage, chaque co-héritier est censé avoir succédé seul et immédiatement à tous les effets

---

(I) Si une personne vient à mourir en laissant un actif suffisant pour payer ses créanciers et légataires, mais que sa succession soit acceptée par un héritier ayant plus de dettes que de biens, les créanciers et légataires de la succession ont le droit de demander *la séparation des patrimoines*, afin d'éviter le concours des créanciers personnels de l'héritier. Les créanciers et légataires de la succession n'ont aucun intérêt à demander la séparation des patrimoines, lorsque l'héritier a accepté sous bénéfice d'inventaire.

En qualifiant de privilège le droit de demander la séparation des patrimoines, l'article 2111 du Code civil veut dire que ce droit est un avantage dont les créanciers et légataires de la succession jouissent exclusivement.

qui lui sont échus, et ils demeurent tous respectivement garants les uns envers les autres des troubles et
évictions qui procèdent d'une cause antérieure au
partage, à moins que l'éviction soufferte n'ait été
prévue et que le co-héritier ne s'y soit soumis volontairement.

L'égalité des partages que la loi a voulu assurer, en
effaçant toute distinction de sexe et primogéniture,
serait détruite si l'héritier lésé n'avait pas une action
pour faire annuler le partage qui porte atteinte à ses
droits : aussi, tout héritier qui établit à son préjudice
une lésion de plus du quart a-t-il droit d'obtenir la
rescision du partage, pourvu qu'il n'ait pas aliéné
son lot après la découverte de la lésion dont il se prétend victime. Ajoutons qu'on peut toujours arrêter
le cours d'une demande en rescision, et empêcher un
nouveau partage, en offrant au demandeur le supplément de sa portion, soit en numéraire, soit en
nature.

———————

FORMULE *d'une Demande tendant à obtenir une Prorogation de
délai pour faire une Déclaration de Succession.*

———————

A MONSIEUR LE DIRECTEUR GÉNÉRAL DE L'ENREGISTREMENT ET DES DOMAINES

Le sieur N..., (*nom, prénoms, profession*), demeurant à....,
A l'honneur de vous exposer :
Que le sieur M.... est décédé le...., à....
Qu'en raison de l'importance de la succession, de la situation des meubles et immeubles qui en dépendent ou d'une contestation survenue pendant l'inventaire, etc. (*préciser le genre de difficulté qui empêche de
faire la déclaration*), il est dans l'impossibilité de faire dans le délai de
six mois la déclaration de succession prescrite par la loi ;
C'est pourquoi il vous prie, Monsieur le Directeur, de vouloir bien lui
accorder une prorogation de délai de trois mois.
Il a l'honneur d'être, Monsieur le Directeur, votre très-humble et très-
respectueux serviteur.

Nota. Cette demande doit être transcrite sur une feuille de timbre à
0 fr. 60 c. et déposée au bureau d'enregistrement du lieu de l'ouverture de
la succession.

Les déclarations de succession doivent être faites au bureau de l'enregistrement du domicile du défunt, et à tous les bureaux dans l'étendue
desquels il existe des immeubles dépendant de la succession, dans les
six mois du décès ; en cas de retard, on est obligé de payer un demi-
droit en sus, à titre d'amende.
Si pour des motifs sérieux on ne peut pas faire la déclaration dans ce
délai, par exemple, dans le cas où l'on ne connaîtrait pas exactement
l'importance de la succession, on peut demander une prorogation de délai

au Directeur général de l'enregistrement en lui adressant une demande sur timbre à 0 fr. 60 c.

Tous les héritiers sont tenus solidairement du payement des droits ; en conséquence, un seul héritier peut faire la déclaration pour tous ses cohéritiers.

Il n'est pas nécessaire de se présenter en personne pour faire une déclaration de succession ; cette déclaration peut être faite par un mandataire porteur d'une procuration sous-seing privé, sur papier timbré, mais non enregistrée.

Il faut autant que possible déclarer exactement l'importance de la succession ; toute dissimulation, toute évaluation insuffisante peut exposer le déclarant à payer un double droit pour les objets non déclarés.

Quand il y a un inventaire, c'est presque toujours le notaire qui l'a dressé qui fait la déclaration de succession ; dans le cas contraire, les héritiers doivent faire eux-mêmes cette déclaration. Voici comment on doit procéder :

A défaut d'inventaire, on fait un état estimatif du mobilier, article par article, sur timbre à 0 fr. 60 c. ; on fait également un état des immeubles en indiquant leur revenu.

Quand ils sont loués, le revenu est déterminé par les baux ; dans le cas contraire, il faut déclarer le prix suivant lequel on les louerait.

Le droit de mutation est perçu pour les meubles sur la valeur estimative, et pour les immeubles, sur la valeur déterminée par le revenu, multipliée par 20, ou par 10 pour l'usufruit.

Les droits de succession sont dus par tous les ayants-droit à la succession, héritiers légitimes, enfants naturels ou adoptifs, et légataires.

Il est très-utile de faire observer que le droit de mutation se paye sur l'actif brut, sans aucune déduction des dettes ni des charges, ainsi pour une succession comprenant 10,000 fr. d'actif mobilier et immobilier et 10,000 fr. de dettes, il faudra payer le droit de mutation sur 10,000 fr.

Quoique nous ayons cru devoir indiquer la manière de faire une déclaration de succession et les droits à payer, nous ne conseillerons à personne de remplir cette formalité sans consulter un notaire, parce qu'il est trop facile de commettre une erreur ou une omission dont on subirait inévitablement les conséquences.

Droits d'enregistrement pour les mutations par décès.

	POUR 100 FRANCS	
En ligne directe, *meubles et immeubles*......................	1 fr.	»
Entre époux, *meubles et immeubles*,....,...................	3	»
Entre frères et sœurs, oncles et tantes, neveux et nièces, *meubles et immeubles*..	6	50
Entre grands oncles et grand-tantes, petits neveux et petites nièces, cousins germains, *meubles et immeubles*...........	7	»
Entre parents au delà du 4ᵉ degré, jusqu'au 12ᵉ inclusivement, *meubles et immeubles*....................................	8	»
Entre personnes non parentes (ce qui comprend les alliés)......	9	»

La loi du 23 août 1871 a remis en vigueur les dispositions de la loi du 2 juillet 1862 relatives à la perception d'un second décime sur les droits et produits dont le recouvrement est confié à l'administration de l'enregistrement, de sorte qu'aujourd'hui on paye un double décime en sus du droit fixe ou proportionnel.

Enfin, depuis la loi du 23 juin 1875, la valeur de la propriété et de l'usufruit des *biens meubles* est déterminée, pour la liquidation et le payement du droit de mutation par décès : — 1° par l'estimation contenue dans les inventaires ou autres actes passés dans les deux années du décès ; — 2° par le prix exprimé dans les actes de vente, lorsque cette vente a lieu publiquement et dans les deux années qui suivent le décès. Cette disposition s'applique aux objets inventoriés et estimés conformément au n° 1° et dont l'évaluation serait inférieure au prix de la vente ; — 3° enfin, à défaut d'inventaire, d'actes ou de vente, par la déclaration faite conformément au paragraphe 8 de l'art. 14 de la loi du 22 frimaire an VII.

L'insuffisance dans l'estimation des biens déclarés est punie d'un droit en sus, si elle résulte d'un acte antérieur à la déclaration. Si, au contraire, l'acte est postérieur à cette déclaration, il n'est perçu qu'un droit simple sur la différence existant entre l'estimation des parties et l'évaluation contenue aux actes.

Ces dispositions ne sont applicables ni aux créances, ni aux rentes, actions, obligations, effets publics et tous autres biens meubles dont la valeur et le mode d'évaluation sont déterminés par des lois spéciales.

FORMULE d'une Déclaration de Succession.

État des objets mobiliers et valeurs mobilières dépendant de la communauté qui a existé entre (nom, prénoms, profession et demeure des époux), *et de la succession de ce dernier ou de cette dernière), décédée* à... , *le....* ou bien de la succession de... *décédé à... le...*

(Si les époux étaient mariés sans contrat, il faut l'indiquer ou faire mention du contrat de mariage, du nom du notaire et de la date ; on indique aussi si le défunt a fait une donation ou un testament au profit de son conjoint survivant.)

Les héritiers sont (*indiquer le degré de parenté.*)

1° (*Nom, prénoms, profession et demeure.*)

Détail des biens meubles.

Faire ici l'estimation article par article, en groupant toutefois les objets de même nature et ajouter, s'il y a lieu, les autres valeurs telles que argent comptant. . . . . fr. ... c.
Créance sur (*nom du débiteur, nature du titre et date, s'il en existe*). . . . . fr. ... c.
Intérêts du... au jour du décès. . . . . fr. ... c.
Rente sur l'État de 3 p. 0[0 ou 4 1[2 p. 0[0, inscrite n°.., série..., capital . . . . fr. ... c.
Action sur le chemin de fer, P.-L.-M., n°..., certif..., au cours. . . . . fr. ... c.
Obligation sur la compagnie du..., n°... certif. ci . . ... fr. ... c.
Fermages ou loyers échus, au décès, ci. . . . . fr. ... c.
Arrérages de la vente constituée au défunt suivant acte du ... fr. ... c.
Cautionnement (*si le défunt était comptable public ou officier public*) . . . . fr. ... c.
Intérêts du.... au jour du décès . . . . fr. ... c.

Ensemble. . . . . fr. ... c.
Dont 1[2 à la succession. . . . ... fr. ... c.

Effets mobiliers.

Un lit garni estimé *tant*, ci . . . . fr. ... c.
Douze douzaines de draps de lit, trente serviettes, dix nappes, estimés *tant*, ci . . . . fr. ... c.
(Énoncer ainsi tous les objets, linge de corps et de table, vêtements, etc.)
Une armoire à glace, deux tables, vingt-quatre chaises, dix fauteuils, un canapé, estimés *tant*..., ci . . . ... fr. ... c.

Total. . . . . fr. ... c.

Certifié véritable à..., le...

(*Signature.*)

Nota. Cet état doit être fait sur timbre.

En ce qui concerne les immeubles : on en fait le détail sur papier timbré, s'ils ne sont pas loués ou affermés par acte enregistré.

S'ils sont loués par bail enregistré, on en fait la déclaration en masse.

Immeubles de communauté.

Biens affermés suivant bail du. . . . . fr. ... c.

La ferme de..., territoire de..., consistant en 20 hectares de terres, prés et maison d'habitation avec dépendances, d'un revenu, charges comprises, de. . . . . fr. ... c.

Biens non loués.

Maison située à..., rue..., n°..., composée de..., d'un revenu locatif de . . . . fr. ... c.

10 ares 20 centiares de jardin y attenant, d'un revenu de ... fr. ... c.

40 ares 11 centiares de terre, lieudit..., même territoire, d'un revenu de. . . . . fr. ... c.

15 ares de pré, lieudit..., même territoire de. . . . ... fr. ... c.

Total. . . . . fr. ...{c.

Dont 1|2 à la succession . . . ... fr. ., c.

Propres du défunt. . . . . fr. ... c.

4 ares 40 centiares de terre, lieu dit..., territoire de..., d'un revenu de. . . . . fr. ... c.

Total général. . . . . fr. ... c.

Nota. On ne déclare pas la valeur des immeubles, mais ce qu'ils rapportent, parce que c'est d'après la valeur locative que le droit est perçu ; s'ils sont loués, on indique le prix du bail ; s'ils ne le sont pas, on évalue le prix que l'on pourrait en tirer.

Si les héritiers ne peuvent se présenter au bureau de l'enregistrement pour passer la déclaration, ils peuvent, ou l'un d'eux au nom de tous, rédiger l'état ci-dessus, en y ajoutant les immeubles à la suite, dans la forme d'un pouvoir en ces termes :

Les soussignés ou le soussigné (*nom, prénoms, profession et demeure*), donnent pouvoir à M... (*en blanc*), de déclarer les biens meubles et immeubles ci-après désignés, provenant tant de la communauté qui a existé, etc. (*comme ci-dessus*).

Certifié véritable à...., le...   (*Signatures*).

FORMULE d'un Partage d'Immeubles entre Co-propriétaires, Co-acquéreurs ou Co-héritiers majeurs (1)

Entre les soussignés (*noms, professions et demeures*).

A été exposé et convenu ce qui suit :

Les soussignés sont co-propriétaires, en qualité d'héritiers de... ou d'acquéreurs... ou de sociétaires,

D'un immeuble ou de divers immeubles situés à...., (*désigner les immeubles*).

Voulant procéder au partage de ces immeubles, ils en ont fait dresser

(1) S'il y avait des mineurs, le partage devrait être fait en justice ou devant un notaire commis par le tribunal.

un plan par M ..., arpenteur-géomètre à...; les différentes parties composant le premier lôt ci-après désigné y sont teintées en rose, et celles formant le second lot, en bleu.

Composition des lots.

Au moyen de ce travail, les parties ont composé desdits biens deux lots égaux pour en opérer ensuite le partage entre elles aux charges et conditions qui vont être exprimées.

Premier lot.

(*Désigner les immeubles composant chaque lot avec leur contenance exacte*).

Deuxième lot.

Le deuxième lot sera composé, etc., etc.

Ces deux lots ainsi composés et reconnus par les parties d'une égale valeur, le premier lot a été attribué d'un commun accord à M., qui l'accepte, et le deuxième lot à N., qui l'accepte également pour en jouir et disposer chacun séparément et ainsi qu'ils aviseront.

Ces abandonnements sont ainsi faits sans aucune soulte ni retour de part ni d'autre; (*la plupart du temps on tire au sort de la manière suivante*):

Deux bulletins portant les numéros 1 et 2 ayant été mis dans un chapeau, les parties en ont tiré chacun un, et le sort a attribué le premier lot à M..., et le deuxième lot à N...., qui l'un et l'autre ont déclaré les accepter et se faire réciproquement abandon de leurs droits sur chacun desdits lots.

En conséquence, chacun des co-partageants aura la jouissance distincte des biens compris dans son lot à partir du....

Charges et conditions.

Le présent partage a été fait aux charges et conditions suivantes, que chacun des comparants s'oblige, en ce qui le concerne, à exécuter et accomplir, savoir :

1° Chacun des co-partageants supportera les servitudes qui peuvent grever les biens compris dans son lot et profitera de celles actives, s'il en existe, le tout à ses risques et périls.

2° Chacun des co-partageants acquittera à partir du...., les contributions des biens compris dans son lot.

3° Les frais et honoraires d'arpentage et de plan, et ceux auxquels ces présentes donneront ouverture, seront supportés par les parties dans la proportion de leurs droits, c'est-à-dire par moitié.

Remise des titres.

Chacun des co-partageants se reconnaît en possession des titres particuliers des biens à lui abandonnés.

Mais M...., conserve pour en aider, N..., à toute réquisition et sur récépissé ainsi qu'il s'y oblige, les titres communs entre eux et qui sont :

(*Indiquer avec soin tous les titres communs*).

Fait double à...:, le...   (*Signatures.*)

CHAPITRE II.

Des Donations entre-vifs et des Testaments

(Articles 893 à 1100 du Code civil).

SECTION PREMIÈRE. — Dispositions générales.

Nous venons de voir, dans les successions, la loi se mettant elle-même aux lieu et place de l'individu décédé et disposant de ses biens. Au contraire, dans les donations et les testaments, que nous allons examiner, c'est la volonté seule de l'individu qui dispose, et la loi se borne à indiquer la forme dans laquelle cette volonté doit se produire, et lui fixe certaines limites.

On peut disposer de ses biens à titre gratuit par donation entre-vifs ou par testament.

La *donation entre-vifs* est un contrat par lequel le donateur se dessaisit actuellement et irrévocablement de la chose donnée en faveur du donataire qui l'accepte (1).

Le *testament* est un acte par lequel le testateur dispose, pour le temps où il ne sera plus, de tout ou partie de ses biens, et qu'il peut révoquer.

L'acte portant donation doit être passé devant notaire, dans la forme ordinaire des contrats, être enregistré et être transcrit au bureau des hypothèques, s'il s'agit d'un immeuble.

S'il s'agit d'un objet mobilier ou d'une somme d'argent, la donation peut être faite de la main à la main sans écrit.

SECTION II — De la capacité de disposer ou de recevoir par donation entre-vifs ou par testament.

En principe, tout individu peut disposer soit par

---

(1) S'il est présent à la donation, l'acte notarié mentionne qu'il a accepté ; s'il est absent, il fait son acceptation par un acte postérieur et authentique, notifié au donateur.

Les femmes mariées, les mineurs et les interdits ont besoin d'une autorisation de leur mari ou de leur tuteur pour accepter une donation.

donation, soit par testament. Il n'y a d'exception que pour ceux que la loi en déclare incapables. Parmi les incapables on distingue ceux qui sont absolument incapables et ne peuvent disposer au profit de qui que ce soit, ainsi : 1° les individus qui ne sont pas sains d'esprit (¹) ; 2° les mineurs au-dessous de 16 ans (²) ; 3° les interdits ; 4° les individus condamnés à une peine afflictive perpétuelle.

En outre, on distingue, parmi les incapables, ceux qui ne peuvent pas disposer en faveur de certaines personnes seulement, par exemple : 1° le mineur âgé de plus de 16 ans ne peut tester au profit de son tuteur (à moins que celui-ci ne soit son ascendant) ; 2° le mineur devenu majeur ne peut disposer par donation ou par testament, au profit de son ancien tuteur, tant que le compte définitif de tutelle n'a pas été rendu et apuré ; 3° les père et mère naturels ne peuvent disposer au profit de leurs enfants naturels que pour la part qui revient à ces derniers dans leur succession; 4° les individus malades ne peuvent disposer au profit des médecins, chirurgiens, pharmaciens et ministre du culte, qui les ont soignés ou continuellement assistés *pendant la maladie dont ils sont morts* (³).

Les libéralités faites au profit d'un incapable sont nulles, soit qu'on les déguise sous la forme d'un contrat à titre onéreux, soit qu'on les fasse sous le nom de personnes interposées.

Certains incapables peuvent *tester*, mais ne peuvent pas *donner*, ce sont : 1° *les mineurs* âgés de 16 ans révolus. Ils ne peuvent, hors le cas de mariage (⁴),

_____

(1) Les actes d'une personne décédée ne peuvent être attaqués pour cause de fureur, de démence, ou d'imbécillité, que lorsque l'interdiction a été prononcée ou provoquée avant son décès, à moins que la preuve de la démence résulte de l'acte même qui est attaqué. La règle que pour donner il faut être sain d'esprit est particulière aux actes à titre gratuit.

(2) A moins qu'ils ne fassent une donation par contrat de mariage.

(3) Cette incapacité cesse lorsque le malade n'a pas d'héritiers directs, ou si les médecins, chirurgiens, etc., sont au nombre de ces héritiers directs ou sont les parents collatéraux du malade au moins au quatrième degré.

(4) Les mineurs âgés de moins de 16 ans peuvent, dans leur contrat de mariage, donner tout ou partie de leurs biens à leur futur conjoint.

disposer que par testament et seulement de la moitié
des biens dont ils pourraient disposer, s'ils étaient
majeurs ; 2° *les femmes mariées.* Elles ne peuvent
disposer par donation sans le consentement spécial du
mari ou l'autorisation de justice, mais elles sont entièrement libres de *disposer par testament,* car le testament ne porte aucune atteinte à la puissance maritale
puisqu'il ne produit son effet qu'à la dissolution du
mariage; 3° les individus condamnés à une peine
afflictive et infâmante, mais temporaire ; 4° les individus pourvus d'un conseil judiciaire. Ils peuvent
tester, mais ils ne peuvent donner, sans l'assistance
de leur conseil.

Pour être capable de recevoir par donation ou par
testament, il suffit d'être conçu au moment de la donation, ou au décès du testateur. Cependant, les personnes dites de main-morte, c'est-à-dire les hospices et
en général tous les établissements publics, ne peuvent
recevoir qu'autant qu'ils y ont été autorisés par le
gouvernement.

SECTION III. — *De la portion de biens disponible
et de la réduction des donations et legs.*

§ I. DE LA PORTION DISPONIBLE. — On appelle *portion
de biens disponible* ou *quotité disponible,* la part de
biens dont la personne qui a des descendants ou des
ascendants peut disposer à titre gratuit ([1]). On appelle,
au contraire, *réserve* ou *légitime* la part dont on ne
peut pas disposer. La réserve est donc une portion de
la succession que la loi garantit contre les libéralités
du défunt, au profit de certains héritiers légitimes,
que pour cela on nomme *héritiers réservataires.* Ce
sont les descendants et les ascendants.

On ne peut disposer, soit par donation, soit par
testament, que de la moitié de ses biens, lorsqu'on
laisse un seul enfant légitime ([2]).

---

(1) On peut disposer de la quotité disponible en tout ou en partie, soit au
profit d'étrangers, soit au profit d'un des héritiers. Dans ce dernier cas, la
libéralité est soumise au rapport, à moins qu'elle n'ait été faite par préciput
et hors part.

(2) Et de même pour l'enfant légitimé et l'enfant adoptif. Quant à l'enfant
naturel reconnu, il a droit également à la réserve, mais il ne peut en exiger
qu'une fraction lorsqu'il vient en concours avec des héritiers légitimes.

On ne peut disposer que d'un tiers, lorsqu'on laisse deux enfants légitimes. Enfin, on ne peut disposer que du quart de ses biens, si on laisse trois ou un plus grand nombre d'enfants légitimes.

Donc, *la réserve* des enfants légitimes est de moitié, d'un tiers, d'un quart suivant qu'il existe un enfant, deux enfants ou plus de deux enfants.

Les petits enfants ne sont comptés que pour l'enfant qu'ils représentent.

Les ascendants légitimes sont, avons-nous dit, compris parmi les héritiers réservataires. La réserve des ascendants est d'un quart de la succession par chaque ligne. Ainsi le *de cujus* laisse-t-il des ascendants dans les deux lignes, la réserve est de la moitié de ses biens. N'en laisse-t-il que dans une seule ligne, la réserve est seulement d'un quart. Dans chaque ligne, l'ascendant le plus proche exclut les plus éloignés.

Les ascendants n'ont droit à la réserve qu'autant qu'ils sont appelés à succéder et qu'ils acceptent la succession.

§ II. DE LA RÉDUCTION DES DONATIONS ET LEGS. — Lorsque les dispositions soit entre-vifs, soit testamentaires, excèdent la quotité disponible, elles sont réductibles à cette quotité, lors de l'ouverture de la succession (¹). Les héritiers réservataires ou leurs ayants-cause (²) ont donc une action qui leur permet de reprendre les biens donnés par le défunt jusqu'à concurrence de la réserve.

La réduction s'opère d'abord sur les legs, proportionnellement entr'eux, puis sur les donations en commençant par la plus récente.

Pour connaître si la réserve a été entamée on procède à deux opérations : la formation de la masse et le calcul de la quotité disponible. On forme la masse en prenant l'actif laissé par le défunt et en déduisant le passif, ensuite on réunit fictivement à ce qui reste de l'actif (les créanciers étant désintéressés), les dona-

---

(1) Ce n'est qu'à ce moment-là que l'on peut savoir si la réserve a été dépassée.

(2) C'est-à-dire leurs successeurs universels, ou à titre universel.

tions entre-vifs faites par le défunt. Sur la masse ainsi
formée on fait le calcul de la quotité disponible.

La loi veut que les donations, faites par le défunt,
s'estiment d'après leur état au moment de la libéralité et leur valeur au moment du décès du donateur,
qu'il s'agisse de meubles ou immeubles.

SECTION IV. — *De la révocation des donations.*

La donation est un contrat irrévocable, c'est ce
qu'exprime l'ancienne maxime: *donner et retenir ne
vaut.* Donc, en principe, le donateur ne peut, au gré
de sa volonté, reprendre les biens qu'il a donnés ;
mais la loi a formulé certaines exceptions à cette règle.
Ainsi, quand le donataire n'exécute pas les conditions
qui lui sont imposées, s'il ne paye pas les dettes mises
à sa charge, s'il ne paye pas au donateur la pension
réservée, celui-ci peut demander la résolution de la
donation.

La donation peut également être révoquée pour
cause d'ingratitude dans les trois cas suivants : 1° si le
donataire a attenté à la vie du donateur ;   2° s'il
s'est rendu coupable envers lui de sévices, délits ou
injures graves ; — 3° s'il lui refuse des aliments. —
Enfin, le donateur qui n'avait pas d'enfant, au moment
de la donation, pourra demander la révocation de la
donation par lui faite s'il lui survient un enfant depuis
la donation.

En outre, le donateur peut stipuler le droit de retour
à son profit, pour le cas où le donataire ou ses enfants
décéderaient avant lui. Ce droit du retour conventionnel a pour effet de faire tomber toutes les aliénations et tous les droits réels consentis par le donataire.

SECTION V. — *De la forme des testaments.*

§ I. Toute personne capable peut faire son testament, lequel ne peut contenir les volontés de plusieurs
personnes à la fois ; chacun doit tester séparément.

La loi reconnaît trois formes ordinaires de testaments : 1° le testament olographe ; 2° le testament
public ; 3° le testament mystique.

Le testament *olographe* est celui qui est écrit en

entier, daté, et signé par le testateur. Comme c'est un acte sous seing privé, si les héritiers légitimes en contestent l'écriture ou la signature, c'est au légataire à établir qu'elles sont bien celles du testateur. Le testament olographe n'est assujetti à aucune forme ; les conditions impossibles, contraires aux lois ou aux bonnes mœurs sont réputées non écrites, c'est-à-dire qu'elles ne produisent aucun effet.

Le testament *public* ou authentique est celui qui est fait par devant un notaire, en présence de quatre témoins, ou par devant deux notaires, en présence de deux témoins (¹).

Ce testament a une force probante absolue et si les héritiers légitimes en contestent la sincérité, c'est à eux à faire la preuve de leurs allégations par la voie de l'inscription de faux.

Le testament *mystique* participe à la fois du testament olographe en ce que ses dispositions sont secrètes et du testament authentique en ce qu'il a une force probante absolue. Le testateur écrit son testament ou le fait écrire par une autre personne ; le signe et le présente cacheté à un notaire, qui constatera cette remise en présence de six témoins.

§ II. RÈGLES PARTICULIÈRES SUR LA FORME DE CERTAINS TESTAMENTS. - On peut faire partout, à l'étranger comme en France, son testament en la forme olographe ou en la forme usitée dans le pays où l'on se trouve (²), mais la forme olographe ne présente pas toujours la sécurité désirable, surtout pour les militaires ou employés des armées en campagne ou sur mer ; la loi a voulu, dans ces différents cas, donner au testateur les garanties que présente le testament authentique, et dans ce but elle a donné aux officiers supérieurs, ou commandant un détachement, assistés de deux témoins, le droit de recevoir les testaments des

_____

(1) Les témoins doivent être français, mâles et majeurs, et avoir la jouissance et l'exercice des droits civils. Ne peuvent servir de témoins les légataires, leurs parents ou alliés jusqu'au quatrième degré inclusivement et les clercs des notaires qui reçoivent le testament.

(2) Dans ce cas le testament n'est exécutoire en France qu'après avoir été enregistré.

soldats ou employés dans les armées, soit en expédition ou en garnison hors de France, soit se trouvant dans une place assiégée ou sur mer (¹).

Les testaments faits dans un lieu avec lequel toute communication sera interrompue, à cause de la peste ou autre maladie contagieuse, pourront être reçus par le juge de paix, le maire ou les adjoints de la commune, en présence de deux témoins.

SECTION VI. — *Des institutions d'héritiers et des différentes espèces de legs.*

A proprement parler, la loi seule institue des héritiers ; le testateur n'institue que des légataires. Le testateur peut indifféremment désigner, sous la dénomination d'*héritier,* sous celle de *légataire,* ou sous tout autre qualification, la personne appelée à recueillir ses biens.

On distingue trois sortes de legs : 1° le *legs universel* qui comprend la totalité des biens du défunt ; 2° le *legs à titre universel* qui comprend, soit une quote-part des biens dont on peut disposer, soit tous les meubles, soit tous les immeubles ; 3° le *legs à titre particulier* qui comprend un objet déterminé ou une somme d'argent, c'est-à-dire toute disposition qui n'embrasse pas l'ensemble de la succession ou une fraction de l'ensemble.

La représentation du testament authentique suffit pour faire obtenir aux légataires la délivrance de leurs legs. Le testament olographe, au contraire, ne peut être exécuté qu'après avoir été présenté au président du tribunal (²), qui l'ouvre, s'il est cacheté, dresse procès-verbal de la présentation et de l'état du testament, et en ordonne le dépôt entre les mains

---

(1) Sur les bâtiments de l'État le testament est reçu par le commandant, assisté de l'officier d'administration et de deux témoins, et sur les bâtiments de commerce par l'écrivain du navire, assisté du capitaine et de deux témoins, car tous les passagers qui se trouvent à bord d'un bâtiment en cours de voyage peuvent tester de cette manière. Le testament maritime cesse d'être valable, trois mois après la rentrée du bâtiment au port, et le testament militaire six mois après la rentrée en France du testateur.

(2) De l'arrondissement dans lequel la succession s'est ouverte.

d'un notaire. On observe les mêmes formalités pour le testament mystique, mais il faut, de plus, qu'il soit ouvert en présence du notaire et des témoins qui ont concouru à sa confection.

Si, au décès du testateur, il y a des héritiers à réserve (ascendants ou descendants), le légataire devra leur demander la délivrance de son legs. et, en cas de contestation, les assigner devant le tribunal du lieu dans lequel la succession est ouverte. S'il n'y a pas contestation, la délivrance se fait à l'amiable par acte notarié. — S'il n'y a pas d'héritiers à réserve, mais un légataire universel, c'est à lui que les autres légataires demandent la délivrance de leurs legs. — S'il n'y a pas de légataire universel, les autres légataires demandent la délivrance de leurs legs aux héritiers appelés dans l'ordre établi pour les successions.

Les légataires universels ont la *saisine,* mais à la double condition : 1° qu'il n'existe pas d'héritiers à réserve ; 2° que le testament soit fait en la forme authentique. Les légataires universels et les légataires à titre universel sont tenus de payer les dettes de la succession, dans la proportion de ce qu'ils recueillent. Le légataire particulier n'est pas tenu de contribuer au payement des dettes, mais il doit payer les droits de succession dus pour son legs.

SECTION VII. — De la révocation des testaments.

On peut toujours révoquer un testament, en tout ou en partie, par un testament postérieur, soit expressément soit par une disposition nouvelle inconciliable avec la première, ou par un acte notarié dans lequel on déclare son changement de volonté.

Un testament peut aussi être caduc, c'est-à-dire manquer de produire son effet par la faute ou par le fait du légataire. Ainsi encore, dans les cas du décès du légataire arrivé avant celui du testateur, dans le cas perte de la chose léguée, etc.

SECTION VIII. — Des exécuteurs testamentaires.

Pour assurer l'accomplissement de ses dernières volontés, le testateur peut nommer un ou plusieurs exécuteurs testamentaires.

Les exécuteurs testamentaires doivent faire apposer les scellés s'il y a des héritiers mineurs, interdits ou absents, faire dresser un inventaire des biens de la succession en présence des héritiers et veiller à ce que le testament soit exécuté.

SECTION IX. — Des substitutions.

On désigne du nom de *substitution* la disposition (*fidéi-commissaire*), par laquelle le testateur donne les biens dont il peut disposer à une personne, à charge par elle de les rendre à une autre à son décès. Ces dispositions permises autrefois pour maintenir les biens dans la famille et les réunir sur la tête d'un seul ascendant du défunt sont radicalement nulles, depuis le Code civil, même à l'égard du donataire. Ainsi deux époux sans enfants ne peuvent se donner leurs biens, à charge par le survivant de les conserver et de les rendre à sa mort aux héritiers du prémourant.

On peut néanmoins faire une disposition analogue, en employant une autre forme : en donnant l'usufruit à la personne que l'on veut avantager immédiatement et la nue-propriété à celle ou à ceux qui doivent attendre le décès de l'usufruitier pour jouir des biens du défunt.

Il n'y a pas substitution quand une personne est appelée à recueillir les biens, si le donataire ou le légataire ne les recueillaient pas.

Néanmoins, dans le but de faciliter la conservation des biens du défunt à ses petits enfants ou à ses neveux, quand le père de ceux-ci est un dissipateur, ou quand sa position n'inspire pas assez de confiance, la loi a permis, par exception, les substitutions dans deux cas : — 1° le père ou la mère peuvent donner la part de biens dont ils peuvent disposer, à un ou à plusieurs de leurs enfants à la charge de les conserver et de les rendre à tous leurs enfants nés ou à naître au premier degré seulement ; — 2° on peut également pour le cas où l'on mourait sans enfants, disposer au profit d'un ou plusieurs de ses frères et sœurs, de tout ou partie des biens que l'on peut donner, avec charge de rendre ses biens à tous les enfants nés ou à naître du donataire.

Les biens frappés de substitution appartiennent au

grevé (¹), sous condition résolutoire et aux appelés sous condition suspensive.

SECTION X. — *Des partages faits par les père, mère, ou autres ascendants entre leurs descendants.*

Le père, la mère et les autres ascendants peuvent faire entre leurs enfants et descendants le partage de leurs biens, soit pour n'avoir plus à s'occuper dans leur vieillesse, de la gestion de leur patrimoine, soit afin de procurer aux enfants la jouissance de la fortune de leurs parents du vivant même de ceux-ci et de leur éviter des contestations qui pourraient naître entre héritiers, après le décès de leur auteur (²).

Ce partage anticipé ne peut être fait que par acte notarié dans la forme d'une donation ou d'un testament. Cette dernière forme est peu usitée par ce qu'il n'est guère possible que le testateur fasse seul, sans le concours de ses enfants, le partage des biens qu'il doit leur laisser.

Si le partage a été fait en la forme testamentaire, les enfants sont tenus de toutes les dettes, à moins qu'ils n'aient accepté sous bénéfice d'inventaire, car ils reçoivent parce qu'ils sont héritiers.

Toutefois, si le partage était fait en la forme d'une donation, les créanciers ne pourraient leur réclamer les dettes, mais ils pourraient faire annuler le partage comme fait en fraude de leurs droits.

---

(1) On appelle *grevé*, celui qui reçoit les biens du disposant avec charge de les conserver jusqu'à son décès et de les remettre à l'*appelé* qui doit les recueillir d'une manière définitive.

(2) Il importe de dire ici, que ces partages anticipés ne sont pas sans inconvénients pour les parents.

Les père et mère ne se dessaisissent généralement de leurs biens qu'en se réservant une pension ou le droit d'être logés, nourris et entretenus par leurs enfants, et il sera toujours prudent, pour eux, de réserver, cette pension dans l'acte même de partage anticipé, — de stipuler le droit de résolution pour inexécution des charges et pour le cas ou ils ne seraient pas convenablement entretenus par leurs enfants; — d'hypothéquer les immeubles à la garantie de ces charges; — de faire transcrire la donation; — et enfin de prendre inscription pour conserver l'hypothèque réservée.

Ceci nous amène a énumérer les causes de nullité des partages anticipés faits par les ascendants, ces causes sont : — 1° la composition défectueuse des lots ; — 2° l'omission de l'un des enfants qui devait figurer dans le partage ; — 3° la lésion éprouvée par l'un des héritiers, lorsqu'elle s'élève à plus du quart ; — 4° les avantages faits à l'un des enfants au-delà de la quotité disponible.

Au surplus, remarquons qu'il y a lieu, après la mort des ascendants, à un partage supplémentaire, quand, depuis la confection du partage, le patrimoine du disposant s'est augmenté, ou quand des biens, existant déjà lors du partage, n'y ont pas été compris.

SECTION XI. — *Des donations entre époux.*

Les règles des donations ont été modifiées en faveur des époux ; la loi leur a permis, dans certains cas, de disposer, l'un au profit de l'autre, d'une quotité plus grande que celle qui est autorisée au profit des étrangers.

L'époux qui n'a pas d'enfants mais qui a encore son père ou sa mère, peut donner à son conjoint tout ce qu'il pourrait donner à un étranger et, en outre, l'usufruit de la réserve des ascendants.

Si l'époux donateur a des enfants, il peut donner à son conjoint un quart en propriété, plus un autre quart en usufruit, ou la moitié de tous ses biens en usufruit seulement.

L'époux donateur qui a des enfants d'un autre lit, ne peut donner à son second époux, qu'une part d'enfant légitime, sans que, dans aucun cas, la donation puisse excéder le quart des biens.

Les donations entre époux faites *pendant le mariage* sont toujours révocables ([1]). La révocation peut être faite par la femme sans y être autorisée par le mari ou par la justice.

Les donations faites *par contrat de mariage* sont irrévocables comme les autres donations.

---

[1] Ces donations ne sont point révoquées par la survenance d'enfants.

Droits d'enregistrement pour les donations entre-vifs, hors contrat de mariage.

	POUR 100 FRANCS	
Portant partage fait par les ascendants entre leurs descendants, *meubles et immeubles*....................	1 fr	»
En ligne directe, ne portant pas partage, *meubles*.........	2	50
En ligne directe, ne portant pas partage, *immeubles* (1)... .	4	»
Entre époux, *meubles*.........................'........ ..	3	»
Entre époux, *immeubles*.............................	4	50
Entre frères et sœurs, oncles et tantes, neveux et nièces, *meubles et immeubles*........ ....'........	6	50
Entre grands oncles et grand'tante, petits neveux et petites nièces, cousins germains, *meubles et immeubles*........	7	»
Entre parents au delà du 4me degré jusqu'au 12me dégré, *meubles et immeubles*.....................'.	8	»
Entre personnes non parentes, *meubles et immeubles*........	9	»

Nota. La loi du 23 août 1871 a rétabli le double décime en sus du droit proportionnel.

Depuis la loi du 23 juin 1875, le droit sur la transcription des actes de donation contenant partage, faits entre-vifs, est réduit à cinquante centimes pour cent. Ce droit est perçu lors de l'enregistrement de l'acte de donation, mais la formalité de sa transcription au bureau des hypothèques ne donne plus lieu qu'au droit fixe déterminé par l'art. 61 de la loi du 28 avril 1816.

Droits d'enregistrement pour les donations entre-vifs, par contrat de mariage.

	POUR 100 FRANCS	
En ligne directe, *meubles*....., ...	1 fr. 25	
En ligne directe, *immeubles*..........................••••	2	75
Entre époux, *meubles*......................................	1	50
Entre époux, *immeubles*...............................	3	»
Entre frères et sœurs, oncles et tantes, neveux et nièces, *meubles et immeubles* (1).........	4	50
Entre grands oncles et grand'tantes, petits neveux, petites nièces, cousins germains, *meubles et immeubles*........	5	»
Entre parents au delà du 4me degré jusqu'au 12me inclusivement, *meubles et immeubles*........	5	50
Entre personnes non parentes, *meubles et immeubles*........	6	»

Nota. La loi du 23 août 1871 a rétabli le double décime en sus du droit proportionnel.

FORMULE *d'un Testament contenant un Legs universel.*

CECI EST MON TESTAMENT :

Je, soussigné..., propriétaire, demeurant à..., institue pour mon légataire universel M.... (*nom, prénoms, profession, demeure*).

Je révoque tous les autres testaments ou codicilles que j'ai pu faire antérieurement.

Fait et écrit en entier de ma main, à....., le.... mil huit cent....

(*Signature*).

---

(1) Y compris le droit de transcription à 1 fr. 50 pour 100 fr. relativement aux *immeubles*.

FORMULE *d'un Testament contenant un Legs à titre universel.*

Je, soussigné...., demeurant à...., lègue à titre universel, par le présent testament, à M...., le quart en pleine propriété de la fortune que je laisserai à mon décès, — *ou bien* tous mes immeubles, *ou* tous mes meubles, — *ou* la moitié des biens que je laisserai à mon décès. (*Le reste comme ci-dessus*).

FORMULE *d'un Testament contenant des Legs particuliers.*

Je soussigné...., demeurant à......, voulant donner aux personnes ci-après nommées un gage de ma gratitude pour l'affection et le dévouement dont elles m'ont entouré, lègue à titre particulier :

1° A M...., demeurant à.. .., une somme de... .. à prendre dans ma succession nette de toutes charges, avec les intérêts du jour de mon décès ;

2° A L ..., demeurant à....., ma maison de campagne de..... (*désigner exactement l'immeuble ou l'objet que l'on veut léguer*).

Je nomme pour mon exécuteur testamentaire A..... demeurant à..... en l'investissant de la saisine pendant l'an et jour. Je le prie de recevoir comme dédommagement et souvenir *tel objet ou* la somme de.....

Je révoque, etc....

Fait et écrit en entier de ma main à.....　　　　　(*Signature*).

FORMULE *d'un testament contenant un legs par préciput et hors part.*

Je, soussigné......, propriétaire, demeurant à....., rue...., n°...

Voulant donner à ma fille bien-aimée, M....., un témoignage de mon affection particulière et voulant ainsi reconnaître les soins assidus et tendres qu'elle n'a cessé de me prodiguer, déclare, par le présent, lui léguer, par préciput et hors part, le quart des biens, meubles et immeubles qui composeront ma succession.

Pour en jouir et disposer en toute propriété du jour de mon décès.

Fait et écrit en entier de ma main, à....., le..... mil huit cent....

(*Signatures*).

FORMULE *de Testament en faveur d'un conjoint.*

CECI EST MON TESTAMENT :

Je, soussigné (*nom, prénoms, profession et demeure*), voulant donner à L....., ma femme bien-aimée, un gage de l'affection qui nous a unis pendant trente ans, déclare, par les présentes lui léguer l'usufruit de tous les biens, meubles et immeubles qui composeront ma succession avec dispense de faire emploi et de fournir caution.

S'il y a des enfants, le testateur dira :

Déclare, par les présentes, léguer la moitié en usufruit de tous les biens meubles et immeubles qui composeront ma succession avec dispense de faire emploi et de fournir caution.

Je révoque, etc.

Fait et écrit en entier de ma main, à...., le.... mil huit cent....

(*Signature*).

FORMULE *d'un Testament mystique ou secret.*

Je, soussigné *(prénoms, nom, âge, profession et demeure)*, étant en santé de corps et d'esprit, ai fait, et rédigé moi-même mon présent testament mystique *ou* secret, *ou bien* ai dicté et fait écrire par un autre mon présent testament mystique *ou* secret, que j'ai signé, *ou* que je n'ai pu signer, ainsi que je le déclarerai en le présentant au notaire et aux témoins, lequel contient mes dispositions de dernière volonté, en la manière suivante, et que j'entends être exécutées après ma mort :

Je donne et lègue à.... *telles choses.*
Je donne et lègue à.... *telles choses.*

Je nomme et institue pour mon légataire universel le sieur..., en faveur de qui je me déssaisis de tout ce qui restera de mes biens après l'acquittement de mes dettes et des legs ci-dessus énoncés.

J'entends que mondit légataire universel ne puisse profiter de l'institution que je viens de faire en sa faveur, qu'après avoir pleinement exécuté les dispositions particulières contenues au présent.

Fait en ma demeure susdite, à... ce... mil huit cent...

(Signature).

FORMULE *d'un testament contenant partage par un père de ses biens entre ses enfants.*

Je, soussigné *(nom, prénoms)*, voulant éviter des contestations entre mes enfants sur le partage de mes biens après mon décès, et leur épargner les frais qu'un partage judiciaire pourrait leur occasionner, ai fait par le présent testament le partage de mes biens entre mes deux enfants ci-après nommés, savoir : Joseph, employé...; Paul, notaire à... *(indiquer le lieu)*. Mes biens consistent dans : 1° des meubles meublants, effets mobiliers, linges montant ensemble à six mille francs ; ce mobilier restera à Paul, à la charge par lui de payer à Joseph, son frère, une somme de trois mille francs dans les deux mois de mon décès ; 2° deux maisons situées l'une à Paris, rue..., n°..., estimée par moi deux cent mille francs, l'autre rue..., n° .., estimée par moi cent cinquante mille francs ; la première appartiendra à Joseph, à la charge par lui de payer à Paul, son frère, une somme de vingt-cinq mille francs, à titre de soulte dans les six mois de mon décès. J'entends qu'à partir de ma mort mes enfants jouissent distinctement des immeubles ci-dessus légués d'après mes dispositions. Si à mon décès, il y avait quelques dettes à acquitter, j'entends qu'elles soient immédiatement payées, et qu'il soit procédé à la vente du mobilier, soit en totalité, soit jusqu'à concurrence du montant des dettes ; dans ce cas, Paul ne paiera à Joseph, son frère, que la moitié de la valeur du mobilier qui lui restera ; ou en cas de difficultés, tout le mobilier lui sera vendu, et la somme restant libre, déduction faite des dettes, sera partagée entre les deux frères.

A..... le..... mil huit cent.....   *(Signature).*

FORMULE *d'un Testament contenant substitution au profit des enfants à naître au premier degré.*

Je soussigné, étant sain d'esprit, lègue et donne à mon fils aîné ma maison sise à...., avec tous les meubles qui la garnissent, à la charge par lui de conserver la maison ci-dessus et ses dépendances, et de les rendre après son décès, à ses enfants nés et à naître au premier degré seulement, les substituant à leur père ; mais en cas de prédécès de tous les appelés à la substitution ci-dessus, j'entends que la maison soit réputée avoir toujours appartenu à mon fils, à partir de mon décès.

Je nomme M. (*prénoms et nom*), demeurant à , tuteur à l'exécution de mes dispositions, à l'effet de veiller à ce que toutes les formalités nécessaires soient remplies, et notamment à ce que mon testament soit transcrit au bureau des hypothèques de l'arrondissement dans lequel ma maison est située.

La présente disposition faite dans l'intérêt de mon fils et de ses enfants devra être strictement exécutée.

Fait à...., le. .., 187... *Signature)*.

FORMULE *d'un Testament avec substitution au profit des Enfants d'un Frère ou d'une Sœur.*

Je lègue à mon frère (*prénoms et nom*), demeurant à ..., tous les meubles, effets mobiliers, linges, bijoux, etc., que je laisserai à mon décès, à la charge par lui de les conserver et de les rendre après son décès à ses enfants nés et à naitre au premier degré seulement. Je nomme mon frère cadet (*prénoms et nom*), demeurant à ..., tuteur à l'exécution de la présente disposition.

Fait à...., le... 187... *(Signature)*.

CHAPITRE III

Des Contrats ou des Obligations conventionnelles en général.

(Articles 1101 à 1369 du Code civil).

DISPOSITIONS PRÉLIMINAIRES

La propriété des biens s'acquiert à titre onéreux par l'effet des obligations.

Les obligations naissent des *contrats*, des *quasi-contrats*, des *délits*, des *quasi-délits* et de *la loi*.

On définit l'*obligation*, un lien de droit par lequel une personne s'engage envers une autre à donner, à faire ou à ne pas faire quelque chose.

Les mots *droit* et *obligation* sont corrélatifs l'un de l'autre. Lorsqu'on a le droit d'exiger quelque chose d'une personne, cette personne est tenue d'exécuter son obligation.

On ne peut pas promettre pour autrui ni engager autrui, à moins qu'on n'agisse comme mandataire ou gérant d'affaires, mais on peut se porter fort pour autrui, c'est-à-dire s'engager soi-même à déterminer un tiers à contracter.

La convention, c'est-à-dire l'*accord des volontés*, donne naissance au contrat ; le contrat engendre l'obligation, et l'obligation elle-même produit l'action pour contraindre le *débiteur* (¹) à remplir son engagement.

Les contrats sont de plusieurs sortes et prennent des noms différents suivant leur nature.

D'abord le contrat est *consensuel, réel, solennel*, selon qu'il se forme par le seul consentement, par la livraison, ou qu'il exige l'emploi de formes spéciales et authentiques.

Le contrat est *synallagmatique* ou *bilatéral*, lorsque les contractants s'obligent réciproquement les uns envers les autres, comme dans les contrats de vente, de louage, etc.

Le contrat est *unilatéral*, lorsqu'une personne s'oblige envers une autre, sans que cette dernière soit elle-même engagée : ainsi, dans le prêt, il n'y a que l'emprunteur d'obligé envers le prêteur.

Le contrat est *commutatif*, lorsque chacune des parties reçoit un équivalent actuel et certain, en échange de ce qu'elle fournit. Le contrat est *aléatoire* si l'équivalent consiste, pour chacune des parties, dans une chance de gain ou de perte.

Le contrat est à *titre onéreux* ou à *titre gratuit*. Le contrat à *titre onéreux* est celui qui assujettit chacune des parties à donner ou à faire quelque chose. Tels sont la vente, la société, etc... Le contrat à *titre gratuit* ou de bienfaisance, est celui dans lequel l'une des parties procure à l'autre un avantage purement gratuit. Tels sont les contrats de donation, de mandat, de dépôt, etc...

Enfin le contrat peut être *principal* ou *accessoire*. Le contrat est principal lorsqu'il crée des obligations qui ne se rattachent à aucune autre obligation pré-

---

(1) Ce mot *débiteur* désigne ici, en général, la personne engagée.

10

existante. Le contrat est accessoire lorsqu'il a pour objet de compléter, de renforcer une convention antérieure. Tels sont les contrats de cautionnement, de nantissement, d'hypothèque.

SECTION PREMIÈRE. — Des conditions essentielles pour la validité des conventions.

Quatre conditions sont essentielles pour la validité d'un contrat : 1° la capacité des parties contractantes ; 2° leur consentement ; 3° un objet certain formant la matière de l'engagement ; 4° une cause licite dans l'obligation.

Les trois dernières conditions sont indispensables pour que le contrat existe ; leur absence le rend absolument nul. Mais, la capacité de contracter n'est nécessaire qu'à la validité du contrat et son absence le rend seulement annulable.

§ I. DE LA CAPACITÉ DES PARTIES CONTRACTANTES. — Pour qu'un contrat soit valable, il faut que les parties contractantes soient capables de s'engager.

Les mineurs, les interdits, les individus pourvus d'un conseil judiciaire, les femmes mariées sont incapables de contracter.

Toutefois, les actes faits par des incapables sont seulement annulables, le contrat existe et ne peut être attaqué que par les incapables eux-mêmes.

§ II. DU CONSENTEMENT. — Le consentement doit être donné librement ; il est nul, s'il n'a été donné que par erreur, ou s'il a été extorqué par violence ou surpris par dol.

L'erreur rend le contrat absolument nul, lorsque elle porte sur la nature ou sur l'objet de la convention. Ainsi, quand celui qui reçoit une chose la reçoit comme chose donnée, tandis qu'elle lui est livrée comme chose vendue ou prêtée, le contrat n'a pas lieu ; parce que l'erreur exclut le concours des volontés. De même si un acheteur croit qu'on lui vend la maison A, alors que le vendeur croit vendre la maison B.

Le contrat est simplement annulable si l'erreur ne porte que sur la substance de l'objet ou sur la personne lorsqu'on a contracté en vue de la per-

sonne (¹). Ainsi, vous achetez une montre que vous croyez en or, et qui est en vermeil, il y a erreur sur la substance ; de même si on vous vend, comme étant de Raphaël, un tableau d'un peintre quelconque.

Le consentement doit être exprimé clairement, de manière à ne laisser aucun doute dans l'esprit des parties. En principe, celui qui fait une proposition de marché peut la rétracter, tant qu'elle n'a pas été acceptée, à moins qu'il ne se soit engagé à ne pas la révoquer avant un certain délai.

La violence est une cause de nullité du contrat, soit qu'elle vienne de la partie adverse ou d'un tiers. Il y a violence lorsqu'elle est de nature à faire impression sur une personne raisonnable et qu'elle inspire la crainte actuelle d'un mal considérable. La violence consiste plutôt dans la crainte qui a été inspirée et qui a détruit la liberté du consentement, que dans le mal lui-même. Les tribunaux apprécient si elle a pu vicier le consentement, eu égard à l'âge, au sexe et aux circonstances. Une menace sans condition, la crainte de déplaire ne suffiraient pas.

Le dol consiste dans les manœuvres frauduleuses pratiquées dans le but de tromper une des parties contractantes. Le dol est une cause de nullité des contrats, s'il a réellement décidé la partie à contracter et s'il a été pratiqué par l'autre partie. Par exemple, si l'on persuade à quelqu'un que la marchandise qu'il attend a péri par accident, pour le décider à acheter en remplacement des marchandises de même nature ; ce fait constituera un dol de nature à annuler la convention. Mais il ne faudrait pas considérer comme un dol les promesses exagérées et les vanteries que font ordinairement les marchands pour déterminer les acheteurs.

La lésion (²), n'est une cause générale de nullité des contrats que pour les mineurs. Néanmoins elle vicie les contrats, relativement aux majeurs dans deux cas ; 1° celui où le vendeur d'un immeuble a été

---

(1) Par exemple, quand on fait une donation.

(2) C'est le préjudice éprouvé par l'une des parties dans un contrat à titre onéreux.

lésé de plus des sept douzièmes de sa valeur ; 2° celui où l'un des héritiers a été lésé de plus du quart.

§ III. DE L'OBJET DES CONTRATS. — Pour exister, le contrat doit avoir pour *objet* une chose licite et déterminée qu'une partie s'oblige à donner, à faire ou à ne pas faire. La chose est *licite* quand elle n'est pas prohibée par la loi, quand elle n'est contraire ni aux bonnes mœurs ni à l'ordre public.

Sont illicites et nulles les ventes de boissons falsifiées, de blés en herbe, d'une succession future, etc. ; en outre, les choses qui ne sont pas dans le commerce, comme les substances vénéneuses, les choses du domaine public (routes, fontaines, rivières navigables), les choses dont l'Etat s'est réservé la fabrication ou la vente (tabac, cartes à jouer, etc), ne peuvent faire l'objet d'un contrat.

Le simple usage ou la simple possession d'une chose peuvent, comme la propriété même, être l'objet d'un contrat.

Les choses futures peuvent également être l'objet d'un contrat.

§ IV. DE LA CAUSE. — Il faut que l'obligation repose sur une *cause*, exprimée ou non, réelle et licite, c'est-à-dire que le but immédiat qu'on veut atteindre en s'obligeant soit réalisable et permis par la loi, les bonnes mœurs, l'ordre public.

Dans un contrat synallagmatique, à titre onéreux, l'obligation de chaque partie a pour cause réciproque l'obligation de l'autre, c'est-à-dire le fait ou la promesse de l'autre. Ainsi le vendeur ne s'oblige à livrer sa chose à l'acheteur que *parce que* l'acheteur s'engage à lui en payer le prix et réciproquement.

Dans un contrat à titre gratuit, la *cause* consiste dans l'esprit de libéralité dirigé par le désir de faire du bien ou de prouver son affection, sa reconnaissance, etc..

L'obligation sans cause, ou sur une fausse cause, ou sur une cause illicite est nulle de plein droit.

SECTION II. — *Des diverses espèces d'obligations.*

Une obligation est susceptible de plusieurs modalités ; elle est tantôt *pure et simple*, lorsqu'elle prend naissance et devient exigible au moment même du contrat ; tantôt *conditionnelle*, quand on la fait dépendre d'un événement futur et incertain, soit en suspendant ses effets jusqu'à ce que l'événement arrive, soit en la résiliant, selon que l'événement arrivera ou n'arrivera pas (1) ; enfin l'obligation est *à terme*, quand elle prend naissance au moment du contrat, et ne produit ses effets qu'à l'époque d'un événement futur, mais certain.

L'obligation peut également être *alternative*, c'est-à-dire comprendre deux ou plusieurs objets qui sont également dus, mais dont un seul doit être définitivement payé. Telle est l'obligation de livrer, soit la maison A, soit la maison B ; en livrant l'une de ces deux maisons, le débiteur est libéré de l'obligation de livrer l'autre.

De plus l'obligation peut être *solidaire entre les créanciers*, lorsque chacun d'eux a le droit de demander au débiteur la totalité de la créance, et que le paiement fait à l'un d'eux libère le débiteur envers les autres.

Au contraire, l'obligation est *solidaire entre les débiteurs* quand chacun d'eux peut être contraint à payer la totalité de la dette, et que le payement fait par un seul libère tous les autres.

Enfin on peut joindre à l'obligation une *clause pénale*, par laquelle les parties estiment, à l'avance, les dommages-intérêts qui devront être payés si le débiteur n'exécute pas son obligation ou ne l'exécute que tard.

SECTION III. — De l'effet des obligations.

Les obligations ont pour effet la prestation volontaire ou forcée de ce qui est dû par le débiteur. Formées régulièrement, elles tiennent lieu de loi à ceux qui les ont faites et sont sanctionnées par le droit de les faire exécuter judiciairement. De plus, elles ne peuvent être révoquées que par le consentement mu-

---

(1) L'obligation est nulle, si la condition dépend entièrement de la volonté de celui qui s'oblige.

tuel des deux parties, ou pour les causes déjà énoncées, comme l'erreur, la violence, le dol.

Les conventions doivent être exécutées de bonne foi. Ainsi, elles obligent non seulement à ce qui y est exprimé, mais encore à toutes les suites que l'équité, l'usage ou la loi donnent à la convention d'après sa nature.

§ I. DE L'OBLIGATION DE DONNER. — Par cette obligation, le débiteur est tenu de mettre la chose à la disposition du créancier. Il doit la conserver, en bon père de famille, jusqu'à ce qu'il l'ait livrée. Dès le moment du contrat et par le seul effet du consentement, le créancier devient propriétaire de la chose et prend les risques à sa charge. La tradition a donc lieu par le seul effet de la convention.

Cependant la propriété des meubles, quoique transférée par le seul effet du consentement, n'est irrévocable que lorsque la livraison a été faite, en vertu de la règle : *en fait de meubles, la possession vaut titre*. Si donc, un meuble a été successivement vendu par la même personne à deux acheteurs; celui des deux qui a reçu de bonne foi la possession réelle aura la préférence, encore que son titre soit postérieur en date.

§ II. DE L'OBLIGATION DE FAIRE OU DE NE PAS FAIRE.— Lorsqu'il s'agit de l'obligation de donner un corps certain ou une somme d'argent, le créancier peut exiger l'exécution du contrat et se faire mettre en possession de l'objet; mais, s'il s'agit de l'obligation de donner une chose *indéterminée* ou de l'obligation *de faire ou de ne pas faire*, le créancier n'a aucun moyen direct de forcer le débiteur à exécuter son obligation, et alors sa seule ressource est de le poursuivre en payement de dommages-intérêts.

On entend par *dommages-intérêts* l'indemnité équivalente de la perte que l'on éprouve ou du bénéfice que l'on manque de réaliser. Le montant des dommages-intérêts peut être déterminé, soit par la justice, soit par les parties elles-mêmes au moyen d'une clause pénale, soit par la loi, lorsque l'obligation qui n'a pas été exécutée avait uniquement pour objet une somme d'argent.

La règle que *toute obligation de faire ou de ne pas faire se résout en dommages-intérêts, au cas d'inexécution*, souffre exception lorsqu'on peut obtenir l'exécution du contrat sans exercer de violences physiques sur la personne du débiteur, ou lorsque le fait qui devait être exécuté par le débiteur, peut l'être par une autre personne avec la même utilité pour le créancier.

§ III. DE L'INTERPRÉTATION DES CONVENTIONS. — On doit, dans les conventions, rechercher qu'elle a été la commune intention des parties contractantes, plutôt que de s'arrêter au sens littéral des termes. Lorsqu'une clause est susceptible de deux sens, on doit l'entendre dans le sens avec lequel elle produit un effet plutôt que dans celui avec lequel elle n'en produirait aucun ; car on ne peut admettre que les parties aient voulu faire un contrat inutile.

Les termes susceptibles de deux sens doivent être pris dans le sens qui convient le plus à la matière du contrat. Ce qui est ambigu s'interprète par ce qui est d'usage dans le lieu où le contrat est passé. Dans le doute, la convention s'interprète contre celui qui a stipulé (¹), c'est-à-dire contre le créancier, et en faveur de celui qui a contracté l'obligation, c'est-à-dire en faveur du débiteur. Mais si l'engagement du débiteur était établi et qu'il n'y eût de doute que sur sa libération, le doute s'interprêterait en faveur du créancier ; ce serait au débiteur à prouver sa libération.

§ IV. DE L'EFFET DES CONVENTIONS A L'ÉGARD DES TIERS. — En principe, les conventions n'ont d'effet qu'entre les parties contractantes ; elles ne nuisent ni ne profitent aux tiers.

Néanmoins, les créanciers peuvent exercer tous les droits et actions de leur débiteur, à l'exception des droits qui sont exclusivement attachés à la personne. Ils peuvent aussi, en leur nom personnel, attaquer les actes faits par leur débiteur en fraude de leurs droits.

---

(1) Dans un sens restreint, le mot *stipulation* signifie l'engagement que l'une des parties exige de l'autre, en sa faveur ou à son profit.

SECTION IV. — De l'extinction des obligations.

Les obligations s'éteignent : — par le paiement, — par la novation, — par la remise volontaire de la dette, — par la compensation, — par la confusion, — par la perte de la chose due, — par la nullité ou rescision, — par l'effet de la condition résolutoire accomplie, — et enfin par la prescription. Nous allons parcourir chacun de ces divers modes d'extinction, en exceptant l'effet de la condition résolutoire, que nous avons déjà vu, et la prescription dont nous parlerons plus tard.

§ I. DU PAIEMENT. — Dans un sens général, le *paiement* est l'exécution de l'engagement contracté par le débiteur, en délivrant la chose ou en accomplissant le fait. C'est le mode le plus naturel d'extinction de l'obligation.

Le paiement peut être fait : 1° par le débiteur lui-même ; 2° par la caution ou par le débiteur solidaire ; la dette n'est alors éteinte que par rapport au créancier ; 3° par une personne non intéressée à payer ([1]), agissant soit au nom du débiteur, soit en son propre nom ([2]).

Pour payer valablement, il faut être propriétaire de la chose donnée en paiement et être capable d'aliéner.

Le payement doit être fait, par le débiteur ou par son mandataire, au créancier ou à son mandataire ou encore au possesseur de la créance. Le paiement doit avoir pour objet la chose promise dans l'état où elle se trouve lors de la livraison, pourvu que les détériorations, s'il en existe, ne soient pas le fait du débiteur ; le créancier ne peut être contraint à recevoir une chose équivalente.

Le paiement doit se faire au lieu convenu et, à défaut de convention, au domicile du débiteur. Les frais du paiement, ceux de délivrance et de quit-

---

(I) Ce qui ne peut avoir lieu dans les obligations de faire et dans celles de ne pas faire.

(2) Dans ce cas, le créancier peut subroger à ses droits le tiers non intéressé qui le paie, mais cette subrogation implique alors *une cession de créance au profit du tiers subrogé* et empêche le paiement qu'il a fait d'éteindre la dette. Car, ce paiement est considéré comme étant le prix de la créance cédée et non comme l'acquittement de la dette.

tance sont à la charge du débiteur : le créancier supporte ceux d'enlèvement, s'il y en a.

Le paiement a lieu avec *subrogation*, quand un tiers qui paie la dette à la place du débiteur, se substitue au créancier originaire.

Lorsqu'un débiteur est tenu de plusieurs dettes envers la même personne, et que la somme qu'il donne n'est pas suffisante pour les acquitter toutes, le débiteur a le droit d'indiquer la dette qu'il entend payer la première. C'est là l'*imputation* des paiements. Cependant le débiteur doit diriger l'imputation sur les intérêts, de préférence au capital ; en outre, il ne peut faire l'imputation sur une dette supérieure à la somme payée, parce que ce serait faire un paiement partiel, et que le créancier ne peut pas être forcé à recevoir en partie le paiement d'une dette.

A défaut du débiteur, le créancier fait l'imputation et, s'il ne la fait pas, la loi elle-même la fait : elle éteint d'abord les dettes échues ; si toutes les dettes sont échues, elle dirige l'imputation sur les plus onéreuses ; si elles sont toutes également onéreuses, elle la dirige sur la plus ancienne.

Enfin, si toutes les dettes sont échues et également onéreuses et anciennes, la loi dirige l'imputation sur toutes proportionnellement.

Lorsque le créancier refuse de recevoir le paiement qui lui est offert, le débiteur doit lui faire des offres réelles de la chose due (¹), et, en cas de refus, *consigner* la somme ou la chose offerte, c'est-à-dire la déposer dans un lieu déterminé par la loi ou par le juge (²). Les offres réelles suivies de consignation libèrent le débiteur ; le paiement est réputé valablement fait, pourvu que les offres et la consignation soient elles-mêmes déclarées valables par un jugement du tribunal.

Au moyen de *la cession de biens*, le débiteur, insolvable et de bonne foi, peut abandonner à ses créanciers tout ou partie de ses biens ; il peut leur donner la propriété même des biens qu'il abandonne

---

(1) Par ministère d'huissier ou de notaire.
(2) On effectue le dépôt à la *Caisse des dépôts et consignations*.

ou leur céder simplement la faculté de les vendre; ce qui exemptera les créanciers des formalités longues et coûteuses qu'entraînent la saisie et l'expropriation.

La cession de biens peut être volontaire ou judiciaire, suivant que les créanciers y consentent ou non.

§ II. DE LA NOVATION. — C'est un mode d'extinction des obligations par lequel on substitue une dette nouvelle à une ancienne dette qui se trouve ainsi éteinte.

La novation s'opère de quatre manières : 1° *par changement d'objet*, lorsque le débiteur et le créancier conviennent que telle chose sera payée au lieu et place de celle qui est due; 2° *par changement de débiteur*, lorsque les parties conviennent qu'un tiers sera débiteur à la place du débiteur actuel (1) ; 3° *par changement de créancier*, lorsque le créancier renonce à ses droits, à la condition que le débiteur s'engage envers une autre personne désignée; 4° *par changement de cause*, lorsque le créancier laisse au débiteur à titre de prêt, ce qu'il lui doit à titre de dépôt.

---

(1) On donne à cet acte le nom de *délégation parfaite*, en voici la formule :

Entre les soussignés :

M. F... propriétaire demeurant à... d'une part; et M. B... propriétaire, demeurant à... d'autre part.

Il a été dit et convenu ce qui suit :

M. F... pour se libérer envers M. B... de la somme de... qu'il lui doit suivant acte en date du... enregistré, délègue à M. B... qui l'accepte, pareille somme de... à prendre par préférence et antériorité à lui et à tous autres dans celle de... qui lui est due par M. L... propriétaire demeurant à... aux termes d'un acte en date du... enregistré...

M. B... touchera cette somme de... M. L... ainsi que les intérêts de cette somme à raison de 5 0/0 à compter du... dans les termes dudit acte dans l'effet duquel M. F... le subroge; moyennant quoi, M. B... décharge M. F... de la dette ci-dessus énoncée.

A ces présentes intervient M. L... qui accepte la délégation ci-dessus faite sur lui au profit de M. B... et déclare n'avoir entre ses mains aucun empêchement à son exécution; il reconnaît en conséquence M. B... pour son nouveau créancier de la dite somme de...

Fait triple à Avignon le...

(Approbation d'écriture et signatures).

(Droit d'enregistrement 1 0/0 plus le double décime).

§ III. — DE LA REMISE DE LA DETTE. — C'est l'abandon à titre gratuit que le créancier fait de sa créance. La remise de la dette constitue une libéralité indirecte soumise au rapport, à la réduction, etc.

Certains faits font présumer la remise, par exemple, si le créancier remet volontairement au débiteur le titre original sous signature privée, ou la copie d'un titre authentique.

§ IV. DE LA COMPENSATION. — La compensation est la balance établie entre deux dettes qui s'éteignent jusqu'à concurrence de leurs quotités respectives, au profit de deux personnes créancières et débitrices à la fois l'une envers l'autre.

Elle s'opère de plein droit, même à l'insu des débiteurs, à l'instant où les deux dettes se trouvent exister à la fois ; néanmoins, les dettes à compenser doivent réunir trois conditions ; 1° être liquides ([1]) ; 2° être exigibles ; 3° avoir pour objet des sommes d'argent ou des choses fongibles de la même espèce.

Par exception, il y a certaines créances auxquelles on ne peut pas opposer la compensation ; ainsi, quand une personne demande la restitution d'une chose dont elle a été injustement dépouillée, ou lorsqu'une des parties demande la restitution d'un dépôt ou d'un prêt à usage, ou enfin quand une des deux dettes a pour cause des aliments déclarés insaisissables.

§ V. DE LA CONFUSION. — C'est la réunion sur la même personne des qualités de créancier et de débiteur d'une chose. Il y a, dans ce cas, impossibilité matérielle d'exécuter l'obligation.

La confusion a lieu, soit quand le débiteur succède à son créancier, soit quand le créancier succède à son débiteur, soit quand un tiers succède à la fois au créancier et au débiteur.

§ VI. — DE LA PERTE DE LA CHOSE DUE. — L'obligation s'éteint aussi par la perte de la chose due. Si la chose due périt par cas fortuit, avant que le débiteur n'ait été mis en demeure de la livrer, *la perte est*

---

(1) Une dette est *liquide* quand on sait à combien elle se monte ; elle est *exigible*, quand elle ne contient ni terme ni condition.

supportée par le créancier (¹). Mais si le débiteur avait été mis en demeure de la livrer, la perte serait à sa charge, et il pourrait être tenu de payer des dommages-intérêts, parce qu'il est en faute.

Si la chose due périt par la faute ou par le fait du débiteur, l'obligation est éteinte, mais le débiteur est passible de dommages-intérêts.

§ VII. DE LA NULLITÉ DES CONVENTIONS. — Les obligations s'éteignent si les contrats sont annulés ou rescindés, soit parce que le consentement donné par l'une des parties était infecté d'un vice, soit à cause de l'incapacité des contractants, soit encore parce qu'une des parties allègue la lésion dont elle a souffert.

L'action en nullité ou rescision peut être exercée pendant dix ans. Dans le cas où elle est fondée sur l'erreur, le dol ou la violence, ce délai court à partir du jour où l'erreur ou le dol ont été découverts et où la violence a cessé. Si au contraire, l'action est fondée sur l'incapacité de l'une des parties, le délai court à partir du moment où l'incapacité a pris fin.

Le jugement qui prononce la nullité d'un contrat rétablit les choses dans l'état où elles seraient, si le contrat n'était pas intervenu et oblige les parties à se restituer réciproquement ce qu'elles avaient reçu l'une de l'autre. Cependant, si la nullité a eu pour cause l'incapacité de l'une des parties, l'incapable ne doit rembourser que ce dont il s'est enrichi.

La simple lésion donne lieu à l'action en nullité, en faveur du mineur non émancipé, contre toutes sortes de conventions.

Les actes, tels que *ceux d'administration*, que le tuteur pouvait faire sans aucune formalité, peuvent être maintenus, si le mineur n'a pas subi de lésion. Quant *aux actes de disposition*, (acceptation de succession, aliénations, etc.) que le tuteur ne peut faire sans certaines formalités, ils sont absolument *nuls par eux-mêmes* et indépendamment de toute lésion.

En principe, les *majeurs* ne sont pas restitués pour cause de lésion.

---

(1) A moins que le débiteur se fut expressément chargé des cas fortuits.

SECTION V. — De la preuve des obligations.

On entend par *preuve* la conséquence que la loi et le juge tirent d'un fait connu à un fait inconnu, quand le second découle directement du premier.

Les obligations et le payement se prouvent par cinq espèces de preuves, reconnues par la loi et qui sont : la preuve écrite, la preuve testimoniale, les présomptions, l'aveu de la partie et le serment.

En principe, c'est à celui qui réclame l'exécution d'une obligation à prouver qu'elle existe. Cette preuve une fois établie, c'est à la partie adverse à prouver l'extinction de l'obligation (¹). Ce principe est, en général, applicable à la preuve de tous les actes.

§ I. DE LA PREUVE ÉCRITE. — Cette preuve embrasse les actes authentiques ou publics et les actes sous seing-privé.

L'*acte authentique* est celui qui est reçu par un officier public (²), ayant le droit d'instrumenter dans le lieu où l'acte a été rédigé, et avec les solennités requises. Le titre authentique fait pleine foi de sa date, entre les parties et leurs ayants-cause, ainsi que des conventions et déclarations de toute nature qui y sont insérées. On ne peut l'attaquer comme entaché de faux, qu'au moyen soit *d'une plainte en faux principal* (dans ce cas, l'exécution de l'acte argué de faux est suspendue par la mise en accusation) ; soit *d'une inscription de faux* faite *incidemment* (dans ce cas, les tribunaux devant lesquels le procès est pendant, peuvent, suivant les circonstances, suspendre provisoirement l'exécution de l'acte).

L'acte qui n'est point authentique par l'incompétence ou l'incapacité de l'officier public, ou par un défaut de formes, vaut comme acte sous-seing privé, s'il a été signé par les parties et si le contrat qu'il constate n'est pas un contrat solennel.

---

(1) On s'est demandé si l'on pouvait *prouver un fait négatif* ; l'affirmation n'est pas douteuse, car la preuve d'un fait négatif résulte de la preuve d'un fait positif contraire.

(2) Les officiers publics sont les notaires, maires, greffiers, avoués, huissiers, etc.

Les actes notariés sont des actes authentiques qui ont été reçus par des notaires, avec ou sans témoins.

Comme tous les actes authentiques, l'acte notarié a par lui-même une *force exécutoire*. C'est-à-dire qu'un créancier peut, en vertu de ce titre et sans qu'il lui soit besoin d'assigner le débiteur et d'obtenir un jugement, faire commandement par huissier au débiteur et le forcer au paiement par la saisie et la vente de ce qu'il possède.

Les notaires sont tenus de garder *minute* des actes qu'ils reçoivent. La minute est l'acte sur lequel se trouvent les signatures du notaire, des témoins et des parties ; ou en d'autres termes, l'*original*. Le notaire doit conserver la minute dans ses archives. Par exception, certains actes peu importants (une procuration, par exemple), peuvent être délivrés en *brevet*. On appelle *acte en brevet*, l'original que le notaire n'est pas tenu de garder et qu'il peut remettre aux parties.

La copie de la minute s'appelle *grosse* ; c'est le titre qui est délivré par le notaire au créancier et qui est revêtu de *la formule exécutoire* (1).

Les actes notariés doivent être présentés par les notaires à la formalité de l'enregistrement dans un délai de dix jours, pour les actes des notaires qui résident dans la commune où le bureau d'enregistrement est établi ; de quinze jours, pour ceux des notaires qui n'y résident pas.

---

(1) On appelle *formule exécutoire*, l'intitulé au nom du souverain et le mandement aux officiers de justice, en vertu desquels un acte peut être mis à exécution. Cette formule est ainsi conçue :

RÉPUBLIQUE FRANÇAISE

« AU NOM DU PEUPLE FRANÇAIS »

(Suit la teneur de l'acte notarié).

« En conséquence, le Président de la République française mande et ordonne à tous huissiers sur ce requis de mettre le présent acte à exécution, aux Procureurs généraux et aux Procureurs de la République près les Tribunaux de première instance d'y tenir la main, à tous Commandants et Officiers de la force publique de prêter main forte lorsqu'ils en seront légalement requis. »

Si la *grosse* doit être produite hors du ressort de la Cour d'appel, ou hors du département où réside le notaire, elle doit être *légalisée* par le Président du tribunal civil.

Certains actes ne sont valables que s'ils ont été passés par devant notaire (¹).

Ces actes pour lesquels la forme notariée est obligatoire, sous peine de nullité, sont notamment :

Les contrats de mariage : les actes qui rétablissent la communauté ; les constitutions d'hypothèques et les mainlevées d'inscriptions hypothécaires ; les donations entre-vifs ; les révocations de donation ; les certificats de vie ; les actes de notoriété ; les comptes et partages avec des mineurs ; les testaments mystiques et publics ; les cessions de brevet d'invention ; les actes respectueux pour le mariage ; les consentements à mariage.

Au moyen d'une contre-lettre les parties contractantes peuvent modifier certaines clauses d'un acte authentique. La *contre-lettre* est un écrit destiné à rester secret entre les parties ; elle ne peut, en aucun cas, être opposée aux tiers.

L'*acte sous seing-privé* est celui qui est fait sans l'intervention d'un officier public, et sous la seule signature des parties qui le rédigent elles-mêmes. Un acte écrit est indispensable pour prouver toute convention dont la valeur dépasse 150 fr.

L'acte sous seing-privé sert à prouver tous les contrats autres que les contrats solennels. Toutes les personnes capables de contracter peuvent faire des actes sous seing-privé.

Ces actes ne sont pas, comme les actes authentiques, exécutoires par eux mêmes. Lorsque le débiteur n'exécute pas les engagements par lui contractés aux termes de l'acte sous seing-privé, le créancier est obligé de l'assigner devant les tribunaux et d'obtenir contre lui un jugement de condamnation qui formera, à son profit, titre exécutoire contre le débiteur.

---

(1) Les *notaires* sont des officiers publics institués pour recevoir tous les actes et contrats auxquels les parties doivent ou veulent donner le caractère d'authenticité attaché aux actes de l'autorité publique, et pour en assurer la date, en conserver le dépôt, en délivrer des grosses et des expéditions. (Loi organique du 25 ventôse an xi).

Quant à la force probante de l'acte sous seing-privé, cet acte fait pleine foi de ce qu'il renferme, mais *à la condition que* celui auquel on l'oppose ne le déniera pas. Si le débiteur désavoue son écriture ou sa signature, le créancier est obligé d'assigner son adversaire devant le tribunal civil en vérification d'écriture; et, tant que ce procès en vérification d'écriture est pendant, le tribunal saisi de la demande principale en exécution de l'acte sous seing-privé, est obligé de surseoir à son jugement. Le porteur de l'acte sous seing-privé est tenu d'en prouver la sincérité devant le tribunal civil saisi de la demande en vérification d'écriture; il fera cette preuve soit par titres, soit par témoins, soit par experts.

On voit donc immédiatement la différence qui existe entre la force probante de l'acte authentique et celle de l'acte sous seing-privé. L'acte authentique fait foi par lui-même et sans aucune vérification préalable; si le débiteur l'attaque, à lui d'en prouver la fausseté; celui qui l'invoque n'est tenu à aucune preuve relativement à sa sincérité. — S'il s'agit, au contraire, d'un acte sous seing-privé, cet acte est-il dénié par le débiteur, cette dénégation suffit pour entraver le créancier qui, alors, est tenu de faire la preuve de la sincérité de cet acte.

Les actes sous seing-privé ne peuvent évidemment être passés qu'entre personnes sachant et pouvant écrire, ou du moins, signer. Les croix apposées par les personnes ne sachant signer, alors même qu'elles sont accompagnées de la signature de témoins, ne peuvent constituer une signature valable et l'acte ainsi signé n'a aucune valeur. On doit alors recourir au ministère d'un notaire.

Les actes sous seing-privé qui contiennent des conventions *synallagmatiques* ne sont valables qu'autant que: 1° ils ont été faits en autant d'originaux qu'il y a de parties ayant un intérêt distinct; il suffit d'un seul original pour toutes les personnes ayant le même intérêt; — 2° chaque original contient *la mention* du nombre des originaux qui en ont été faits, ce qui s'exprime par la formule suivante: « Fait en deux (ou trois, ou quatre) originaux » ou « fait en autant d'originaux que de parties. » Cette formule se met à la fin de l'acte avant la date et la signature.

Néanmoins le défaut de mention que les originaux ont été faits doubles, triples, etc., ne peut être opposé par celui qui a exécuté de sa part la convention portée dans l'acte.

Le billet ou la promesse sous seing-privé par lequel *une seule partie* s'engage envers l'autre à lui payer *une somme d'argent* ou *une chose appréciable, doit être écrit en entier de la main de celui qui le souscrit* et signé par lui, ou, s'il est écrit par un tiers, il doit être signé par le débiteur avec cette mention *écrite de sa main* et *en toutes lettres* ; « Bon ou approuvé pour la somme de... (dix mille francs, par exemple). » Les mots : « Approuvé l'écriture ci-dessus » ne suffiraient donc pas ; il faut indiquer en outre, et en toutes lettres, la somme ou la quantité de la chose fournie.

Lorsque la somme exprimée au corps de l'acte est différente de celle exprimée au *bon*, l'obligation est présumée n'être que de la somme moindre, lors même que l'acte ainsi que le *bon* sont écrits en entier de la main de celui qui s'est obligé, à moins qu'il ne soit prouvé de quel côté est l'erreur.

Dans le cas où l'acte émane de marchands, artisans, laboureurs, vignerons, gens de journée et de service, cette mention n'est pas nécessaire.

Cette formalité du *bon* ou *approuvé* n'est pas exigée par la loi dans les actes synallagmatiques Il est cependant prudent de faire précéder sa signature des mots : « Approuvé l'écriture ci-dessus. »

Les actes sous seing-privé doivent être datés. La date comprend non-seulement l'indication du jour, du mois et de l'année, mais encore celle du lieu où l'acte est signé. La date, en général, s'indique à la fin de l'acte, avant la signature et après la mention, pour les actes synallagmatiques, du nombre des doubles, comme par exemple : « Fait double à... le premier janvier mil huit cent soixante et seize. »

Dans les actes sous seing-privé, il est toujours prudent d'écrire *en lettres* plutôt qu'en chiffres, les dates et les sommes; c'est un utile moyen pour éviter que des altérations et des surcharges s'opèrent facilement.

Les actes sous seing-privé doivent être écrits sur papier timbré (¹), sous peine d'amende; mais écrits sur papier libre, ils n'en seraient pas moins valables et ils n'en obligeraient pas moins les parties contractantes.

Lorsqu'on veut faire usage d'un acte sous seing-privé, en justice, on doit au préalable, le soumettre à la formalité de l'enregistrement (²), sous peine de payer un double droit.

Il n'y a pas de délai de rigueur pour l'enregistrement des actes sous seing-privé, sauf à l'égard de ceux portant transmission de propriété ou d'usufruit de biens immeubles et à l'égard des baux à ferme ou à loyer, sous-baux, cessions et subrogations de baux de biens immeubles qui doivent être enregistrés dans un délai de trois mois de leur date, à peine de double droit *(art. 22 de la loi du 22 frim. an VII).*

Pour qu'un acte sous seing privé puisse être opposé aux tiers, il faut qu'il ait, *à leur égard, date certaine.*

---

(1) Le *Timbre* est un impôt établi sur tous les papiers destinés aux actes civils et judiciaires, et aux écritures qui peuvent être produites en justice et y faire foi. *(Loi du 13 brumaire an* vii).

Les droits de timbre sont de deux sortes, savoir : les droits de *timbre de dimension* et les droits de *timbre proportionnel.* — Le timbre de dimension est celui qui est imposé et tarifé en raison de la dimension du papier dont il est fait usage. Ainsi, la feuille de petit papier (25 centimètres de hauteur sur 35 cent. de largeur) est du prix de 1 fr. 20; la demi-feuille de ce petit papier coûte 60 centimes.

Sont assujettis au droit du timbre établi, en raison de la dimension, tous les papiers à employer pour les actes soit publics, soit privés.

Le *timbre proportionnel* est celui qui s'applique à tous les effets négociables ou de commerce, ainsi qu'aux simples billets et obligations non négociables, et qui est gradué en raison des sommes à y exprimer, sans avoir égard à la dimension du papier.

(2) L'*Enregistrement* d'un acte est la mention, qui en est faite sur un registre spécial, tenu à cet effet par un officier public, moyennant un droit payé à l'État et appelé droit d'enregistrement.

Les droits d'enregistrement sont fixes ou proportionnels suivant la nature des actes qui y sont soumis. Nous indiquons, en traitant de chaque espèce d'actes, la nature et le montant des droits d'enregistrement qui leur sont relatifs.

La date de l'acte sous seing-privé ne devient certaine, *à l'égard des tiers*, que : — 1° du jour où il a été enregistré ; — 2° du jour de la mort de celui ou de l'un de ceux qui l'ont signé ; — 3° du jour où sa substance a été relatée dans un acte dressé par des officiers publics, tels que procès-verbaux de scellés ou d'inventaire. A l'égard des parties contractantes, l'acte sous seing-privé a toujours la date qu'elles lui ont donnée ; la règle de l'art. 1328 n'est applicable qu'à l'égard des tiers, c'est-à-dire de toutes personnes autres que les parties contractantes et leurs héritiers ou ayants-cause.

§ II. DES COPIES DE TITRES. — Les copies d'un titre original qui existe encore n'ont par elles-mêmes aucune force probante. La partie à laquelle on les oppose peut toujours demander que l'original lui soit représenté. Mais, si l'original n'existe plus, certaines copies ont la même force probante. Ce sont : 1° les grosses ou premières expéditions ; 2° les copies tirées en présence des parties et de leur consentement mutuel ; 3° les copies tirées depuis plus de 30 ans, 4° les copies tirées par l'autorité du magistrat, en présence dés parties ou elles dûment appelées.

§ III. DES ACTES RÉCOGNITIFS ET CONFIRMATIFS. — L'*acte récognitif* est celui qui constate à nouveau un droit déjà constaté par un acte dressé au moment de la convention, qu'on nomme *acte primordial*. L'acte récognitif sert à interrompre la prescription ; il n'a par lui-même aucune force probante, à moins qu'il ne reproduise la teneur de l'acte primordial, ou qu'il ait trente ans de date.

L'*acte confirmatif* est celui qui est dressé pour ratifier un contrat annulable. L'acte confirmatif doit reproduire la substance de l'obligation annulable, mentionner le motif de la nullité et contenir l'intention de réparer le vice d'où provient cette nullité.

§ IV. DES TAILLES. — La loi a assimulé les tailles à la preuve écrite, parce qu'elles offrent un signe matériel et symbolique de l'engagement contracté. On appelle *tailles* les deux parties d'un morceau de bois, fendu dans sa longueur, qui servent à certains marchands pour constater les fournitures qu'ils font. Le marchand et l'acheteur conservent une de ces tailles, et au moment de chaque fourniture, on joint les deux parties du morceau de bois et l'on y fait une marque appelée *coche*. La *taille* qui reste aux mains du client s'appelle plus particulièrement *échantillon*. Les *tailles* corrélatives à leurs *échantillons* font foi quel que soit le chiffre des fournitures. Si elles ne s'accordent pas, la preuve n'est acquise que jusqu'à concurrence du nombre le plus faible.

§ V. DE LA PREUVE TESTIMONIALE. — La preuve testimoniale résulte des déclarations des témoins ; en principe, elle n'est pas admise pour prouver une convention dont la valeur excède 150 francs.

Par exception, elle peut être employée quelle que soit la valeur de la chose :

1º Quand il existe déjà un commencement de preuve par écrit. On appelle ainsi tout acte écrit émané de celui à qui on l'oppose et qui rend vraisemblable le fait allégué ;

2º Quand il n'a pas été possible de se procurer une preuve écrite. Ce qui a lieu en cas de dépôt nécessaire fait lors d'un incendie ou lorsque le créancier a perdu son titre, par suite de cas forfuit résultant d'une force majeure, telle qu'une inondation, un pillage, etc.

Lorsque les parties ont dressé un écrit, aucune preuve par témoins ne peut être reçue contre et outre son contenu ; ni sur ce qui est allégué avoir été dit avant ou depuis les actes, encore qu'il s'agisse d'une somme inférieure à 150 francs.

En matière commerciale, la preuve testimoniale est toujours admise, même pour contester un acte écrit.

§ VI. DES PRÉSOMPTIONS. — On appelle *présomptions* les conséquences que la loi ou le juge tire d'un fait connu à un fait inconnu, quand le fait inconnu résulte *indirectement* du fait connu. En d'autres termes, le fait connu rend-t-il *certain* le *fait inconnu* ? Il y a *preuve*. Ainsi la production d'une quittance rend certain le payement. Au contraire, le fait connu rend-il seulement *probable* le fait inconnu ? Il y a présomption. Ainsi, si le débiteur dont la dette est échue depuis plus de trente ans, n'a pas été poursuivi par le créancier durant cet intervalle, la présomption est que ce dernier a été payé,

Les présomptions légales sont celles que la loi attache à certains actes ou à certains faits. Elles dispensent de toute preuve celui au profit duquel elles existent. Ce sont :

1° Les présomptions qui permettent d'acquérir ou de se libérer par prescription ;

2° Les présomptions d'interposition de personnes. Lorsqu'une donation est faite au conjoint, au père, à la mère ou à l'enfant d'une personne en faveur de laquelle le donateur ne pourrait pas disposer, elle est *présumée* faite à l'incapable lui-même et en conséquence elle se trouve annulée ;

3° Les présomptions qui résultent de l'autorité de la chose jugée. Un jugement devenu définitif est regardé comme incontestablement vrai. C'est ce qu'exprime la règle : *Res judicata pro veritate habetur*. Mais cette règle n'est applicable qu'à ceux qui ont été parties au procès, car un jugement ne peut nuire ni profiter aux tiers.

§ VII. DE L'AVEU DE LA PARTIE. — L'*aveu* est une déclaration (faite soit en présence du juge ou dans un acte de procédure, soit dans une conversation ou dans un écrit quelconque), par laquelle une partie reconnaît comme vrais les faits allégués par son adversaire.

L'aveu a une force probante absolue contre celui qui l'a fait, mais il n'est pas admis s'il porte sur un fait dont la loi défend la reconnaissance, par exemple une filiation adultérine ou incestueuse. L'aveu ne peut être révoqué qu'en prouvant qu'il est le résultat d'une *erreur de fait*.

§ VIII. DU SERMENT. — Le *serment* est l'affirmation d'un fait ou d'un engagement en prenant Dieu à témoin de sa sincérité. C'est un dernier moyen que l'on emploie quand on n'a pas d'autre preuve, mais sur lequel il ne faut malheureusement pas trop compter.

Il y a deux sortes de serment : 1° celui que l'une des parties défère à l'autre pour en faire dépendre le jugement de la cause, et que l'on appelle *décisoire* ; 2° celui qui est déféré d'office par le juge à l'une ou à l'autre des parties, et que l'on appelle *supplétoire*, parcequ'il est destiné à suppléer à l'insuffisance des preuves.

Le serment décisoire peut être déféré dans toutes les contestations et en tout état de cause. Il ne peut être déféré que sur un fait personnel à la partie à laquelle on le défère. En outre, celui à qui le serment est déféré doit le prêter ou le référer à son adversaire. S'il refuse de le prêter ou de le référer, il doit succomber dans sa prétention.

Cependant, si le fait sur lequel le serment est déféré est étranger à la partie qui le défère, l'adversaire n'a pas l'alternative de prêter le serment ou de le référer ; il doit dans ce cas, accepter le serment ou se laisser condamner.

Quand la demande ou la défense n'est pas entièrement justifiée, le juge peut compléter la preuve fournie en déférant le serment à l'une ou à l'autre des parties. Hors ces deux cas, le juge doit adjuger ou rejeter la demande.

Le serment supplétoire ne peut pas être référé à l'adversaire.

La fausseté du serment est un délit puni d'un emprisonnement d'une année au moins et de cinq ans au plus, délit qui peut être poursuivi par le ministère public. Mais lors-même que, sur ces poursuites, le serment aurait été reconnu faux par le tribunal correctionnel, le jugement rendu par le tribunal civil ou de commerce, en conformité de ce serment, demeurerait néanmoins irrévocable.

FORMULE *d'une Obligation ou Reconnaissance par acte sous seing-privé.*

Je...., ou Nous, soussignés, M...., demeurant à...., et L...., demeurant à...., reconnaissons devoir à N.. ., demeurant à...., la somme de mille francs qu'il nous a prêtée ou pour fournitures faites cejourd'hui et que nous nous obligeons solidairement à lui rembourser le...., en sa demeure ; nous obligeant, en outre sous la même solidarité à lui en servir les intérêts à raison de cinq pour cent par an, payables en son domicile, de trois mois en trois mois à partir de ce jour.

A...., le...., mil huit cent...

Bon pour mille francs.   Bon pour mille francs.

(*Signatures*).   (*Signatures*).

Droit d'enregistrement : 1 pour cent, plus le double décime.

FORMULE d'une Obligation solidaire de deux Epoux.

Nous soussignés, moi et mon épouse, que j'autorise à l'effet des présentes, reconnaissons devoir à M.... la somme de...., qu'il nous a prêtée, *ou bien* pour *telles* fournitures qu'il nous a faites, et nous nous obligeons solidairement à la lui payer le.... prochain, avec les intérêts à raison de cinq pour cent par an, jusqu'au remboursement.

A...., le..., 187...

On met en marge: Bon pour la somme de....

(Approbation d'écriture et signatures).

FORMULE de Quittance d'une Somme prêtée.

Je, soussigné, reconnais avoir reçu de M.... la somme totale de...., montant : 1° celle de...., que je lui ai prêtée suivant acte, en date du...; 2° celle de...., pour intérêts de ladite somme à cinq pour cent échus cejourd'hui ; de laquelle somme totale je l'acquitte et décharge sans réserve.

Fait à...., le.... 187... *(Signature).*

FORMULE de Quittance d'Intérêt d'une Créance.

Je, soussigné, reconnais avoir reçu de M ... la somme de.. .., pour une année échue cejourd'hui des intérêts, à cinq pour cent, de la somme de.... que je lui ai prêtée à la date du....

Dont quittance, sous toutes réserves des intérêts à échoir.

Fait à...., le... 187... *(Signature).*

Nota. Le droit d'enregistrement d'une quittance est de 50 centimes pour 100 fr. Les frais de quittance sont à la charge du débiteur. Celui qui veut avoir une quittance sur papier timbré doit donc fournir le papier. Si le débiteur qui se libère, accepte une quittance sur papier libre, il s'expose à l'amende de 30 francs, dans le cas où il est obligé d'en faire usage en justice.

FORMULES de Décharges d'exécution d'une Obligation.

N° 1.

Je, soussigné (*nom, prénoms, profession et demeure*), déclare que M... (*nom, prénoms, profession et demeure*), est déchargé et dispensé d'exécuter l'obligation qu'il a prise envers moi par acte sous seing-privé, en date du...., enregistré...., de faire ou de fournir (*exprimer ici l'engagement*), tenant ledit acte pour non-avenu.

Fait à...., le... 187.. *(Signature).*

N° 2.

Je, soussigné, etc. (*comme ci-dessus*), déclare décharger M... de la solidarité seulement, par laquelle il s'est engagé à me payer la somme de...., solidairement avec N...., ainsi qu'il résulte d'un acte reçu par A...., notaire à... . le.... Par conséquent, je ne pourrai exiger dudit sieur M.... que sa part personnelle dans ladite somme de.... à son exigibilité.

Fait à...., le..... 187.. *(Signature).*

N° 3.

Je, soussigné, (*comme ci-dessus*), reconnais que M.... m'a remis ce jour, tous les titres de propriété de *telle* maison *ou de telle* terre qu'il m'a vendue par acte...., lesquels titres consistent dans : 1° (*énoncer les actes remis*), de tous lesquels titres et pièces je lui donne entière décharge, moyennant quoi l'obligation qu'il avait contractée à cet égard est remplie.

Fait à...., le.... 187...   (*Signature*).

Nota. La décharge ne doit pas se confondre avec la quittance dont elle diffère essentiellement.

FORMULE *d'un Acte récognitif.*

Entre les soussignés L.... (*nom, prénoms, profession et demeure*), d'une part ; et M..., (*nom, prénoms, profession et demeure*), d'autre part, il a été dit et arrêté ce qui suit :

Par acte reçu, Maître..., notaire à..... le...., le sieur L...., reconnut que.... (*énoncer le contenu de l'acte*) Cette obligation étant sur le point d'être prescrite, les sieurs L.... et M.... pour éviter des contestations et des frais, et empêcher en même temps la prescription de ladite obligation, sont convenus de ce qui suit , savoir :

Le sieur L.... reconnaît de nouveau par ces présentes que les engagements souscrits par lui dans l'acte ci-dessus désigné existent pleinement et doivent sortir leur plein effet. En conséquence, il s'oblige à.... (*répéter ici l'engagement pris dans l'acte*).

Fait double, à..., le... 187..   (*Approbations d'écritures*).

FORMULE *d'une Ratification.*

Je, soussigné.... (*nom, prénoms, etc...*), après avoir pris connaissance de l'acte du... reçu par M°..., notaire à..., portant (*énoncer le contenu de l'acte*).

Considérant que ledit acte ne saurait être valable sans ma ratification et voulant réparer le vice dont il est entaché (*énoncer le motif qui rend l'acte rescindable*), déclare approuver, confirmer et ratifier expressément le contrat sus-énoncé, voulant qu'il ait et reçoive à mon égard sa pleine et entière exécution.

Fait à...., le.... 187..   (*Signature*).

FORMULE *d'une contre-lettre.*

Entre les soussignés :

M. B..... (*Nom, prénoms, profession et demeure*) d'une part,

Et M. R..... (*Nom, prénoms, profession et demeure*) d'autre part.

Il a été dit et convenu ce qui suit :

L'obligation souscrite cejourd'hui, sous signature privée, *ou par devant* maître..... notaire, par M B..... à M. R....., pour une somme de soixante mille francs que ce dernier lui aurait prêtée, est purement fictive. M. R..... n'a prêté aucune somme à M. B..... et, en conséquence, il demeure bien entendu entre les parties que cette reconnaissance ne pourra produire aucun effet, M. B.... ne devant rien à M. R.....

Fait à double, à..... le.....

                    (*Approbations d'écriture et signatures*).

Nota. — La loi du 12 frimaire an VII déclare nulles les contre-lettres sous signatures privées, qui tendraient à augmenter des prix stipulés dans des actes publics ou des actes sous signature privée, précédemment enregistrés, sans préjudice de l'amende triple du droit qui aurait eu lieu sur les sommes et valeurs stipulées aux contre-lettres.

CHAPITRE IV.

Des Engagements qui se forment sans convention.

(Articles 1370 à 1380 du Code civil)

Les engagements qui se forment sans convention aucune, résultent, soit de l'autorité de la loi, soit d'un fait dont on est l'auteur ou dont on répond.

Nous avons vu, au chapitre précédent, les obligations qui naissaient des contrats, il nous reste à examiner celles qui naissent des quasi-contrats, des délits et des quasi-délits et de la loi.

Les obligations qui naissent de la loi, existent indépendamment de tout accord des parties et de tout fait imputable à l'une d'elles : la volonté seule de la loi les crée. Telles sont les obligations de partage, de mitoyenneté, de bornage, d'écoulement des eaux, etc.

SECTION PREMIÈRE. — Des quasi-contrats.

On appelle *quasi-contrat* un fait licite, volontaire, non dommageable, produisant obligation.

Le Code civil mentionne deux quasi-contrats : la gestion d'affaires et le paiement de l'indu.

La *gestion d'affaires* consiste dans le fait volontaire d'une personne qui, sans avoir reçu mandat, agit pour le compte d'une autre personne. Cette dernière est obligée envers le gérant d'affaires, lorsque la gestion lui a été utile, ou lorsque elle l'a ratifiée.

Le *paiement de l'indu* consiste dans le paiement d'une chose qui n'était pas due, soit parce qu'on a payé, par erreur, une dette qui n'existait pas, ou qu'on ne devait pas soi-même, soit parce qu'on a payé en se trompant de créancier.

Ce payement étant nul, celui qui l'a reçu peut être contraint de le restituer. C'est en cela que le payement de l'indu est un quasi-contrat.

S'il y a eu mauvaise foi de la part de celui qui a reçu, il est tenu de restituer tant le capital que les intérêts ou les fruits, à dater du jour du paiement.

Si celui qui a reçu, de bonne foi, a vendu la chose, il ne doit restituor que le prix qu'il en a retiré.

Celui auquel la chose est restituée doit tenir compte, même au possesseur de mauvaise foi, de toutes les dépenses nécessaires et utiles faites pour la conservation de la chose.

SECTION II. — *Des quasi-délits.*

On appelle *délit*, le fait illicite et dommageable, commis avec intention de nuire, et *quasi-délit* le fait illicite et dommageable, *commis sans intention de nuire.*

Le quasi-délit oblige son auteur envers celui qui en a souffert. Car, chacun est responsable du dommage qu'il a causé, non seulement par son fait, mais encore par sa négligence ou par son imprudence.

On répond en outre du dommage causé par les personnes ou par les choses que l'on a sous sa garde. Ainsi, le père et la mère (après le décès du mari), répondent du dommage causé par leur enfant mineur habitant avec eux. Les maîtres et les patrons répondent du dommage causé par leurs domestiques et commis.

Le propriétaire d'un animal ou celui qui s'en sert répond du dommage causé par cet animal.

Le propriétaire d'un bâtiment est responsable du dommage causé par la ruine de ce bâtiment, quand elle arrive par défaut d'entretien.

CHAPITRE V.

De la Vente.

(Articles 1582 à 1701 du Code civil).

Nous abordons maintenant l'examen des règles propres à chacun des contrats que notre législation a reconnus et sanctionnés. Nous commençons par la vente.

SECTION PREMIÈRE. — *Nature et forme de la vente.*

La *vente* est un contrat par lequel l'une des parties transfère la propriété d'une chose ou s'oblige à la transférer, moyennant un prix en argent que l'autre partie paie ou s'oblige à payer. Les caractères essentiels de la vente sont : l'objet, le prix et le consentement des parties. Le contrat est parfait aussitôt que les parties sont d'accord sur la chose et sur le prix.

La vente peut être faite par acte authentique ou par acte sous seing-privé. Un écrit n'est pas nécessaire si l'objet de la vente est d'une valeur moindre de 150 francs, la preuve par témoins étant alors admise.

Lorsque la vente porte sur un genre, par exemple : un cheval, une certaine quantité de vin ou de grains, la propriété n'est transmise qu'au moment de la livraison parce que ce n'est qu'à ce moment-là que la chose vendue est individuellement déterminée. Mais si la vente a pour objet un corps certain et déterminé, comme tel cheval, telle maison : 1° elle transfère la propriété du vendeur à l'acheteur au moment du contrat ; 2° elle oblige le vendeur à faire la délivrance et l'acheteur à payer le prix ; 3° elle met les risques à la charge de l'acheteur, c'est-à-dire qu'elle le rend débiteur du prix, lors même que la chose viendrait à périr dans l'intervalle du contrat à la livraison.

Remarquons ici que lorsque la vente est immobilière, la translation de propriété n'a lieu, vis-à-vis des tiers, qu'autant que l'acte de vente a été transcrit sur un registre public tenu par le conservateur des hypothèques. (*Loi du 23 mars 1855*).

La vente n'étant parfaite que par la transcription ; l'acheteur doit donc s'empresser de faire transcrire son titre, car si le vendeur était un homme de mauvaise foi, il pourrait vendre son immeuble successivement à plusieurs personnes, et l'acquéreur qui aurait le premier fait transcrire son titre serait seul propriétaire (1).

---

(1) La transcription est une formalité destinée à procurer aux tiers, créanciers ou acquéreurs, la publicité matérielle, durable et facile à chercher, des mutations de la propriété immobilière et des démembrements ou charges qui peuvent en altérer la valeur. (*Exposé des motifs de la loi*).

La loi a prévu certaines modalités dont la vente est susceptible. Ainsi, lorsqu'un genre a été vendu au poids, au compte ou à la mesure, ni la propriété, ni les risques ne passent à l'acheteur avant que la chose n'ait été pesée, comptée ou mesurée.

Mais lorsque des marchandises ont été vendues en bloc, la propriété et les risques passent, au contraire, à l'acheteur dès l'instant du contrat : par la raison que les choses prises en bloc sont, par cela même individuellement déterminées et qu'au fond, elles constituent des corps certains.

Lorsque des denrées, que l'on est dans l'usage de goûter avant d'en faire l'achat, ont été vendues, la vente n'est parfaite qu'autant qu'elles ont été goûtées et agréées par l'acheteur. Cependant, si celui-ci avait suivi la foi de son vendeur, il serait lié par cela seul que les denrées lui ont été livrées et qu'elles sont de bonne qualité.

La promesse de vente vaut vente, c'est-à-dire lorsque deux personnes se sont engagées mutuellement, l'une à vendre et l'autre à acheter, cet engagement équivaut à une vente pure et simple. Néanmoins si les parties s'étaient référées soit à la rédaction d'un écrit, soit à l'accomplissement d'un fait, la vente ne serait parfaite qu'après que le fait serait accompli ou que l'écrit aurait été rédigé. Au contraire, si l'une des parties seulement s'est engagée envers l'autre, cet engagement ne suffit pas pour constituer la vente. Il ne fait naître qu'une obligation conditionnelle, dont l'existence est subordonnée à la volonté du créancier.

Quand la vente se fait par correspondance, le contrat n'est parfait que quand la personne qui a fait la proposition a reçu la réponse. Si la lettre qui contient la proposition est arrivée au destinataire, celui qui l'a écrite ne peut plus retirer son offre.

La proposition n'engage celui qui l'a faite que si elle a été reçue et la personne à qui une proposition de marché est faite par correspondance doit répondre dans le délai fixé ; s'il n'a pas été fixé de délai, elle doit répondre immédiatement. Quand celui qui fait une offre ou une demande précise le délai ou le mode de réponse, par exemple quand il demande la réponse par le retour du courrier ou par le télégraphe, il est dégagé de sa proposition si la réponse n'arrive pas dans le délai indiqué.

Les arrhes consistent dans une somme donnée par l'acheteur ; elles ont pour effet de rendre la vente conditionnelle, l'acheteur peut renoncer au contrat en perdant les arrhes et le vendeur en les doublant.

Les frais que nécessite la vente sont à la charge de l'acheteur, parce qu'il a intérêt à se procurer un titre pour garantir sa propriété. Ces frais comprennent les honoraires du notaire, le papier timbré et les droits de mutation.

SECTION II. — *Qui peut acheter ou vendre.*

En principe, toute personne peut acheter ou vendre, excepté celles que la loi en déclare incapables. Les incapables sont : 1° ceux qui ne peuvent vendre ou acheter d'aucune personne, comme les mineurs, les interdits, les femmes mariées ; 2° ceux qui ne peuvent pas acheter de certaines personnes seulement : comme les époux l'un de l'autre ; les tuteurs, mandataires, administrateurs et officiers publics relativement aux biens qu'ils sont chargés de vendre, car la loi a voulu éviter de mettre en opposition leur devoir avec leur intérêt. Néanmoins, la vente est permise entre époux : 1° lorsqu'ils sont judiciairement séparés ; 2° lorsque le mari cède à la femme un immeuble en remploi de ses propres aliénés ; 3° lorsque la femme dotale, se trouvant dans l'impossibilité de fournir à son mari une somme qu'elle s'était constituée en dot, lui cède en paiement un de ses biens paraphernaux dont il aura la jouissance. Hâtons-nous de dire que ce ne sont point là des cas de vente proprement dite, mais plutôt des dations en paiement, destinées à acquitter des obligations.

SECTION III. — *Des choses qui peuvent être vendues*

Tout ce qui est dans le commerce peut être vendu. En outre, on peut vendre non seulement la propriété des choses, mais encore les divers démembrements de la propriété, tels que les droits d'usufruit, de servitude, etc... Cependant, la loi défend la vente d'une succession future, des biens du domaine public, des substances vénéneuses, la vente des armes de guerre, des blés en herbe, des denrées gâtées ou falsifiées, des pensions alimentaires accordées par la justice, des immeubles dotaux. La vente de la chose d'autrui est nulle ; elle peut donner lieu à des dommages-intérêts lorsque l'acheteur a ignoré que la chose fut à autrui.

SECTION IV. — *Obligations du vendeur.*

Le vendeur a deux obligations principales : celle de délivrer, et celle de garantir la chose qu'il vend.

§ I. DE LA DÉLIVRANCE. — La *délivrance* est la remise de la chose vendue en la possession de l'acheteur. — S'il s'agit d'immeubles, la délivrance s'opère par la remise des clefs et des titres. — S'il s'agit de meubles corporels, la délivrance s'opère : 1° par la tradition *réelle* ou remise de l'objet de la main à la main ; 2° par la tradition *symbolique* ou remise des clefs ; 3° par la tradition *consensuelle*, si l'acheteur a déjà la chose en son pouvoir comme locataire ou dépositaire. — S'il s'agit de créances, la délivrance s'opère par la remise des titres les constatant.

La délivrance doit se faire au lieu convenu et à l'époque fixée ; les frais qu'elle nécessite tels que ceux de mesurage, de pesage, etc., sont à la charge du vendeur. Mais les frais d'enlèvement (chargement, transport, etc.), sont à la charge de l'acheteur. Si le vendeur ne fait pas la délivrance au temps convenu, l'acheteur aura le choix ou d'exiger la délivrance ou de demander la résolution du marché sans être obligé de mettre le vendeur en demeure par une sommation. Dans tous les cas, il a droit à des dommages-intérêts, si le défaut de délivrance en temps convenu lui a causé un préjudice.

Le vendeur serait dispensé de délivrer l'objet vendu, si depuis la vente l'acheteur était devenu notoirement insolvable.

La chose vendue doit être délivrée dans l'état où elle se trouve au moment de la vente : le vendeur est donc responsable des détériorations provenant de son fait.

Pour une vente d'immeubles, si la contenance est

indiquée, dans le contrat, à raison de tant la mesure (par exemple : dix hectares de terrain à raison de 1,000 francs l'hectare), le vendeur est obligé de délivrer la contenance promise, si l'acheteur l'exige ; sinon ce dernier peut demander la nullité de la vente. Lorsque l'acheteur se contente de la quantité existante, le vendeur subit une diminution proportionnelle du prix.

Mais s'il se trouve une contenance plus grande, l'acquéreur doit payer un supplément de prix ; toutefois si l'excédant de contenance est d'un vingtième au dessus de la contenance déclarée, l'acheteur peut se désister du contrat.

Lorsque la vente n'est point faite à tant la mesure, peu importe que la contenance soit indiquée au contrat, la différence en plus ou en moins ne donne lieu à aucune augmentation de prix, ni à aucune diminution, à moins que cette différence ne soit d'un vingtième. Mais alors, l'acheteur est libre de se désister du contrat.

L'action en supplément de prix de la part du vendeur et celle en diminution ou en résiliation du contrat de la part de l'acheteur, doivent, à peine de déchéance, être intentées dans l'année du contrat.

§ II. DE LA GARANTIE. — Le vendeur est tenu de *garantir* la chose qu'il vend. La garantie est un élément naturel de tous les contrats à titre onéreux, mais les parties peuvent l'augmenter ou la diminuer ; elles peuvent même convenir que le vendeur n'y sera pas soumis, si ce n'est à raison de son propre fait.

L'*éviction* comprend tous les cas de trouble et de dépossession qui peuvent donner lieu à un recours en garantie. Il y a éviction non seulement quand l'acquéreur est dépossédé de la chose par jugement, mais même quand il est troublé par une action en revendication ou par une action hypothécaire, à moins qu'il n'ait voulu acheter à ses risques et périls.

L'acheteur peut intenter l'action en garantie *par voie principale*, après l'éviction ; ou mieux *par voie incidente*, en appellant en cause son vendeur dès qu'il est troublé et poursuivi, de façon à ce que le tribunal statue tout à la fois et sur la revendication intentée contre lui et sa demande en garantie.

Le vendeur doit payer à l'acheteur évincé : 1° la totalité du prix qu'il en avait reçu, bien que la chose ait diminué de valeur parce que l'éviction fait que ce prix a été donné sans cause ; 2° une indemnité pour les fruits que l'acheteur a dû restituer au revendiquant, depuis la demande formée contre lui ; 3° les frais faits pour repousser la demande en revendication, ainsi que ceux faits pour la demande en garantie ; 4° Des dommages-intérêts ainsi que les frais et loyaux coûts du contrat. Mais l'acheteur n'a droit à des dommages-intérêts que si l'éviction lui fait subir une perte que ne compenserait pas la simple restitution du prix, ce qui aurait lieu, par exemple, si la chose avait augmenté de valeur au moment de l'éviction.

Si l'acheteur n'a été évincé que d'*une portion* de la chose vendue, il faut voir si la portion dont l'acheteur a été évincé est d'une importance telle qu'il n'eut pas consenti à l'achat sans cette partie. Si oui, l'acheteur peut demander la résolution du contrat et agir contre le vendeur, comme s'il avait été évincé pour le tout. Au contraire, si la portion atteinte par l'éviction n'a pas cette importance, la vente est maintenue et l'acheteur ne peut réclamer que la valeur de cette portion au moment de l'éviction ; a-t-elle augmenté de valeur, il aura la plus-value ; a-t-elle diminué, il supportera la perte.

Le vendeur est obligé de procurer à son acheteur la possession non seulement *paisible*, mais encore *utile* de la chose, c'est-à-dire qu'il lui doit la *garantie des vices cachés*, qui en font disparaître ou qui en diminuent l'usage au point qu'il ne l'aurait pas acquise ou qu'il n'en aurait donné qu'un prix moindre, s'il les avait connus.

Toutefois, le vendeur n'est plus garant des vices de la chose s'ils sont apparents ou s'ils ont été connus de l'acheteur au moment du contrat.

L'acheteur peut demander ou la résolution du contrat (*action rédhibitoire*), ou une diminution de prix. Depuis la loi du 20 mai 1838, l'acheteur ne peut plus exercer que l'action rédhibitoire, lorsqu'il s'agit d'un animal appartenant aux espèces ovine, bovine et chevaline, et ce dans le délai de neuf ou de trente jours, suivant le cas. Cette loi a déterminé, d'une manière limitative, les vices rédhibitoires que le Code avait laissés à l'appréciation du tribunal (¹). Observons ici que ni l'action rédhibitoire, ni l'action en diminution de prix ne sont admises pour les ventes faites par autorité de justice.

---

(1) Nous croyons utile de rapporter en son entier la loi du 20 mai 1838.

ART. 1ᵉʳ. Sont réputés vices rédhibitoires, et donneront seuls ouverture à l'action résultant de l'art. 1641 du Code civil, dans les ventes ou échanges des animaux domestiques ci-dessous dénommés, sans distinction des localités où les ventes et échanges auront eu lieu, les maladies ou défauts ci-après, savoir :

Pour le Cheval, l'Ane et le Mulet.

La fluxion périodique des yeux, l'épilepsie ou le mal caduc, la morve, le farcin, les maladies anciennes de poitrine ou vieilles courbatures, l'immobilité, la pousse, le cornage chronique, le tic sans usure des dents lés hernies inguinales intermittentes, la boiterie intermittente pour cause de vieux mal.

Pour l'espèce Bovine.

La phthisie pulmonaire ou pommelière, l'épilepsie ou mal caduc, les suites de la non délivrance, le renversement du vagin ou de l'utérus après le part chez le vendeur.

Pour l'espèce Ovine.

La clavelée : cette maladie reconnue chez un seul animal, entraînera la rédhibition de tout le troupeau. La rédhibition n'aura lieu que si le troupeau porte la marque du vendeur. Le sang de rate : cette maladie n'entraînera la rédhibition du troupeau qu'autant que, dans le délai de la garantie, la perte constatée s'élèvera au quinzième au moins des animaux achetés. Dans ce dernier cas, la rédhibition n'aura lieu également que si le troupeau porte la marque du vendeur.

2. L'action en réduction du prix, autorisée par l'art. 1644 du Code civil, ne pourra être exercée dans les ventes et échanges d'animaux énoncés dans l'art. 1ᵉʳ ci-dessus.

3. Le délai pour intenter l'action rédhibitoire sera, non compris le jour fixé pour la livraison, de trente jours pour le cas de fluxion périodique des yeux et d'épilepsie ou mal caduc, de neuf jours pour les autres cas.

4. Si la livraison de l'animal a été effectuée ou s'il a été conduit, dans les délais ci-dessus, hors du lieu du domicile du vendeur, les délais seront augmentés d'un jour par cinq myriamètres de distance du domicile du vendeur au lieu où l'animal se trouve.

5. Dans tous les cas, l'acheteur, à peine d'être non recevable, sera tenu de provoquer, dans les délais de l'art. 3, la nomination d'experts chargés de dresser procès-verbal ; la requête sera présentée au juge de paix du lieu où se trouvera l'animal. Ce juge nommera immédiatement, suivant l'exigence des cas, un ou trois experts qui devront opérer dans le plus bref délai.

SECTION V. — *Obligations de l'acheteur.*

Elles consistent à payer le prix au jour et au lieu convenus, — à enlever la chose vendue, — à rembourser au vendeur les dépenses qu'il a faites pour la conservation de la chose. L'acheteur qui ne paie pas immédiatement le prix n'en doit les intérêts que s'il s'est engagé à les fournir ou si on lui a fait sommation de les payer.

L'acheteur n'est pas tenu de payer le prix si le vendeur refuse de lui livrer la chose vendue, ou s'il a un juste sujet de crainte d'éviction.

Le vendeur qui n'est pas payé peut, ou maintenir la vente et en poursuivre l'exécution sur les biens de l'acheteur, ou bien en demander la résolution en justice et reprendre la chose vendue. L'action en résolution a pour effet de remettre les choses au même état que si la vente n'avait pas eu lieu. Mais s'il s'agit de denrées et d'effets mobiliers vendus, que l'acheteur ne retire pas et ne paie pas, le vendeur peut, à son choix, maintenir la vente ou la *regarder comme résolue* à son profit, de plein droit et sans sommation. La loi a voulu garantir le vendeur contre les pertes auxquelles il serait exposé par suite des variations du prix des denrées.

SECTION VI. — *De la nullité et de la résolution de la vente.*

La vente est *résoluble*, lorsque, ayant été régulièrement formée elle se trouve plus tard anéantie ; elle est *annulable* lorsqu'elle a été dès son origine, infectée d'un vice. En dehors des causes de nullité communes

---

6. La demande sera dispensée du préliminaire de conciliation, et l'affaire instruite et jugée comme matière sommaire.

7. Si, pendant la durée des délais fixés par l'art. 3, l'animal vient à périr, le vendeur ne sera pas tenu de la garantie, à moins que l'acheteur ne prouve que la perte de l'animal provient de l'une des maladies spécifiées dans l'art. 1er.

8. Le vendeur sera dispensé de la garantie résultant de la morve et du farcin pour le cheval, l'âne et le mulet, et de la clavelée pour l'espèce ovine, s'il prouve que l'animal, depuis la livraison, a été mis en contact avec des animaux atteints de ces maladies.

à tous les contrats on trouve dans la vente une clause particulière de résolution : la clause de *rachat*, et une cause particulière de rescision : la *lésion*.

§ I. DE LA FACULTÉ DE RACHAT. — On désigne sous ce nom le droit que s'est réservé le vendeur d'une chose de la reprendre, comme s'il ne l'avait pas vendue, moyennant la restitution du prix et de ses accessoires.

La faculté de rachat ou de réméré anéantit rétroactivement l'ancienne vente, mais pour être opposable aux tiers il faut qu'elle ait été stipulée dans le contrat, car, convenue après coup elle ne vaudrait plus que comme promesse d'une nouvelle vente faite par l'acheteur.

Le vendeur ne peut se réserver la faculté de rachat que pour un délai de cinq ans au plus.

L'action en rachat ou en réméré peut être exercée par le vendeur non seulement contre son acheteur, mais encore contre les tiers acquéreurs, car ce dernier n'a pu leur transmettre que le droit révocable qu'il avait lui-même.

La situation de l'acheteur avant l'exercice de l'action en réméré est celle d'un propriétaire sous condition résolutoire.

§ II. DE LA RESCISION POUR CAUSE DE LÉSION. — En principe, la lésion n'est pas une cause de nullité des contrats : la loi fait exception pour le partage et pour la vente. Pour que la vente soit annulable il faut : 1° que la lésion ait été éprouvée par le vendeur ; 2° que la valeur de l'*immeuble* vendu excède de sept douzièmes le prix fixé. Le législateur suppose que la vente n'a été consentie que sous le coup d'une impérieuse nécessité et que le propriétaire, n'ayant pas été libre de débattre le prix, a éprouvé une lésion considérable.

L'action en rescision pour cause de lésion doit être intentée dans le délai de deux ans à partir du jour de la vente. La nullité de la vente est prononcée par le tribunal après expertise.

Les ventes faites en justice et les ventes aléatoires, ne sont pas annulables pour cause de lésion.

SECTION VII. — De la licitation.

C'est la vente aux enchères d'une chose appartenant à plusieurs personnes. La licitation a les effets d'un partage lorsque l'objet indivis vendu est acquis aux enchères par l'un des co-propriétaires, mais elle a les caractères d'une vente si l'objet est acquis par un adjudicataire étranger.

On admet les étrangers aux enchères toutes les fois qu'un des co-propriétaires le demande, ou lorsque parmi eux il se trouve un mineur ou un interdit.

Tout créancier dont le titre est inscrit et à qui il a été fait par l'acquéreur les notifications voulues par la loi, peut surenchérir, en faisant porter le prix à un dixième en sus.

SECTION VIII.— De la vente des créances.

La vente ou le *transport* des créances se fait comme la vente de tout autre objet. Cependant pour que l'acquéreur (*cessionnaire*), ait le droit d'en exiger le remboursement du débiteur (*cédé*), et pour éviter que le vendeur (*cédant)*, de mauvaise foi cède ses droits à un autre ou se fasse payer de son débiteur après la cession, il est indispensable de faire accepter le transport par le cédé dans un acte notarié ou de le lui signifier par un huissier.

Mais s'il s'agit de créances au porteur, il suffit de remettre le titre au cessionnaire ; pour les rentes sur l'Etat ou les titres nominatifs dans une compagnie il faut un transfert sur les registres et pour les titres à ordre un endossement régulier.

SECTION IX.— De la vente d'une hérédité, et de la vente d'un droit litigieux.

C'est un contrat aléatoire par lequel une personne cède les profits et les charges attachés à sa qualité d'héritier. Cette vente ne peut avoir lieu qu'autant qu'il s'agit d'une succession ouverte.

Le vendeur d'hérédité doit délivrer à l'acheteur, non seulement les objets qui étaient dans la succession au moment de la vente, mais il doit encore les remboursements qu'il a reçus des créanciers héréditaires, ainsi que les fruits perçus et le prix des choses aliénées. Mais aussi l'acheteur doit indemniser le vendeur de toutes les sommes qu'il a payées pour l'acquittement des charges héréditaires.

La vente d'un droit litigieux est un contrat aléatoire par lequel une personne cède à une autre *un droit à l'égard duquel il y a un procès engagé*. Mais afin d'empêcher toute spéculation immorale, la loi permet au prétendu débiteur de se faire tenir quitte du droit litigieux en remboursant au cessionnaire ce que lui a coûté la cession. C'est ce qu'on nomme le *retrait litigieux*. Cependant la loi refuse au cédé la faculté de l'exercer : 1° si le droit litigieux a été transmis par un co-héritier à son co-héritier ; 2° s'il a été transmis à un créancier en paiement de ce qui lui est dû ; 3° s'il a été transmis au possesseur de l'héritage sujet au droit litigieux ; 4° si la cession a été faite à titre gratuit.

FORMULE *de vente de marchandises, meubles, denrées, etc...*

Entre les soussignés :

M..... marchand de..... demeurant à..... P..... propriétaire, demeurant à..... Il a été dit et convenu ce qui suit :

M..... vend, par ces présentes, a P..... qui l'accepte, les marchandises dont le détail suit..... (*désigner l'objet vendu*). P..... reconnaît avoir reçu livraison desdits objets.

Cette vente est faite moyennant le prix de..... sur lequel M..... reconnaît avoir reçu la somme de.... Les.... francs de surplus seront payables, sans intérêts au vendeur, en sa demeure, dans un délai de quinzaine. Les frais et l'enregistrement des présentes, si besoin est, seront à la charge de l'acheteur.

Fait double, à..... le.....

(*Approbation d'écriture et signatures*).

(Droit d'enregistrement : deux pour cent plus le double décime).

FORMULE *d'un transport de créances, sous-seing privé.*

Entre les soussignés :

M. A..... propriétaire, demeurant à..... d'une part.

Et M. B..... propriétaire, demeurant à..... d'autre part.

Il a été dit et convenu ce qui suit :

M. A..... cède, abandonne et transporte par ces présentes avec toutes garanties de fait et de droit, à M. B..... qui l'accepte la somme de..... exigible le...... et montant d'une obligation souscrite, à son profit par M. D..... négociant, demeurant à..... suivant acte..... en date du.....

enregistré à..... le..... et productive d'intérêt, à raison de cinq pour cent par an, à partir du..... pour, par M. B..... cessionnaire, faire et disposer, dès ce jour, en toute propriété, de la dite créance, comme M. A..... aurait pu le faire lui-même ; à l'effet de quoi, ledit M. A..... met et subroge M. B..... dans tous ses droits, actions, privilèges et hypothèques.

Le présent transport est fait moyennant la somme de..... que M. B..... a payée à M. A..... qui le reconnaît et dont quittance.

Les frais de timbre, d'enregistrement et de signification des présentes seront à la charge de M. B.....

Fait double, à..... le.....

(Approbations d'écritures et signatures).

(Droit d'enregistrement : un pour cent sur le capital cédé).

FORMULE *de vente d'un fonds de commerce.*

Entre les soussignés,

M. A..... et M. B..... *(noms, prénoms, professions et dmeures, des parties).*

A été arrêté et convenu ce qui suit :

M. A..... vend à M. B..... qui accepte le fonds de commerce de..... qu'il exploite à..... *(le lieu, la rue et le numéro),* et l'achalandage qui en dépend, ensemble les marchandises qui en font partie, et dont le détail suit :

1°..... 2°..... *(détailler les marchandises avec estimation).*

Pour en jouir et disposer par M. B..... en toute propriété, et pour entrer en possession le *(jour d'entrée),* jour auquel M. A..... lui en fera livraison.

Cette vente est faite moyennant le prix de..... fr. dont la somme de..... fr., pour l'achalandage et celle de..... fr. pour le mobilier.

Laquelle somme de..... fr. M. A..... reconnaît avoir à l'instant reçue de M. B.....

M. A..... s'oblige à ne prendre aucun établissement d'un genre semblable à celui qui vient de vendre, dans la commune de *(le lieu)* sous peine de payer à M. B..... la somme de..... fr. à titre de dommages-intérêts.

De plus, M. A..... cède à M. B..... qui accepte, son droit au bail des lieux où s'exploite ledit commerce, consistant en *(indiquer les lieux loués)* pour tout le temps qui en reste à courir, c'est-à-dire pour *(énoncer le nombre de mois ou d'années),* à la charge de se conformer à toutes les obligations qui lui ont été imposées par cet acte, dont il a donné une connaissance exacte à M. B..... en lui faisant remise de *(un double de l'acte sous-seing privé ou de l'expédition du bail).*

Fait double à..., le...   *(Signatures).*

(Droit d'enregistrement : un pour cent plus le double décime).

FORMULE *de vente d'une maison*

Entre les soussignés,

M. A..... et M. B.. .. *(noms, prénoms et demeures des parties).*

A été arrêté et convenu ce qui suit :

M. A..... vend à M. B..... qui accepte une maison avec tous ses accessoires et dépendances, située à *(le lieu)* et consistant *(désignation sommaire des étages et appartements).*

M. A..... est propriétaire de cette maison, au moyen de l'acquisition qu'il en a faite de M. X..... par contrat passé devant M° N..... qui en a la minute, et son collègue, notaires à..... le..... moyennant le prix de..... fr. qui a été payé, suivant quittance passée devant les mêmes notaires, et qui constate que les formalités de transcription et purge ont été remplies, et que le paiement a été régulier.

Elle appartenait à M. N....., comme l'ayant acquise de (*indiquer comment cette aquisition avait eu lieu, et remonter ainsi pour établir régulièrement la propriété, jusqu'au delà de trente ans*).

Pour jouir et disposer par le sieur B....., de ladite maison et dépendances, en pleine propriété, à compter de ce jour ; et néanmoins n'entrer en jouissance réelle, par la perception des loyers, qu'à partir du (*c'est ordinairement le premier terme qui suit la vente*).

Cette vente est faite aux charges et conditions suivantes que M. B..... promet d'exécuter et accomplir, savoir :

1° De prendre ladite maison dans l'état où elle se trouve, avec les servitudes actives et passives qui peuvent en dépendre ou la grever ;

2° De payer, à partir du (*c'est ordinairement de l'époque d'entrée en jouissance pour la perception des loyers*), les impositions foncières et autres de toute nature qui pourraient grever la propriété présentement vendue ;

3° De payer les droits d'enregistrement et autres auxquels le présent contrat pourrait donner ouverture ;

4° D'entretenir, pour tout le temps qui reste à courir, tous les baux, verbaux ou écrits, et particulièrement (*désigner ces baux*).

La présente vente est faite moyennant le prix de..... (*en toutes lettres*), que M. B..... promet de payer à M. A......, savoir :..... fr. immédiatement après l'accomplissement des formalités de transcription et purge dont il va être parlé..... fr. (*autre à-compte*) le (*mois*) prochain, etc., avec les intérêts à cinq pour cent par an, payables de six mois en six mois à partir de ce jour, lesquels intérêts diminueront au fur et à mesure de chaque paiement partiel.

M. B..... acquéreur fera transcrire le présent contrat au bureau des hypothèques de (*la situation de l'immeuble*) dans le délai de....., faute de quoi le vendeur le fera transcrire aux frais de l'acquéreur.

Il remplira toutes les formalités que la loi indique pour purger les hypothèques légales qui pourraient grever ledit immeuble. Ces formalités devront être remplies avant l'expiration du délai de quatre mois, à partir de ce jour ; faute par l'acquéreur d'avoir rempli les dites formalités dans ce délai, il ne pourra s'en prévaloir pour retarder le paiement de la partie exigible dudit prix.

S'il existait des inscriptions, ou si, pendant l'accomplissement desdites formalités, il en survenait, le sieur A..... s'oblige d'en rapporter mainlevée et certificat de radiation dans la quinzaine du jour de la signification qui lui en serait faite à son domicile.

Le sieur B....., acquéreur, ne sera tenu que des simples frais de transcription, sans inscription ; tous les frais extraordinaires seront à la charge du vendeur.

M. A..... a présentement remis à M. B..... qui le reconnaît les pièces dont le détail suit :

1°..... 2°....., etc.

S'il convenait à M. B..... de déposer le présent contrat chez un notaire, M. A..... promet de se présenter à toute réquisition pour intervenir à l'acte de dépôt qui en serait dressé par le notaire, et de reconnaître sa signature pour donner à cet acte le caractère d'acte authentique.

Fait double, à..... le.....   (*Signatures*).

(Droit d'enregistrement : six francs cinquante cent. pour cent).

FORMULE *de vente d'une pièce de terre.*

M. A..... (*nom, prénoms*) et la dame (*nom, prénoms*) son épouse qu'il autorise à l'effet du présent contrat, demeurant ensemble à (*nom de la commune*).

Vendent solidairement à M. B....., qui accepte, une pièce de terre située à *(la commune)*, terroir de *(le quartier ou la section)*, tenant du levant à *(les tenants et aboutissants)*, laquelle pièce M. B..... a dit bien connaître.

Pour en jouir et disposer en toute propriété, et en percevoir les revenus à partir de.....

Cette pièce de terre appartient aux époux A..... *(établir la propriété comme dans le modèle précédent)*.

Cette vente est faite moyennant *(le reste comme dans le modèle précédent)*.

FORMULE de vente avec faculté de rachat.

Entre nous soussignés, *(noms, prénoms, profession et demeures, des parties)*, il a été convenu ce qui suit :

1° Le sieur..... vend au sieur..... sous toutes conditions et garanties exigées par les lois *(énoncer l'objet de la vente)*, 2° Cette vente est faite moyennant la somme de..... payable le..... et sous la condition expresse que le sieur..... aura pendant *tant* d'années la faculté de réméré ou de rachat desdits meubles *ou* immeubles désignés ci-dessus; 3° Faute par ledit sieur..... d'avoir remboursé ladite somme de..... dans les délais ci-dessus fixés, il sera déchu de la faculté de rachat, et lesdits meubles *ou* immeubles demeureront irrévocablement acquis au sieur..... et à ses héritiers.

Fait double, à..... le.....
(*Signatures*).

FORMULE de résiliation d'un contrat de vente.

Entre les soussignés *(comme ci-dessus)*, il a été convenu ce qui suit :

Vu l'acte sous-seing privé, en date du..... consenti par le sieur..... l'un des soussignés, par lequel il a vendu au sieur..... *tel* meuble ou *tel* immeuble *(spécifier l'objet vendu)*, moyennant le prix de.....

Considérant que ladite somme de..... dont la moitié fut payée comptant, devait l'être entièrement six mois après le jour de la vente, ce qui n'a point eu lieu, et qu'à défaut de ce faire, le sieur..... a déjà commencé des poursuites contre le sieur..... tendant à faire déclarer résolu ledit acte de vente du.....

Voulant éviter des contestations et des frais, les soussignés consentent respectivement par ces présentes à ce que ledit acte de vente soit réellement résolu, et que chacun d'eux soit remis au même état qu'avant sa signature.

Fait double, et accepté de bonne foi, à..... le.....
(*Signatures*).

FORMULE d'une Cession d'Hérédité par acte sous-seing privé.

Je soussigné *(nom, prénoms, profession et demeure)*, au nom, et comme habile à me dire et porter héritier, *ou bien* comme héritier bénéficiaire pour moitié, *ou* un tiers, *ou* un quart de feu M....., mon père, *ou* mon oncle, au moyen de l'acceptation sous bénéfice d'inventaire que, assisté de M°...... avoué, j'ai faite au greffe du Tribunal de première instance, séant à..... le....., cède, abandonne et transporte, sans autre garantie que celle de ma qualité d'héritier, à M....., la moitié, *ou* le tiers, *ou* le quart, qui me revient dans la succession de mondit feu père, *ou* oncle, pour par lui exercer mes droits à ladite succession comme je pourrais les exercer moi-même, le subrogeant à cet effet à tous mes droits, noms, raisons, actions et prétentions : la présente cession est faite pour le prix et somme de....., que m'a payée à l'instant M....., pour, par M....., se faire mettre en propriété de la portion qui me revenait dans ladite succession, et en jouir comme de chose lui appartenant, sans aucune réserve ni exception quelconque de ma part, et sans que M....., ait besoin d'autre titre que le présent acte.

Fait à..... le.....   (*Signature*).

(Droit d'enregistrement : pour un co-héritier à son co-héritier quatre pour cent, et pour une cession faite à un étranger cinq francs cinquante cent. pour cent, le double décime en sus).

FORMULE *d'une Cession de Droits litigieux.*

Je soussigné (*nom, prénoms, profession et. demeure*), au nom et comme ayant droit de me prétendre créancier du sieur..... de la somme de..... que je lui ai réclamée à titre de dommages et intérêts pour. ..., *ou bien* en vertu de *tel* titre (*énoncer pourquoi on se dit créancier*), et sur la demande de laquelle il y a procès entre ledit sieur..... et moi, pendant devant le Tribunal ds première instance séant à..... dans lequel est intervenu le....., un jugement préparatoire qui ordonne *telle* justification, cède, abandonne et transporte par le présent acte à M....., acceptant et acquéreur pour lui et ses ayants-cause, mes droits, dans lesquels je le subroge contre ledit sieur....., pour, par lui, les faire valoir comme et ainsi qu'il avisera à ses risques et périls et sans qu'il puisse exercer aucun recours contre moi. La présente cession est faite pour la somme de....., que je reconnais avoir reçu de M....., dont quittance ; consentant que M....., reprenne en son nom l'instance contre ledit sieur....., et se fasse reconnaître son créancier en mon lieu et place, lui en donnant tous les pouvoirs qui sont en moi ; à....., le.....

(*Signature*).

CHAPITRE VI.

De l'Echange

(Articles 1702 à 1707 du Code civil).

L'échange est un contrat par lequel les parties se confèrent réciproquement la propriété d'une chose pour la propriété d'une autre.

L'échange a beaucoup d'analogie avec la vente et en suit presque toutes les règles. Seulement dans l'échange, chacune des deux parties peut être considérée comme vendeur et comme acheteur et supporte également les frais du contrat ; enfin l'échange n'est point annulable pour cause de lésion.

Parfois l'échange est mêlé de vente, par exemple :

si l'un des immeubles est d'une valeur inférieure à l'autre et si cette infériorité est compensée par une soulte en argent, la somme à payer est considérée comme le prix d'une vente et celui qui y a droit peut invoquer le privilége du vendeur.

Le co-permutant qui est évincé de la chose reçue en échange, a le droit d'exiger des dommages-intérêts ou de reprendre sa chose.

Comme pour la vente, la transcription est indispensable pour rendre l'échangiste propriétaire à l'égard des tiers.

FORMULE *d'échange d'immeubles.*

(Le préambule comme dans les formules de vente).

M. A..... cède, à titre d'échange, à M. B..... qui accepte *(le nombre)* hectares de terre plantés de *(essence des arbres)*, situés au terroir de *(lieu de la situation)*, tenant d'un côté à *(tenants et aboutissants)*.

Le sieur A..... en est propriétaire *(établir la propriété comme dans le modèle de la vente d'une maison).*

De son côté, le sieur B..... cède, à titre de contre-échange, au sieur A...., qui accepte *(le nombre)* hectares de bois *(situation et tenants).*

Le sieur B...... en est propriétaire *(établissement de la propriété comme plus haut),*

Chacun des co-permutants jouira des biens à lui abandonnés à partir de ce jour, aux charges et conditions d'usage entre les échangistes ; ils paieront les contributions des mêmes biens à partir du.....

Ces échanges sont faits de part et d'autre sans soulte ni retour.

Pour la perception des droits d'enregistrement, les parties déclarent que la valeur de chacun des objets échangés est de.....

Chacun des co-permutants a remis à l'autre un extrait du titre de propriété qui vient d'être énoncé.

Fait double, à..... le.....   *(Signatures).*

Droit d'enregistrement, pour l'échange *d'immeubles*: s'il est fait but à but, il est perçu sur la valeur de l'une des deux parts deux francs cinquante cent. pour cent. S'il y a soulte ou retour, le droit est perçu, sur la moindre portion, droit de transcription compris, à raison de 2 francs cinquante cent. pour cent et sur la soulte cinq francs cinquante cent. pour cent, plus le double décime.

Quant à l'échange *d'objets mobiliers*, le droit est perçu sur la plus forte des deux parts, à raison de deux pour cent, plus le double décime.

Les échanges doivent être enregistrés dans les trois mois de leur date.

Depuis la loi du 23 juin 1875, le droit principal d'enregistrement des échanges d'immeubles, réduit à un pour cent par l'art, 2 de la loi du 16 juin 1824, est reporté, indépendamment du droit de transcription, à *deux pour cent*, conformément à l'art. 69, parag. 5, n° 3 de la loi du 22 frimaire au VII; mais la formalité de la transcription au bureau des hypothèques ne donne plus lieu à aucun droit proportionnel.

La loi du 23 juin 1875 a maintenu les dispositions de l'art. 4 de la loi du 27 juillet 1870, en ce qui concerne les échanges d'immeubles ruraux contigus.

CHAPITRE VII

Du Louage en général.

(Articles 1708 à 1712 du Code civil.)

On distingue plusieurs sortes de louages : le louage des choses, le louage d'ouvrage et le bail à cheptel.

Le *louage des choses* se nomme : bail à loyer s'il s'agit de maisons, et bail à ferme, s'il s'agit de biens ruraux. Dans l'un et l'autre cas, c'est un contrat par lequel l'une des parties s'oblige à procurer à l'autre la jouissance d'une chose pendant un certain temps, moyennant un prix déterminé. — La partie qui s'engage à procurer la chose se nomme *bailleur*, celle qui s'oblige à payer le prix s'appelle *preneur*; on l'appelle aussi *locataire* s'il s'agit de *louage de maison*, et *fermier* ou *colon partiaire* s'il s'agit de louage d'un bien rural.

Le contrat de louage confère au preneur un *droit personnel*, d'où il suit : 1° que le preneur, locataire ou fermier, n'a, pour ainsi dire qu'une créance de jouissance, laquelle lui permet d'exiger que le propriétaire le *fasse jouir* pendant toute la durée du bail ; 2° que ce droit ne peut pas être hypothéqué ; 3° que c'est le propriétaire qui figure seul dans les procès en revendication.

CHAPITRE VIII.

Du louage des Choses

(Articles 1713 à 1778 du Code civil).

SECTION PREMIÈRE. — Règles communes aux baux de maisons et aux baux à ferme.

Le louage est parfait par le seul consentement des parties, capables de contracter. Lorsqu'un bail n'a pas reçu un commencement d'exécution, on ne peut le prouver que par un écrit, authentique ou sous-seing privé, ou par le serment, quelque modique qu'en soit le prix. Mais, quand le bail a reçu un commencement d'exécution, il peut, si le loyer est inférieur à 150 francs, être prouvé par témoins ; au delà de cette somme la preuve testimoniale n'est jamais admise. Si la contestation porte sur le prix du bail, le propriétaire sera cru sur son serment, à moins que le locataire ne préfère demander l'estimation par experts.

§ I. OBLIGATIONS DU BAILLEUR. — Le bailleur est obligé de livrer au preneur la chose louée en bon état, de faire les grosses réparations, et d'entretenir la chose en état de servir à l'usage pour lequel elle a été louée. Le curage des puits et des fosses d'aisance sont à la charge du bailleur, sauf convention contraire.

Le bailleur doit garantir le preneur de tout trouble de droit, c'est-à-dire de tout trouble causé par la revendication d'un droit que des tiers feraient valoir sur la propriété de la chose louée. Mais il n'est pas tenu de garantir le preneur des voies de fait par lesquelles des tiers porteraient atteinte à sa jouissance, si ces tiers n'alléguaient pas un droit de propriété sur la chose louée.

Comme conséquence de l'obligation imposée au propriétaire de faire jouir paisiblement son locataire, la jurisprudence a décidé qu'il ne peut admettre dans sa maison un locataire nouveau dont l'industrie ferait concurrence à celle d'un autre locataire précédemment établi dans cette maison.

§ II. OBLIGATIONS DU PRENEUR OU LOCATAIRE. — Le preneur doit payer le prix convenu et user de la chose louée en bon père de famille, suivant sa destination (¹). Il est présumé avoir reçu la chose louée en

---

(1) Le preneur agira prudemment en faisant enregistrer son bail (dans les trois mois), car si le bailleur vend l'immeuble loué et que le bail soit enregistré, le bail pourra être opposé à l'acquéreur qui sera tenu de le respecter. Au contraire, si le bail n'a pas été enregistré, il ne sera point opposable à l'acquéreur parce que rien ne prouve qu'il soit antérieur à la vente, et le nouveau propriétaire pourra expulser le locataire en lui donnant congé suivant l'usage des lieux, comme si la location était faite sans bail et sans durée limitée.

bon état ; il doit faire toutes les réparations locatives et souffrir les réparations d'entretien.

On constate ordinairement l'état de la chose louée par un *état des lieux*. C'est là une mesure de prudence qui est utile au bailleur comme au preneur.

Les réparations locatives, à la charge du locataire, sont celles désignées comme telles par l'usage des lieux, et en outre les réparations à faire aux âtres, contre-cœurs, chambranles et tablettes de cheminée ; au récrépiment du bas des murailles, des appartements et autres lieux d'habitation, à la hauteur d'un mètre ; aux pavés et carreaux des chambres, lorsqu'il y en a quelques-uns de cassés ; aux vitres à moins qu'elles ne soient cassées par la grêle ou autres accidents extraordinaires et de force majeure, dont le locataire ne peut être tenu ; aux portes, croisées, planches de cloison ou de fermeture de boutique, gonds, targettes et serrures. Il peut toutefois s'affranchir des réparations locatives en prouvant qu'elles sont arrivées par vétusté ou par force majeure, ou bien que les détériorations existaient déjà lors de son entrée en jouissance.

Le preneur est obligé de souffrir, sans indemnité, les réparations que veut faire le bailleur, lorsqu'elles sont nécessaires et urgentes et qu'elles durent moins

---

Les lois du 23 août 1871 et du 29 février 1872, ont voulu que les *baux et locations verbales* fussent déclarés et soumis à la formalité de l'enregistrement. Le droit est de vingt centimes par cent francs, il est payé par le bailleur sauf son recours contre le preneur. Lors donc qu'on n'aura pas constaté la location par un écrit, le bailleur, dans les trois mois de l'entrée en jouissance du preneur devra faire à l'administration de l'enregistrement une déclaration détaillée et estimative des lieux loués, puis une fois par an ou dans les vingt jours de l'échéance du terme, il devra verser vingt centimes pour chaque cent francs qu'il reçoit. A la sortie du locataire, il devra en aviser l'administration, sans cela la perception du droit continuerait.

Quand les locations sont inférieures à cent francs par an et d'une durée de moins de trois ans, le locataire n'a rien à payer ; mais si le bailleur a consenti plusieurs locations verbales de cette catégorie, et dont le prix annuel cumulé excède cent francs, il sera tenu d'en faire la déclaration et d'acquitter les droits.

A défaut d'enregistrement d'un bail en temps utile, le propriétaire et le locataire sont passibles chacun personnellement et sans recours d'un droit en sus qui ne peut être inférieur à cinquante francs.

do quarante jours, pourvu cependant qu'elles ne fassent que diminuer sa jouissance, sans la détruire entièrement: Mais si les réparations, quelle que soit leur durée, le privent totalement de sa jouissance, il peut demander la résiliation du bail.

En cas d'incendie le locataire est responsable à moins qu'il ne prouve que l'incendie est arrivé par cas fortuit ou force majeure, ou par vice de construction, ou qu'il a été communiqué par une maison voisine: l'assurance du risque locatif est donc une précaution que doit toujours prendre le locataire.

Le preneur peut sous-louer ou céder son bail si cette faculté ne lui a pas été interdite formellement.

La loi du 23 mars 1855 sur la transcription exige que l'on transcrive au bureau des hypothèques les baux de longue durée, c'est-à-dire de plus de 18 ans et les quittances de paiements anticipés de loyers ou fermages de plus de trois ans.

SECTION II. — *Règles particulières aux baux des maisons.*

Le locataire d'une maison ou d'un appartement doit le garnir de meubles suffisants pour répondre du loyer. De plus, le propriétaire a le droit de se faire payer ce qui lui est dû par les sous-locataires, mais seulement jusqu'à concurrence de ce qu'ils doivent eux-mêmes au locataire principal.

En outre, la loi accorde au propriétaire plusieurs garanties, entreautres : 1° un privilége sur les meubles garnissant les lieux loués ; 2° un droit de saisie sans titre exécutoire ; 3° un droit de revendication pour le cas où les meubles auraient été frauduleusement détournés.

Le bail d'un appartement meublé est censé fait à l'année quand il a été fait à tant par an ; au mois, quand il a été fait à tant par mois ; au jour, quand il a été fait à tant par jour. Si rien ne constate que le bail soit fait à tant par an, par mois, ou par jour, la location est censée faite suivant l'usage des lieux. Quand il s'agit de la location d'un appartement meublé la durée du bail est donc fixée habituellement par le mode de paiement.

Ce bail ne saurait être assimilé à la location d'un appartement non meublé, laquelle cesse, soit à l'expiration du temps fixé par la convention, soit d'après l'usage des lieux. Afin d'éviter une prolongation, le propriétaire qui voudra faire cesser le bail devra donner congé au locataire. Quant au locataire, il peut déménager à l'expiration du terme convenu sans donner congé : les convenances seules exigent qu'il prévienne le propriétaire quelques jours d'avance.

Si un locataire refuse de sortir à l'expiration de son bail, il faut l'assigner devant le juge de paix ou devant le tribunal, suivant le prix de la location, pour obtenir l'autorisation de l'expulser. Mais parfois, l'on recule devant les frais à exposer pour se débarrasser d'un locataire insolvable, alors on peut employer le moyen enseigné par M. Troplong (n⁰ˢ 435 et suivants, *Du louage*), qui consiste à faire enlever les portes et les fenêtres de l'appartement, en présence d'un huissier, le propriétaire n'étant plus tenu de faire jouir paisiblement le locataire, le bail une fois expiré.

Le bail finit : — 1° par *l'expiration du temps* pour lequel il a été fait s'il s'agit d'un bail écrit (¹), ou, s'il s'agit d'un bail non écrit par la signification d'un congé donné suivant les délais fixés par l'usage des lieux. Si à l'expiration du bail écrit le locataire reste en possession, il s'opère un nouveau bail dont la durée sera déterminée par l'usage des lieux. C'est ce qu'on appelle la *tacite reconduction*. Pour empêcher la tacite reconduction il faut signifier un congé suivant l'usage des lieux.

Le congé doit être prouvé par écrit ; il peut être constaté par la correspondance échangée ; mais, dans le cas où celui à qui on donne congé refuse de le reconnaître, il faut le lui faire signifier par huissier.

Le bail prend encore fin : — 2° par *la perte de la chose* louée. Le preneur ne pouvant plus en jouir est déchargé de l'obligation de fournir sa redevance ;

---

(1) Les mots *bail écrit* et *bail non écrit* ont, en droit, un sens particulier. Le *bail écrit* est celui qui a été fait *pour un temps déterminé*, à l'expiration duquel il doit cesser de plein droit. Le *bail non écrit* est celui qui a été fait *sans terme déterminé*.

mais, le bailleur ne lui doit aucune indemnité, à raison de la perte ; — 3° par *la résolution du contrat* judiciairement prononcée, pour cause d'inexécution des obligations d'une des parties ; — 4° par *la vente de la chose louée* : mais le locataire qui a un bail notarié ou enregistré peut exiger la continuation du bail avec le nouvel acquéreur. Cependant, si le propriétaire s'était expressément réservé le droit de l'expulser en cas de vente, il serait déchu de son droit au bail, et il ne pourrait exiger qu'une indemnité.

SECTION III. — *Règles particulières aux baux à ferme.*

On appelle *bail à ferme* le louage des biens ruraux. Le fermier est celui qui prend un immeuble à bail moyennant une redevance fixe consistant soit en argent, soit en denrées, soit partie en argent et partie en nature.

Celui qui cultive sous la condition d'un partage de fruits avec le bailleur s'appelle *colon partiaire* ou métayer : c'est plutôt un associé qu'un preneur à ferme. Dans le bail à moitié fruits, quelle que soit la diminution que le métayer éprouve dans ses récoltes, par suite de cas fortuits ou de force majeure, il ne peut jamais prétendre à aucune indemnité, le propriétaire supportant comme lui les pertes et les profits.

En matière de *bail à ferme*, la différence de contenance en plus ou en moins donnera lieu à une diminution ou à une augmentation de prix, si le prix du bail a été stipulé *à raison de tant la mesure* ; mais s'il n'a pas été stipulé à raison de tant la mesure, on ne le modifie qu'autant que la différence est au moins d'un vingtième, conformément aux règles formulées au chapitre de la vente.

Les obligations du fermier consistent à : 1° garnir le fonds loué des bestiaux et des ustensiles nécessaires à l'exploitation ; 2° cultiver en bon père de famille ; 3° employer la chose à l'usage auquel elle est destinée ; 4° engranger les récoltes dans les lieux déterminés ; 5° avertir le propriétaire des usurpations que des tiers commettraient sur le fonds ; 6° laisser, à la fin du bail, au fermier successeur les logements convenables, et les facilités, (pailles et engrais), pour les travaux de l'année suivante.

De son côté, le bailleur est tenu des obligations que lui imposent les règles communes aux baux de maisons et de fermes, comme de faire les réparations à sa charge et de procurer la jouissance.

Ici se présente une question : si le fermier ne récolte rien, doit-il le prix du bail ? Remarquons d'abord que le propriétaire n'a droit au prix du bail qu'autant que le fermier retire la jouissance réelle, effective de la chose louée ; mais aussi, il faut bien reconnaitre que le prix du bail à ferme est un peu aléatoire et qu'il n'est pas nécessaire que le prix du bail soit l'équivalent exact de la jouissance du fermier. Ceci posé nous dirons : quand le bail ne comprend qu'une année et que la moitié au moins de la récolte a péri, le preneur a droit à une diminution proportionnelle du prix ; il a droit à la remise de tout le prix lorsqu'elle a péri en totalité. Lorsque le bail est fait pour plusieurs années, et si, pendant sa durée, la totalité ou la moitié d'une récolte est enlevée par cas fortuit, le preneur peut demander une diminution du prix, à moins qu'il ne soit indemnisé par les récoltes précédentes ; s'il n'est pas indemnisé, l'estimation de la remise ne peut avoir lieu qu'à la fin du bail, époque à laquelle il se fait une compensation de toutes les années de jouissance.

On doit considérer dans le calcul non la quantité, mais la valeur vénale des récoltes. Cependant, le juge peut provisoirement dispenser le preneur de payer une partie du prix, en raison de la perte soufferte.

Dans tous les cas, le fermier ne peut pas obtenir de remise lorsqu'il connaissait la cause du dommage au moment du bail, ou lorsque la perte de la récolte a eu lieu après ꞏ   ꞏle avait été séparée du sol, sauf, pour ce dernier   ꞏ le bail était un colonat partiaire.

Les parti   peuvent convenir que, si la récolte périt par cas fortuit (grêle, feu du ciel, gelée et coulure), le preneur n'aura droit à aucune diminution du prix du bail. Cette convention ne s'applique aux cas de destruction par la guerre ou pour tout autre fléau imprévu, que si le fermier a pris formellement à sa charge tous les cas fortuits prévus et imprévus.

La durée du bail rural comprend, à défaut de conventions, le temps nécessaire pour que le fermier puisse récolter tous les fruits du fonds. Mais si les parties ont déterminé la durée du bail et qu'à son expiration le preneur reste en possession des lieux loués, sans que le bailleur s'y oppose, il se forme, comme nous l'avons déjà dit, un nouveau bail par tacite reconduction.

Formule d'un Bail à Loyer

Je soussigné, L... (nom, prénoms, profession et demeure) propriétaire, ou principal locataire de... (désigner la maison ou le magasin), la loue au sieur M... nom, prénoms, profession du locataire), — ou bien tel appartement composé de tant de pièces (les désigner), — pour tant d'années à compter de ce jour.

Moi L... m'oblige de faire jouir le preneur de cette maison et des dépendances pendant la durée du bail. De son côté, M .. s'oblige d'exécuter toutes les clauses, charges et conditions suivantes, sans pouvoir prétendre à aucune diminution du loyer ci-après fixé, savoir : 1° de garnir cette maison, et de la tenir garnie pendant la durée du bail, de meubles et effets suffisants pour répondre du loyer ; 2° de l'entretenir pendant le même temps, et de la rendre, fin de bail, en bon état de réparations locatives ; 3° de souffrir les grosses réparations qu'il conviendrait d'y faire pendant la durée du bail, sans indemnité, lors même qu'elles dureraient plus de quarante jours ; 4° de satisfaire aux charges de ville et de police dont les locataires sont ordinairement tenus : 5° de ne pouvoir sous-louer, ni céder son droit au bail, en tout ou en partie, sans le consentement exprès et par écrit du bailleur.

Le présent bail est fait moyennant un loyer annuel de 1.000 francs que M... s'oblige de payer à M. L..., en sa demeure, en quatre paiements égaux et par trimestres ; le premier paiement sera exigible le (préciser la date), le second trois mois après, et ainsi de suite jusqu'à la fin du bail.

Le bailleur se réserve de résoudre le présent bail, soit dans le cas où il voudrait occuper par lui-même la maison louée, soit dans le cas où il la vendrait, et ce sans indemnité de sa part et sans diminution de loyer, mais en avertissant le preneur, dans ces deux cas, six mois d'avance et par écrit.

Celle des parties qui voudra donner congé à l'autre sera tenue de la prévenir trois mois d'avance avant l'expiration de chaque période de trois ans.

Fait double et de bonne foi entre les parties, le...   (Signatures).

Formule d'un état des Lieux.

Entre les soussignés (noms, prénoms, profession et demeure) ; en conséquence du bail de la maison ci-après désignée consenti par ledit sieur... audit sieur... suivant acte du...

Lesdits sieurs .. ont procédé sur les lieux et de la manière suivante à la rédaction de l'état de lieux dont il s'agit :

Ladite maison est située à..., rue.. Elle est composée d'un corps de logis principal, d'une cave, d'un magasin au rez-de-chaussée, de trois étages, etc... Chaque étage est composé de *tant* de pièces, dont deux sur la rue, une sur la cour, et dont deux sont avec cabinets, etc... (*Expliquer ici chaque partie, dans une description sommaire, en énonçant ce qu'elle peut avoir de particulier, bon ou mauvais) par exemple :*

CAVES. — Deux fortes lézardes existent dans le mur de gauche de la descente de cave. Les marches sont vieilles et réparées en bitume et en bois sur les arêtes qui sont émoussées et écornées. — La trappe est vieille, mais en assez bon état. — Les deux soupiraux sont garnis de grilles en fer, etc...

COUR. — Le pavé est en bon état.

MAGASIN. — Il occupe toute la superficie de la maison, depuis la rue jusqu'à la cour; la devanture est neuve et en très bon état. — Le parquet est vieux et en mauvais état. — Le plafond est en bon état, etc... (*spécifier l'état des fenêtres, boiseries, tapisseries, glaces, etc)...*

CUISINE. — Le sol est carrelé en carreaux de terre cuite en mauvait état. — L'évier est en assez bon état, seulement les arêtes sont écornées. — La pompe est en bon état, etc...

CHAMBRES. — Les fenêtres des appartements sont garnies de tringles et les placards pratiqués dans le mur ont *tant* d'étagères, etc...

Et attendu qu'il ne s'est plus rien trouvé à décrire, les soussignés ont clos et arrêté le présent état de lieux, dont ils déclarent adopter le contenu.

Fait double à...., le. .., 187...   (*Signature).*

FORMULE *d'un Bail à moitié Fruits.*

Entre nous soussignés B... (*nom, prénoms, profession et demeure du bailleur*), d'une part ; et le sieur A... (*nom, prénoms, profession du preneur*) et son épouse, qu'il autorise à l'effet des présentes, d'autre part;

Il a été réciproquement convenu et arrêté ce qui suit :

1. — Ledit sieur B... donne à ferme à moitié fruits pour... années consécutives à dater du premier novembre prochain, audit sieur A... et son épouse, preneurs : 1° un corps de bâtiment de ferme, situé à... 2° une pièce de terre de *tant* d'hectares, située à... tenant du levant à... du midi à..., etc... 3° une vigne, etc...·(*énumérer les biens donnés à ferme*).

2. — Le sieur A... preneur s'oblige de son côté, en acceptant à ferme les biens ci-dessus désignés pour *tant* d'années consécutives, à les cultiver en bon père de famille, en se conformant pour cela à toutes les dispositions du Code civil. Il ne pourra disposer des produits qu'après le partage, et ne commencera à moissonner et à battre le grain qu'après en avoir prévenu le bailleur.

3. — Les pertes et les profits seront également supportés par moitié entre les parties.

4. — Cependant, par clause exceptionnelle respectivement consentie par nous, il sera loisible au sieur A... preneur, ou de partager les produits conformément à l'usage, ou d'en payer le montant fixé à dire d'experts amiables mutuellement choisis.

5. — Celle des parties qui voudra faire cesser le colonat partiaire devra prévenir l'autre six mois à l'avance.

Fait double, à....., le.... 187.   (*Signatures).*

FORMULE *d'un Bail à ferme.*

Entre M. A. . (*nom, prénoms et demeure*) ;

Et M. B... (*nom, prénoms et demeure*) ;

A été convenu ce qui suit :

M. A... donne à bail à ferme pour (*exprimer la durée*) neuf années, et pour la récolte entière de tous les fruits qui peuvent être perçus et recueillis pendant ces neuf années, qui commenceront au 1er octobre prochain, à

M. B... qui l'accepte ; la ferme de (*indiquer les noms, désignation, commune, canton*), composée de maison pour le fermier, granges et autres bâtiments, et de *tant* d'hectares de fonds en terres labourables, prés, vignes et bois ; ensemble les ustensiles servant à la culture de ladite ferme, dont le détail suit : (*faire l'énumération des ustensiles remis par le bailleur*).

Ces biens sont donnés et reçus tels qu'ils se poursuivent et comportent, sans exception ni réserve, mais aussi sans garantie de mesure, quand même la différence excéderait un vingtième. M. A... s'oblige de faire jouir le preneur, pendant lesdites neuf années, de ladite ferme et de ses dépendances, et de tenir les bâtiments clos et couverts ; et, de son côté, le sieur B... s'oblige d'exécuter et accomplir les charges, clauses et conditions suivantes, sans prétendre à aucune diminution des fermages ci-après fixés : 1° de garnir ladite ferme et la tenir constamment garnie de meubles, grains, fourrages, bestiaux (*désigner les animaux*), en quantité suffisante pour répondre des fermages ; 2° d'entretenir les bâtiments de réparations locatives, et de les rendre, à l'expiration du bail, en bon état de réparation et conformément à l'état des lieux fait séparément des présentes ; 3° de souffrir les grosses réparations qu'il conviendrait de faire, quand elles dureraient plus de quarante jours, sans indemnité, et de faire les charrois pour le transport des matériaux nécessaires à ces réparations ; 4° de rendre à la fin du bail les ustensiles de culture et de labourage qui y sont compris, et tels qu'il les aurait reçus ; 5° de labourer, fumer et ensemencer la terre par saisons convenables ; 6° de convertir toutes les pailles en fumier pour l'engrais desdites terres, sans pouvoir en distraire ni vendre aucune partie, et de laisser à la fin du bail, au fermier entrant, toutes celles qui s'y trouveront ; 7° de tenir les prés en bonne nature de fauche, d'entretenir la clôture de ceux qui sont clos, de planter de nouvelles haies partout où il en pourra manquer, et de recurer les fossés quand ils en auront besoin ; 8° de bien façonner et cultiver les vignes suivant les usages des lieux, les provigner et en replanter d'autres à la place de celles qui périraient ou qu'il faudrait arracher ; 9° d'écheniller les arbres toutes les fois qu'il en sera besoin, d'en replanter d'autres à la place de ceux qui mourraient, sauf au preneur à prendre pour son usage les arbres morts : 10° de veiller à ce qu'il ne soit fait aucun empiétement ou usurpation sur les biens affermés, et d'avertir sur-le-champ le bailleur de tous ceux qui pourraient y être faits, ainsi que de tous les dégâts qui pourraient y être commis, à peine d'en être responsable en son propre et privé nom ; 11° de ne pouvoir demander ni prétendre aucune diminution du prix et des charges du présent bail, pour cause de grêle, gelée, inondation, stérilité ou autres cas prévus ou imprévus, à laquelle le preneur renonce dès à présent. Le présent bail est fait moyennant un fermage annuel de... que le preneur s'oblige de payer en deux paiements égaux, de six en six mois, à partir de son entrée en jouissance, en bonnes espèces d'or et d'argent, au sieur A... et en son domicile. Pour plus de sûreté de ces paiements et de l'exécution des autres charges, clauses et conditions du présent bail, le preneur promet de consentir au bailleur une hypothèque sur *telle* terre qu'il possède à...

Fait double et de bonne foi entre les parties, le (*mettre la date du mois et de l'année*).

(Approbation d'écriture et signatures).

Formule *d'un Congé sous signature privée.*

Entre les soussignés :

M. B... propriétaire d'une maison sise à... rue... d'une part ;

Et M. O... locataire d'un appartement sis à *tel* étage de ladite maison, d'autre part.

Il a été convenu et arrêté ce qui suit :

M. B... déclare par ces présentes, donner congé à M. O... de l'appartement qu'il occupe dans ladite maison pour sortir des lieux loués le... heure de midi. De son côté, M. O... accepte ledit congé, promet et s'oblige de sortir à ladite époque des lieux loués, d'acquitter les loyers qui seront alors échus, de faire les réparations locatives, de justifier de l'acquit de ses contributions et de remettre les clefs.

Fait double, à Avignon, le...

(Approbation d'écriture et signatures).

FORMULE *d'une Quittance de loyer.*

Je soussigné, propriétaire d'une maison sise à..., rue... n°.., reconnais avoir reçu de M.... locataire d'un appartement sis au premier étage de ladite maison. la somme de... pour trois *ou* six mois de loyer échus le... par anticipation.

A..., le... *(Signature).*

Nota. — Tout acte, contenant quittance d'une somme équivalente à trois années de loyers ou fermages *non échus,* doit être transcrit au bureau des hypothèques pour pouvoir être opposé aux tiers qui ont des droits sur l'immeuble et qui les ont conservés en se conformant aux lois.

CHAPITRE IX.

Du Louage d'ouvrage.

(Articles 1779 à 1799 du Code civil).

Les soins, les services, le travail et l'industrie forment la matière du contrat de louage d'ouvrage, c'est là ce qu'on y donne à loyer, c'est là ce qu'on y paie.

Le *louage d'ouvrages ou de services* est un contrat par lequel une personne (ouvrier, entrepreneur, architecte, voiturier, domestique), s'oblige à faire quelque chose pour une autre (maître ou propriétaire), moyennant un prix convenu.

Le code divise le louage d'ouvrage et d'industrie en trois catégories : — 1° louage des domestiques et ouvriers ; — 2° louage des voituriers ; — 3° louage des entrepreneurs.

SECTION PREMIÈRE. — *Du louage des domestiques et ouvriers.*

Le contrat de louage de services ne peut être que temporaire : la loi ne permet pas la convention par laquelle un domestique s'engagerait pour toute sa vie

ou pour un terme équivalent. Au contraire, le maître
peut valablement s'engager à garder, pendant sa vie,
un domestique. Quoique payés à raison de tant par
an, les domestiques ne sont pas engagés irrévocablement pour un an ; ils peuvent quitter leur maître et
le maître peut les renvoyer, mais à la condition de se
prévenir d'avance, conformément à l'usage des lieux :
ainsi, le maître peut renvoyer son domestique immédiatement, en lui payant huit jours de son salaire. En
cas d'inconduite grave, le maître peut sur-le-champ
renvoyer son domestique, sans indemnité, et réciproquement le domestique pourra quitter son maître sans
délai et exiger le salaire de huit jours, s'il a des motifs
graves pour rompre le contrat.

Il n'en est pas de même pour les domestiques loués
pour la culture : ainsi, les ouvriers qui se louent pour
une saison ou pour un travail déterminé, comme les
semailles, la moisson, la vendange, doivent rester
jusqu'à la fin de ces travaux ; ils ne peuvent quitter ni
être renvoyés sans motifs sérieux qu'en payant ou en
recevant une indemnité.

Le contrat peut être rompu par force majeure, par
exemple une maladie ou un accident qui empêcherait
le domestique de continuer son service ; il est évident
alors qu'il ne doit aucune indemnité au maître, et
aussi de même quand il est appelé pour le service militaire.

Si la maladie du domestique dure peu de jours,
le maître ne doit rien lui retenir ; mais si une longue
maladie privait le maître de ses services, celui-ci
pourrait lui retenir une part de salaire proportionnée
à la durée de la maladie.

S'il s'agit d'ouvriers loués à la journée ou au mois
que le mauvais temps aura empêchés de travailler, il
est d'usage de ne leur payer que le temps pendant lequel ils ont travaillé. Si c'était par la faute du maître
que l'ouvrier n'avait pas pu travailler, le maître devrait payer la journée entière.

Pour prouver l'existence et la durée du louage de
domestiques et toutes les contestations qui s'y rapportent, on applique les règles du droit commun en
matière de preuves. Avant la loi du 2 août 1868, le

maître était cru sur son affirmation pour le montant des gages et pour les à-compte donnés. Ces sortes d'affaires sont de la compétence du juge de paix.

SECTION II. — *Du louage des voituriers.*

C'est un contrat par lequel une personne s'engage, moyennant un prix déterminé, à transporter, par terre ou par eau, d'un lieu dans un autre des personnes ou des marchandises. On appelle *expéditeur* celui qui envoie les marchandises, *destinataire* celui à qui elles sont destinées et *voiturier* celui qui reçoit un prix pour les transporter ou les faire transporter.

Les voituriers sont responsables du retard, des avaries et de la perte ; ils peuvent toutefois prouver que les choses ont été perdues ou avariées par cas fortuit ou force majeure. Leur responsabilité commence dès l'instant où les objets leur sont remis et ne cesse que lorsqu'ils ont été acceptés par le destinataire. Le louage des voituriers se prouve par tous les moyens de preuve admis en matière commerciale, soit par l'inscription sur les registres du voiturier, soit par la preuve testimoniale, quelle que soit la valeur des objets. Mais si la personne qui a fait le transport n'est pas *voiturier* de profession, un écrit est nécessaire au-dessus de 150 fr.

Le voiturier répond non-seulement de ce qu'il a reçu dans sa voiture, mais encore de ce qui lui a été remis dans son entrepôt ou bureau pour être placé dans sa voiture.

Les compagnies de chemins de fer et autres insèrent dans les bulletins délivrés aux voyageurs une clause pour limiter leur responsabilité, en déclarant qu'il ne sera payé, en cas de perte des effets, qu'une somme déterminée, par exemple 150 fr. Cette clause n'empêche pas leur responsabilité de s'étendre à la valeur entière et dûment justifiée des objets perdus ; à moins cependant que le voiturier n'ayant pas été prévenu de la valeur toute particulière des objets qui lui étaient confiés n'ait cru s'engager que dans la limite ordinaire.

SECTION III. — Du louage des entrepreneurs.

C'est une convention par laquelle une personne se charge de construire ou de réparer une maison, moyennant un prix fait. A la différence du louage des domestiques et des voituriers, le louage des entrepreneurs se paie à raison de l'ouvrage confectionné et non pas à raison de la durée du travail. Au reste ce louage peut être convenu, soit sur devis et marché, soit à forfait. On appelle *devis* un écrit contenant la description détaillée des travaux à faire, avec l'indication du prix pour chacun de ces travaux. Le *marché* est la convention qui suit le devis, convention par laquelle l'entrepreneur s'oblige à faire dans un certain délai les ouvrages indiqués, suivant les prix fixés.

On nomme *forfait* la convention par laquelle l'entrepreneur se charge d'exécuter un ouvrage, moyennant un prix fixé d'avance, et en bloc.

Dans ces diverses conventions, l'ouvrier peut fournir en même temps son travail avec la matière, ou son travail seulement.

Les architectes et les entrepreneurs demeurent responsables des constructions qu'ils ont faites, pendant les dix ans qui suivent la réception des travaux. Si dans ce délai, elles viennent à périr, par vice de construction, par vice de matériaux, ou par vice du sol, les architectes et entrepreneurs sont solidairement tenus de dommages-intérêts envers le propriétaire, à moins qu'ils ne prouvent que la perte a eu lieu par une autre cause.

Les architectes et les entrepreneurs qui se chargent à forfait de la construction d'un bâtiment et d'après un plan arrêté avec le propriétaire, ne peuvent pas demander une augmentation du prix convenu sous le prétexte de la cherté de la main-d'œuvre et des matériaux ou de changements demandés même par le propriétaire, à moins que ces changements et l'augmentation du prix n'aient été convenus *par écrit* avec le propriétaire. Du reste, le propriétaire peut résilier le marché, même quand les travaux sont commencés en indemnisant l'entrepreneur.

L'ouvrier qui n'est pas payé par l'entrepreneur peut demander directement son paiement au propriétaire ; mais celui-ci n'est pas tenu de lui payer plus qu'il ne doit à l'entrepreneur.

Les architectes, entrepreneurs et autres personnes qui ont réparé ou construit un bâtiment, ont le droit d'être payés avant les autres créanciers du propriétaire sur le prix de l'immeuble. Mais pour conserver ce privilége ils doivent, avant de commencer les travaux, faire constater l'état des lieux par un expert nommé par le tribunal, et quand les travaux sont terminés, ils doivent les faire estimer de la même manière. Les deux procès-verbaux sont inscrits au bureau des hypothèques et le privilége date de l'inscription du premier procès-verbal et prime tous les créanciers postérieurs.

FORMULE *d'un Devis ou marché pour la construction d'une Maison*

Entre les soussignés : M. A... propriétaire d'un terrain sis à..., et demeurant à... d'une part ;

Et 1° M. B... entrepreneur de maçonnerie, demeurant à...

2° M. C .. entrepreneur de serrurerie, demeurant à...

3° M. D... entrepreneur de peinture et vitrerie, demeurant à...

4° M. E... entrepreneur de menuiserie, demeurant à...

5° etc... d'autre part ;

Il a été arrêté et convenu ce qui suit :

M. A... a expliqué qu'il était dans l'intention de faire édifier sur son terrain, sis à... une maison de 20 mètres de façade, à *tant* d'étages, conformément aux plans dressés par M. P... son architecte, lesquels plans ont été communiqués auxdits entrepreneurs qui en ont pris complète et entière connaissance et les ont signés en double.

Dans ces circonstances, M. A... a chargé les entrepreneurs sus désignés d'exécuter les travaux de leur profession pour la construction de ladite maison. Par suite lesdits entrepreneurs s'engagent a exécuter lesdits travaux qui leur seront payés au prix de... (*détailler pour chaque entreprise, en indiquant la qualité des matériaux à employer*).

Les travaux supplémentaires non prévus au devis dressé par l'architecte seront payés de la même manière.

Les entrepreneurs s'engagent solidairement à commencer les travaux dans la première huitaine de janvier 1876, pour avoir terminé et livré ladite maison au plus tard le... sans aucune remise et sous peine de dommages et intérêts qui seront appréciés comme il sera dit ci-après. Ils devront donc continuer les travaux sans interruption, mettre toujours des ouvriers en nombre suffisant, et ils devront faire constater régulièrement par l'architecte M. X... ou par exploit d'huissier, les cas généralement quelconques de force majeure, qui pourraient entraver les travaux. Ils déclarent en conséquence, accepter solidairement la responsabilité du retard qui serait apporté dans la livraison des travaux à l'époque fixée.

M. A... et les entrepreneurs sus-désignés s'engagent, dans le cas de contestations sur les retards apportés sur les travaux, sur les malfaçons, sur les dommages et intérêts causés au propriétaire, si les travaux n'étaient pas livrés à l'époque fixée, à accepter comme arbitres amiables compositeurs entre eux, en dernier ressort sans recours, les architectes experts qui seront désignés par M. le Président du Tribunal civil sur la demande des parties.

M. A... de son côté, s'engage à payer aux entrepreneurs les sommes qui leur seront dues, savoir : les deux tiers dans le courant des travaux, d'après l'état d'avancement et sur mandats délivrés par l'architecte, et le dernier tiers, six mois après l'achèvement complet des travaux, c'est-à-dire après le jour de la réception fixée dès à présent au...

Fait en autant d'originaux que de parties, à... le...

(Approbations d'écriture et signatures).

CHAPITRE X.

Du Bail à Cheptel.

(Articles 1800 à 1831 du Code civil).

Le bail à cheptel est une convention par laquelle une personne remet à une autre une certaine quantité de bétail pour le nourrir et le soigner, sous certaines conditions.

Le cheptel peut avoir pour objet toute espèce d'animaux susceptibles de croît ou de profit pour l'agriculture et le commerce.

A défaut de conventions, la loi règle les rapports du bailleur et du preneur de la manière suivante : le croît et la perte sont supportés par moitié ; la perte totale des animaux survenue par cas fortuit, sans aucune faute de la part du preneur, est à la charge du bailleur, mais le preneur doit alors rendre compte des peaux des bêtes. S'il n'en périt qu'une partie, la perte est supportée en commun.

Le preneur profite seul des laitages, du fumier et du travail des animaux ; le croît et la laine se partagent ; le preneur ne peut tondre le troupeau sans prévenir le bailleur.

Enfin le cheptel est censé fait pour trois ans ; mais si le preneur ne remplit pas ses obligations, le propriétaire peut demander la résiliation du bail.

Lorsqu'on donne un cheptel au fermier d'autrui, il faut le notifier au propriétaire, sans quoi celui-ci

peut le faire vendre comme les autres objets appartenant à son fermier pour obtenir le paiement de ce
qui lui est dû.

FORMULE *d'un Bail à Cheptel simple ou ordinaire.*

Entre les soussignés (*comme plus haut*) il a été convenu ce qui suit ;
M... donne par ces présentes, à cheptel simple pour neuf années consécutives qui commenceront à courir le... à M... qui accepte, — un fonds
de bétail, composé ainsi qu'il suit : (*faire un état descriptif et estimatif
du bétail*).

Le preneur s'engage à soigner et nourrir convenablement les animaux
qui lui sont confiés ; la laine et le croit se partageront par moitié entre le
propriétaire et le fermier.

Le preneur ne répondra pas de la perte des animaux arrivée par cas
fortuit, force majeure, ou par suite d'une épizootie, mais il rendra les
peaux de bêtes mortes de ces diverses causes.

Les pertes arrivées par des causes ordinaires seront supportées par
moitié.

Le preneur ne pourra tondre sans prévenir le bailleur.

A l'expiration du bail, il sera fait une nouvelle estimation du cheptel par
trois experts choisis par les parties.

Le bailleur prélèvera des bêtes de chaque espèce, à son choix, jusqu'à
concurrence de la première estimation donnée au cheptel ; l'excédant sera
partagé par moitié entre les parties.

S'il n'existe pas assez de bêtes pour remplir la première estimation, le
bailleur prendra ce qui en restera, et le preneur devra lui payer, dans le
délai de... la moitié de la perte.

Fait double à..., le...   (*Signatures*).

CHAPITRE XI

Du contrat de Société.

(Articles 1832 à 1873 du Code civil).

SECTION PREMIÈRE. — *Dispositions générales.*

La société est un contrat par lequel deux ou plusieurs personnes conviennent de mettre quelque chose
en commun dans la vue de partager les bénéfices qui
peuvent en résulter. On s'associe pour un achat,
pour une entreprise, l'exploitation d'une mine par
exemple : ce contrat, comme tous les autres, doit avoir
un objet licite.

Aujourd'hui les sociétés civiles sont fort rares, il

importe cependant d'en connaître les règles, car elles sont applicables aux sociétés commerciales, toutes les fois qu'il n'y a pas été dérogé par le code de commerce ou par les usages.

Il faut pour former le contrat de société : 1° *un apport réciproque*, en argent, en industrie, ou en biens ; 2° *un intérêt commun* entre les associés, c'est-à-dire un avantage à retirer de l'association ; 3° *des bénéfices* à réaliser.

Ce contrat se prouve par un écrit, et par témoins si la somme des apports ne dépasse pas 150 fr.

La société constitue une personne morale, un être juridique ayant un actif et un passif qui lui sont propres. D'où il suit : 1° que le droit des associés est purement mobilier, lors même que la société comprendrait des immeubles, car, tant qu'elle dure, ils ne peuvent réclamer qu'un dividende en argent ; 2° que les créanciers de la société doivent être payés sur les biens de la société, par préférence aux créanciers personnels des associés.

SECTION II.— *Des diverses espèces de sociétés.*

Il y a deux sortes de sociétés : la *société universelle* et la *société particulière*. En outre, on distingue la société universelle de biens présents de la société universelle de gains.

La société universelle de biens présents comprend tous les biens meubles et immeubles qu'ont les associés au moment du contrat, ainsi que les bénéfices qui peuvent en résulter. Mais les biens qui pourraient leur échoir par successions, donations et legs n'entrent dans cette société que pour la jouissance, sauf le cas où la société a été formée entre les époux.

La société universelle de gains comprend tous les meubles présents des associés, la jouissance de leurs immeubles et les bénéfices résultant de leur travail et de leur industrie. La simple convention de société universelle faite sans autre explication, n'emporte que la société universelle de gains.

La société particulière est celle qui ne s'applique qu'à certaines choses déterminées, ou à leur usage et à leur jouissance. Elle peut comprendre l'exercice de quelque métier ou profession.

SECTION III. — Des engagements des associés entre eux et à l'égard des tiers.

§ 1. DES ENGAGEMENTS DES ASSOCIÉS ENTRE EUX. — La société commence à l'instant même du contrat, s'il ne désigne une autre époque. S'il n'y a pas de convention sur la durée de la société, elle est censée contractée pour la vie des associés ou, s'il s'agit d'une affaire dont la durée soit limitée, pour le temps que doit durer cette affaire.

D'une part, chaque associé doit : 1° faire son apport en temps convenu ; 2° apporter aux affaires de la société les mêmes soins qu'à ses propres affaires; 3° réparer les dommages qu'il a causés à la société par sa faute. D'autre part, la société est tenue d'indemniser chaque associé des avances qu'il a faites, des pertes qu'il a éprouvées et des obligations qu'il a contractées dans son intérêt. Elle doit aussi restituer les apports dont elle n'avait que la jouissance.

Les parts de chaque associé dans les bénéfices et dans les pertes se règlent de la manière suivante : chaque associé a droit à une part proportionnelle à sa mise. Celui qui n'apporte que son industrie a la même part que celui qui a mis en société la plus faible valeur. Notons que les parties ne peuvent pas, convenir que l'une d'elles aura tous les bénéfices, ou qu'elle sera affranchie de toute perte.

Tous les associés peuvent gérer les affaires sociales; et ils sont alors réputés s'être donné mandat réciproque pour les différents actes de gestion, mais ordinairement ils choisissent parmi eux un ou plusieurs gérants et par là ils abdiquent, en faveur des gérants, leur droit d'administrer. Si les gérants sont désignés dans l'acte de société, ils ne peuvent pas être révoqués.

Les gérants font tous les actes d'administration. Mais les aliénations et les constitutions d'hypothèques doivent être consenties à l'unanimité des associés.

Chaque associé peut s'associer une tierce personne relativement à la part qu'il a dans la société. On appelle *croupier* l'associé d'un associé. Le croupier reste totalement étranger à la société.

§ II. DES ENGAGEMENTS DES ASSOCIÉS A L'ÉGARD DES TIERS. — Dans les sociétés civiles les associés ne sont pas tenus solidairement des dettes sociales, et un associé ne peut obliger les autres si ceux-ci ne lui en ont donné le pouvoir.

Les associés ne sont tenus que jusqu'à concurrence du profit qu'ils en ont retiré, quand, au lieu d'être contractée par eux-mêmes ou par celui d'entre eux qui était chargé de l'administration, la dette a été consentie par un associé qui n'avait pas reçu de pouvoirs.

SECTION IV. — *De la dissolution de la société.*

La société finit : — 1° par l'expiration du temps pour lequel elle a été contractée; — 2° par l'extinction de la chose ou la consommation de l'opération ; — 3° par la mort d'un associé, à moins que la convention porte qu'elle se continuera avec les héritiers de l'associé décédé; — 4° par l'interdiction, la faillite ou la déconfiture d'un associé; — 5° par la volonté qu'un seul ou plusieurs expriment de n'être plus en société, s'il s'agit d'une société faite pour une durée illimitée, mais dans ce cas, il faut que cette renonciation soit opportune et de bonne foi, c'est-à-dire qu'elle n'ait pas lieu dans le but de s'approprier exclusivement un bénéfice destiné à tomber dans la société, ou de nuire aux autres associés. Quand la société n'a pas été formée pour une durée illimitée, l'associé qui se retire perd tous ses droits dans les bénéfices, mais il reste tenu de ses engagements envers la société.

La dissolution de la société entraîne le partage du fonds social; ce partage a lieu de la même manière que pour les successions.

FORMULE *d'un Acte de Société particulière.*

Entre nous soussignés (*noms, prénoms, professions et demeures*); il a été formé une société particulière pour l'exercice de nos professions respectives ou des entreprises que nous pourrons faire de part et d'autre, pendant... années, terme fixé pour la durée de la présente association ;

1. — Les soussignés ne pourront entreprendre aucun ouvrage ou travail

que de leur consentement réciproque, et même, en cas de refus de l'un d'eux, l'autre ne pourra exécuter les ouvrages refusés par le premier, à peine de dommages-intérêts ; et à l'égard des travaux et entreprises acceptés respectivement, chacun des soussignés s'oblige d'y travailler ou d'y faire travailler autant que l'autre, et d'y fournir le même nombre d'ouvriers suivant les circonstances, les besoins de l'entreprise, et le plus ou moins d'activité que les travaux exigeront ;

2. — De même, chacun des associés contribuera pour une moitié aux avances et déboursés que lesdits travaux et entreprises exigeront ; chacun encore fournira, dans la même proportion, les ustensiles nécessaires.

3. — Si l'un des associés faisait des avances en argent, et des fournitures de matériaux, soit pour la totalité de l'entreprise, soit pour une portion plus forte que la moitié, il aura droit à une indemnité qu'il pourra prélever sur les bénéfices de la société, laquelle indemnité ne pourra excéder l'intérêt au taux légal du montant des avances et fournitures ;

4. — Lorsque les travaux ou entreprises seront terminés, chaque associé pourra les recevoir et agréer, surtout s'il s'est occupé particulièrement des ouvrages exécutés. De même, il pourra recevoir le prix de ces travaux et celui des fournitures, des mains de ceux qui les auront fait faire, à la charge d'en rendre compte à l'autre ;

5. — Les soussignés se feront respectivement compte de ce qu'ils recevront des ouvrages communs, immédiatement les sommes reçues. Les payements seront d'abord imputés sur les avances et fournitures faites par chacun, jusqu'à ce que la valeur en soit acquittée, et le surplus qui formera les bénéfices, sera partagé par moitié.

Fait double ou triple, à... le... mil huit cent.   (Signatures).

CHAPITRE XII.

Du Prêt.

(Articles 1874 à 1914 du Code civil).

C'est une convention par laquelle on livre une chose à une personne pour s'en servir suivant son besoin, et sans payer aucun prix. Si on stipulait un prix, le contrat serait un louage. A la différence des précédents contrats, le prêt est un contrat réel et unilatéral.

On distingue quatre sortes de prêt : — 1° celui des choses dont on peut user sans les détruire, (prêt à usage ou commodat) ; — 2° celui des choses qui se consomment par l'usage qu'on en fait (prêt de consommation) ; — 3° le prêt à intérêt ; — 4° le prêt avec constitution de rente.

SECTION PREMIÈRE. — Du prêt à usage ou commodat.

C'est un contrat par lequel une personne livre une chose à une autre gratuitement pour s'en servir, à la condition de la restituer *identiquement* après s'en être servi. Le prêteur demeure propriétaire de la chose prêtée. Tout ce qui est dans le commerce et qui ne se consomme pas par l'usage, peut être l'objet du commodat.

Les obligations qui naissent du commodat passent aux héritiers de celui qui prête, et aux héritiers de celui qui emprunte. Mais si l'on n'a prêté qu'en considération de la personne de l'emprunteur, alors ses héritiers ne peuvent continuer de jouir de la chose prêtée.

L'emprunteur ou commodataire doit : — 1º donner à la chose les soins d'un bon père de famille ; — 2º n'employer la chose qu'à l'usage auquel elle est destinée; — 3º la restituer, identiquement, à l'époque convenue après s'en être servi.

La perte de la chose remise en commodat est supportée par le prêteur ; l'emprunteur n'est responsable que dans les cas suivants: — 1º s'il a employé la chose à un usage différent, ou pendant un temps plus long que celui convenu ; — 2º si la chose prêtée avait été au préalable estimée ; — 3º si étant obligé de laisser perdre ou la chose prêtée, ou une chose qui lui appartenait, l'emprunteur a mieux aimé sacrifier la première. Notons que l'emprunteur ne peut jamais retenir la chose prêtée, en compensation de ce qui lui est dû par le prêteur.

Les obligations du prêteur ou commodant sont : — 1º de rembourser à l'emprunteur le prix de ses dépenses extraordinaires *nécessaires et urgentes* : l'emprunteur doit supporter les dépenses ordinaires ; — 2º de réparer le préjudice résultant de défauts cachés qu'il connaissait, et dont il n'a pas averti l'emprunteur.

SECTION II. — *Du prêt de consommation ou simple prêt.*

C'est un contrat par lequel une partie transfère à l'autre une certaine quantité de choses qui se consomment par l'usage (vin, blé, huile, etc...), à la charge par celle-ci d'en rendre autant, de même nature et de même qualité.

Pour faire un prêt de consommation il faut être capable d'aliéner, car ce prêt implique une aliénation : l'emprunteur devient propriétaire de la chose prêtée.

La restitution a lieu différemment suivant la manière dont la chose prêtée a été appréciée. Si elle a été appréciée, d'après sa valeur, l'emprunteur doit restituer une valeur égale ; ainsi lorsqu'on lui a prêté une somme d'argent, il doit rendre une pareille somme. Si la chose a été appréciée d'après son poids ou sa mesure, il doit restituer une chose en poids ou en mesure égale, par exemple si l'on a prêté un lingot d'or pesant 20 kilogr. l'emprunteur doit restituer un lingot d'or pesant le même poids, quand bien même le métal aurait subi une hausse ou une baisse.

L'emprunteur est donc obligé de restituer les choses prêtées, en même quantité et qualité ; et ce à l'époque convenue. S'il se trouvait dans l'impossibilité de restituer des choses semblables à celles du prêt, il devrait en restituer la valeur en argent, en la calculant d'après le temps et le lieu convenus pour la restitution.

SECTION III. — Du prêt à intérêt et de la constitution de rente.

§ I. LE PRÊT A INTÉRÊT n'est qu'un prêt de consommation (argent, denrées ou autres choses mobilières), dans lequel le prêteur stipule un dédommagement, (appelé *intérêt*), pour la privation momentanée de sa chose. La loi du 2 septembre 1807 a fixé le taux légal de l'intérêt à 5 p. 0/0 en matière civile et à 6 pour 0/0 en matière commerciale.

L'emprunteur qui paie des intérêts non stipulés ne fait pas un paiement indu ; il s'acquitte d'une sorte de dette naturelle et ne peut en conséquence répéter ces intérêts ni les imputer sur le capital.

La quittance du capital fait supposer le paiement des intérêts, parce que toute somme payée par le débiteur s'impute d'abord sur les intérêts, avant de servir à l'acquittement du capital.

§ II. DE LA CONSTITUTION DE RENTE. — Dans ce contrat, (à titre gratuit ou à titre onéreux), une personne s'oblige à fournir à une autre des prestations périodiqués en nature ou en argent, appelées *arrérages*, moyennant l'abandon d'un capital mobilier ou l'abandon du prix d'un immeuble. En conséquence, toutes les rentes sont mobilières. [1]

On distingue deux sortes de rentes : 1° les rentes *perpétuelles*, lorsque les arrérages doivent être fournis pendant un temps illimité [2] ; 2° les rentes *viagères*, lorsque les arrérages ne doivent être fournis que pendant la vie de certaines personnes.

Les rentes perpétuelles sont rachetables ; car la loi n'a pas voulu qu'une personne restât obligée à perpétuité, par elle ou par ses héritiers, à fournir des prestations périodiques.

La loi a permis au débiteur de la rente de s'affranchir de cette obligation, en restituant le capital qu'il a reçu. Mais afin de garantir le créancier de la rente contre le danger d'une restitution immédiate, elle l'autorise à stipuler que la rente ne sera pas rachetable avant un certain délai qui ne pourra dépasser dix ans, ou sans avoir été averti au terme d'avance déterminé.

Maintenant, voyons à quel taux se fait le rachat :

Lorsque la rente est *constituée*, le débiteur n'a qu'à restituer le capital qu'il a reçu ; mais si la rente est *foncière*, (c'est-à-dire établie moyennant l'abandon d'un immeuble), les parties ont intérêt à fixer le taux du rachat. Si elles ne l'ont pas fait, on évalue le taux en prenant pour base le montant des arrérages sur le pied de 4 p. 0/0. Si les arrérages sont fournis en denrées, on établira préalablement leur valeur moyenne en argent. (*Loi du 18 décembre 1790, titre 3*).

Les rentes constituées diffèrent des rentes foncières en ce que : — 1° le délai pendant lequel le débiteur s'interdit la faculté de rachat peut être porté à 30 ans, pour des rentes foncières ; il ne peut dépasser 10 ans pour les rentes constituées ; — 2° les parties peuvent fixer le prix du rachat sans tenir compte du montant

---

(1) En effet, le créancier d'une rente ne peut exiger que des prestations et ne peut jamais faire valoir qu'un droit de créance.

(2) Autrefois on constituait beaucoup de rentes perpétuelles, mais aujourd'hui les rentes perpétuelles sur particuliers sont fort rares ; les rentes perpétuelles sur l'État sont seules en vigueur.

des arrérages annuels, pour les rentes foncières ; elles doivent au contraire, le prendre pour base de la fixation du taux du rachat s'il s'agit de rentes constituées ; — 3° le créancier de la rente foncière peut exiger la restitution du capital, s'il n'a pas reçu les arrérages : le créancier de la rente constituée doit attendre *deux ans.*

La résolution du contrat de rente constituée peut être prononcée par la justice : — 1° si le débiteur de la rente a cessé de payer les arrérages depuis deux ans ; — 2° s'il manque à fournir au créancier les sûretés promises ; — 3° s'il est tombé en faillite ou en déconfiture.

FORMULE *d'Acte de Prêt à usage sous-seing privé.*

Je soussigné (*nom, prénoms, profession ou qualité et demeure*), reconnais et déclare que M... (*nom, profession et demeure*) m'a aujourd'hui, *ou* hier, prêté *tel* objet (un cheval, une voiture, une charrue, une herse, etc.) pour mon usage, et promets et m'engage à le lui restituer *tel* jour, m'obligeant à apporter le plus grand soin à sa conservation, et tel qu'un bon père de famille apporterait à sa propre chose ; à faire les dépenses que requerrait son usage ; et sous la promesse de M... de me laisser user dudit objet jusqu'*audit* jour où je dois le lui restituer, et de me rembourser des dépenses extraordinaires que je pourrais être obligé de faire pour la conservation de la chose prêtée.

A..., le... mil huit cent. (*Signature*).

FORMULE *de Reconnaissance sous-seing privé d'un Prêt de consommation ou simple Prêt.*

Je soussigné (*nom, prénoms, profession ou qualité et demeure*), reconnais et déclare que M... (*nom, profession et demeure*), m'a cejourd'hui, *ou* hier, *ou tel* jour, prêté *tant* d'hectolitres de blé, *ou* d'orge, *ou* d'avoine, *ou* d'huile de *telle* qualité, *ou* du vin de *telle* espèce, *ou* d'eau-de-vie à *tant* de degrés, à titre de prêt de consommation, et je promets et m'oblige à les lui remplacer, en sa demeure sus-désignée, et à lui en rendre *autant* des mêmes espèce et qualité que celles qu'il m'a prêtées, dans le délai de *tant* de jours, *ou* de *tant* de mois ; — et si j'étais en retard de les lui rendre dans ledit temps, je lui en paierais la valeur, eu égard au temps et au lieu où les choses prêtées devaient être rendues, et même lui paierais l'intérêt, de ladite valeur, à compter du jour fixé pour la restitution des choses prêtées, sans qu'il soit besoin par M... d'en former la demande en justice.

A..., le... mil huit cent. (*Signature*).

FORMULE *de Reconnaissance de Prêt à intérêt sous-seing privé.*

Je soussigné *un tel*, reconnais que M... m'a cejourd'hui prêté la somme de..., et promets et m'engage à lui en payer l'intérêt à raison de cinq, *ou* de six pour cent par an sans retenue, jusqu'au remboursement de ladite somme, que je m'oblige à lui faire le... prochain, *ou bien* à ma commodité, en l'en avertissant *tant* de temps d'avance.

A..., le... mil huit cent. (*Signature*).

CHAPITRE XIII

Du Dépôt et du Séquestre.

(Articles 1915 à 1963 du Code civil).

Le dépôt est une convention par laquelle une personne reçoit la chose d'une autre personne, à la charge de la garder et de la restituer en nature. On distingue deux espèces de dépôts : le dépôt proprement dit et le séquestre.

SECTION PREMIÈRE. — Du dépôt proprement dit.

C'est un contrat réel, essentiellement gratuit qui ne peut avoir pour objet que des choses mobilières. Il se forme par la remise de la chose entre les mains du dépositaire. La tradition feinte suffit quand le dépositaire se trouve déjà nanti de la chose, à quelque autre titre.

Le dépôt peut être : *volontaire*, c'est-à-dire fait du libre consentement des parties ; ou *nécessaire*, c'est-à-dire forcé par quelque accident, tel qu'un incendie, un naufrage ou autre événement imprévu.

Le dépôt volontaire ne peut être prouvé par témoins que si sa valeur est inférieure à 150 fr. Si la valeur est supérieure et qu'il n'y ait pas d'écrit, le dépositaire est cru sur son affirmation relativement au fait du dépôt, à sa restitution et à la valeur des choses déposées (1).

Le dépôt peut être fait par un incapable, mais il ne peut être reçu que par une personne capable de s'obliger, car le dépositaire est tenu de plusieurs obligations. Ainsi le dépositaire doit : — 1° apporter à la garde du dépôt les mêmes soins qu'à ses propres affaires, ne pas s'en servir sans la permission du

---

(1) Le dépôt nécessaire peut être prouvé par témoins quelle que soit la valeur de l'objet déposé. Sauf ce qui concerne la preuve, le dépôt nécessaire suit les règles du dépôt volontaire.

déposant et même ne pas chercher à connaître l'objet déposé, s'il est renfermé dans un coffre ou dans une enveloppe ; — 2° restituer identiquement le dépôt au lieu et au temps convenus, et même à la première demande du déposant ou de son *représentant* (héritier, mandataire ou tuteur).

Si la chose déposée a produit des fruits le dépositaire doit les restituer, mais il ne doit aucun intérêt pour les sommes déposées, à moins d'une mise en demeure de restituer.

La perte de la chose déposée, arrivée par cas fortuit, est supportée par le déposant, mais dans ce cas, le dépositaire doit restituer les indemnités qu'il a pu recevoir en compensation.

Le dépositaire est responsable : — 1° s'il s'est offert lui-même pour recevoir le dépôt ; — 2° s'il a accepté un salaire ; — 3° si le dépôt lui a été profitable ; — 4° s'il a répondu de toute espèce de faute. Le dépositaire infidèle qui vend la chose déposée commet un abus de confiance et se rend passible de peines correctionnelles.

Si le dépositaire découvre que la chose déposée a été volée, il doit dénoncer au propriétaire le fait du dépôt et le sommer de réclamer sa chose dans un délai déterminé. Si le propriétaire laisse passer ce délai sans la réclamer, le dépositaire peut valablement la restituer à celui qui la lui avait remise en dépôt.

Voyons maintenant les obligations du déposant ; il doit : — 1° rembourser au dépositaire les dépenses qu'il a faites pour la conservation de la chose; — 2° l'indemniser du préjudice que le dépôt peut lui avoir occasionné. Pour sûreté de son paiement, le dépositaire peut retenir la chose déposée.

Les aubergistes ou hôteliers sont responsables des effets apportés par le voyageur qui loge chez eux ; l'apport de ces effets est considéré comme un dépôt nécessaire et le voyageur peut en établir la consistance par toute espèce de preuves. De plus, les hôteliers ou aubergistes sont responsables du vol ou du dommage des effets du voyageur, que le vol ou le dommage aient été faits par les domestiques et préposés de l'hôtel ou qu'ils aient été faits par des personnes étrangères à l'hôtel.

SECTION II. — Du séquestre.

Le séquestre est la remise d'une chose litigieuse entre les mains d'un tiers. Le séquestre est ou *conventionnel* ou *judiciaire*, suivant que les parties elles-mêmes remettent la chose litigieuse ou suivant que la chose est remise par autorité de justice.

Le séquestre diffère du dépôt en ce que : 1° le gardien des objets séquestrés est salarié ; 2° la convention de séquestre peut avoir pour objet des meubles et des immeubles. Le dépôt n'a jamais que des meubles pour objet.

La justice ordonne le séquestre : — 1° lorsqu'un créancier pratique une saisie ; — 2° lorsque la propriété ou la possession d'un objet est contestée ; — 3° lorsqu'un créancier refuse des choses données en paiement par un débiteur.

Le gardien des objets placés sous séquestre doit : — 1° apporter à leur conservation les soins d'un bon père de famille ; — 2° les représenter au saisissant lorsqu'il veut les faire vendre ou les restituer au saisi lorsqu'il a obtenu main-levée de la saisie.

Formule de *Reconnaissance d'un dépôt volontaire sous-seing privé*

Je soussigné R..., demeurant à..., reconnais que M... *(nom, profession et demeure)*, m'a déposé cejourd'hui entre les mains *tel objet (indiquer la nature et la forme)* ou *telle* somme d'argent, enfermée dans un sac de toile ficelé et cacheté du cachet du sieur M... *ou* une malle contenant *tels et tels effets* fermée à clef qui est restée entre les mains du sieur M... pour lui être rendue à sa volonté et première réquisition sauf toutefois le cas où elle viendrait à périr sans qu'il y eut faute ma de part ; n'entendant, par le présent acte déroger en rien aux obligations de droit sur le dépôt.
Fait à Avignon, le...   *(Signature)*.

(Droit d'enregistrement : un pour cent pour les dépôts chez les particuliers ; droit fixe de deux francs pour les dépôts chez les notaires).

Formule d'un *Acte de Séquestre sous-seing privé*.

L'an mil huit cent soixante et seize le... les soussignés frères et héritiers de feu G... d'une part, et le sieur... d'autre part, ont fait entr'eux la convention suivante :
Ayant été arrêté entre lesdits sieurs... héritiers, que jusqu'à ce qu'il ait été statué par le tribunal de... *ou* par M... juge de paix du canton de...

sur la question de propriété des meubles meublants dépendants de la succession de feu G... que les contractants veulent respectivement se voir adjugés, M . serait prié de se charger desdits meubles meublants en qualité de dépositaire séquestre pendant le temps que durerait ladite contestation ; et M... à qui la demande en a été faite, ayant accepté le séquestre, les meubles meublants, dont l'état est ci-joint, et est signé de toutes les parties lui ont été remis, et M... s'est engagé : le conserver jusqu'à l'issue de la contestation, à veiller à leur conservation, comme il veillerait aux siens propres et à les rendre et restituer à qui par le tribunal ou par M. le juge de paix serait ordonné, de laquelle décision copie lui sera régulièrement notifiée pour son autorisation, et sous la promesse de bonne et valable décharge par celui qui en sera déclaré propriétaire.

Fait à double original, sous les signatures des sieurs... et de sieur... à Avignon, le...

(Signatures).

CHAPITRE XIV.

Des Contrats Aléatoires.

(Articles 1964 à 1983 du Code civil).

Les contrats aléatoires sont ceux dans lesquels chaque partie a une *chance* (*alea*) de gain ou de perte. Ces conventions dont les effets, dépendent du hasard ou d'un événement incertain, sont le jeu et le pari, le contrat de rente viagère, le contrat d'assurance, le prêt à grosse aventure. Ces deux derniers contrats sont régis par les lois commerciales et maritimes.

SECTION PREMIÈRE. — Du jeu et du pari.

La loi n'accorde aucune action pour une dette de jeu ou pour le paiement d'un pari, parce que ces conventions n'ont pas une cause licite ([1]). Néanmoins la loi reconnaît et sanctionne les dettes modiques résultant de jeux propres à exercer aux armes, des courses à pied ou à cheval et d'autres jeux de même nature qui tiennent à l'adresse et à l'exercice du corps. Le tribunal peut rejeter la demande quand la somme lui paraît excessive.

---

(1) Les billets souscrits pour de semblables dettes sont nuls. Toutefois si le débiteur a souscrit des billets à ordre et que le créancier les ait négociés, il ne peut opposer la nullité au porteur de bonne foi.

Les dettes résultant du jeu ou du pari ont le caractère d'obligation naturelle en ce sens que le joueur ou le parieur qui a volontairement payé sa dette ne peut en réclamer la restitution.

SECTION II. — Du contrat de rente viagère.

La rente *viagère* est celle dont la durée est bornée au temps de la vie d'une ou de plusieurs personnes. Elle n'est pas rachetable et peut être constituée soit à titre gratuit, soit à titre onéreux, moyennant l'abandon d'un meuble ou d'un immeuble sans cesser pour cela d'être mobilière.

Constituée à titre gratuit, la rente viagère est réductible si elle excède la quotité disponible ; elle est nulle si elle est au profit d'une personne incapable de recevoir.

La rente viagère est ordinairement constituée sur la tête de celui qui en fournit le prix (*créancier*) ; mais elle peut aussi être constituée sur la tête d'un tiers qui n'a aucun droit d'en jouir, ou même sur la tête de plusieurs personnes actuellement existantes. La rente s'éteint alors à la mort du dernier survivant.

La rente viagère est constituée au taux qu'il plaît aux parties de fixer, parce qu'il ne peut y avoir de mesure absolue pour régler des choses aléatoires.

Tout contrat de rente viagère créée sur la tête d'une personne qui était morte au jour du contrat, ne produit aucun effet. Il en est de même du contrat par lequel la rente a été créée sur la tête d'une personne atteinte de la maladie dont elle est décédée dans les 20 jours de la date du contrat. Dans ce cas la chance de toucher des arrérages existe bien, mais elle est jugée insuffisante.

Le débiteur de la rente viagère doit fournir les sûretés promises et payer les arrérages convenus. Au cas où le débiteur ne fournit pas les sûretés promises, le créancier peut demander la résolution du contrat pour inexécution des conditions, et s'il ne paie pas les arrérages convenus, le créancier a la faculté de faire vendre les biens du débiteur jusqu'à concurrence du capital nécessaire pour fournir les arrérages.

Lorsque la vente ne produit pas une somme suffisante,

le créancier peut demander la résolution du contrat et le remboursement du capital qu'il a cédé.

La rente viagère s'éteint par la mort de la personne sur la tête de laquelle elle était constituée. Le créancier d'une rente viagère n'en peut demander les arrérages qu'en justifiant de son existence [1] ou de celle de la personne sur la tête de laquelle la rente est constituée.

La rente viagère ne peut être stipulée insaisissable que lorsqu'elle a été constituée à titre gratuit; dans ce cas les créanciers du donataire n'ont pu compter sur les arrérages qui sont entrés à titre gratuit dans le patrimoine de leur débiteur.

FORMULE *d'un Contrat de Constitution de Rente viagère.*

Entre nous, soussignés, *un tel (nom, prénoms, profession et demeure)* d'une part, et *un tel (de même)* d'autre part, ont été faites les conventions qui suivent :

Moi, *un tel,* au moyen de la somme de..., que M... vient à l'instant de me remettre, *ou bien* que j'ai reçue précédemment de M..., lui fais et constitue, par le présent acte, une rente viagère de *telle* somme..., non sujette à retenue, payable à *telles* et *telles* époques ; me réservant de convention expresse la faculté de rembourser, alors que je le jugerai convenable, à mondit sieur..., et sans qu'il puisse la refuser, toutefois en l'avertissant six mois d'avance, ladite somme à moi par lui remise, mais sans aucune déduction ; au moyen duquel remboursement les arrérages cesseront de courir; et il ne lui sera payé à cette époque que ceux dus depuis le dernier paiement qui lui aura été fait de ses arrérages

J'affecte, oblige et hypothèque *telle* maison au paiement des arrérages de ladite rente, et pourra M... en toucher les loyers jusqu'à concurrence, lui faisant par le présent acte toute délégation nécessaire.

Et moi, *un tel,* déclare accepter et accepte la rente viagère de *telle* somme, à moi ci-dessus constituée par M..., payable, comme il y est dit, pour ladite somme de..., que je viens de lui remettre, *ou* que je lui ai précédemment remise.

J'agrée la réserve qu'il fait de me rembourser lorsqu'il le jugera convenable madite somme de..., en m'avertissant pourtant six mois d'avance, et sans que ce remboursement puisse en aucune manière préjudicier aux arrérages qui m'auront été payés, et à ceux qui me seront dus au jour du remboursement.

Fait double entre nous, sous nos signatures privées, à..., le... mil huit cent...

(*Signatures*).

---

(1) Par un certificat de vie délivré par le maire ou par un notaire.

CHAPITRE XV.

Du Mandat.

(Articles 1984 à 2010 du Code civil).

SECTION PREMIÈRE. — *Nature et forme du Mandat.*

On appelle *mandat* le contrat par lequel une personne (*mandant*), donne à une autre (*mandataire*), qui accepte, le pouvoir de faire quelque chose pour elle et en son nom. Le pouvoir donné et non encore accepté se nomme *procuration;* on appelle aussi *procuration* l'acte constatant le contrat.

Le mandat est gratuit, mais on peut convenir qu'il sera salarié. — Le mandat peut être donné ou par acte notarié ou par écrit sous seing-privé, même par lettre. Il faut que la procuration soit notariée quand le mandataire est chargé de traiter avec des tiers qui ne connaissent pas la signature du mandant. Le mandat peut être prouvé par témoins s'il s'agit de valeurs ne dépassant pas 150 francs.

L'acceptation du mandat peut être tacite et résulter de l'exécution qui lui a été donnée par le mandataire.

Le mandat est, soit *spécial* : pour une affaire ou certaines affaires seulement; soit *général* : pour toutes les affaires du mandant. S'il est conçu en termes généraux, il ne comprend que les actes d'administration. S'il s'agit d'aliéner ou d'hypothéquer il doit être exprès. En un mot, les pouvoirs du mandataire sont renfermés dans son mandat et il ne peut rien faire au delà.

Le mandat peut être donné soit dans l'intérêt du mandant, soit dans l'intérêt du mandataire, soit dans l'intérêt d'un tiers, soit dans l'intérêt du mandant et d'un tiers, soit dans l'intérêt du mandataire et d'un tiers.

Les femmes et les mineurs émancipés peuvent être choisis pour mandataires. Mais le mineur émancipé ne peut engager ses immeubles pour les opérations du mandat et la femme mariée ne peut engager les biens de la communauté. Si on donne un mandat à un incapable, on ne pourra lui demander compte que jusqu'à concurrence du profit qu'il aura retiré de l'exécution du contrat.

SECTION II. — *Obligations du Mandataire.*

Le mandataire est tenu d'accomplir le mandat tant qu'il en demeure chargé et de rendre compte au mandant de sa gestion. Il répond des dommages-intérêts qui pourraient résulter de son inexécution; mais sa responsabilité est plus ou moins grande suivant qu'il est ou qu'il n'est pas salarié.

Le mandataire est également responsable des fautes commises par la personne qu'il s'est substituée pour l'exécution du mandat. Mais s'il avait été autorisé à se substituer une personne, désignée ou non, il serait déchargé de toute responsabilité à cet égard. D'ailleurs, le mandant a toujours une action directe contre la personne substituée.

Lorsqu'il existe plusieurs mandants, ils sont tenus tous solidairement envers le mandataire, tandis que s'il existe plusieurs mandataires constitués par le même acte, ils ne sont pas solidairement responsables envers le mandant, parce qu'ils rendent à celui-ci un service généralement gratuit.

Le mandataire doit les intérêts des sommes qu'il a touchées, s'il les a employées à son profit ; et de celles dont il est réliquataire, s'il a été mis en demeure de les restituer.

SECTION III. — *Obligations du Mandant.*

Le mandant est tenu : — 1° d'exécuter les engagements pris par le mandataire dans la limite de ses pouvoirs; — 2° d'indemniser le mandataire des pertes essuyées à l'occasion de sa gestion ; — 3° de lui rembourser les avances qu'il a faites, avec l'intérêt de ces avances; et — 4° de lui payer les salaires convenus.

SECTION IV.— Des manières dont le Mandat finit.

Le mandat finit : — 1° par la révocation du mandataire ; le mandant peut la faire quand il veut ; — 2° par la renonciation du mandataire faite en temps opportun ; — 3° par la mort, l'interdiction, la faillite, la déconfiture, soit du mandant, soit du mandataire.

Dans tous les cas, les engagements du mandataire révoqué produisent leur effet à l'égard des tiers qui ne connaissaient pas la révocation, de même que les actes faits par le mandataire, dans l'ignorance de sa révocation, obligent le mandant et ses héritiers.

En cas de mort du mandataire, ses héritiers doivent en donner avis au mandant et pourvoir en attendant à ce que les circonstances exigent dans l'intérêt de celui-ci.

FORMULE *d'une Procuration sous seing-privé comprenant divers Objets.*

Je, soussigné (*nom, prénoms, profession ou qualité, et demeure*), donne pouvoir à M... (*nom, profession et demeure*), de pour moi et en mon nom, faire *telle* chose (*énoncer la chose que l'on le charge de faire*) ;

Ou bien, de recevoir pour moi du sieur... *telle* somme, à moi due pour *telle* cause, et d'en donner quittance, et, à défaut de paiement, de faire toutes poursuites nécessaires ;

Ou bien, de vendre *telle* chose, *tel* immeuble à moi appartenant, situé à..., aux charges, clauses et conditions qu'il jugera les meilleures, d'en recevoir le prix, d'en donner quittance et décharge, qui vaudra comme la mienne ;

Ou bien, d'emprunter pour moi *telle* somme, d'une ou plusieurs personnes, et d'en signer tous actes nécessaires et valables ;

Ou bien, de comparaître au bureau de paix sur *telle* demande à former, s'y concilier, si faire se peut, traiter, transiger, composer, en cas de non-conciliation, assigner devant les tribunaux, constituer avoué ;

Ou bien, de transiger sur la contestation existante entre moi et le sieur... *ou* de la terminer à l'amiable, aux charges, clauses et conditions auxquelles il croira devoir me soumettre ;

Ou bien, de compromettre sur ladite contestation, de nommer tel arbitre qu'il lui plaira de choisir, et de signer l'acte de compromis.

Promettant d'avoir pour agréable, et de ratifier à sa volonté ou première réquisition, si besoin est, tout ce qu'il aura fait à cet égard.

Fait à....., le.... 187...   (*Signature*).

FORMULE *d'une Procuration par Lettre.*

Avignon, le... 187

MONSIEUR.

Désirant obtenir *telle* chose, *ou bien*, ayant besoin que *telle* chose ait lieu, je vous prie de, pour moi et en mon nom, faire..., et vous donne, par la présente, tout pouvoir à ce nécessaire.

Ce sera un véritable service que je vous devrai, et je vous promets d'exécuter et d'accomplir tout ce que vous aurez réglé à cet égard.

J'ai l'honneur d'être votre...

A Monsieur...   (*Signature*).

CHAPITRE XVI.

Du Cautionnement.

(Articles 2011 à 2043 du Code civil).

SECTION PREMIÈRE. — *De sa nature et de son étendue.*

Le *cautionnement* est un contrat par lequel une personne s'oblige pour une autre et répond en son nom de la sûreté d'une obligation. — On appelle *caution* la personne qui répond de l'obligation d'autrui.

La caution est suivant les cas, *conventionnelle, légale* ou *judiciaire*; elle est *conventionnelle*, lorsqu'elle ne résulte que de la volonté des contractants. La loi oblige à donner caution l'usufruitier, le conjoint survivant, et l'étranger demandeur en matière civile; c'est la caution *légale*. De même, un débiteur peut être contraint de fournir caution par un jugement ou par suite d'une convention; c'est la caution *judiciaire*. Il faut dans ces derniers cas que la personne présentée par le débiteur soit : 1° capable de s'obliger; 2° domiciliée dans le ressort de la cour d'appel du lieu où doit se faire le payement, et 3° qu'elle possède des immeubles suffisants pour répondre du paiement de l'obligation.

L'engagement de la caution doit accompagner ou suivre l'obligation principale, mais non la précéder.

Le cautionnement ne peut exister que sur des obligations valables. Au reste, l'engagement de la caution peut être moins étendu que l'engagement principal ou être contracté sous des conditions moins onéreuses.

On peut se rendre caution : 1° *par ordre du débiteur* : c'est alors le cas du mandat; 2° *à l'insu du débiteur* : la caution devient alors gérant d'affaires; 3° *malgré le débiteur* : dans ce cas, la caution est censée agir en qualité de donateur.

Le cautionnement ne se présume jamais : il doit être

prouvé soit par écrit, soit par la preuve testimoniale, si la valeur de l'obligation principale ne dépasse pas 150 francs.

SECTION II. — De l'effet du cautionnement.

La caution est tenue, comme le débiteur pour la totalité de la dette et pour ses accessoires; mais la loi lui permet d'user des trois bénéfices de discussion, de division et de subrogation.

Au moyen du *bénéfice de discussion* la caution arrête les poursuites dirigées contre elle, jusqu'à ce que le débiteur principal ait été lui-même poursuivi et que son insolvabilité ait été prouvée. La caution doit invoquer ce bénéfice sur les premières poursuites.

Le *bénéfice de division*, lorsqu'il y a plusieurs cautions, est le droit que la loi donne à celle qui est poursuivie pour le tout, d'exiger que le créancier poursuive les autres pour leur part.

Enfin, au moyen du *bénéfice de subrogation*, la caution qui paie la dette, peut recourir contre le débiteur, au moyen de l'action qu'avait le créancier.

Les bénéfices de discussion et de division ne peuvent pas être invoqués par les cautions solidaires ou par celles qui y ont renoncé (1). Le bénéfice de discussion n'est pas accordé à la caution judiciaire parce qu'il pourrait retarder l'exécution du jugement rendu.

Dans certains cas, la caution peut agir, contre le débiteur principal, même avant d'avoir payé, par exemple :— 1° si elle est poursuivie pour le paiement; — 2° si la dette est exigible; — 3° si le débiteur est tombé en faillite ou en déconfiture; — 4° si le débiteur devait la décharger dans un certain délai qu'il a laissé passer; — 5° quand il s'est écoulé dix ans, et que la dette n'a pas de terme fixe d'échéance.

SECTION III. — De l'extinction du cautionnement.

L'obligation qui résulte du cautionnement s'éteint par les mêmes causes que l'obligation principale. De

---

(1) La *caution solidaire* diffère du *codébiteur solidaire* en ce qu'elle peut, après avoir payé, exercer son recours contre le débiteur *pour le tout* et non pas *pour moitié* seulement : sa qualité de caution fait penser qu'elle ne s'était engagée que pour lui être utile.

plus, elle s'éteint aussi : — 1° lorsque la caution succède au créancier ou au débiteur ; — 2° lorsque le créancier libère la caution ; — 3° lorsque le créancier empêche que la caution puisse être utilement subrogée à ses droits, en laissant s'éteindre ses priviléges ou hypothèques ; — 4° lorsque le créancier a consenti à recevoir en paiement de son débiteur une chose, alors même qu'il en est ensuite évincé.

On peut cautionner une caution : dans ce cas, celui qui a cautionné la caution reste tenu de sa garantie lorsque la caution succède au débiteur ou lorsque le débiteur succède à celle-ci.

FORMULE *d'un Acte de Cautionnement sous seing-privé.*

Je soussigné (*nom, prénoms, profession et demeure*), désirant obliger M..., voulant lui éviter les poursuites qu'il aurait à redouter s'il ne s'acquittait pas de la dette par lui contractée le..., au profit de M..., promets et m'oblige, pour le cas où mondit sieur... ne paierait pas à M..., *telle* somme qu'il lui doit, et pour laquelle il lui a souscrit une reconnaissance, *ou* un billet, *ou* une promesse, *ou* même une obligation notariée, à la payer pour lui à M..., le lendemain, *ou* quinze jours, *ou* un mois après l'échéance de la reconnaissance, *ou* du billet, *ou* de l'obligation ; et je déclare renoncer à cet égard au bénéfice de discussion des biens de mondit sieur...

Fait à..., le.... 187... (*Signature*).

Si le cautionnement était donné à l'*insu du débiteur*, il serait dit :

Je soussigné..., instruit que M..., qui a souscrit au profit de M..., *telle* reconnaissance, *ou telle* obligation, pour *telle* somme, pourra être dans le cas de ne pas l'acquitter à son échéance, attendu *tel* évenement qui lui est arrivé, et désirant prévenir les poursuites que M... pourrait diriger contre lui à défaut de paiement à l'échéance, je déclare me porter caution de mondit sieur..., et promets et m'oblige, pour le cas où il ne paierait pas..., etc. (*Comme en la formule précédente*).

Nota. — Le droit d'enregistrement est de cinquante cent. par cent francs pour les cautionnements de sommes et valeurs, sans que ce droit puisse excéder celui perçu pour l'obligation principale.

CHAPITRE XVII.

Des Transactions.

(Articles 2044 à 2058 du Code civil).

La *transaction* est un contrat par lequel les parties terminent elles-mêmes une contestation née ou préviennent une contestation à naître, en sacrifiant chacune quelque chose de leurs prétentions. Pour que la transaction remplisse son but, il faut que le droit sur lequel on transige soit douteux et que les parties veuillent régler leurs intérêts relativement à ce droit d'une manière complète.

La transaction diffère du *compromis* : dans le compromis les parties nomment un ou plusieurs arbitres pour décider le différend qui les divise.

La transaction doit être rédigée par écrit, et les parties peuvent y ajouter une clause pénale.

Pour transiger, il faut être capable de disposer non-seulement à titre onéreux, mais encore à titre gratuit des droits qui font l'objet de la transaction.

Toutefois, le tuteur qui peut aliéner à titre onéreux les droits mobiliers de son pupille, ne peut transiger sur ces mêmes droits qu'après avoir pris l'avis de trois jurisconsultes et obtenu l'autorisation du conseil de famille et l'homologation du tribunal. D'où nous concluons que le droit de disposer à titre onéreux ne suffit pas pour transiger.

On peut transiger sur toute espèce de choses, dont on a la libre disposition, même sur l'intérêt civil résultant d'un délit, mais, dans ce cas, la transaction n'empêche pas la poursuite du ministère public.

La transaction a tous les caractères d'un jugement passé en force de chose jugée en dernier ressort, parfois même elle en prend la forme (¹), par conséquent elle ne fait que reconnaître un titre préexistant et ne saurait constituer un titre nouveau. Il n'en serait pas ainsi si les parties convenaient de se céder réciproquement des choses non litigieuses qui leur appartiennent. La transaction serait alors translative de propriété et créerait un titre nouveau.

La transaction ne produit ses effets qu'entre les parties contractantes ou leurs représentants légaux, et rien que pour le différend sur lequel elle est intervenue. D'où il suit ; 1° que la partie qui a transigé sur un droit qu'elle possède actuellement n'est point

---

(1) Il en est ainsi pour les *jugements d'expédients* qui rendent exécutoires les dispositions fixées par les avoués des parties.

liée par la transaction, si plus tard elle acquiert un droit semblable du chef d'une autre personne ; 2° que la transaction ne peut pas être invoquée lorsqu'une des parties élève des prétentions sur un objet qui n'y a pas été compris.

Les transactions ne peuvent être attaquées pour cause d'erreur de droit, ni pour cause de lésion. Les causes de nullité spéciales aux transactions sont : l'erreur sur la personne avec laquelle on a transigé et l'erreur sur l'objet même de la transaction.

La simple erreur de calcul ne vicie pas la transaction, parce qu'elle est certainement contraire à la volonté des parties ; mais cette erreur doit être réparée.

Formule d'un Acte de Transaction.

Nous soussignés... (nom, prénoms, profession et demeures), voulant maintenir la bonne intelligence qui règne entre nous et prévenir le différend qui pourrait naître au sujet de telle chose ;

Ou bien, pour terminer le procès existant entre nous, au sujet de... (exposer ici les motifs de la contestation ou les causes du procès). Aujourd'hui mieux conseillés et plus éclairés, désirant terminer amiablement cette affaire, sommes convenus et avons arrêté ce qui suit :

1° — L'instance introduite par l'exploit du... devant le tribunal de... sera d' aujourd'hui regardée comme nulle et non avenue.

2° — . t. sieur... reconnaît et déclare valables les droits et prétentions du sieur... ainsi que sa qualité de... (spécifier les droits et prétentions), à dater du jour de...

3° — En conséquence ledit sieur... a présentement compté au sieur... la somme de... laquelle a été retirée par le sieur... qui lui en concède par les présentes bonne et valable quittance.

4° — Nous nous soumettons à payer chacun les frais faits à notre requête. Toutes contestations nées ou à naître en raison de ce dessus demeurent éteintes entre les parties.

Fait double, à..... le.....   (Signatures).

Formule de Transaction sur l'intérêt civil résultant d'un Délit.

Entre le sieur A... (nom, prénoms, profession ou qualité, et demeure), d'une part, et le sieur B... (de même) d'autre part, a été faite la transaction qui suit :

Le tel jour, le sieur A..., passant sur telle route, emporté par la rapidité de son cheval, a eu le malheur de renverser le sieur B.. , et de le blesser à telle partie du corps ou de la tête. Il reconnaît qu'il doit au sieur B..., pour le mal qu'il lui a causé, une indemnité, et une somme suffisante pour ses frais de chirurgien et de médicaments. Il a offert audit sieur B..., telle somme pour indemnité, et telle autre pour frais.

Le sieur B.. croit bien qu'il obtiendrait des tribunaux des sommes plus fortes ; mais connaissant l'incertitude des jugements des hommes, et appréciant d'ailleurs le cause de l'événement qui lui est arrivé, il a consenti à accepter les offres que lui a faites le sieur...

Et de suite a été rédigé entre eux le présent acte, par lequel le sieur... consent à payer *telle* somme et *telle* somme, et le sieur... consent à les accepter, et renoncer à toute plainte et poursuite contre le sieur...

Fait double entre nous, sous nos signatures privées, à..., le... mil huit cent...

(Signatures).

CHAPITRE XVIII.

De la Contrainte par corps.

La *contrainte par corps* est une voie d'exécution que le créancier exerce sur la personne de son débiteur en le faisant emprisonner, pour le forcer à payer sa dette.

La loi du 22 juillet 1867 a aboli la contrainte par corps en matière civile, commerciale et contre les étrangers, mais elle a été maintenue en matière pénale, soit pour les amendes, restitutions et dommages-intérêts prononcés au profit de l'État, soit pour les condamnations prononcées au profit des particuliers, en réparation du préjudice à eux causé par des crimes, des délits et des contraventions.

C'est le procureur de la République, qui sur la demande du receveur de l'enregistrement et des domaines ou sur la demande des particuliers, selon qu'il s'agit de condamnations au profit de l'État ou des particuliers, adresse les réquisitions nécessaires pour l'exécution de la contrainte par corps aux agents de la force publique et aux autres fonctionnaires chargés de l'exécution des mandements de justice.

La durée de la contrainte par corps est fixée ainsi qu'il suit: de deux jours à vingt jours, lorsque l'amende et les autres condamnations n'excèdent pas cinquante francs; de vingt jours à quarante jours, lorsqu'elles sont supérieures à cinquante francs et qu'elles n'excèdent pas cent francs; de quarante jours à soixante jours, lorsqu'elles sont supérieures à cent francs et qu'elles n'excèdent pas deux cents francs; de deux mois à quatre mois, lorsqu'elles sont supérieures à deux cents francs et qu'elles n'excèdent pas cinq cents francs; de quatre mois à huit mois, lorsqu'elles sont supérieures à cinq cents francs et qu'elles n'excèdent pas deux mille francs ; d'un an à deux ans lorsqu'elles s'élèvent à plus de deux mille francs. En matière de simple police, la durée de la contrainte par corps ne pourra excéder cinq jours.

Sont mis en liberté, après avoir subi la contrainte pendant la moitié de la durée fixée par le jugement, les condamnés qui justifient de leur insolvabilité : 1° par un extrait du rôle des contributions constatant qu'ils payent moins de six francs, ou un certificat du percepteur de leur commune, portant qu'ils ne sont pas imposés; 2° un certificat d'indigence à eux délivré par le maire de la commune de leur domicile ou par son adjoint, visé par le sous-préfet et approuvé par le préfet de leur département.

Les individus contre lesquels la contrainte a été prononcée peuvent en prévenir ou en faire cesser l'effet, en fournissant une caution reconnue bonne et valable. La caution est admise, pour l'État, par le receveur des domaines ; pour les particuliers, par la partie intéressée : en cas de contestation, elle est déclarée, s'il y a lieu, bonne et valable par le tribunal civil de l'arrondissement. La caution doit s'exécuter dans le mois, à peine de poursuites.

Ajoutons, en terminant, qu'il n'y a jamais lieu à contrainte par corps pour le paiement des frais, et qu'elle n'est jamais exercée contre le débiteur au profit de son conjoint, de ses ascendants, descendants et autres parents.

CHAPITRE XIX.

Du Nantissement.

(Articles 2071 à 2091 du Code civil).

En dehors des garanties *personnelles (cautionne-ment et contrainte par corps)*, qu'un débiteur peut fournir à son créancier, il existe des garanties *réelles*

qui sont le nantissement, les priviléges et les hypothèques.

Le *nantissement* est un contrat accessoire qui sert
à assurer le paiement du créancier. On le nomme
gage lorsqu'il s'applique à la remise d'une chose
mobilière ; on le nomme *antichrèse* lorsqu'il s'applique
à la remise d'une chose immobilière.

SECTION PREMIÈRE. — Du gage.

Le *gage* est un contrat réel par lequel le débiteur,
ou un tiers pour lui, remet un objet mobilier au
créancier, comme garantie de son paiement. Il est
essentiel que la chose qui fait l'objet du gage soit
remise au créancier ou à une tierce personne convenue
entre les parties. De plus, à moins que la valeur du
gage soit inférieure à 150 francs, le contrat doit être
constaté par un écrit, ayant date certaine, et portant
indication de la somme due, ainsi que de la nature de
l'objet remis en gage.

Le créancier n'a sur le gage aucun droit de propriété,
de jouissance ou d'usage. Mais il acquiert sur la chose :
— 1º un droit de rétention qui lui permet de la retenir
jusqu'à ce qu'il soit entièrement payé ; — 2º un privilége qui lui permet de la faire vendre et d'être payé
sur le prix par préférence aux autres créanciers ; —
3º un droit de revendication (1) qui l'autorise à prendre le gage perdu ou volé entre les mains des tiers.
En outre, le créancier peut acquérir la propriété du
gage, en se le faisant adjuger par le tribunal, sur
estimation d'experts. Mais les parties ne pourraient
pas convenir, qu'à défaut de paiement à l'échéance,
le créancier deviendrait propriétaire du gage. La loi
n'a pas voulu qu'un débiteur pût, par suite de la
nécessité de se procurer de l'argent à tout prix, être
dépouillé de la propriété d'un objet qui dépasse ordinairement la valeur de sa dette (2).

Le créancier gagiste doit : — 1º veiller à la conservation de la chose ; — 2º la restituer après qu'il a été

---

(1) Par analogie de l'article 2102 du Code civil.

(2) Cette faculté est cependant accordée aux établissements publics de
prêts sur gage.

payé; — 3° imputer à l'acquittement de la dette les bénéfices qu'il a retirés du gage s'il consistait en une créance productive d'intérêts. — De son côté, le débiteur doit tenir compte au créancier gagiste des dépenses nécessaires et utiles que celui-ci a faites pour conserver le gage.

Le gage s'éteint par la perte de possession de la chose et par l'extinction de la dette. Mais s'il restait dû quelque chose, l'objet remis en gage continuerait d'être affecté au paiement du reliquat, car le droit résultant du gage est indivisible.

SECTION II. — De l'antichrèse.

L'*antichrèse* est un contrat réel par lequel le débiteur, ou un tiers pour lui, met le créancier en possession d'un immeuble, pour sûreté de la dette.

L'antichrèse ne s'établit que par écrit. Il est essentiel que le fonds qui en fait l'objet soit livré au créancier, ou à un tiers convenu entre les parties.

Le créancier antichrésiste n'acquiert aucun droit de propriété sur l'immeuble; il a seulement un droit de rétention, qui lui permet de le retenir jusqu'à son entier paiement, et puis le droit de percevoir les fruits, mais à condition de les imputer sur les intérêts et sur le capital de sa créance. Remarquons ici que les parties ne pourraient convenir de compenser les intérêts de la dette avec les fruits provenant de l'immeuble, si l'importance des fruits dépassait celle des intérêts calculés au taux de 5 pour 100, car il y aurait une convention usuraire.

Le créancier antichrésiste doit payer les contributions et autres charges annuelles du fonds et faire les réparations nécessaires, sauf à prélever sur les fruits ces diverses dépenses. Comme dans le gage, les parties ne peuvent pas convenir, qu'à défaut de paiement à l'échéance, le créancier antichrésiste deviendra propriétaire de l'immeuble remis en antichrèse. Le créancier antichrésiste, qui n'est pas payé à l'échéance, peut seulement faire vendre l'immeuble de son débiteur afin d'être payé sur le prix; mais il vient alors en concours sur le prix avec les créanciers chirographaires.

FORMULE *d'un Contrat de Gage en matière civile.*

Entre les soussignés :
M. A... propriétaire, demeurant à... d'une part ;
Et M. B... employé, demeurant, d'autre part ;
Il a été convenu ce qui suit :
M. B... reconnaît et déclare avoir reçu de M. A... la somme de *mille* francs, à titre de prêt. Pour garantir le paiement en capital et intérêts de cette somme, qui est productive d'intérêts à raison de cinq pour cent par an, payables le premier janvier de chaque année, jusqu'au remboursement effectif fixé au premier janvier 187... M. B... donne en gage audit M. A... qui l'accepte (*indiquer exactement la chose mobilière donnée en gage, ou le titre de créance de la somme de... sur le sieur... payable le...*), pour lesdits objets (*ou ladite créance*), être affectés par privilège au paye-ment de la dette sus-énoncée, et être rendus audit M. B... en cas de rembour-sement à l'échéance. Faute de paiement à cette époque(M. A... pourra faire vendre en justice les objets donnés en gage, en se conformant aux prescriptions de la loi.

Fait à double, à..... le.....

(*Approbations d'écriture et signatures*)

Nota. — Quand on donne en gage des créances, l'acte de nantissement doit être signifié par huissier au débiteur de la créance.

(Enregistrement pour droit d'obligation sur la somme prêtée cinquante-cinq cent. par cent francs ; dans ce cas le gage ne donne lieu à aucune perception particulière. Quand il est fourni par acte isolé, il est assujetti au droit fixe de deux francs vingt cent).

CHAPITRE XX.

Des Priviléges et Hypothèques.

(Articles 2092 à 2203 du Code civil).

DISPOSITIONS GÉNÉRALES

Nous avons déjà dit (au chapitre du *nantissement*), que, pour assurer le paiement des créanciers, la loi avait organisé des *garanties réelles* et *spéciales* portant sur les biens du débiteur et consistant dans *le nantissement, les priviléges* et *les hypothèques.*

En dehors de ces garanties toutes spéciales et exceptionnelles, il existe une *garantie générale* tirée du droit commun, qui affecte tous les biens du débi-teur à l'acquittement de ses obligations. Ainsi, celui qui s'est obligé personnellement, par suite d'un contrat, d'un quasi-contrat, etc.., est tenu de remplir son engagement sur tous ses biens mobiliers et immobiliers, présents et à venir, sauf sur certains droits exclusivement attachés à la personne ou déclarés insaisissables.

Les biens du débiteur sont donc le gage commun de ses créanciers, mais il ne faut pas entendre par là que les créanciers aient des droits sur les biens mêmes, qu'ils puissent s'en emparer ou empêcher le débiteur d'en avoir la libre disposition. Leurs droits sur les biens consistent uniquement à s'opposer à ce que le débiteur les dissipe frauduleusement, à les faire saisir et vendre aux enchères publiques afin d'être payés de leurs créances sur le prix en provenant. Tous les créanciers ont un droit égal sur les biens de leur débiteur, à moins que l'un d'eux n'invoque en sa faveur une cause exceptionnelle de préférence, c'est-à-dire *un privilége* ou *une hypothèque*. Dans ce cas, le prix des biens du débiteur est distribué entre les créanciers dans l'ordre déterminé par leur privilége ou la date de leur hypothèque.

SECTION PREMIÈRE. — Des priviléges.

§ 1. DE LEUR NATURE. — Le *privilége* est un droit que la qualité de la créance donne à un créancier d'être préféré aux autres créanciers même hypothécaires. D'où il suit que si l'objet affecté au privilége est vendu, le créancier privilégié doit être payé intégralement avant tous les autres créanciers. En outre, ce droit de préférence résulte de *la loi seule* et n'est accordé qu'à raison de *la cause* de la créance.

Entre les créanciers privilégiés, la préférence se règle par les différentes qualités de priviléges. Les créanciers privilégiés qui sont dans le même rang sont payés par concurrence.

On distingue trois sortes de priviléges : — 1° les priviléges généraux, c'est-à-dire ceux qui frappent sur tous les meubles et subsidiairement sur tous les immeubles du débiteur ; — 2° les priviléges spéciaux qui ne frappent que sur certains meubles ; — 3° les priviléges spéciaux qui ne frappent que sur certains immeubles (1).

§ II. Des priviléges généraux. — On compte cinq créances ayant un privilége général sur les meubles, et *subsidiairement* sur les immeubles, savoir : — 1° les frais de justice, c'est-à-dire ceux occasionnés par la vente des biens du débiteur ; — 2° les frais funéraires, c'est-à-dire les frais d'enterrement et de cérémonie religieuse ; — 3° les frais de la dernière maladie qui a précédé la mort du débiteur ; — 4° les salaires des domestiques et des gens de service, pour l'année de gages échue et ce qui est dû sur l'année courante ; — 5° les fournitures de subsistances faites au débiteur et à sa famille, savoir : pendant les six derniers mois, par les marchands en détail, tels que boulangers, bouchers et autres, et pendant la dernière année par les maîtres de pension et marchands en gros.

Les priviléges généraux, concourant entre eux, occupent le rang correspondant à l'ordre dans lequel nous venons de les énumérer.

§ III. — On compte *sept priviléges spéciaux sur certains meubles* : 1° le privilége du bailleur, pour la garantie du paiement des loyers et fermages et de la réparation du dommage causé à la chose louée. Ce privilége porte sur les meubles meublants, les ustensiles, les animaux et sur la récolte de l'année. Si le bail est enregistré, le privilége existe pour toutes les années de location, échues et à échoir ; si le bail n'est pas enregistré, le privilége n'existe que pour les loyers échus et pour une année en plus de l'année courante. — La loi accorde au propriétaire d'une ferme un délai de quarante jours, pour faire réintégrer dans sa propriété les objets détournés par le locataire ou fermier ; passé ce délai, le privilége est éteint. Cependant, il faut remarquer ici que le privilége du propriétaire sur la récolte de son fermier est

---

(1) Le Code civil mentionne parmi les priviléges celui du trésor public, mais ce privilége est régi par plusieurs lois particulières. Il suffit de dire ici qu'il ne peut pas porter préjudice aux droits antérieurement acquis à des tiers.

primé par le privilége de ceux qui ont fourni la semence et fait les labours ; il est aussi primé sur le prix des machines et ustensiles, par le privilége de ceux qui les ont fournis ou réparés ;

2° Le privilége du créancier gagiste consistant à se faire payer (1) sa créance sur le prix de l'objet donné en gage, par préférence aux autres créanciers (2) ;

3° Le privilége de l'aubergiste sur les effets du voyageur. L'aubergiste a, pour les fournitures qu'il a faites, un droit de préférence sur le prix de ces effets et un droit de rétention sur les effets eux-mêmes ;

4° Le privilége du voiturier sur la chose voiturée ; ce qui suppose une constitution tacite de gage. Le privilége porte ici sur les objets voiturés et se perd lorsqu'après la remise de ces objets le voiturier se retire sans être payé et sans faire un acte conservatoire. Ce privilége garantit les frais de voiture et les dépenses accessoires telles que frais de douane, d'octroi, etc.

5° Le privilége du vendeur sur l'objet vendu. En effet, le vendeur d'objets mobiliers doit être payé, par privilége, sur le prix de ces objets tant qu'ils sont en possession de l'acheteur. De plus, le vendeur a le droit de reprendre les objets qu'il a vendus, dans la huitaine de la livraison si les objets sont encore en la possession de l'acquéreur, dans le même état qu'au moment de la livraison, et pourvu que la vente ait été faite sans terme;

6° Le privilége des particuliers sur le cautionnement des officiers ministériels pour les *faits de charge* (3).

7° Le privilége du conservateur sur la chose con-

---

(1) En sa qualité de possesseur.

(2) Le créancier *gagiste* ou le *créancier* considéré comme *nanti tacitement* d'un gage, prime le conservateur et le vendeur ; s'il ne connaissait pas leur créance au moment du nantissement. Dans le cas contraire, il est primé par le conservateur et le vendeur :

Le conservateur prime le créancier gagiste et le vendeur quand les frais de conservation ont eu lieu après le nantissement ou après la vente.

(3) On désigne sous ce nom les abus, prévarications, et négligences commises par les notaires, avoués, huissiers dans l'exercice de leurs fonctions.

servée, qui consiste à être remboursé des frais de conservation avant tous les autres créanciers. Entre plusieurs conservateurs de la même chose, celui qui a fait le dernier des dépenses prime les autres, parce qu'il a sauvegardé leur garantie ([1]).

§ IV. — LES PRIVILÉGES SUR LES IMMEUBLES sont : 1° le privilége du vendeur ; celui qui vend un immeuble est présumé retenir sur l'immeuble un droit réel pour garantir le paiement du prix. Le privilége du vendeur ne garantit que le prix déclaré dans l'acte, parce que les tiers ne doivent pas souffrir des dissimulations que les parties commettent parfois.

2° Le privilége de celui qui a payé le vendeur et qui s'est fait subroger à ses droits ; mais il faut que l'acte d'emprunt notarié constate que la somme était destinée à cet emploi et que la quittance du vendeur établisse que le payement a été fait des deniers empruntés.

3° Le privilége des cohéritiers et des co-partageants sur les immeubles de la succession pour la *garantie des partages* faits entre eux, *les soultes* ou retours de lots, *le prix de la licitation*.

4° Le privilége des architectes, entrepreneurs et ouvriers pour les travaux de construction ou de réparation. Le privilége n'est acquis que s'il a été fait par un expert nommé par le tribunal, deux procès-verbaux d'estimation de l'immeuble : l'un, avant le commencement des travaux, et l'autre, dans les six mois de leur réception, car ce privilége qui porte sur la plus-value résultant des travaux ne doit pas nuire aux hypothèques déjà inscrites sur le bâtiment reconstruit ou réparé et ce privilége leur nuirait s'il portait sur *toute la valeur* des constructions puisqu'il les primerait en sa qualité de privilége.

§ V. — Voyons maintenant *comment se conservent les priviléges*. D'abord les *priviléges sur les im-*

---

(1) S'il y a conflit entre les priviléges spéciaux et les priviléges généraux sur les meubles, on place au premier rang le privilége général des frais de justice ; ensuite, viennent selon l'ordre de préférence les priviléges spéciaux sur les meubles et enfin les priviléges généraux, autres que les frais de justice.

meubles, donnent lieu *au droit de préférence* et
au droit de suite à la fois, c'est-à-dire qu'ils permettent seuls de faire vendre l'immeuble sur lequel
ils portent, et d'être payé par préférence lorsque cet
immeuble est passé entre les mains d'un tiers acquéreur, tandis que les priviléges sur les meubles ne
conférant pas un droit de suite, disparaissent aussitôt
que l'objet qui en est affecté ne se trouve plus entre
les mains du débiteur.

Les priviléges sur les immeubles *ne produisent
d'effet*, entre les créanciers, qu'autant qu'ils sont
rendus publics par une inscription sur les registres
du conservateur des hypothèques et à compter de la
date de cette inscription. (¹) Mais il ne faudrait pas
conclure de là que c'est l'inscription qui fait naître
les priviléges ou leur donne un rang. L'inscription
(simple formalité), fait seulement sortir les *priviléges
de l'état de repos*, et leur fait produire leurs effets.
L'inscription des priviléges peut être faite à toute
époque, tant que l'immeuble grevé reste entre les
mains du débiteur.

Le privilége du vendeur est rendu public non point
par une inscription mais par une transcription. Enfin,
aux termes de l'article 6 de la loi du 23 mars 1855, le
vendeur, l'héritier ou le co-partageant peuvent utilement inscrire leurs priviléges dans les quarante-cinq
jours de l'acte de vente ou de partage, nonobstant
toute transcription d'actes faits dans ce délai.

----

(1) Dans chaque ville où siége un tribunal de 1ʳᵉ instance, il y a un
bureau de conservation des hypothèques, dans le but de rendre publique la
transmission de la propriété foncière et les constitutions de droits réels
qui la grèvent.

Le conservateur des hypothèques tient deux registres : le *registre des
inscriptions* et le *registre des transcriptions*. Ces registres sont publics
et moyennant une faible rétribution on peut connaître la situation de tout
individu.

L'inscription mentionne le nom du créancier, le nom du débiteur, le
montant de la créance, l'époque de son exigibilité et l'immeuble affecté
au paiement.

La *transcription* est une copie littérale du titre translatif de propriété,
faisant connaître que tel immeuble est passé du patrimoine d'une personne
dans le patrimoine d'une autre.

Les inscriptions prises doivent être renouvelées tous les dix ans.

Les architectes et ouvriers qui veulent conserver leur droit de suite, devront faire inscrire les deux procès-verbaux qui constatent la plus-value résultant des travaux, avant que l'immeuble grevé n'ait été vendu et que l'acte de vente n'ait été transcrit.

SECTION II. — Des hypothèques.

L'*hypothèque* est un droit réel qui frappe les immeubles affectés au payement d'une dette et qui les suit dans quelques mains qu'ils passent. A l'échéance de l'obligation, le créancier a le droit de faire vendre ces immeubles et de se faire payer sur le prix au rang de son inscription.

Les meubles ne sont pas susceptibles d'être hypothéqués (1). Quant aux immeubles par nature, on peut les hypothéquer en totalité ou en partie. On peut également hypothéquer les immeubles par destination, l'usufruit des biens immobiliers, les mines exploitées en vertu d'une concession du gouvernement et les actions immobilières de la Banque de France.

Toutefois, il existe des biens immobiliers qui ne sont pas susceptibles d'être hypothéqués, tels que : — 1° *les droits d'usage et d'habitation* qui ne pouvant être cédés, ne sauraient être saisis et vendus aux enchères ; — 2° *les servitudes*, car l'hypothèque ne peut les atteindre principalement ; — 3° les *actions immobilières*, comme celles en revendication, en réméré, en rescision et en nullité.

Le débiteur dont les biens sont hypothéqués en conserve la disposition ; néanmoins ses créanciers ont le droit de faire annuler *les actes frauduleux* qui auraient pour résultat de diminuer leur gage.

On distingue trois sortes d'hypothèques : l'hypothèque légale, l'hypothèque judiciaire, l'hypothèque conventionnelle.

§ I. DES HYPOTHÈQUES LÉGALES. — L'hypothèque légale est celle que la loi accorde :

1° Aux femmes sur les biens de leur mari ;

(1) Cependant, une loi du 10 décembre 1874 a déclaré les navires susceptibles d'hypothèque conventionnelle.

2° Aux mineurs et aux interdits sur les biens de leur tuteur (¹) ;

3° A l'Etat, aux communes et aux établissements publics sur les biens des receveurs et administrateurs comptables ;

4° Aux co-partageants qui ne se sont pas fait inscrire dans les soixante jours du partage, et aux créanciers et légataires du défunt qui ne se sont pas fait inscrire dans les six mois à partir de l'ouverture de la succession. Ces deux dernières hypothèques proviennent de priviléges dégénérés.

§ II. DES HYPOTHÈQUES JUDICIAIRES. — L'hypothèque judiciaire est celle qui résulte d'un jugement (soit contradictoire, soit par défaut, soit définitif, soit provisoire), ou d'une reconnaissance faite par le débiteur en justice, de sa signature apposée à un acte sous seing-privé (²). Les jugements qui emportent hypothèque sont ceux qui renferment une condamnation pécuniaire *actuelle* ou *éventuelle*. Parfois, il est avantageux d'obtenir un jugement contre une personne qui ne possède rien, parce que cette personne peut acquérir plus tard un immeuble par donation ou succession et l'hypothèque grèvera les biens, au fur et à mesure qu'ils seront acquis.

Les sentences arbitrales emportent hypothèque, si elles ont été rendues exécutoires par le président du tribunal.

Enfin le jugement rendu par un tribunal étranger emporte hypothèque en France, pourvu toutefois qu'un tribunal français l'ait rendu exécutoire.

§ III. DES HYPOTHÈQUES CONVENTIONNELLES. — L'hypothèque conventionnelle est celle qui résulte de la convention des parties. Elle ne peut être consentie que par acte notarié, et doit, pour être valable, déclarer spécialement, soit dans le titre authentique constitutif de la créance, soit dans un acte authen-

---

(1) L'hypothèque des femmes mariées et celle des mineurs sont dispensées d'inscription pendant le mariage et la minorité.

(2) D'après la loi du 3 septembre 1807, si l'écrit est reconnu en justice avant que la dette soit exigible, le créancier ne peut prendre inscription qu'à l'échéance de la dette, s'il n'est pas payé.

tique postérieur, la nature et la situation de chacun des immeubles (actuellement appartenant au débiteur), sur lesquels elle est consentie. D'où il suit que l'hypothèque conventionnelle ne peut s'étendre aux biens à venir, tandis que l'hypothèque légale et l'hypothèque judiciaire grèvent non seulement les biens actuels mais aussi les biens à venir.

Pour constituer une hypothèque, il ne suffit pas d'être capable de s'obliger, il faut de plus être capable d'aliéner, ainsi les mineurs, les interdits, les femmes séparées de biens ne peuvent pas constituer d'hypothèques.

Si l'immeuble hypothéqué vient à périr ou à se détériorer, sans la faute et sans le fait du débiteur, celui-ci peut ou rembourser le créancier ou lui donner un supplément d'hypothèque. Mais si la perte ou la détérioration de l'immeuble avait eu lieu par la faute ou par le fait du débiteur, ce serait alors le créancier qui aurait le choix d'exiger soit le remboursement immédiat, soit un supplément d'hypothèque.

§ IV. DU RANG QUE LES HYPOTHÈQUES ONT ENTRE ELLES ET DE LEUR INSCRIPTION. — L'hypothèque ne produit réellement son effet qu'autant qu'elle est inscrite sur le registre du conservateur des hypothèques (¹). Par conséquent l'existence même de l'hypothèque, son rang, le droit de préférence et de suite qui en résulte, sont attachés à l'inscription.

Quand on a une hypothèque générale sur tous les biens présents et, en cas d'insuffisance, sur les biens à venir, il est nécessaire de prendre inscription sur chaque immeuble au fur et à mesure qu'il entre dans le patrimoine du débiteur. Car l'inscription doit indiquer spécialement l'immeuble sur lequel elle est prise : il n'y a d'exception que pour les hypothèques légales et judiciaires. A l'égard de celles-ci, l'inscription prise dans un bureau suffit pour tous les immeubles que le débiteur *acquiert ensuite dans le même bureau.*

Les hypothèques légales doivent être inscrites dans

---

(1) Dans l'arrondissement duquel sont situés les biens soumis à l'hypothèque.

l'année de la dissolution du mariage ou de la fin de la tutelle, sinon au lieu de prendre rang à partir de la tutelle ou à partir du jour où la créance qu'elles garantissent est née, elle ne prendra rang qu'à dater du jour de la nouvelle inscription. (*Art. 8 de la loi du 23 mars 1855*).

Remarquons ici que l'hypothèque générale de la femme, des mineurs et des interdits peut être restreinte à certains immeubles, soit par le contrat de mariage, soit durant le mariage, soit au début de la tutelle, soit pendant la tutelle.

Pour prendre une inscription, le créancier représente soit par lui-même, soit par un tiers, au conservateur des hypothèques de l'arrondissement où est situé l'immeuble, l'original en brevet ou une expédition authentique du jugement ou de l'acte qui donne naissance au privilège ou à l'hypothèque. Il y joint deux bordereaux écrits sur papier timbré, dont l'un peut être porté sur l'expédition du titre. Ces bordereaux contiennent :

1° Les nom, prénoms, domicile du créancier; sa profession, s'il en a une, et l'élection d'un domicile pour lui dans un lieu quelconque de l'arrondissement du bureau;

2° Les nom, prénoms, domicile du débiteur; sa profession ou une désignation individuelle et spéciale telle que le conservateur puisse reconnaître et distinguer dans tous les cas l'individu grevé d'hypothèques;

3° La date et la nature du titre;

4° Le montant du capital de la dette et des accessoires et l'époque de l'exigibilité;

5° Enfin l'indication de l'espèce et de la situation des biens grevés. Mais cette dernière mention n'est pas nécessaire pour les hypothèques légales ou judiciaires, qui sont générales.

En principe, l'inscription peut être prise à toute époque. Cependant, les créanciers hypothécaires ne peuvent plus se faire inscrire utilement, — si le débiteur tombe en faillite, — si sa succession est acceptée sous bénéfice d'inventaire ou répudiée, — enfin si l'immeuble hypothéqué est saisi ou est vendu à un tiers qui a fait transcrire son acte d'acquisition.

L'inscription hypothécaire conserve son effet pendant dix ans ; mais il faut la renouveler avant l'expiration de ce délai, afin qu'elle garde le rang de sa date primitive et ne soit point périmée.

Les frais d'inscription sont à la charge du débiteur, seulement le créancier en fait l'avance et lui en réclame le coût.

§ V. DE LA RADIATION ET DE LA RÉDUCTION DES INSCRIPTIONS. — La *radiation* est la suppression de l'inscription ; elle peut tantôt avoir lieu du consentement des parties, constaté par acte notarié, tantôt être ordonnée par la justice lorsque les droits garantis par l'inscription hypothécaire sont éteints, ou quand cette inscription avait été prise indûment.

Au lieu d'anéantir totalement l'inscription, *la réduction* ne fait que la diminuer ; elle peut également être volontaire ou judiciaire et se référer soit aux immeubles lorsque la garantie donnée au créancier excède la valeur de la créance ; soit à cette créance elle-même lorsqu'étant indéterminée elle a été portée à un taux exagéré. La réduction judiciaire ne peut être demandée que si la valeur des immeubles hypothéqués dépasse de plus d'un tiers la valeur de la créance garantie.

On ne peut réduire que les hypothèques légales et judiciaires. Les hypothèques conventionnelles ne sont jamais réductibles.

SECTION III. — De l'effet des privilèges et des hypothèques contre les tiers détenteurs.

Les créanciers ayant un privilége ou une hypothèque inscrite sur un immeuble *le suivent* en quelques mains qu'il passe, pour être payés suivant l'ordre de leurs inscriptions, c'est-à-dire qu'ils ont le droit de faire saisir et vendre l'immeuble affecté à leur garantie entre les mains des tiers détenteurs (1).

---

(1) Tant que l'immeuble reste dans le patrimoine du débiteur il ne peut être question que du droit de préférence c'est-à-dire du droit d'être payé avant les créanciers chirographaires sur le prix de cet immeuble.

Au contraire, si l'immeuble grevé passe du patrimoine du débiteur dans le patrimoine d'une autre personne, le créancier privilégié ou hypothécaire a besoin d'invoquer le droit de suite.

Pour conserver *ce droit de suite*, il faut que les créanciers privilégiés ou hypothécaires soient inscrits : ils peuvent se faire inscrire jusqu'à ce que l'immeuble ait été aliéné par le débiteur et que *la transcription* de l'aliénation *ait été faite.*

Le droit de suite demeure entier après toute aliénation volontaire, mais il disparaît, après toute aliénation forcée, faite sur saisie ou provenant d'une expropriation pour cause d'utilité publique. Dans ces derniers cas, les créanciers n'ont plus le droit de faire vendre, ils ont seulement celui d'être payés par préférence sur le prix de l'immeuble aliéné.

Le créancier inscrit exerce son droit de suite en faisant commandement au débiteur de payer sa dette, et sommation au tiers détenteur de délaisser l'immeuble. Trente jours après le commandement et la sommation, le créancier peut saisir et faire vendre l'immeuble aux enchères publiques.

Toutefois le tiers détenteur de l'immeuble hypothéqué peut se garantir de ces poursuites en purgeant l'immeuble des priviléges et hypothèques qui le grèvent, ou en le délaissant par une déclaration faite au greffe du tribunal.

Les détenteurs qui sont personnellement obligés au paiement de la dette ou qui sont incapables d'aliéner ne peuvent pas faire le délaissement.

SECTION IV. — De l'extinction des priviléges et des hypothèques.

Les priviléges et les hypothèques s'éteignent soit *par voie de conséquence,* c'est-à-dire par l'extinction de la créance elle-même, soit *par voie principale* et directe, la créance continuant d'exister.

La première cause d'extinction de l'hypothèque est donc l'extinction de l'obligation (par le paiement, la remise de la dette, la compensation, la confusion, etc...) en effet, l'hypothèque étant l'accessoire d'une obligation principale, doit s'éteindre avec elle : l'accessoire ne peut pas survivre au principal. Mais si l'obligation n'était éteinte qu'en partie seulement, l'hypothèque subsisterait tout entière parce qu'elle est indivisible, c'est-à-dire affectée en totalité au paiement intégral de la dette :

L'extinction de l'hypothèque a lieu par voie principale et directe : — 1° par la renonciation du créancier ; — 2° par la purge ; — 3° par la prescription ; mais il faut distinguer ici les deux cas suivants : 1° si l'immeuble hypothéqué est resté entre les mains du débiteur, la prescription de l hypothèque s'accomplit en même temps que celle de l'obligation principale ; 2° si l'immeuble hypothéqué est passé entre les mains d'un tiers, la prescription de l'hypothèque lui est acquise par le temps réglé pour la prescription de la propriété à son profit.

SECTION V. — *De la purge des privilèges et des hypothèques.*

Purger un immeuble des privilèges et hypothèques qui le grèvent, c'est mettre tous les créanciers en demeure d'exercer leurs droits, leur distribuer le prix de l'immeuble et faire radier toutes les inscriptions, de manière à ce que l'immeuble soit libre entre les mains de l'acquéreur.

La purge est assurément le meilleur parti que puisse prendre l'acquéreur d'un immeuble hypothéqué. Elle n'implique pas, comme le délaissement, l'abandon de l'immeuble ; elle donne une sécurité complète à l'acquéreur, en éteignant le droit de suite de tous les créanciers, même de ceux qui sont dispensés d'inscription.

On distingue deux espèces de purges : la purge ordinaire, c'est-à-dire celle des hypothèques inscrites, et la purge des hypothèques légales dispensées d'inscription.

1. — Lorsqu'on acquiert un immeuble, on doit d'abord faire transcrire son titre au bureau des hypothèques, et ensuite demander l'état des inscriptions qui peuvent grever cet immeuble. S'il existe des inscriptions, et que l'on ne soit pas d'accord avec les créanciers hypothécaires pour régler à l'amiable la distribution du prix de l'immeuble et obtenir la mainlevée de leurs inscriptions, il faut s'adresser à un

avoué pour faire aux créanciers inscrits la notification du titre d'acquisition.

Les créanciers hypothécaires ont alors le droit de faire une surenchère sur le prix de l'immeuble vendu si ce prix leur paraît inférieur à la valeur de l'immeuble ; mais il faut que cette surenchère soit faite dans le délai de quarante jours à partir de la notification, et qu'elle soit du dixième du prix.

Les frais de notification sont toujours à la charge du vendeur et se prélèvent par préférence sur le prix.

II. — Si le vendeur est marié ou tuteur, et quand il n'existe pas d'inscription à raison de sa gestion ou de la dot de la femme, il est indispensable de purger l'immeuble des hypothèques légales de la femme et du mineur.

Parfois, pour éviter des frais (à la charge de l'acquéreur), on fait intervenir la femme du vendeur dans l'acte de vente, afin d'obtenir une renonciation à son hypothèque légale. Mais cette précaution ne suffit pas toujours, car la femme peut avoir subrogé antérieurement un créancier dans son hypothèque légale, et ce créancier aurait dans ce cas des droits certains, au préjudice de l'acquéreur ([1]).

Le tiers acquéreur qui veut purger son immeuble des hypothèques non inscrites doit : — 1° déposer au greffe une copie de son titre d'acquisition ; — 2° notifier ce dépôt aux maris, tuteurs, subrogés-tuteurs et au procureur de la République ; — 3° faire afficher et laisser pendant deux mois dans la salle du tribunal civil l'extrait de son acte d'acquisition. Dans le cas où l'acquéreur ne connait pas les incapables, on remplace

---

(1) Il est fort avantageux pour le créancier d'obtenir l'engagement solidaire du mari et de la femme, et la subrogation à la place de celle-ci dans ses droits contre son mari, quand bien même elle ne possèderait rien au moment de l'obligation, parce qu'elle peut avoir plus tard des reprises à exercer contre son mari ; or, comme la femme a une hypothèque légale pour garantir ses reprises, le créancier subrogé dans ses droits jouira de cet avantage au préjudice des autres créanciers du mari.

La cession de l'hypothèque légale de la femme n'est valable qu'autant qu'elle est faite par acte notarié et que le créancier la fait inscrire en son nom au bureau des hypothèques (loi du 23 mars 1855 art. 9). Cette cession n'est pas possible si les époux sont mariés sous le régime dotal.

les notifications aux maris et aux tuteurs en rendant publique par une insertion dans les journaux la notification adressée au procureur de la République. (*Avis du Conseil d'Etat des 9 mai et 1er juin 1807*).

Le droit de purger n'appartient qu'à ceux qui sont étrangers à la dette, et qui de plus sont étrangers à la constitution de l'hypothèque. Tels sont les acheteurs, coéchangistes, donataires et légataires particuliers.

FORMULE *d'un Bordereau d'inscription d'hypothèque conventionnelle et d'hypothèque judiciaire.*

Hypothèque à inscrire au bureau des hypothèques de l'arrondissement de...

Au profit de M..., rentier, demeurant à..., pour lequel domicile est élu en l'étude de M°...

(*Cette élection doit être faite dans l'arrondissement du bureau, à peine de nullité de l'inscription*).

Contre M..., demeurant à..., et M..., son épouse.

Pour sûreté et avoir paiement : 1° de la somme principale de... francs, due au requérant par M. et Mme..., son épouse (solidairement ou non), aux termes d'une obligation reçue par M°..., notaire à... (ou d'un jugement rendu par le tribunal de..., le...), exigible (indiquer l'époque de l'exigibilité)...

2° Les intérêts de cette somme à partir du..., jusqu'au... *Mémoire.*

3° Et des frais de mise à exécution évalués provisoirement à deux cents francs, ci.................................... 200 fr. »

Total...........

Sur tous les biens présents et à venir des époux X..., situés dans l'arrondissement du bureau des hypothèques de..., et notamment sur une maison située à... (indiquer la rue, les voisins, le n°), et sur les immeubles ruraux dont le détail suit :

Pour réquisition,

(*Signature*).

Nota. — Quand l'inscription est prise en vertu d'un jugement, il suffit de dire : sur tous les biens présents et à venir du sieur X..., situés dans l'étendue du bureau de l'arrondissement de X...

Il est perçu un franc par mille francs pour droits d'inscription hypothécaire. Quand l'inscription est prise dans plusieurs bureaux, la totalité du droit se paye dans le même bureau : et, dans les autres, il n'est dû que le salaire du conservateur.

FORMULE *d'un Bordereau d'inscription d'hypothèque légale.*

Hypothèque légale à inscrire au bureau des hypothèques de...

Au profit de dame.... épouse de M.... demeurant à..., pour laquelle domicile est élu en l'étude de M°..

Contre ledit sieur..., son mari.

Pour conserver les reprises, créances, indemnités et droits matrimoniaux que la dame... pourra exercer contre son mari, aux termes de son contrat de mariage passé devant M°..., notaire à..., (1) le..., et conformément à la loi. consistant en : 1° (énumérer, autant que possible, les causes de la créance de la femme contre son mari).

Sur tous les biens présents et à venir de M..., situés dans l'étendue du bureau des hypothèques de...

Pour réquisition,

(Signature).

FORMULE *d'un Bordereau d'inscription d'hypothèque légale au profit d'un Mineur.*

Bordereau de créance à inscrire au bureau des hypothèques de...

Au profit de M... mineur, demeurant à..., pour lequel domicile est élu chez..., dans l'arrondissement du bureau.

Contre le sieur... tuteur légal, ou nommé par délibération du conseil de famille dudit mineur prise sous la présidence de M. le juge de paix de..., le...

Pour sûreté de la gestion et administration que le sieur... a des biens du requérant et pour garantir le paiement des sommes dont il se trouvera reliquataire envers ledit sieur..., lesquelles sont actuellement indéterminées *(si la créance ou une partie de la somme due par le tuteur à son mineur est déterminée, il est bon de l'énoncer).*

Sur tous les biens présents et à venir du sieur..., situés dans l'étendue du bureau des hypothèques de l'arrondissement de...

Pour réquisition,

(Signature).

CHAPITRE XXI.

De l'Expropriation forcée et des Ordres entre les Créanciers.

(Articles 2204 à 2218 du Code civil).

L'effet définitif des priviléges et des hypothèques, c'est d'amener la vente forcée des immeubles du débiteur et un règlement du prix par ordre entre les créanciers privilégiés et hypothécaires, et par contribution entre les créanciers chirographaires (2). La vente forcée des immeubles ne peut être poursuivie

---

(1) Quand les époux sont mariés sans contrat de mariage on dit uniquement : « conformément à la loi. »

(2) On désigne du nom de *chirographaires* les créanciers qui, n'ayant que la garantie du droit commun, viennent après les créanciers privilégiés et concourent entr'eux. Ils peuvent saisir et faire vendre s'ils ont un titre exécutoire.

qu'en vertu d'un titre authentique et exécutoire, pour une dette certaine, liquide et exigible.

Le créancier, qui veut pratiquer une saisie immobilière, fait d'abord un commandement de payer au débiteur, Trente jours après ce commandement, il peut procéder à la saisie. *La saisie* consiste dans un procès-verbal dressé par l'huissier et contenant l'indication précise tant des personnes que des choses saisies.

La saisie a pour effet d'ôter la disposition de l'immeuble au débiteur et d'immobiliser les fruits au profit des créanciers.

Les créanciers privilégiés et hypothécaires reçoivent sommation d'être présents à la vente ; le tribunal fixe une mise à prix ; un cahier des charges contenant toutes les conditions de la vente est dressé et au jour fixé l'adjudication a lieu au profit du plus offrant et dernier enchérisseur.

Les immeubles qui peuvent être saisis sont les mêmes que ceux qui peuvent être hypothéqués. Toutefois, le créancier ne peut saisir : — 1° la part indivise d'un co-héritier dans les immeubles d'une succession, avant le partage ou la licitation ; — 2° les immeubles d'un mineur ou d'un interdit, tant que le mobilier n'a pas été préalablement vendu ; — 3° les immeubles non hypothéqués, lorsque ceux hypothéqués suffisent au paiement de la dette.

En outre, le débiteur peut faire suspendre la saisie de ses immeubles en prouvant que leur revenu annuel suffit pour le paiement intégral de la dette et en offrant au créancier de lui faire délégation de ce revenu.

CHAPITRE XXII.

De la Prescription.

(Articles 2219 à 2281 du Code civil).

DISPOSITIONS GÉNÉRALES

La prescription est un moyen d'acquérir ou de se libérer par un certain laps de temps, et sous les conditions déterminées par la loi, On distingue donc deux espèces de prescriptions : la prescription *acquisitive* et la prescription *libératoire*.

La première (¹) est basée sur cette présomption : celui qui jouit d'une chose et qui *la possède* en a été réellement investi par une juste cause d'acquisition : on ne l'eût pas laissé jouir *paisiblement et si longtemps*, si sa possession n'eût été qu'une usurpation.

La seconde (²) est fondée sur cette présomption : celui qui cesse d'exercer un droit, qui *reste dans l'inaction pendant de longues* années, a été privé de son droit par quelque juste cause d'extinction ; le créancier, qui est demeuré si longtemps sans exiger sa dette, sans faire des poursuites, a été payé ou en a fait remise au débiteur.

On ne peut pas renoncer d'avance à la prescription, mais on peut renoncer à la prescription acquise, car les possesseurs et les débiteurs sont libres de faire valoir leur titre d'acquisition et de libération, et ceux qui n'ont pas d'autres moyens à invoquer sont loin d'être irréprochables aux yeux de la morale, plus sévère que la loi. Aussi les juges ne peuvent-ils pas suppléer d'office le moyen résultant de la prescription.

La prescription peut être invoquée en tout état de cause, même en appel, quand on n'y a pas renoncé expressément ou tacitement.

Toutefois, certains droits réels et personnels sont imprescriptibles à cause de leur nature particulière. Tels sont les biens constitués en dot, les actions en réclamation d'état et même l'action en nullité de mariage résultant du défaut de liberté dans le consentement de l'un des époux, quand il n'y a pas eu cohabitation.

La prescription est interrompue par une citation en justice, un commandement ou une saisie signifiés à celui qu'on veut empêcher de prescrire.

La prescription ne court pas : 1° contre les mineurs et les interdits ; 2° entre époux ; 3° contre les femmes mariées, relativement aux immeubles dotaux et aux

(1) On l'applique à la propriété.
(2) On l'applique aux créances et aux rentes.

actions qu'elles ne peuvent exercer qu'après avoir opté entre l'acceptation ou la répudiation de la communauté, etc..

SECTION PREMIÈRE. — *De la Possesion.*

La possession est la détention ou la jouissance d'une chose que l'on a en son pouvoir. On peut être le détenteur d'une chose non-seulement *par soi-même* lorsqu'on en fait usage, mais encore *par d'autres personnes* qui la détiennent pour nous et en notre nom.

Pour être véritablement possesseur, il faut, en outre, avoir la volonté de détenir cette chose comme sienne (*animo domini*), d'en être propriétaire : les emprunteurs, les locataires, les usufruitiers, les dépositaires ne possèdent donc pas dans ce sens.

En l'absence de tout autre titre, la possession fait présumer la propriété : car l'idée la plus naturelle qui se présente à notre esprit quand nous voyons un individu cultiver et récolter un champ, c'est que ce champ lui appartient. De plus, quand cette possession a duré trente ans, et qu'elle a été continue, paisible, publique, non équivoque, elle tient lieu de titre et confère irrévocablement le droit de propriété.

Celui qui est en possession depuis un an d'un immeuble ou d'un droit immobilier (servitude ou usage), a le droit d'exercer seul les *actions possessoires*, qui ont pour objet de protéger la possession et qu'il exerce sans avoir besoin d'établir qu'il est propriétaire. Ainsi, quand un individu se plaint d'être troublé dans sa possession, par l'usurpation de son terrain ou de sa récolte, le juge de paix, chargé de statuer sur la possession, donne raison à celui qui possédait depuis un an avant le fait de l'usurpation, quels que soient les droits de l'auteur du trouble.

Donc, pour être maintenu dans sa possession en cas de trouble, il faut s'adresser au juge de paix dans l'année du trouble ('); passé ce délai, la possession

---

(1) On fait d'abord constater l'usurpation par le garde-champêtre ou par des témoins et si l'auteur du trouble persiste dans ses anticipations, on l'appelle devant le juge de paix.

serait accordée au possesseur depuis un an, et il faudrait assigner l'usurpateur devant le tribunal pour lui réclamer la propriété. Il aurait alors l'avantage d'être défendeur et ce ne serait pas lui qui serait obligé de prouver son droit de propriété sur le terrain usurpé (¹).

Ce que nous disons d'une usurpation de terrain s'applique également aux servitudes : ainsi, quand un voisin ouvre une fenêtre, une porte dans son mur à moins de six pieds de la propriété voisine, quand il plante un arbre à une distance moindre que celle voulue, quand il s'empare de tout ou partie d'un cours d'eau au préjudice du voisin, il devient indispensable de se faire maintenir en possession dans l'année où ce trouble a été commis.

SECTION II. — Du temps requis pour prescrire.

La prescription se compte par jours et non pas par heures. Elle n'est acquise que lorsque le dernier jour du terme est accompli.

Le temps requis pour prescrire n'est point toujours le même ; aussi distingue-t-on diverses prescriptions, telles que : la prescription trentenaire, la prescription de dix et vingt ans, les prescriptions particulières qui s'accomplissent par un laps de temps variant entre six mois et cinq ans.

§ 1. — DE LA PRESCRIPTION TRENTENAIRE. — Pour invoquer cette prescription il n'est pas besoin d'établir le juste titre ni la bonne foi. — S'il s'agit de la prescription acquisitive, il suffit d'établir qu'on possède, depuis trente ans, publiquement, paisiblement, sans interruption et à titre de propriétaire. Mais si la possession avait été interrompue, soit parce que le possesseur aurait été privé pendant plus d'un an de la jouissance de la chose, soit parce que le propriétaire lui aurait réclamé judiciairement cette chose, les trente ans ne courraient plus que depuis la reprise de possession, ou depuis le dernier acte de procédure.

---

(1) Ces questions de possession se présentent surtout dans les campagnes, et naissent souvent de ce que les limites qui séparent les terres ne sont ni certaines, ni respectées.

Ce que nous disons de la propriété d'un immeuble, s'applique également aux servitudes. En effet, on voit fréquemment un voisin créer une servitude au préjudice de son voisin, par exemple, ouvrir une fenêtre, planter un arbre à une distance moindre que la distance légale. Si donc, on laisse subsister ces servitudes durant trente ans, elles sont acquises et il n'est plus possible de les supprimer.

S'il s'agit de la prescription libératoire, il suffit d'établir que le créancier est resté dans l'inaction pendant trente ans à compter du jour où la dette était exigible. Mais après *vingt-huit ans* de la date du dernier titre, le débiteur d'une rente, peut être contraint à fournir à ses frais un titre nouveau à son créancier ou à ses ayants-cause.

§ II. — DE LA PRESCRIPTION PAR DIX ET VINGT ANS. — Celui qui acquiert de bonne foi et par juste titre un immeuble en prescrit la propriété par *dix* ans, si le véritable propriétaire habite dans le ressort de la Cour d'appel dans l'étendue de laquelle l'immeuble est situé, et par *vingt* ans, s'il est domicilié hors dudit ressort. Si le véritable propriétaire a eu son domicile en différents temps dans le ressort et hors du ressort, il faut, pour compléter la prescription, ajouter à ce qui manque aux dix ans de présence un nombre d'années d'absence double de celui qui manque, pour compléter les dix ans de présence.

Après dix ans, l'architecte et les entrepreneurs sont déchargés de la garantie des gros ouvrages qu'ils ont faits ou dirigés.

Dans tous les cas où l'action en nullité ou rescision d'une convention n'est pas limitée à un moindre temps par une loi particulière, cette action dure dix ans.

§ III. DE LA PRESCRIPTION PAR CINQ ANS. — Se prescrivent par cinq ans : 1° les arrérages des rentes perpétuelles et viagères; 2° ceux des pensions alimentaires; 3° les loyers des maisons, et le prix de ferme des biens ruraux ; 4° les intérêts des sommes prêtées, et généralement tout ce qui est payable par année ou à des termes périodiques plus courts; 5° l'action des avoués pour le paiement de leurs frais, s'il s'agit d'affaires non terminées; 6° les juges et avoués sont déchargés des pièces cinq ans après le jugement des procès.

§ IV. DE LA PRESCRIPTION PAR DEUX ANS. — Se prescrivent par deux ans : 1° l'action des avoués pour le paiement de leurs frais et salaires ; 2° les huissiers, après deux ans, sont déchargés des pièces ; 3° la demande en rescision d'une vente pour cause de lésion.

§ V. DE LA PRESCRIPTION PAR UN AN. — Se prescrivent par un an : 1° l'action des médecins, chirurgiens et apothicaires, pour leurs visites, opérations et médicaments ; 2° celle des huissiers, pour le salaire des actes qu'ils signifient, et des commissions qu'ils exécutent ; 3° celle des marchands, pour les marchandises qu'ils vendent aux *particuliers non marchands*; 4° celle des maîtres de pension, pour le prix de la pension de leurs élèves ; et des autres maîtres, pour le prix de leur apprentissage ; 5° celle des domestiques qui se louent à l'année, pour le paiement de leur salaire.

§ VI. DE LA PRESCRIPTION PAR SIX MOIS. — Se prescrivent par six mois : 1° l'action des maîtres et instituteurs des sciences et arts, pour les leçons qu'ils donnent au mois ; 2° celle des hôteliers et traiteurs, à raison du logement et de la nourriture qu'ils fournissent ; 3° celle des ouvriers et gens de travail, pour le paiement de leurs journées, fournitures et salaires.

FORMULE *de Renonciation à la Prescription.*

Entre nous, soussignés (*noms, prénoms, professions et demeures des parties*), il a été convenu ce qui suit :

Considérant qu'il résulte d'un acte passé devant M•... notaire à..., que moi A .., suis présumé débiteur envers le sieur B..., d'une somme de .. et que trente années s'étant depuis écoulées, la prescription m'est valablement acquise ;

Considérant aussi que le sieur B..., soutient que ladite somme ne lui a été nullement payée ni en tout ni en partie ;

Moi A..., n'ayant de mon côté aucune connaissance que ce paiement ait été effectué, soit par moi, soit par mon père et ma conscience ne m'autorisant pas à profiter de la prescription ; je déclare purement et simplement renoncer à ladite prescription acquise, reconnais ledit acte valable et consens qu'il sorte son plein et entier effet contre moi et mes héritiers.

Fait double, à...... le...   (*Signatures*).

DEUXIÈME PARTIE

DROIT COMMERCIAL

CHAPITRE PREMIER

Des Commerçants.

(Articles 1 à 7 du Code de Commerce).

On appelle *commerçant* l'individu qui réunit la double condition d'exercer des actes de commerce (1), et d'en faire sa profession habituelle. Quelques actes isolés, même répétés, ne donneraient point la qualité de commerçant, s'ils ne constituaient pas l'exercice d'une profession habituelle.

La loi répute actes de commerce ;

— 1° Toutes acquisitions à titre onéreux de denrées et marchandises pour les revendre soit en nature, soit après les avoir travaillées, ou même, pour en louer simplement l'usage. Le mode d'acquisition par excellence, parmi ceux à titre onéreux, c'est la vente.

— 2° Toute entreprise de commission, de transport par terre et par eau, de manufactures. Le manufacturier est celui qui fait subir aux denrées et autres produits une certaine transformation ;

— 3° Les entreprises d'agences et bureaux d'affaires, d'établissements de ventes à l'encan ;

— 4° Les entreprises de spectacles publics, théâtres, casinos etc.,

— 5° Les opérations de change c'est-à-dire celles ayant pour objet le commerce de l'or et de l'argent. Les lettres de change sont commerciales parce qu'elles dérivent du contrat de change ;

(1 Le commerce est le trafic ou négoce de marchandises, d'effets ou d'argents. Ces divers mots : *commerçants, négociants, marchands*, ont la même signification dans le langage de la loi, où ils sont employés quelquefois séparément, quelquefois réunis. Ils désignent toujours ceux qui font habituellement des actes de commerce.

— 6° Les opérations de banque et de courtage. Les principales de ces opérations sont les recouvrements, les dépôts d'argent et les avances au commerce par les ouvertures de crédit, par exemple ;

— 7° Tous les actes relatifs à un achat ou à une construction de navires ;

— 8° Tous les billets souscrits par un commerçant.

Il résulte de cette énumération, que, pour la commercialité d'un acte, il faut des objets *mobiliers*, un *titre onéreux* et un *but de spéculation*.

Certains actes ont de la ressemblance avec des actes de commerce et n'en ont pas le caractère : ainsi : 1° l'achat d'immeubles pour les revendre n'est pas un acte de commerce, parce que les immeubles ne sont pas destinés à être achetés et revendus par spéculation comme les denrées nécessaires à la vie ; 2° le propriétaire qui vend ses récoltes ne fait par acte de commerce ; 3° le maître de pension qui achète des denrées pour nourrir ses élèves ne fait pas acte de commerce, parce que son but principal n'est pas de revendre les denrées qu'il a achetées, et que la nourriture de ses élèves n'est que l'accessoire de l'éducation qu'ils reçoivent ;

L'ouvrier est commerçant quand il achète la matière première qu'il revend confectionnée, mais s'il travaille à façon c'est-à-dire s'il se borne à confectionner la matière qu'on lui fournit, il n'est point commerçant, il ne fait qu'un acte de louage d'ouvrage et d'industrie.

Le caractère commercial d'un acte entraîne des conséquences qu'il est utile de signaler ici : — 1° Si des contestations s'élèvent sur l'exécution d'un acte de commerce, ces contestations sont jugées, non par les tribunaux ordinaires, mais par les juges consulaires, c'est-à-dire les tribunaux de commerce ;

— 2° Les commerçants peuvent se prévaloir des usages commerciaux et de certains moyens de preuve que le droit civil n'admet pas. Ainsi, les achats et les ventes se constatent par des actes sous-seing privé, lesquels font foi devant les tribunaux de commerce sans avoir besoin d'être soumis à la formalité du *bon* ou *approuvé pour* ; enfin, la loi n'exige pas qu'ils soient rédigés en autant d'exemplaires qu'il y a de parties ayant un intérêt distinct.

En matière commerciale, la preuve se fait encore : — par une facture acceptée, — par le bordereau d'un agent de change ou courtier signé par les parties, — par la correspondance échangée, — par les livres des parties, — par la preuve testimoniale qui peut même être admise par les tribunaux de commerce, quelle que soit l'importance du procès, tandis qu'en matière civile, la preuve par témoins n'est permise qu'autant que l'objet du litige n'excède pas la valeur de cent cinquante francs.

A un autre point de vue, il importe de distinguer avec soin les commerçants de ceux qui ne le sont pas. En effet :

1° Le commerçant seul peut tomber en faillite ;

2° S'il contracte une obligation dont la cause ne soit pas indiquée, elle est réputée commerciale et le tribunal de commerce est compétent ;

3° Le commerçant est obligé par la loi à tenir des livres de commerce ; et s'il n'en tient pas, il peut être déclaré banqueroutier en cas de faillite ;

4° Il est tenu de publier son contrat de mariage sous la même condition ;

5° Il est seul éligible aux fonctions de juge consulaire et de membre des Chambres de commerce.

La prise de patente ne donne pas la qualité de commerçant, car les avocats, les médecins, les avoués, les notaires paient patente et ne sont cependant point considérés comme commerçants.

Il n'y a pas de capacité spéciale exigée pour être commerçant : toute personne peut faire le commerce, (alors même qu'elle ne possèderait pas la qualité de français), à l'exception de celles que la loi en déclare incapables.

Les incapacités sont de deux sortes : les unes, qui sont des incapacités proprement dites, (mineur, interdit, femme mariée etc), résultent du droit civil ; les autres de la défense spéciale qui est faite à certaines personnes (magistrats, avocats, officiers ministériels etc...) en raison de leurs fonctions de se livrer à des actes de commerce. Il ne faut pas confondre ces deux situations dont les conséquences juridiques sont différentes ; le mineur ou tout autre incapable, s'il a fait un acte de commerce, n'a pu s'obliger commercialement, les personnes capables auxquelles le commerce est interdit s'obligent, au contraire commercialement, car elles ne sauraient prétendre que la faute par elles commise a pour conséquence de les soustraire à la juridiction commerciale. La seule sanction des dispositions légales, consiste pour elles dans une peine correctionnelle, dans une peine disciplinaire, ou même dans la destitution de leurs fonctions.

Parmi les personnes incapables de faire le commerce figurent au premier rang le mineur et la femme mariée.

SECTION PREMIÈRE. — Du mineur.

Le mineur qui voudra profiter de la faculté que lui accorde l'art. 487 du Code civil de faire le commerce, devra réunir les quatre conditions suivantes : 1° être émancipé ; 2° être âgé de 18 ans accomplis ; 3° avoir été préalablement autorisé par son père ou par sa mère, en cas de décès, interdiction ou absence du père, et à défaut du père et de la mère, par une délibération du Conseil de famille homologuée par le tribunal civil ; 4° il faut que l'autorisation ait été inscrite sur un registre du greffe, et affichée dans la salle du tribunal de commerce.

Si ces conditions n'ont pas été accomplies, le mineur est incapable, et peut invoquer la nullité de ses engagements ; s'il n'invoque pas la nullité, l'obligation contractée par lui est une obligation civile qui ne saurait revêtir le caractère commercial.

Si toutes les conditions ont été remplies, le mineur est réputé *majeur* pour tous les actes de *son commerce*. Il ne peut pas se faire restituer pour cause de lésion, et la prescription n'est plus suspendue pour lui. Mais il ne saurait se porter caution pour un autre commerçant, ni vendre ses immeubles sans autorisation. On admet généralement aussi qu'il ne pourrait sans autorisation former une société commerciale ; il pourra cependant aliéner ses meubles, hypothéquer ses immeubles à raison de son commerce, être exproprié par ses créanciers, sans qu'il soit nécessaire de recourir aux formalités requises pour la vente des biens de mineurs, et à la discussion préalable du mobilier.

Le mineur commerçant est-il soumis à la présomption d'après laquelle toute obligation dont la cause n'est pas indiquée est réputée commerciale ? Nous pensons que le mineur est soumis à cette règle comme les autres commerçants, car la loi ne fait pas de distinctions ; d'ailleurs ce serait enlever tout crédit au mineur, vis-à-vis duquel on craindrait sans cesse de n'avoir pas pris une série de précautions incompatibles avec la rapidité des négociations commerciales.

Voyons maintenant si l'autorisation donnée au mineur pour faire le commerce peut être révoquée. Toutes les fois que l'émancipation sera révoquée, l'autorisation le sera également, car il manquera au mineur une des quatre conditions ci-dessus exigées. L'autorisation seule pourra être aussi révoquée, car ce serait faciliter la ruine du mineur, lorsque l'émancipation ne peut pas être révoquée, comme en cas de mariage. Dans tous les cas, la révocation pour être opposable au tiers, doit être soumise aux mêmes règles de publicité que l'autorisation.

SECTION II. — De la femme mariée.

La femme mariée peut faire le commerce avec l'autorisation de son mari ; à la différence des autres autorisations maritales, celle-ci est générale et s'applique pour la femme à tous les actes de son commerce. Elle peut être expresse ou tacite, un mari qui laisse sa femme se livrer au commerce sous ses yeux étant censé l'autoriser. L'autorisation peut toujours être révoquée par le mari, sous réserve des droits des tiers, dans le cas où la révocation n'aurait pas été rendue publique.

La capacité de la femme commerçante diffère en deux points principaux de celle du mineur commerçant, et est tantôt plus large, tantôt plus restreinte : la femme commerçante peut aliéner ses immeubles, à l'exception des immeubles dotaux ; le mineur commerçant ne peut pas aliéner les siens sans l'autorisation ordinaire. — Le mineur commerçant peut ester en justice sans autorisation, la femme ne le peut pas.

Il importe de dire quelques mots des *conséquences du commerce exercé par la femme à l'égard du mari* :

1° Si les époux sont mariés sous le régime de la communauté, toutes les fois que la femme s'engage, elle oblige le mari, car les bénéfices tombent dans la communauté, et par conséquent les engagements y tombent aussi. Or toutes les fois que la communauté est obligée, le mari est obligé personnellement ;

Notons ici que la femme commune n'est pas libérée de ses engagements commerciaux par la renonciation à la communauté.

2° Si les époux sont mariés sous le régime dotal, et que la femme ait des paraphernaux, nul doute qu'en faisant le commerce, elle ne s'oblige seule sur ceux-ci, puisque l'administration lui en appartient ; au contraire, si elle s'est constituée en dot tous ses biens présents et à venir, la femme dotale n'oblige pas son mari, car les bénéfices commerciaux ne sont pas des fruits et ne peuvent en suivre la règle ; elle ne peut elle-même être poursuivie sur ses biens dotaux. D'ailleurs, l'obligation du mari est de droit étroit ; elle est établie par l'art. 5, C. Comm. pour le cas de communauté et comme conséquence du principe, que tout ce qui oblige la communauté, oblige le mari. Mais l'art. 5 ne l'a établie que pour la communauté et on ne saurait l'étendre à d'autres cas ;

3° Si les époux sont mariés sous le régime de séparation de biens contractuelle ou judiciaire, tous les bénéfices que fait la femme lui appartiennent ; elle seule est obligée vis-à-vis des créanciers.

Nous ne nous sommes occupé jusqu'ici que de la femme majeure autorisée par le mari majeur, mais on peut supposer soit une femme mineure, soit un mari refusant l'autorisation ; et il faut alors se demander qui peut, dans ces divers cas, autoriser la femme à faire le commerce;

1° La justice peut-elle, à défaut du mari majeur absent ou refusant l'autorisation, autoriser la femme à faire le commerce ? Dans aucun cas, l'autorisation de justice ne pourra suppléer celle du mari ; en effet, on comprend que s'il s'agit d'un acte déterminé, la justice peut calculer d'avance les conséquences de l'autorisation qu'elle va donner ; mais dans l'autorisation générale de faire le commerce, elle ne peut prévoir si cette autorisation sera profitable ou nuisible à la femme ;

2° Si la femme est mineure, il faudra qu'elle joigne à l'autorisation maritale, et à l'émancipation opérée de plein droit par le fait de son mariage, les autres conditions exigées des mineurs qui se livrent au commerce, c'est-à-dire qu'elle ait dix-huit ans d'âge, et que l'autorisation soit rendue publique. On admet généralement que l'autorisation du mari rend inutile celle des parents.

3° Si le mari est mineur, il ne pourra donner une autorisation dont il a lui-même besoin : l'autorisation de justice est alors nécessaire. (Art. 224, Code civ).

Le mari peut révoquer l'autorisation (¹) de faire le commerce qu'il a donnée à sa femme, en ayant soin de lui donner toute la publicité nécessaire, pour que les tiers en soient avertis.

Notons ici, que dans le cas ou le mari est commerçant, la femme ne devient point elle-même commerçante, parce qu'elle a l'habitude de l'aider dans son négoce et de débiter les marchandises. Dans ce cas, en effet, elle est seulement réputée mandataire de son mari.

La femme comme le mineur sont recevables à exciper personnellement de l'absence ou de l'irrégularité de l'autorisation en vertu de laquelle ils ont fait le commerce : ce droit (d'ordre public), passe à leurs héritiers.

---

(1) Par contrat de mariage cette autorisation serait irrévocable.

FORMULE *d'Autorisation par un père (ou une mère) à son fils émancipé, pour fai. e le commerce ou un acte de commerce.*

Je soussigné, déclare autoriser et par ces présentes autorise N... (*nom, prénoms, âge*) mon fils mineur, par moi émancipé, demeurant à.... à faire le commerce de... (*en énoncer la nature*) et à contracter et à s'obliger en conséquence.

— *Ou bien*, à faire telle opération de banque *ou* l'achat de *telles* denrées ou marchandises pour les revendre, *ou* l'entreprise de telles fournitures, *ou* l'entreprise de *telle* manufacture réputée acte de commerce par la loi, et autres autorisations ;

— Persuadé qu'il se conduira avec intelligence et capacité.

A...., le... mil huit cent. (*Signature*).

Nota. — Il faut que cette autorisation soit sur papier timbré et qu'elle soit enregistrée pour avoir une date certaine et affichée au Tribunal de Commerce.

(Droit d'enregistrement : deux francs plus le double décime).

FORMULE *d'Autorisation donnée par un Mari à sa Femme pour qu'elle fasse le commerce.*

Je soussigné (*nom, prénoms, qualité et demeure*), dis et déclare que la dame..., mon épouse, demeurant avec moi, étant dans l'intention de faire *tel* commerce, et m'ayant demandé mon acquiescement à cette demande, je consens à ce qu'elle fasse ledit commerce, et, en conséquence, contracte toutes obligations nécessaires, et même engage, hypothèque ou aliène *tels* et *tels* immeubles lui appartenant, et par elle apportés en mariage, si le besoin de son commerce le requiert.

A...., le... mil huit cent. (*Signature*).

CHAPITRE II

Des Obligations imposées aux Commerçants.

(Art. 8 à 17 du Code de Commerce).

Par cela seul qu'un individu est commerçant, il est soumis à certaines obligations spéciales, telles que : *la patente*, — *la publication du contrat de mariage et des jugements de séparation*, soit de corps, soit de biens, — *la publication des sociétés commerciales*, — *la déclaration de la cessation des payements* et *le dépôt du bilan*, etc.

Mais les principales obligations imposées aux commerçants consistent dans la tenue des livres de commerce.

On comprend aisément l'utilité des livres de commerce : ils mettent chaque jour sous les yeux du commerçant l'état de ses affaires et lui permettent de justifier ou de repousser en justice les demandes formées par ou contre lui. Tout commerçant est obligé de tenir au moins trois livres : — un livre-journal ; — un livre des inventaires ; un livre de copies de lettres.

Le *livre-journal* sert à inscrire jour par jour, sans blancs, lacunes, ni transports en marge, les recettes et les dépenses, les opérations de commerce, les négociations et acceptations d'effets, et généralement tout ce que le commerçant reçoit et paie, à quelque titre que ce soit, même en dehors de son commerce ; ainsi, doivent figurer au livre-journal une succession ou une donation reçue, le produit des propriétés, etc... Les dépenses de la maison doivent être inscrites au livre-journal, mois par mois.

L'*inventaire* est un état contenant l'évaluation de l'actif mobilier et immobilier des créances et des dettes. Tout commerçant doit faire un inventaire tous les ans et l'inscrire sur un registre spécial :

Avant d'être employés, les livres de commerce doivent être cotés ; c'est-à-dire que chaque feuillet sera marqué par un numéro d'ordre ; ils doivent aussi être *paraphés* et *visés*, soit par un des juges du tribunal de commerce, soit par le maire ou son adjoint. Le paraphe et le numérotage des folios du livre servent à empêcher la destruction d'un folio ou la substitution d'un folio à un autre.

En outre, le livre-journal et le livre des inventaires doivent être arrêtés chaque année le 31 décembre et visés par l'un des magistrats ci-dessus désignés. Ce second visa annuel a pour but d'empêcher qu'un commerçant ne puisse se servir d'un registre coté et paraphé à l'avance, et conservé en blanc, pour y faire de nouvelles écritures ou pour reporter des opérations d'une année à une autre.

Le *livre de copies de lettres* est un registre sur lequel le commerçant doit copier toutes les lettres qu'il envoie. Quant à celles *qu'il reçoit* il doit les mettre en liasse. Le rapprochement des deux séries complète la correspondance, au moyen de laquelle se justifient les opérations, en cas de besoin. De plus, le commerçant doit conserver comme faisant partie de la correspondance, les factures ainsi que les billets, lettres de change, etc.

Le livre de copies de lettres doit être coté et paraphé avant de servir, mais il n'est pas assujetti au visa annuel.

En dehors de ces trois livres *exigés par la loi*, les commerçants tiennent, selon leurs besoins, d'autres livres tels que : le grand-livre, le livre-brouillard, le livre de caisse, de copie d'effets, d'échéances, etc... Ces livres, purement facultatifs, ne sont soumis à aucun visa ni paraphe.

Les commerçants sont tenus de conserver leurs livres pendant dix ans, à partir du jour de la dernière opération inscrite.

Les juges peuvent ordonner soit *la communication* soit *la représentation* des livres. La communication est la remise des livres à l'adversaire avec faculté de les parcourir en entier. Elle ne peut être ordonnée que dans les cas de succession, communauté, faillite, partage de société. La représentation est l'exhibition des livres pour être consultés sur un point spécial, afin d'en extraire ce qui concerne le différend, en présence du propriétaire des livres. Lorsqu'un commerçant n'invoque pas ses livres et que son adversaire exige qu'il les représente, le tribunal peut en ordonner la représentation.

Lorsque les livres de commerce sont régulièrement tenus, ils peuvent être admis par le juge pour *faire preuve entre commerçants*, pour faits de commerce. Notons ici qu'en aucun cas les livres de commerce ne font preuve contre les non-commerçants.

Le commerçant qui n'a pas tenu de livres, ou dont les livres irrégulièrement tenus n'offrent pas sa véritable situation active et passive, sans néanmoins qu'il y ait fraude, peut être déclaré banqueroutier simple, en cas de faillite.

CHAPITRE III.

Des Sociétés commerciales.

(Article 18 à 64, Code Comm., et loi du 24 juillet 1867).

Les sociétés commerciales ont pour objet des opérations qui constituent des actes de commerce. Le droit civil, le droit commercial et les conventions des parties régissent les sociétés commerciales.

Le code de commerce a créé des formes spéciales de sociétés soumises à des règles particulières; de plus, il a édicté certains principes dans le but de faciliter la rapidité des opérations commerciales et d'offrir aux tiers un contrôle plus facile et une garantie plus sûre. Sous ce rapport, on peut signaler entre les sociétés *civiles* et les sociétés *commerciales* les différences suivantes :

— 1° La société civile est un contrat purement consensuel, les sociétés commerciales, au contraire, exigent un écrit et certaines formes de publicité ;

— 2° Le gérant d'une société civile n'oblige ses associés que s'il a reçu d'eux pouvoir à cet effet; mais les pouvoirs du gérant d'une société commerciale sont plus étendus et il oblige la société toutes les fois qu'il signe sous la raison sociale ;

— 3° Les associés sont tenus *solidairement* en matière de société commerciale ; ils ne le sont en matière de société civile que s'ils en sont convenus expressément;

— 4° Les associés sont justiciables des tribunaux de commerce, en matière de société commerciale ;

— 5° Une société commerciale peut seule être déclarée en faillite ;

— 6° En matière de société civile, la preuve orale est admise au-dessous de 150 fr.; en matière de société commerciale, la preuve orale n'est jamais admise ;

— 7° En matière de société commerciale on ne suit pas les règles de la prescription ordinaire (du droit civil), et la prescription est de cinq ans pour les obligations des associés à l'égard des tiers;

— 8° Les sociétés commerciales sont des personnes morales : le droit des associés est toujours mobilier.

De ce caractère de personnalité juridique propre découlent les conséquences suivantes : — la société est propriétaire du fonds social, les associés en sont dessaisis et n'ont qu'un droit de créance ; — les créanciers de la société passent avant les créanciers personnels de chaque associé; — un débiteur de la société ne pourrait opposer la compensation avec une somme qui lui serait due personnellement par un associé; il en serait de même du débiteur d'un associé qui serait créancier de la société; — enfin, la société este elle-même en justice et y est représentée par son gérant.

SECTION PREMIÈRE. — Société en nom collectif.

§ I. CARACTÈRES GÉNÉRAUX ET DISTINCTIFS. — La société en nom collectif est celle dans laquelle les associés sont *tous solidaires* les uns des autres pour les engagements de la société, encore qu'un seul des associés ait signé, pourvu que ce soit sous la raison sociale. Ainsi, dans le but d'assurer du crédit à la société, les associés répondent solidairement de toutes les dettes, tandis que dans la société civile (à laquelle la société en nom collectif ressemble beaucoup), chaque associé ne répond que pour sa part. En outre, la société a une raison sociale, c'est-à-dire un nom et une signature à elle, ce qui signifie la responsabilité solidaire des associés.

§ II. CONSTITUTION DE LA SOCIÉTÉ. — Quant aux conditions de fond, elles sont les mêmes que dans la société civile : apport commun, bénéfice à réaliser, objet licite, intention de faire une société. Mais, quant aux conditions de *forme*, la loi commerciale a gravement dérogé à la loi civile. D'abord il faut un écrit, authentique ou sous-seing privé, pour prouver le contrat de société : la loi a voulu écarter la preuve testimoniale. Ensuite, cet écrit doit recevoir une certaine publicité.

A cet effet, il faut premièrement déposer, dans le mois, au greffe du tribunal de commerce du siége de la

société et au greffe de la justice de paix du canton :
un double, si l'acte est sous-seing privé ; — une
expédition, si l'acte est authentique. Le deuxième
mode de publication consiste dans l'insertion d'un
extrait de l'acte de société dans un journal désigné
par le préfet; cet extrait doit contenir les énonciations
suivantes : 1° le nom de la société, c'est-à-dire si
elle est en nom collectif, en commandite, etc...; 2° le
nom des associés, car les tiers ont intérêt à les
connaître ; 3° la raison sociale et la dénomination
acceptée par la société ; 4° l'indication du siége social;
5° le nom du gérant ; 6° le montant du capital social,
c'est-à-dire l'ensemble des mises et même l'apport de
chaque associé ; 7° l'époque à laquelle commence et
finit la société: 8° la date du dépôt au greffe de la
justice de paix et au greffe du tribunal de commerce.

§ III. FONCTIONNEMENT DE LA SOCIÉTÉ. — Dans la
société en nom collectif il y a toujours un gérant,
tandis qu'il n'en est pas de même dans les sociétés
civiles. Cependant, le gérant n'est pas obligatoire, les
associés pourraient donner procuration à un tiers
de gérer la société, mais ce tiers devrait, s'il ne voulait
pas être engagé, faire précéder la raison sociale de
ces mots : *par procuration.*

Vis-à-vis des tiers, les associés sont solidaires, dans
tous les cas où la signature sociale est au bas de l'acte.

La société en nom collectif convient aux petites
entreprises qui n'exigent ni des capitaux considérables, ni un grand nombre d'associés ; de plus, en raison
de la possibilité que chaque associé a d'obliger ses
co-associés, en traitant au nom de la raison sociale,
on doit être fort prudent sur le choix des personnes
avec lesquelles on veut s'associer.

SECTION II. — *Société en commandite.*

Cette société se compose de deux éléments distincts,
c'est-à-dire de deux catégories d'associés : 1° des
associés responsables et solidaires qui administrent,
ce sont les *commandités*; 2° des associés, simples
bailleurs de fonds, qui ne sont responsables que
jusqu'à concurrence de leur mise, ce sont les *commanditaires*; ces derniers ne peuvent intervenir dans

l'administration, leur rôle se borne à apporter leur capital et à participer aux bénéfices.

La société en commandite a une raison sociale, comme la société en nom collectif; mais cette raison sociale ne comprend que les noms des commandités.

Les sociétés en commandite conviennent aux grandes entreprises pour lesquelles il faut des capitaux considérables, telles que l'exploitation d'une mine, l'entreprise d'un canal, etc,.

Les sociétés en commandite se divisent en *commandite simple* et en *commandite par actions*.

§ I. SOCIÉTÉ EN COMMANDITE SIMPLE OU PAR INTÉRÊT. — C'est celle dans laquelle le commanditaire possède, en représentation de son apport, un droit proportionnel sur l'actif social et sur les bénéfices, droit qu'on appelle *intérêt* et dont la nature est de ne pouvoir être cédé. Un commerçant emploie cette forme de commandite pour se procurer des fonds auprès d'un nombre de bailleurs peu considérable.

Les conditions de fond et de formes sont les mêmes que celles de la société en nom collectif, sauf ce qui concerne la rédaction de l'écrit et sa publication. Si l'acte constitutif de la commandite est sous seing-privé, il faut un double pour chaque commandité et un seul pour tous les commanditaires qui déposent ce double chez un notaire. Relativement à la publication, l'extrait à insérer dans le journal ne doit pas contenir le nom de tous les associés, il suffit qu'il fasse connaître les commandités, et le montant des mises des commanditaires, fournies ou non.

Les commandités ont seuls l'administration; la loi a voulu que le pouvoir d'administrer .fut là où était la responsabilité. Le commanditaire ne peut faire aucun acte de gestion, même en vertu de procuration, sous peine d'être *obligé solidairement* avec les gérants pour les dettes et engagements de la société résultant de son immixtion, (loi du 6 mai 1863). Les avis et conseils, les actes de contrôle et de surveillance n'engagent point l'associé commanditaire.

Vis-à-vis des tiers, les associés ne sont obligés qu'autant qu'il y au bas de l'acte de gestion la raison sociale. Si dans la société, il n'y avait qu'un commandité et un commanditaire, le commandité devra faire suivre sa signature de ces mots : *pour la société*, afin qu'on puisse savoir lorsqu'il agit pour son compte ou pour la société.

Le commanditaire peut céder son intérêt, mais cette cession n'existe qu'entre le cédant et le cessionnaire, car la commandite est une société de personnes.

§ II. Société en commandite par actions. — La société est en *commandite par actions*, lorsque le capital apporté par les commanditaires est divisé en un certain nombre de fractions égales représentées par des titres transmissibles nommés *actions*.

Cette société est une altération profonde du caractère de la commandite dans laquelle l'*intérêt*, c'est-à-dire le droit de l'associé à la répartition des bénéfices, revêt la forme particulière de l'*action*.

Le caractère de l'action est d'être transmissible, c'est-à-dire de passer de mains en mains. Elle peut être transmise par les modes du droit civil (succession, donation, cession de créances); mais si elle est transmise par les modes commerciaux, on dit alors qu'elle est *négociable*.

Les modes de négociation diffèrent suivant la nature de l'action. L'action peut être nominative, — à ordre — au porteur. — L'action *nominative* est celle dont le titre porte le nom du souscripteur titulaire. Elle ne peut être cédée que par un *transfert* inscrit sur les registres de la société et signé du titulaire ou de son fondé de pouvoir. L'action à *ordre*, très-peu usitée, est celle dont le titre porte : *payable à M...* (titulaire), *ou à son ordre*; elle se transmet par endossement. L'action au porteur n'a pas de titulaire. C'est un véritable billet de banque; elle se transmet par la simple tradition.

Les règles de la commandite simple se trouvent modifiées dans la commandite par actions, en ce que cette dernière est à la fois une société de personnes et de choses. D'où il suit que : 1° les actionnaires peuvent se retirer en cédant leurs actions; 2° la mort d'un actionnaire ne dissout pas la société.

Dans la commandite par actions, l'apport peut

consister soit dans une somme d'argent, soit dans l'industrie d'un associé.

Si l'on fait des apports en nature, l'assemblée générale nomme une commission de cinq membres chargée de faire un rapport sur la valeur des apports.

L'ensemble de tous les apports constitue le fonds social qui est partagé en actions. La société ne peut diviser son capital en actions ou coupons d'actions de moins de cent francs, lorsque ce capital n'excède pas deux cent mille francs, et de moins de cinq cents francs, lorsqu'il est supérieur. La violation de ces dispositions entraîne la nullité de la société, dans les rapports des associés entre eux, et le gérant est passible d'une amende de 500 à 10,000 fr.

La commandite par actions n'est définitivement constituée qu'après que la totalité du capital social a été souscrite et que le quart au moins du prix de chaque action a été versé par les actionnaires. Ces deux conditions ont été prescrites afin d'éviter des abus, sans cela le gérant aurait pu agir, alors que les actions n'étaient pas souscrites ou payées et n'aurait peut-être pu tenir ses engagements. Ces souscriptions et ces versements sont constatés dans un acte notarié auquel est annexée la liste des souscripteurs.

Les bénéfices communs, appelés *dividendes*, se répartissent d'après les statuts, et proportionnellement au nombre d'actions que possède chaque associé. Toutefois, on accorde aux gérants quelques avantages.

La commandite par actions se constitue par un acte authentique ou par un acte sous-seing privé. Si l'acte est sous-seing privé, il faut faire seulement deux doubles ; l'un est déposé chez un notaire, l'autre chez le gérant, au siège de la société. La publication de l'acte constitutif se fait, comme pour la société en nom collectif : néanmoins, il faut, de plus, annexer à l'extrait déposé aux greffes de la justice de paix et du tribunal de commerce : 1° une expédition de l'acte constatant la souscription totale des actions et le versement du quart; 2° une copie de la délibération de l'assemblée générale qui a approuvé les apports en nature et les avantages accordés aux gérants.

Trois pouvoirs concourent au fonctionnement de la

commandite par actions : le gérant qui agit, le conseil de surveillance qui contrôle, et l'assemblée générale qui ratifie.

1° *Les gérants* administrent seuls; ils sont solidaires et responsables devant l'assemblée générale.

2° *Le conseil de surveillance*, composé de trois actionnaires au moins, vérifie les livres, la caisse et le portefeuille de la société et fait annuellement un rapport à l'assemblée générale qu'il est tenu de convoquer, s'il y a lieu.

3° *L'assemblée générale* se réunit pour évaluer les apports faits autrement qu'en numéraire, vérifier les inventaires de la société, révoquer les gérants qui administrent mal, provoquer la dissolution de la société, etc... Dans les assemblées générales ordinaires le droit de voter est réglé par les statuts. Il faut plusieurs actions pour avoir une voix; on ne peut néanmoins avoir plus de dix voix.

Voyons maintenant quels sont les droits de *l'actionnaire pris individuellement* : d'abord, il peut se retirer de la société en cédant son action à un tiers, mais il importe de distinguer l'époque à laquelle se fait la cession, car si elle précède la souscription de la totalité des actions et le versement du quart, l'actionnaire devra agir selon les règles établies, en droit civil, pour la cession des créances.

Chaque associé peut actionner soit en responsabilité soit en destitution les membres du conseil de surveillance et les gérants. Plusieurs actionnaires peuvent se réunir pour plaider contre la société et se faire représenter par l'un d'eux, lequel figure seul dans le procès. C'est une dérogation à la règle : *nul ne plaide par procureur, hormis le roi.* Pour pouvoir ainsi se *syndiquer*, il faut que le montant des actions de ces actionnaires représente le vingtième du capital social.

SECTION III. — *Société anonyme.*

C'est uniquement une société de choses ou de capitaux, dans laquelle les associés sont inconnus du public et n'engagent que leur mise ; d'où il suit qu'il n'y a pas de raison sociale, car la raison sociale signifie responsabilité solidaire, et ici cette responsabilité de personnes n'existe pas, il n'y a que le fonds social qui répond des dettes. Le gérant n'est que le mandataire révocable des associés.

A la différence des autres sociétés, la société anonyme ne peut être constatée et établie que par un acte authentique.

Depuis la loi du 24 juillet 1867, la société anonyme peut se former sans l'autorisation du gouvernement qui, auparavant, était obligatoire pour constituer cette société. La nécessité de l'autorisation gouvernementale n'a été maintenue que pour les sociétés de la nature des tontines et des assurances sur la vie, mutuelles ou à primes.

La société anonyme ne peut être constituée, si le nombre des associés est inférieur à *sept*. Les apports réalisés sont partagés en actions tantôt nominatives, tantôt au porteur.

La société anonyme fonctionne à l'aide de trois éléments : les administrateurs, l'assemblée générale des actionnaires et les commissaires.

Les *administrateurs* gèrent les affaires de la société, ce sont des mandataires révocables, salariés, pris parmi les associés.

L'assemblée générale joue ici un plus grand rôle que dans la société en commandite : on distingue les assemblées générales ordinaires ou annuelles des assemblées générales exceptionnelles qui ont un but spécial, comme de statuer sur les apports, sur la modification ou la dissolution de la société.

Il est tenu, chaque année au moins, une assemblée générale à l'époque fixée par les statuts. L'assemblée générale annuelle désigne un ou plusieurs *commissaires*, associés ou non, chargés de faire un rapport à l'assemblée générale de l'année suivante sur la situation de la société, sur le bilan et sur les comptes présentés par les administrateurs.

Les commissaires sont chargés d'un contrôle analogue à celui du conseil de surveillance dans la commandite par actions.

Quinze jours au moins avant la réunion de l'assemblée générale, tout actionnaire peut prendre, au siège social, communication de l'inventaire et de la liste des actionnaires, et se faire délivrer copie du bilan résumant l'inventaire, et du rapport des commissaires.

Dans la société anonyme, il est fait annuellement sur les bénéfices nets un prélèvement d'un vingtième au moins qui constitue le *fonds de réserve*. Ce prélèvement cesse d'être obligatoire lorsque le fonds de réserve a atteint le dixième du capital social.

Les sociétés anonymes conviennent aux grandes entreprises qui exigent des capitaux immenses et qui embrassent tout un pays, telles que l'établissement et l'exploitation d'un chemin de fer.

SECTION IV. — *Société à capital variable.*

Cette société pourrait s'appeler également *société à personnel variable*, car le capital et le nombre des associés sont susceptibles d'augmentation et de diminution. Cette société prend aussi le nom de *société coopérative*; son but est de suppléer à l'insuffisance des efforts individuels de chacun de ses membres par le travail en commun et d'arriver, par la diminution des dépenses, au même résultat que par l'augmentation des salaires.

On distingue trois sortes de sociétés coopératives : 1° les sociétés de consommation; 2° les sociétés de crédit mutuel; 3° les sociétés de production. Ces sociétés peuvent être en nom collectif, en commandite ou anonymes. Mais, indépendamment de leur forme spéciale, elles sont régies par les dispositions suivantes :

La société n'est définitivement constituée qu'après le versement du dixième du capital social.

Le capital social ne peut être porté, par les statuts constitutifs de la société, au-dessus de *deux cents mille francs*. Il peut être augmenté par des délibérations de l'assemblée générale, *prises d'année en année*; mais chacune des augmentations ne peut être supérieure à *deux cent mille francs*.

Afin d'empêcher l'agiotage et la spéculation, les actions ou coupons d'action sont *nominatifs*, même après leur entière libération; ils ne peuvent être inférieurs à cinquante francs. Ils ne sont négociables qu'après la constitution définitive de la société.

La *négociation* ne peut avoir lieu que par voie de *transfert* sur les registres de la société, et les statuts peuvent donner soit au conseil d'administration, soit à l'assemblée générale le droit de s'opposer au transfert.

Chaque associé peut se retirer, à son gré, de la société; néanmoins, les statuts déterminent une somme au-dessous de laquelle le capital ne peut être réduit par les reprises des apports. L'associé qui cesse de faire partie de la société, soit par l'effet de sa volonté, soit par suite de décision de l'assemblée générale, reste tenu pendant cinq ans envers les associés et envers les tiers de toutes les obligations qui existent au moment de sa retraite.

La société n'est point dissoute par la mort, la retraite, l'interdiction, la faillite ou la déconfiture de l'un des associés; elle continue de plein droit entre les autres associés.

SECTION V. — Société en participation.

Cette société est relative à une ou plusieurs opérations déterminées et non pas à une série d'actes de commerce, que la société soit en nom collectif, en commandite ou anonyme.

A l'inverse des sociétés commerciales dont il a été question ci-dessus, la société en participation ne forme pas une personne morale. Elle n'existe pas vis-à-vis des tiers, mais seulement entre les parties contractantes.

Les opérations sont faites sous le nom de *l'un des participants*, et non pas en nom commun. Les participants liquident leur compte après la consommation de l'affaire pour laquelle ils se sont associés.

Pour être obligés, il faut que les associés aient signé eux-mêmes la convention ou qu'ils l'aient autorisée ou ratifiée; le gérant n'oblige que l'association et non pas les autres associés.

Cette société n'est assujettie à aucune formalité; elle peut être prouvée par les livres, la correspondance et par la preuve testimoniale.

L'association en participation, par sa nature même, ne convient qu'à de petites entreprises qui n'ont pas une longue durée et qui n'embrassent qu'une opération déterminée.

SECTION VI. — De la dissolution et de la liquidation des sociétés.

Les modes de dissolution des sociétés civiles s'appliquent aux sociétés commerciales, (voir page 206); nous n'y reviendrons pas ici.

Après la dissolution vient la liquidation et le partage. — La liquidation a pour but de réaliser l'actif et de payer le passif. Pour opérer la liquidation, les associés nomment ordinairement un mandataire étranger ou associé, auquel on donne le nom de liquidateur, et qui doit :

1° Faire un inventaire de l'actif et du passif ;

2° Recouvrer les créances ;

3° Vendre les marchandises et les immeubles qui ne pourraient pas être commodément partagés ;

4° Payer les dettes ;

5° Régler les comptes des créanciers et des débiteurs et les comptes des associés entre eux et envers la société.

Ces opérations terminées, on procède au partage de l'excédant entre les associés, dans la proportion de leurs droits. Dans ce but, on compose des lots des immeubles et des meubles et on les attribue à l'amiable aux associés dans la proportion de leurs droits, ou on les tire au sort.

Si quelques objets sont impartageables, on les vend pour en partager le prix ; c'est ce qu'on appelle *liciter*. Si les associés ne sont pas d'accord pour le partage de l'actif social, il faut alors s'adresser à la justice et suivre les règles indiquées pour le partage des successions.

SECTION VII. — Des Sociétés pour l'exploitation des chemins de fer.

La compagnie qui veut établir un chemin de fer doit être autorisée par une loi : s'il s'agit d'un embranchement ayant moins de 20,000 mètres de longueur, un décret suffit. — La loi est précédée d'une enquête administrative qui a lieu après l'établissement du tracé.

La compagnie qui veut obtenir une concession de chemin de fer doit justifier : — 1° qu'elle est constituée ; — 2° qu'une partie du fonds social est réalisé ; — 3° elle doit fournir un cautionnement, lequel est remboursé par cinquième, au fur et à mesure de l'avancement des travaux.

Dans le but de favoriser ces entreprises, l'État garantit quelquefois le paiement des intérêts dus aux actionnaires ou aux porteurs d'obligations.

Pour établir un chemin de fer, il faut exproprier les propriétaires du terrain nécessaire. La compagnie offre aux propriétaires une indemnité; ceux qui n'acceptent pas sont obligés de faire connaître leurs prétentions. Dans ce cas, l'indemnité est fixée par un jury d'expropriation composé d'électeurs choisis par le conseil général.

Quand le chemin de fer est terminé, il ne peut être livré à la circulation avant la réception des travaux et des machines par l'administration supérieure.

Si la concession n'est pas perpétuelle, elle finit par l'expiration du temps pour lequel elle a été octroyée; alors l'État devient propriétaire du chemin de fer à la place de la compagnie. Le gouvernement peut, en outre, racheter la concession qu'il a faite, en remboursant les actionnaires. Quant au matériel servant à l'exploitation, il le reprend à dire d'expert. On répartit alors entre les actionnaires l'actif ainsi réduit à la valeur du matériel.

FORMULE d'un acte de Société en nom Collectif.

Entre les soussignés... (noms, prénoms, professions et demeures des parties), a été constitué une société en nom collectif aux conditions suivantes :

ART. 1er. — La société s'occupera spécialement du commerce de...

ART. 2. — La mise de fonds de chacun des signataires est de... tant en marchandises, numéraire qu'en effets de commerce passés à l'ordre de la présente société.

ART. 3. — Les valeurs de la société seront déposées dans une caisse, dont chaque associé aura la clef, et n'en seront sorties que pour faire les opérations de commerce convenues par les associés.

ART. 4. — Il sera tenu un registre spécial pour établir le consentement des associés à l'emploi des fonds communs, aux achats et ventes, sans préjudice des autres livres de commerce.

ART. 5. — La raison de la société sera :... Le sieur... aura la signature sociale.

Art. 6. — Le siège de la société est établi à..., rue... n°...

Art. 7. — La présente société est consentie pour *tant* d'années, à compter de... En cas de décès de l'un des associés, la société sera dissoute et sa liquidation sera confiée aux survivants.

Art. 8. — Il est convenu qu'aucun des signataires ne pourra entreprendre aucune opération de commerce étrangère à la société.

Art. 9. — Tous les six mois, les comptes seront arrêtés, inventaire sera fait, et le partage des bénéfices aura lieu dans la proportion de l'apport des associés, c'est-à-dire qu'il sera de *tant* pour A... et de... pour B...

Fait triple entre nous, à..., le...

(Signatures).

Formule d'un *Acte de Société en commandite simple.*

Entre les soussignés :

M. R..., négociant en..., demeurant à..., d'une part ;

Et M. M..., proprié.aire, demeurant à..., d'autre part ;

Il a été dit, convenu et arrêté ce qui suit :

Art. 1er. — Il est formé, par ces présentes, une société entre M. R... comme gérant et seul associé responsable, et M. M..., comme commanditaire.

Le commanditaire ne sera engagé que jusqu'à concurrence de sa mise de fonds, et ne pourra, en aucun cas, être soumis à aucun appel de fonds au delà de cette mise.

Art. 2. — Cette société a pour objet l'exploitation du fonds de commerce de marchand de..., appartenant à M. R...

Arr. 3. — Le siège de la société est établi à..., rue...

Art. 4. — La durée de la société est fixée à *tant* années à compter du premier janvier mil huit cent soixante et seize.

Art. 5. — La raison et la signature sociales sont : « R... et Cie. »

M. R..., a seul la signature sociale dont il ne pourra faire usage que pour les besoins et affaires de la société, à peine de nullité et de tous dommages-intérêts, comme aussi de dissolution de la présente société.

Arr. 6. — M. R..., apporte à la société son fonds de commerce de marchand de..., ensemble tous les droits, clientèle, matériel, traités, bail et avantages attachés audit fonds. Cet apport est évalué à la somme de cinquante mille francs, qui produira au profit de M. R... des intérêts à 6 p. cent l'an payables tous les trois mois.

M. M..., s'oblige à apporter à la présente société, à titre de commandite, une somme de cent mille francs, qui sera versée au fur et à mesure des besoins de la société sur la quittance de M. R..., gérant. Cette somme de cent mille francs produira au profit de M. M..., à partir du jour de chaque versement partiel dans la caisse sociale, des intérêts à six pour cent par an, payables de trois mois en trois mois.

Les sommes que l'un des associés pourra verser dans la société, au delà de sa mise sociale, seront portées à son compte courant et lui produiront également des intérêts à six p. cent par an, payables de trois mois en trois mois. Les fonds ainsi versés ne pourront être retirés que trois mois après un avertissement donné par lettre.

Art. 7. — Les écritures et la caisse de la société devront être tenues par un caissier comptable, conformément aux prescriptions du Code de commerce.

Le commanditaire aura le droit, à toute époque, d'en prendre connaissance, soit par lui-même, soit par un mandataire, comme aussi de vérifier de la même manière la caisse et le portefeuille.

Art. 8. — Le gérant aura droit à un traitement mensuel de cinq cents francs. — Il aura droit, en outre, à la part de bénéfices déterminée dans l'art. 10, ci-après.

Art. 9. — Il sera dressé, tous les ans, un inventaire de l'actif et du passif de la société.

Dans cet inventaire, on portera les bonnes créances pour leur valeur et les mauvaises pour ordre et mémoire seulement.

Sur les recettes, on déduira les frais de loyer, patente, éclairage, traitement du gérant et des employés, intérêts de la commandite et des sommes en compte courant.

L'excédant de l'actif sur le passif constituera les bénéfices.

Copie de chaque inventaire sera remise par le gérant au commanditaire.

ART. 10. — Les bénéfices seront partagés par moitié entre les associés et touchés par eux à chaque inventaire.

ART. 11. — En cas de perte du tiers du montant de la commandite, ladite perte constatée par un inventaire annuel, il sera facultatif au commanditaire de demander et de faire prononcer la dissolution de la société.

ART. 12. — En cas de décès du gérant, la société sera dissoute.

En cas de décès du commanditaire, ses héritiers auront la faculté de choisir entre la dissolution immédiate de la société ou sa continuation.

ART. 13. — Lors de la dissolution de la société, à quelque époque et pour quelque cause que ce soit, la liquidation en sera faite par les deux associés et, en cas de décès de l'un d'eux, par l'associé survivant.

ART. 14. — Lors de la liquidation, après que les créanciers sociaux auront été payés, chaque associé reprendra son apport, et tout l'excédant sera partagé par moitié entre les associés. En ce qui concerne le partage de la plus-value du fonds de commerce qui forme l'apport de M. R..., il est formellement convenu que, dans le cas où cette plus-value existerait, le montant en sera déterminé par deux experts nommés à l'amiable par les associés. En cas de partage, ces deux experts en nommeront un troisième pour les départager.

M. R..., dans ce cas de plus-value, ne pourra retirer son apport qu'en tenant compte à M. M..., de la moitié de cette plus-value.

Fait double et de bonne foi, à..., le... mil huit cent...

(*Approbations d'écriture et signatures*).

Formule d'un Extrait à publier.

D'un acte sous-seing privé fait double à..., le..., enregistré, il appert qu'une société en... a été formée entre M... et M... (*prénoms, noms, qualités et demeures des associés*), pour l'exploitation du commerce de. . (*désigner le genre de commerce*).

Que la raison et la signature sociale sont...

Que chacun des associés a la signature sociale et ne pourra en faire usage que pour les affaires de la société ; que la durée de la société est fixée à... années consécutives, qui commenceront le... pour finir le...; que le fonds social se compose de...

Pour extrait certifié véritable, à..., le...

Nota. — Tous les associés doivent signer cet extrait.

Si l'acte de société a été fait devant notaires, ce sont les notaires qui doivent délivrer cet extrait et le certifier conforme à la minute de l'acte de société.

Formule d'un Acte d'Association en participation.

Entre les soussignés :

(*Le préambule comme ci-dessus*).

Il a été dit, arrêté et convenu ce qui suit :

Une société en participation est formée entre les soussignés pour l'achat et la revente de...

L'achat sera fait par M. B..., aux conditions et aux prix qui lui paraîtront les plus avantageux.

Les fonds nécessaires pour payer le montant de l'achat seront fournis moitié par M. J... et moitié par M. B...

La vente desdites marchandises sera faite par les deux associés, ensemble ou séparément ; cette vente effectuée, les bénéfices ou les pertes qui en résulteront seront partagés par moitié, et après que les comptes auront été apurés et soldés, la présente société demeurera dissoute et comme non avenue.

Fait à... le... (*Signatures.*)

CHAPITRE IV.

Des Bourses de commerce, des Agents de change et des Courtiers.

(Articles 71 à 90 du Code de commerce).

SECTION PREMIÈRE. — Des Bourses de commerce

Les *bourses de commerce* sont des réunions de négociants, banquiers, agents de change et courtiers, créées pour faciliter les négociations commerciales et pour constater le cours des effets publics, des valeurs industrielles, des marchandises, etc...

Ces réunions ne peuvent s'établir qu'avec l'autorisation du gouvernement. Elles sont placées sous la surveillance du préfet de police à Paris et du maire dans les autres villes.

L'entrée de la Bourse est interdite : 1º aux commerçants faillis; 2º aux individus condamnés à des peines afflictives et infamantes; 3º à ceux qui en sont exclus par les fonctionnaires chargés de la police de la Bourse.

SECTION II. — Des agents de change et des courtiers.

Les *agents de change* sont des officiers publics, nommés par le gouvernement, que l'on emploie comme intermédiaires, pour faciliter la vente et l'achat des effets publics. Les agents de change sont spécialement chargés de constater le cours de toutes les valeurs qui se négocient à la Bourse; ils ne peuvent faire aucune opération de banque et de commerce pour leur compte personnel.

Les *courtiers* sont des intermédiaires qui facilitent les transactions commerciales. Il y a des courtiers de marchandises, des courtiers d'assurances et des courtiers interprètes et conducteurs de navires.

Avant la loi du 18 juillet 1866, la profession de courtier de marchandises ne pouvait être exercée qu'en vertu d'un titre conféré par l'Etat, mais depuis 1867 le courtage de marchandises est libre, sauf la faculté laissée aux tribunaux de commerce de créer des listes de courtiers assermentés, lesquels, par les conditions exigées d'eux et par les quelques avantages qui leur sont réservés forment une catégorie distincte (¹).

Les courtiers d'assurances et les courtiers interprètes et conducteurs de navires sont toujours nommés par l'Etat.

Les courtiers ont, comme les agents de change, la qualité de commerçants et par conséquent ils sont tenus d'observer les règles générales de cette profession.

Les courtiers demeurent étrangers aux contrats qui se forment par leur intermédiaire, c'est-à-dire qu'ils ne s'obligent pas personnellement; cependant, on peut stipuler par une clause formelle que le courtier sera garant de l'exécution du marché.

Les courtiers ont droit à un salaire pour les marchés qu'ils concluent. Si le marché a été conclu par un seul intermédiaire, le vendeur et l'acheteur doivent lui payer chacun moitié du salaire qui lui est dû. Mais si le vendeur et l'acheteur ont employé l'un et l'autre un courtier, chacun doit payer celui qu'il a employé.

Les courtiers institués par l'Etat ne peuvent s'in-

---

(1) Ainsi ils ont seuls qualité : 1° pour procéder à la vente aux enchères publiques, de marchandises en gros dans le cas où cette vente est autorisée par la loi; — 2° pour faire, sur ordre du juge, l'estimation des marchandises déposées dans un magasin général. Enfin, ils forment concurremment avec un certain nombre de courtiers libres et de négociants, un comité chargé de déterminer le cours officiel des marchandises.

Les courtiers assermentés ne peuvent se rendre acquéreurs pour leur compte des marchandises dont la vente ou l'estimation leur est confiée.

téresser dans aucune entreprise commerciale, recevoir ou payer pour leurs commettants. A cet égard, la loi de 1866 contient une disposition pénale importante. Cette loi, (*art. 7*), prévoit le cas d'un courtier qui, se présentant comme intermédiaire, serait en même temps partie intéressée dans le marché qu'il s'agit de conclure. Tel serait, par exemple, le fait de l'associé d'une maison de commerce qui offrirait au nom de celle-ci, et comme courtier, des marchandises à acheter. Le courtier qui n'avertit pas les parties de cette circonstance commet un délit et se rend passible d'une amende de 500 fr. à 3,000 fr., sans préjudice des dommages-intérêts que peut réclamer la personne lésée.

SECTION III. — *Des Jeux de Bourse*

On appelle ainsi les spéculations, défendues par la loi, qui ont pour objet le paiement d'une différence entre le cours d'une marchandise ou de certaines valeurs négociables, à deux époques déterminées et qui, par conséquent, constituent un véritable pari sur la hausse ou sur la baisse de cette marchandise ou de ces valeurs.

Ainsi, toute convention de vendre ou de livrer des denrées, marchandises ou effets publics sera réputée *pari* de ce genre, si le vendeur ne prouve qu'ils étaient à sa disposition au temps de la convention, ou qu'ils devaient s'y trouver au moment de la livraison.

La loi a édicté des peines sévères contre les agents de change et les courtiers qui auront prêté leur ministère pour conclure ces paris, et il ne leur est pas permis de réclamer en justice les avances et les droits de courtage qui peuvent leur être dus pour des opérations de cette nature.

Le code pénal *(art. 619, 420, 421 et 422)*, défend non-seulement les paris sur la hausse ou la baisse, mais punit d'un emprisonnement d'un mois à un an et d'une amende de cinq cents francs à deux mille francs ceux qui, — par des bruits faux ou calomnieux, semés à dessein dans le public, — par des offres plus élevées que le prix demandé par le vendeur, — par réunion ou coalition entre détenteurs d'une même marchandise ou denrée, — ou par un moyen frauduleux quelconque, auront opéré la hausse ou la baisse des denrées et des effets publics au-dessus ou au-dessous des prix déterminés par la concurrence naturelle et libre du commerce.

CHAPITRE V.

Du Gage commercial et des Warrants.

(Articles 91 à 93 du Code de Comm., et loi du 28 mai 1858).

SECTION PREMIÈRE. — Du gage commercial.

Nous avons vu, en droit civil, ce qu'était le gage. (Voir page 228). Le gage constitué soit par un commerçant, soit par un individu non commerçant, *pour un acte de commerce,* se prouve par tous les genres de preuves admises en matière commerciale.

On peut donner en gage des valeurs négociables, par un endossement régulier, *indiquant* que les valeurs ont été remises en garantie. Le créancier gagiste peut encaisser les effets donnés en gage. A l'égard des actions, des parts d'intérêts et des obligations nominatives des sociétés financières, industrielles, commerciales dont la transmission s'opère par un transfert sur les registres de la société, le gage peut également être établi par un transfert, à titre de garantie, inscrit sur lesdits registres.

Les créances qui ne sont point transmissibles par endossement ne peuvent être données en gage que par un acte notarié ou sous seing-privé enregistré et signifié au débiteur, (articles 2074 et 2075, code civil).

Le privilége ne subsiste sur le gage qu'autant que ce gage est en la possession du créancier ou d'un tiers convenu entre les parties. Le créancier est réputé avoir les marchandises en sa possession, lorsqu'elles sont à sa disposition dans ses magasins ou navires, à la douane ou dans un dépôt public, ou si avant leur arrivée, on lui a remis un connaissement ou une lettre de voiture.

A défaut de payement à l'échéance, le créancier peut faire vendre le gage par un officier public, huit jours après une simple signification faite au débiteur, et au tiers bailleur du gage, s'il y en a un. Toute clause qui autoriserait le créancier à s'approprier le gage ou à en disposer autrement est nulle.

SECTION II. — Des Warrants.

On peut remettre en gage au moyen de *warrants*, les marchandises déposées dans les docks ou magasins généraux. Nous allons entrer dans quelques détails à ce sujet.

On désigne du nom de *docks* ou de *magasins généraux*, certains établissements qui reçoivent les matières premières, les marchandises et les objets fabriqués que les négociants et industriels veulent y déposer [1]. Au moyen du *warrant* et d'un *récépissé*, les propriétaires des marchandises déposées peuvent les *mobiliser* en les faisant circuler de main en main, soit à titre de vente, soit à titre de nantissement avec la plus grande facilité et sans aucun frais de déplacement. Le warrant et le récépissé sont les titres délivrés au déposant par les magasins généraux et sont *transmissibles par voie d'endossement* : le commerçant, l'industriel, l'ouvrier peuvent ainsi emprunter facilement sur leurs marchandises et les vendre [2].

Les récépissés de marchandises et les warrants y annexés sont extraits d'un registre à souche. Le ré-

---

[1] Ces établissements ne peuvent être ouverts qu'avec l'*autorisation* du gouvernement et sous sa surveillance, et après que les Chambres de commerce ou les Chambres consultatives des arts et manufactures ont été entendues. Cette institution inaugurée en France par le décret du 24 mars 1848, est aujourd'hui réglée par la loi du 28 mai 1858, et par le décret du 12 mars 1859 portant règlement d'administration publique pour l'exécution de la dite loi.

[2] C'est ainsi que s'est créé le *crédit de la marchandise*, en même temps que le commerce a trouvé dans ces établissements, des magasins bien gardés et bien surveillés, une diminution des frais d'emmagasinage et de garde et une dispense de payer, pendant la durée du dépôt les droits de douane et d'octroi.

cépissé est particulièrement destiné à servir d'instrument de vente et à transférer la propriété de la marchandise. Il doit énoncer les nom, profession et domicile du déposant ainsi que la nature de la marchandise déposée et les indications propres à en établir l'identité et à en déterminer la valeur.

Le *warrant* ou bulletin de gage, devant servir d'instrument de crédit, est destiné à placer la marchandise *à titre de gage* entre les mains du prêteur ; il contient les mêmes mentions que le récépissé. Lorsqu'il est endossé séparément du récépissé, il devient un véritable effet de commerce et, comme tel, il est assujetti au timbre proportionnel de 1 franc par 1000 fr. et au droit d'enregistrement de 60 c. par 100 fr.

Pour faciliter l'accès des établissements publics de crédit aux porteurs de warrants. *l'article 11* dispose qu'ils peuvent recevoir les warrants comme effets de commerce, avec *dispense d'une* des signatures exigées par leurs statuts. Les Comptoirs d'escompte peuvent donc les *recevoir avec une signature*; la Banque de France avec *deux signatures*.

Si le déposant veut emprunter sur sa marchandise, il détache le warrant et le transfère par endossement au prêteur. L'endossement du warrant seul et séparé du récépissé vaut nantissement de la marchandise au profit du cessionnaire du warrant (*article 4, loi du 28 mai 1858*) ; il confère au prêteur sur la marchandise déposée tous les droits du créancier gagiste sur le gage. Ce gage suit le warrant en quelques mains qu'il passe par l'effet des négociations successives dont il est l'objet.

Le déposant veut-il vendre, s'il n'a encore consenti aucun droit de gage sur sa marchandise, il a entre les mains les deux 'titres ; il les transfère tous deux à l'acheteur, et par cet endossement, la propriété de la marchandise est transférée purement et simplement à ce dernier. Si la marchandise est engagée, et, si par suite, le warrant est déjà détaché, le déposant transfère le récépissé qu'il a conservé à l'acheteur qui devient propriétaire de la marchandise, mais au même titre que le vendeur, c'est-à-dire à charge de payer au porteur du warrant le montant de la créance garantie par l'endossement du warrant ou d'en laisser payer le montant sur le prix de la vente de la marchandise.

L'endossement du récépissé doit être daté, afin de montrer si le cédant et le cessionnaire étaient capables de contracter au moment de l'endossement (art. 5).

L'endossement du warrant doit également être daté ; mais, de plus, lorsque le warrant est séparé du récépissé, il doit énoncer le montant intégral, en capital et intérêts, de la créance garantie, la *date* de son échéance, et les *nom*, profession et domicile du créancier.

Le *premier* cessionnaire du warrant doit *immédiatement* faire transcrire l'endossement sur les registres du magasin, avec les énonciations dont il est accompagné. Il est fait mention de cette transcription sur le warrant. Cette formalité, qui n'est obligatoire que pour le premier endossement du warrant, a été édictée par la loi pour donner au nantissement qui résulte de cet endossement *une date certaine et opposable aux tiers*.

Quant aux droits du porteur du récépissé séparé du warrant ou propriétaire de la marchandise, il peut, sans attendre l'échéance de la créance garantie par le warrant, acquitter le montant de cette créance. Il est, en effet, des circonstances où l'acheteur de la marchandise a intérêt à la retirer immédiatement du magasin général. Il a donc la faculté de la libérer *à toute époque* (art. 6) ; mais alors deux hypothèses peuvent se présenter : ou le porteur du warrant, c'est-à-dire le créancier gagiste, est connu ou il ne l'est pas.

Si le porteur du warrant n'est pas connu ou si, étant connu, les parties n'ont pu se mettre d'accord, le porteur du récépissé aura à décider s'il lui convient ou non d'attendre l'échéance pour payer et rentrer en possession de la marchandise. S'il préfère libérer immédiatement la marchandise, il consignera la somme due, y compris les intérêts jusqu'à l'échéance, à l'administration du magasin général, qui en demeurera responsable.

Voyons maintenant quels sont les *droits du porteur du warrant séparé du récépissé*. A défaut de payement à l'échéance, le créancier gagiste peut, huit jours après le protêt, et sans aucune formalité de justice, faire procéder à la vente publique aux enchères et en gros de la marchandise engagée. — Dans le cas où le souscripteur primitif du warrant l'a remboursé, il peut, comme le porteur du warrant aurait pu le faire lui-même, faire procéder à la vente de la marchandise contre le porteur du récépissé, huit jours après l'échéance et sans qu'il soit besoin d'aucune mise en demeure.

Le créancier est payé de sa créance sur le prix, directement et sans formalités de justice, par privilége et par préférence à tous créanciers, sans autre déduction que celle : 1° des contributions indirectes, des taxes d'octroi et des droits de douane dus par la marchandise ; 2° des frais de vente, de magasinage et autres faits pour la conservation de la chose.

Si le porteur du récépissé ne se présente pas lors de la vente de la marchandise, la somme excédant celle qui est due au porteur du warrant est consignée à l'administration du magasin général.

Si le porteur du warrant n'a pas fait procéder à la vente dans le *mois* qui suit la date du protêt, il perd son recours contre les endosseurs.

Le porteur du warrant n'a de recours contre l'emprunteur et les endosseurs qu'après avoir exercé ses droits sur la marchandise, et en cas d'insuffisance.

Le recours qu'il a contre les endosseurs doit être exercé dans les délais fixés par les art. 165 et suivants C. C. pour les lettres de change et les billets à ordre ; mais ces délais ne courent que du jour où la vente de la marchandise est réalisée.

Les porteurs de récépissés et de warrants ont sur les indemnités d'assurances dues, en cas de sinistres, les mêmes droits et priviléges que sur la marchandise assurée.

CHAPITRE VI.

Des Commissionnaires.

(Articles 94 à 108 du Code de Commerce).

Le commissionnaire est un agent intermédiaire qui contracte pour autrui, en son nom et en s'obligeant personnellement. Il diffère du courtier qui ne s'engage jamais lui-même et qui ne fait seulement que mettre en rapport, moyennant un droit de courtage, les commerçants qui veulent acheter et ceux qui veulent vendre. Le contrat de commission est un véritable mandat.

SECTION PREMIÈRE. — Des commissionnaires en général.

§ I. Obligations du Commissionnaire. — Vis-à-vis du commettant, le commissionnaire est obligé d'exécuter le mandat qui lui est donné et de rendre compte des opérations qu'il a faites. Il doit apporter à la garde des marchandises qui lui sont confiées les mêmes soins qu'à sa propre chose; il est responsable de la perte et des avaries survenues par sa négligence.

Quand le commissionnaire est chargé de vendre des marchandises, il doit les vendre au prix convenu entre lui et son commettant; s'il n'y a pas de prix convenu, c'est le cours qui détermine le prix. Le commissionnaire reçoit lui-même le prix de l'acheteur et en rend compte au propriétaire des marchandises, qui n'a aucun rapport avec l'acheteur.

Quand le commissionnaire est chargé d'acheter, il se procure la marchandise qui lui est demandée, au prix fixé ou au prix courant, et la livre à l'acheteur qui, dans ce cas, n'a aucun rapport avec le vendeur.

Vis-à-vis des tiers, le commissionnaire est seul obligé, comme si l'opération qu'il fait lui était personnelle : ceux qui traitent avec lui, soit comme vendeurs, soit comme acheteurs, ne connaissent pas son commettant. Les tiers n'ont de recours que contre le commissionnaire, dans le cas où les engagements qu'il a contractés avec eux ne seraient pas remplis ou pourraient donner lieu à des contestations.

§ II. Obligations du commettant. — Le commettant est tenu de rembourser au commissionnaire les avances et frais qui lui sont dus, et de lui payer le droit de commission convenu ou fixé par l'usage des lieux.

Il importe de remarquer que le commissionnaire peut, dans certains cas, contracter au nom de son commettant, *sans s'obliger personnellement* : ses fonctions se rapprochent alors de celles du courtier ; elles en diffèrent cependant en ce que le courtier ne répond de rien, tandis que le commissionnaire peut être responsable de la solvabilité des contractants. En effet, quelquefois, le commissionnaire garantit à son mandant la solvabilité de ceux avec lesquels il traite comme intermédiaire. Cette garantie résulte, soit d'une convention expresse, soit du paiement d'un droit de commission double que l'on nomme *du croire*, (de l'italien : *del credere*).

Tout commissionnaire a privilége sur la valeur des marchandises à lui expédiées, déposées ou consignées, par le fait seul de l'expédition, du dépôt ou de la consignation, pour tous les prêts, avances ou paiements faits par lui, soit avant la réception des marchandises, soit pendant le temps qu'elles sont en sa possession.

Dans la créance privilégiée du commissionnaire sont compris, avec le principal, les intérêts, commissions et frais.

Si les marchandises ont été vendues et livrées pour le commettant, le commissionnaire se rembourse, sur le produit de la vente, du montant de sa créance, par préférence aux créanciers du commettant,

SECTION II. — *Des commissionnaires pour les transports par terre et par eau.*

La loi comprend sous la dénomination générale de *commissionnaires de transport* ou de *voituriers* tous ceux qui se chargent du transport soit par terre, soit par eau, des personnes et des marchandises, comme, par exemple : les entrepreneurs de roulage et de messagerie, les compagnies de chemins de fer et de bateaux à vapeur, etc., Ce sont là des intermédiaires indispensables pour faciliter les relations commerciales.

Parfois le commissionnaire est lui-même voiturier, mais généralement le commissionnaire emploie un voiturier.

Le contrat qui intervient entre l'expéditeur et le commissionnaire peut se prouver par toutes les preuves admises en matière commerciale; mais, le plus souvent, il se prouve par une lettre de voiture.

La lettre de voiture est rédigée sur papier timbré. Elle doit : — 1° être datée, — 2° contenir les noms et domicile de l'expéditeur, du commissionnaire, du voiturier, du destinataire, — 3° la nature des objets à transporter, leur désignation, leur poids, leurs numéros et leurs marques, — 4° le prix du transport, —5° le délai dans lequel le transport doit être effectué, — 6° l'indemnité due pour cause de retard.

Le commissionnaire donne un reçu à l'expéditeur et fait lui-même la lettre de voiture qu'il remet au voiturier.

Le voiturier est responsable de la *perte* des objets à transporter, hors les cas de force majeure. Il est garant du défaut de transport dans le délai fixé et des *avaries* autres celles que celles qui proviennent du vice propre de la chose ou de la force majeure.

La réception des objets transportés et le paiement du prix de transport *éteignent toute action* contre le voiturier. En cas de refus ou contestation pour la réception des objets transportés, le destinataire doit présenter une requête au président du tribunal de commerce (ou, à son défaut, au juge de paix), qui nomme des experts à l'effet de vérifier et de constater l'état desdits objets. Les experts dressent procès-verbal de l'état des objets transportés et le fond de la contestation est jugé par le tribunal de commerce.

Toutes actions contre le commissionnaire et le voiturier, à raison de la perte ou de l'avarie des marchandises, *sont prescrites après six mois*, pour les expéditions faites dans l'intérieur de la France, et *après un an*, pour celles faites à l'étranger; le tout à compter, pour le cas de perte, du jour où le transport des marchandises aurait dû être effectué; et pour les cas d'avarie, du jour où la remise des marchandises aura été faite.

FORMULE *d'une Commission générale.*

Entre les soussignés : 1° N..., négociant à... 2° P..., commissionnaire à...

A été convenu ce qui suit :

N..., autorise P... à vendre les marchandises qui font l'objet de son commerce, aux conditions qui lui seront ultérieurement indiquées d'après les variations qui surviendront dans le cours desdites marchandises, s'engageant à exécuter toutes les ventes faites par P..., dans les limites des pouvoirs et des indications qui lui seront données. N..., s'engage, en outre, à payer à P..., un droit de commission de... 0l0 sur toutes les ventes qu'il conclura au profit d'acheteurs solvables.

De son côté, P..., s'engage à ne traiter qu'avec des personnes solvables, à rendre compte à N..., de toutes les sommes ou valeurs qu'il recevra pour son compte. La présente commission sera révoquée à la volonté de l'une ou de l'autre des parties.

Fait double, à..... le.....

Nota. — Ce modèle peut servir de guide pour la rédaction des commissions, qui peuvent être modifiées à l'infini, suivant la volonté des parties.

FORMULE *d'une Requête afin de faire nommer un Expert pour constater l'état de la marchandise refusée.*

A M. le Président du Tribunal de Commerce de,...

Le sieur... a l'honneur d'exposer : qu'il vient de lui être présenté (indiquer la nature des marchandises), expédiée à son adresse par le sieur X... de...

Que cette marchandise n'est pas conforme à la commande qu'il a faite, et qu'il lui est impossible de la recevoir ;

C'est pourquoi l'exposant vous prie, Monsieur le Président, de vouloir bien nommer un expert conformément à l'art. 106 du Code de commerce, pour constater l'état de cette marchandise, sous la réserve des droits des parties.

(Signature).

Nota. — L'expert devra prêter serment avant de commencer son opération. Il constatera l'état de la marchandise contradictoirement avec le voiturier qui sera appelé à l'amiable ou par sommation, en cas de refus de comparaître. Il dressera de son opération un procès-verbal qu'il déposera au greffe du tribunal de commerce.

Cette expertise n'a d'autre résultat que de sauvegarder la responsabilité du voiturier et du destinataire, qui s'exposeraient l'un et l'autre, en conservant la marchandise refusée, sans en faire constater l'état. Mais elle ne sera pas opposable au vendeur qui conservera tous ses droits, pour prouver que la marchandise refusée est conforme à la commande, ou qu'elle est avariée par la faute du voiturier.

CHAPITRE VII

De la lettre de change et du billet à ordre.

(Articles 110 à 189 du Code de Commerce).

SECTION PREMIÈRE. — Nature et forme de la lettre de change.

La lettre de change, née des besoins mêmes du commerce est un moyen de paiement d'un lieu à un autre, sans envoi d'argent ; c'est donc une valeur de crédit ([1]). On définit la lettre de change : un acte par lequel une personne prie une autre personne résidant dans un autre lieu, de payer une certaine somme au porteur de cet acte.

On appelle *tireur* celui qui souscrit la lettre de change, *preneur* ou *porteur*, celui au profit de qui elle est souscrite ; celui auquel s'adresse l'ordre de payer s'appelle *tiré*. Le porteur qui cède son titre à un autre s'appelle *endosseur*.

Dans l'usage, on donne souvent le nom de lettres de change aux traites et aux mandats, qui sont cependant des effets de commerce distincts de la lettre de change.

La lettre de change doit être datée ; elle énonce : — la somme à payer, — le nom de celui qui doit payer, — l'époque et le lieu du paiement, — la valeur fournie en espèces, en marchandises, en compte ou de toute autre manière. Elle est à l'ordre d'un tiers ou à l'ordre du tireur lui-même.

Si les conditions exigées par la loi font défaut, le titre est nul en tant que lettre de change, mais il produit les effets d'une obligation ordinaire.

---

(1) On appelle *contrat de change* la convention dont l'objet est de faire payer une certaine somme dans un lieu déterminé pour une valeur promise ou donnée dans un autre lieu. Le titre au moyen duquel cette convention se prouve ou s'exécute s'appelle tantôt *lettre de change*, tantôt *billet à domicile*, *billet à ordre*, *mandat*, *traite*.

Remarquons ici qu'il n'est pas nécessaire que la lettre de change, soit écrite par celui qui l'a créée ; il suffit qu'elle porte sa signature.

Pour pouvoir créer une lettre de change, il faut avoir la capacité de contracter ; les femmes mariées, même autorisées par leur mari, et les filles majeures ne peuvent souscrire, accepter ou endosser valablement une lettre de change, si elles ne sont pas marchandes publiques. En dehors de ce cas, leur signature sur une lettre de change, ne vaut que comme une simple reconnaissance.

SECTION II. — Droits et obligations des parties.

Le tireur est tenu : — 1° *à l'égard du preneur*, de lui procurer l'*acceptation*, c'est-à-dire l'engagement personnel du tiré d'acquitter la lettre de change, et en outre, son paiement à l'échéance ; — 2° à l'égard *du tiré*, de lui fournir les fonds nécessaires, c'est-à-dire de lui envoyer la provision.

§ I. DE L'ACCEPTATION. — Le porteur a le droit de demander au tiré son acceptation avant l'échéance, quand le contraire n'a pas été convenu avec le tireur.

Quelquefois même il est obligé de demander l'acceptation, c'est quand la lettre de change n'est pas payable à jour fixe, mais après un certain nombre de jours de vue, ou quand le tireur lui en a imposé l'obligation.

Quand la lettre de change est payable à un certain délai de vue, le porteur est tenu de la présenter au tiré dans le délai de trois mois.

Si le tiré consent à accepter, il doit le déclarer formellement par écrit sur le titre même.

Par l'acceptation, le tiré devient débiteur du porteur, quand bien même le tiré serait ou deviendrait insolvable, et qu'il ne lui fournirait pas la provision, et en aucun cas le porteur ne peut décharger le tiré de son acceptation.

S'il refuse d'accepter, le porteur doit faire constater ce refus par un acte que l'on nomme *protêt faute d'acceptation*.

Sur la notification du protêt faute d'acceptation, le porteur a le droit d'exiger du tireur une caution, ou le remboursement de la lettre de change; il a le même droit si le tiré tombe en faillite avant ou après l'acceptation.

Le tiré est libre de donner ou de refuser son acceptation, à moins qu'il ne soit obligé envers le tireur à accepter.

On peut accepter la lettre de change pour partie seulement; dans ce cas, le porteur doit la faire protester pour le surplus.

§ II. DE L'AVAL. — L'aval est un cautionnement donné au porteur par un tiers.

Il peut être donné sur la lettre même, ou par acte séparé.

Celui qui se porte garant de cette manière, s'appelle *donneur d'aval*. Le donneur d'aval est tenu au paiement solidairement avec le tireur et les endosseurs.

§ III. DU PAYEMENT. — Le paiement d'une lettre de change doit avoir lieu le jour de son échéance; les juges ne peuvent accorder aucun délai au débiteur.

Si l'échéance n'est pas indiquée et que la lettre de change soit payable à vue, le porteur devra en exiger le paiement dans les trois mois de sa date.

Si le tiré refuse de payer, ce refus doit être constaté par un protêt, le lendemain de l'échéance.

Le porteur, qui n'est pas payé, a le droit de demander au tireur le remboursement : 1° du montant de la lettre de change; 2° des intérêts et des frais.

Le paiement doit être demandé à l'échéance par le porteur.

Le porteur doit recevoir les paiements partiels qui lui sont offerts, sauf à protester pour le surplus. Les à-compte payés libèrent jusqu'à concurrence le tireur et les endosseurs.

Tous ceux qui ont signé, accepté ou endossé une lettre de change, sont obligés solidairement envers le porteur.

§ IV. ENDOSSEMENT. — La propriété d'une lettre de change se transmet par l'endossement.

L'endossement est la mention mise au dos de la lettre de change et qui opère sa transmission. L'endossement doit être daté ; — il doit exprimer la valeur fournie, et la nature de celle-ci, — le nom de celui à qui la cession est faite. L'endossement n'est régulier que quand il réunit toutes ces conditions.

S'il n'est pas daté, s'il ne contient pas la valeur fournie, ou s'il est simplement signé en blanc, il ne rend pas le porteur propriétaire de la lettre de change.

Quand l'endossement est irrégulier, il ne produit que l'effet d'une simple procuration ; le porteur est alors considéré comme étant mandataire de l'endosseur, de sorte que si le tiré était créancier de l'endosseur, il pourrait opposer la compensation au porteur.

Au contraire, quand l'endossement est régulier, le tiré ne peut opposer au porteur aucun des moyens de paiement ou de nullité qu'il aurait pu opposer au bénéficiaire ou aux endosseurs.

Le porteur d'un endos en blanc *peut* remplir l'endos à son profit ; il devient ainsi propriétaire du titre qui lui a été négocié. Mais il n'a plus cette faculté quand le cédant est tombé en faillite.

§ V. DE LA PROVISION.— *La provision* est une valeur destinée au paiement de la lettre de change. Le tireur est obligé de fournir la provision et d'en justifier.

Il y a provision quand, à l'échéance, le tiré est débiteur du tireur d'une somme égale au montant de la lettre de change.

L'acceptation de la lettre de change suppose la provision et donne au porteur un droit exclusif sur cette provision, à l'encontre des autres créanciers du tireur.

Le tireur est tenu de prouver, en cas de dénégation, que la provision existait à l'échéance, sinon il est garant du paiement de la lettre de change, quoique le protêt ait été fait après les délais fixés.

§ VI. DROITS ET DEVOIRS DU PORTEUR. — Le porteur doit demander le paiement le jour de l'échéance, afin que tous ceux qui sont responsables du paiement de la lettre de change sachent le plus tôt possible, s'ils sont ou non affranchis de cette garantie.

Si le tiré ne paie pas la lettre de change, le porteur doit faire constater le refus de paiement, le lendemain de l'échéance, par un acte que l'on nomme *protêt faute de paiement*.

§ VII. Protêt. — *Le protêt* est un acte rédigé par un huissier et qui constate le refus de paiement du débiteur. Il doit être fait le lendemain de l'échéance. Si ce jour est un jour férié légal, le protêt est fait le jour suivant. Le protêt doit contenir la transcription littérale de la lettre de change, la sommation d'en payer le montant. De plus, il doit énoncer la présence ou l'absence de celui qui doit payer, les motifs de son refus, et l'impuissance ou le refus de signer.

Il doit être fait : 1° au domicile du tiré, ou à son dernier domicile connu ; 2° au domicile des personnes indiquées pour payer au besoin.

Le protêt ne peut être remplacé par aucun autre acte, il doit être fait, même en cas de mort ou de faillite du tiré.

Son omission priverait le porteur du droit de réclamer le montant de la lettre aux endosseurs, et même, dans certains cas, au tireur.

Le tiré ne peut pas se prévaloir du défaut de protêt. Quand il a accepté la lettre, il est devenu débiteur personnel du porteur et ne peut lui opposer que la prescription.

La mention *sans frais*, mise sur la lettre de change par le tireur et les endosseurs, dispense le porteur du protêt à l'égard de chacune de ceux qui ont signé cette mention.

Le protêt fait courir les intérêts du titre protesté faute de payement.

S'il n'a pas fait protester la lettre de change le lendemain de son échéance, le porteur n'a plus aucun droit contre les endosseurs.

En ce qui concerne le tireur, il faut faire une distinction.

Si le tireur a fait la provision, il pourra se prévaloir de la négligence du porteur qui, dans ce cas, n'aura plus de droit que sur la provision, et contre le tiré ; mais si le tireur n'a pas fait la provision, il ne pourra pas opposer au porteur sa négligence, et celui-ci, quoique n'ayant pas fait protester la lettre, aura un recours contre le tireur.

Après avoir accompli la formalité du protêt, le porteur a le droit, s'il n'est pas payé à l'échéance, d'exercer son action en garantie soit individuellement contre le tireur et chacun des endosseurs, soit collectivement contre les endosseurs et le tireur. Dans ce cas, il doit leur dénoncer le protêt et les assigner en paiement, dans la quinzaine, sous peine de déchéance.

Il peut même, prendre pour le compte de l'un d'eux, chez un banquier du lieu où la lettre était payable, une nouvelle lettre de change appelée *retraite*, au moyen de laquelle il se rembourse du principal de la lettre protestée, de tous ses frais et du nouveau change qu'il paie. Cette opération est connue sous le nom de *rechange*.

SECTION III. — Du billet à ordre.

Le billet à ordre est un acte par lequel le souscripteur s'engage à payer une certaine somme au créancier ou à son ordre, à une époque déterminée.

Il doit être daté, indiquer la somme à payer, l'époque du payement, le nom du créancier (que l'on nomme bénéficiaire), et la valeur fournie.

Toutes les dispositions relatives aux lettres de change concernant l'échéance, — l'endossement, — la solidarité, — l'aval, — le payement, — le protêt, — les devoirs et les droits du porteur, sont applicables aux billets à ordre.

Mais les règles relatives à l'acceptation, à la provision, au protêt pour conserver son recours contre le souscripteur, ne concernent pas les billets à ordre.

Le souscripteur d'un billet à ordre ne peut jamais invoquer le défaut de protêt ni de poursuites dans les délais, car il est le débiteur direct de la somme à payer.

Le billet à ordre diffère de la lettre de change en ce que la lettre de change est toujours un acte de commerce, tandis que le billet à ordre n'est un acte de commerce qu'autant qu'il est souscrit à l'occasion d'une opération commerciale.

Les billets à ordre souscrits par des commerçants sont réputés avoir une cause commerciale, quand ils n'en indiquent pas une autre.

SECTION IV. — *Billet à domicile.* — *Billet au porteur.* — *Traite.* — *Lettre de crédit.*

Quand le billet à ordre est souscrit dans un lieu et payable dans un autre, on l'appelle *billet à domicile.*

Il diffère du billet à ordre et constitue toujours un acte de commerce, parce qu'il constate une remise d'argent de place en place.

En conséquence, il produit à l'égard du souscripteur et des endosseurs, encore qu'ils ne soient pas commerçants, tous les effets de la lettre de change.

Toutes les règles relatives à la lettre de change sont applicables au billet à domicile.

§ I. BILLET AU PORTEUR. — C'est un billet sur lequel le nom du créancier est remplacé par le mot *porteur*. Il est payable à celui qui le présente à l'échéance, et se transmet de la main à la main, comme un billet de banque, sans que l'endossement soit nécessaire.

§ II. DE LA TRAITE. — On appelle *traite* ou *mandat* un effet négociable qui ressemble à la lettre de change, mais qui ne produit pas les mêmes effets, parce que l'intention du tireur est d'encaisser une somme qui lui est due, ou de donner à un tiers le mandat de payer, pour son compte, la somme portée au titre.

La traite diffère de la lettre de change en ce que les parties dispensent le porteur de l'acceptation et du protêt, et qu'il ne constitue pas nécessairement un acte de commerce; mais quand la traite réunit les conditions essentielles de la lettre de change, c'est-à-dire remise de place en place; quand elle doit être présentée à l'acceptation, protestée en cas de non-paiement, elle ne diffère plus de la lettre de change.

§ III. DE LA LETTRE DE CRÉDIT. — On désigne sous ce nom une lettre par laquelle une personne prie une autre personne de payer à celui qu'elle désigne, la somme dont celui-ci a besoin, jusqu'à concurrence d'une somme déterminée. La lettre de crédit est utile au commerçant qui voyage; elle le dispense de s'embarrasser de fonds et lui permet de prendre à sa volonté, les sommes qui lui sont nécessaires. La lettre de crédit n'est pas transmissible.

FORMULE d'une Lettre de Change.

B. P. Fr. 1000.

Avignon, le...

Au... *ou* à dix jours de vue, il vous plaira payer à P..., ou à son ordre, la somme de mille francs, valeur reçue en marchandises, sans autre avis de (*ou* suivant avis de). Signé : N... et C⁰.

A M...,
banquier à...

FORMULE d'une Acceptation par intervention.

Accepté pour la somme de... pour l'honneur de la signature de M... ou pour le compte de M...

A..., le... mil huit cent. (*Signature*).

FORMULE d'un Aval sur le titre même.

Bon pour aval.

(*Signature*).

FORMULE d'un Billet à ordre.

B. P. Fr.

Avignon, le...

Au... prochain, je payerai à M... ou à son ordre, la somme de... francs, valeur reçue en...

(*Signature*).

FORMULE d'une Traite ou Mandat.

B. P. Fr.

Avignon, le...

Au... prochain, il vous plaira payer contre ce présent mandat à M..., ou à son ordre, la somme de... francs, valeur en compte (*ou* en marchandises) que passerez suivant (*ou* sans autre avis) de. . A. M... fabricant, à... Votre serviteur,

(*Signature*).

TIMBRE. — Les lettres de Change, Billets à ordre ou au porteur, Mandats retraites, et tous autres effets négociables sont soumis à un droit de timbre proportionnel fixé ainsi qu'il suit :

A 10 c. pour les effets de 100 francs et au-dessous.
A 20 c. pour ceux au-dessus de 100 francs jusqu'à 200 francs.

A 30 c.	—	—	—	200	—	—	300	—
A 40 c.	—	—	—	300	—	—	400	—
A 50 c.	—	—	—	400	—	—	500	—
A 1 fr.	—	—	—	500	—	—	1000	—
A 2 fr.	—	—	—	1000	—	—	2000	—
A 3 fr.	—	—	—	2000	—	—	3000	—
A 4 fr.	—	—	—	3000	—	—	4000	—

Et ainsi de suite en suivant la même progression et sans fraction. (*Lois des 5 juin 1850 et 23 août 1871*).

Le bénéficiaire peut faire viser pour timbre le titre aux frais du sous-cripteur, s'il l'a reçu non timbré. Il est même tenu de remplir cette forma-lité dans les quinze jours de la date de l'effet, ou avant l'échéance si cet effet à moins de quinze jours de date, et, dans tous les cas, avant toute négociation.

ENREGISTREMENT. — Le droit d'enregistrement est de 50 cent. par 100 fr.; Tant que la lettre de change n'est pas échue, il n'y a pas lieu de la faire enregistrer ; et, si elle est payée à l'échéance, elle ne subit aucun droit ni aucune formalité d'enregistrement. Même en cas de protêt, on n'est pas tenu de la faire enregistrer avec cet acte ; on a jusqu'à l'assignation avec laquelle elle doit être enregistrée.

CHAPITRE VIII

Des Chèques.

(Lois du 14 juin 1865 et du 19 février 1871).

SECTION PREMIÈRE. — *Forme et nature du chèque.*

En ajoutant aux effets de commerce déjà régle-mentés par la loi un titre nouveau, d'origine an-glaise, créé en exécution du contrat de dépôt et destiné à en devenir l'utile auxiliaire, le législateur a eu pour but de rendre plus prompte et plus facile la disponibilité du capital.

On appelle *chèque* l'écrit qui, sous la forme d'un mandat de paiement, sert au *tireur* à effectuer le *retrait*, à son profit ou au profit d'un tiers, de tout ou partie de fonds portés au crédit de son compte chez le *tiré* et *disponibles*. Par conséquent, le chèque suppose entre l'individu qui le crée et celui qui doit le payer des rapports de créancier à débiteur.

En général, un particulier ou un commerçant, verse diverses sommes en dépôt ou en compte-courant chez un banquier quelconque avec la faculté de retirer, à la première réquisition, tout ou partie de ce qu'il a déposé. Un chiffre est fixé au-dessous duquel l'excé-dant du crédit sur le débit ne pourra tomber. Il n'est pas nécessaire que le retrait soit précédé d'un avertis-sement préalable, à moins qu'il ne dépasse une somme dont l'importance est déterminée. Enfin, pendant la durée du compte, l'excédant du crédit sur le débit porte un intérêt dont le taux est convenu entre les parties.

Le dépôt ou compte-courant avec chèques rend de nombreux services aux commerçants et aux particuliers, puisque, d'une part, ils peuvent disposer de leurs capitaux pour leurs besoins journaliers, tout comme s'ils les avaient entre leurs mains, et d'autre part leur argent produit un intérêt. L'usage des chèques est également d'une grande utilité pour le commerce et l'industrie. Car, le banquier, moyennant l'intérêt qu'il sert à son client peut employer une partie de la somme déposée. Or, plus l'usage des chèques se répand, plus est considérable la masse des capitaux productifs, qui, utiles au déposant, sont en même temps livrés au commerce et à l'industrie et contribuent ainsi à augmenter la richesse nationale.

Le chèque peut être tiré par un créancier, commerçant ou non, pour le recouvrement d'une dette civile ou commerciale.

§ 1. LA CRÉATION DU CHÈQUE a lieu de la manière suivante : le client d'une banque de dépôt reçoit deux carnets ; — un carnet de chèques ou chéquier, — et un carnet de compte. Le carnet de chèques est divisé en feuillets à souche; et le déposant qui veut créer un chèque, détache un de ces feuillets, y inscrit la somme à payer, la date, le signe et le remet au bénéficiaire. Le carnet de compte est un livre de caisse sur lequel le déposant ou le dépositaire inscrit le montant des chèques qu'il a tirés et des dépôts successifs qu'il a faits.

Avant la loi du 23 août 1871, le chèque était écrit sur papier libre; depuis cette loi le chèque est soumis à un droit de timbre de dix centimes et ne peut être remis à celui qui en doit faire usage sans avoir été préalablement revêtu du timbre. De plus, le tarif du droit de timbre proportionnel établi par la loi de 1871, sur les effets négociables ou de commerce est augmenté de moitié (*Art. 4, loi du 19 février 1874*). Ainsi le droit de timbre au-dessus de cinq cents francs jusqu'à mille francs est gradué de cent francs en cent francs, sans fraction.

§ II. — Le chèque doit être signé par le tireur et indiquer le lieu d'où il est émis: La date du jour où ilest tiré doit être inscrite en toutes lettres et de la main de celui qui a écrit le chèque.

Le tireur qui émet un chèque de place à place sans date, ou non daté en toutes lettres; — celui qui revêt un chèque d'une fausse date ou d'une fausse énonciation du lieu d'où il est tiré, est passible d'une amende de six pour cent de la somme pour laquelle le chèque est tiré, sans que cette amende puisse être inférieure à cent francs. En effet, l'omission de la date comme la supposition d'une date ne permettrait pas de convaincre le tireur du défaut de provision préalable au moment de la création du chèque.

La même amende de 6 0/0 est due personnellement et sans recours par le premier endosseur ou le porteur d'un chèque tiré de place à place sans date ou non daté en toutes lettres, ou portant une date postérieure à l'époque à laquelle il est endossé ou présenté. Cette amende est due, en outre, par celui qui paie ou reçoit en compensation un chèque sans date, ou irrégulièrement daté, ou présenté au paiement avant la date d'émission.

L'émission d'un chèque sans provision préalable et disponible rend l'auteur passible de la même amende de 6 0/0, sans préjudice des peines correctionnelles pour escroquerie : si, par exemple, un débiteur émettait pour tromper son créancier un chèque dont la provision n'existerait pas.

§ III. — Le chèque peut être tiré d'un lieu sur un autre ou sur la même place; mais il ne peut être tiré qu'à vue. Il est *payable* à présentation, c'est à dire dès l'instant même qui suit sa création. Aucun délai ne peut être stipulé, et l'offre faite par le tiré de payer après un délai quelconque équivaut à un refus de paiement et donne lieu à un protêt.

Toutes ces règles ont pour but de conserver au chèque son caractère propre, puisqu'en obligeant le tireur à faire la provision avant d'émettre le titre et le débiteur à le payer à l'instant même de la présentation, ils n'ont l'un et l'autre aucun moyen d'en retarder l'exigibilité. N'oublions pas, d'ailleurs, que le chèque n'a pas pour objet, comme le billet à ordre ou la lettre de change, une somme d'argent qui, au moment de la circulation du titre, peut ne pas exister entre les mains du débiteur. Ce n'est pas une simple promesse de payer ou de faire payer après un certain nombre de jours ou de mois, mais bien une véritable représentation du numéraire qui, au moment même de la remise, existe entre les mains du tiré, sous la garantie du tireur. C'est pourquoi, toutes stipulations entre le tireur, le bénéficiaire ou le tiré, ayant pour objet de rendre le chèque payable autrement qu'à vue et à première réquisition, sont nulles de plein droit.

SECTION II. — Droits et devoirs du porteur d'un chèque.

Le chèque peut être souscrit *au profit d'une personne dénommée, au porteur* ou *à ordre*. S'il est souscrit au profit d'une personne dénommée, *sans la clause d'ordre*, le souscripteur s'engage avec la personne dénommée seulement et n'est point obligé envers le porteur futur du titre à lui en procurer le paiement. Par conséquent, si la personne dénommée cède le chèque, cette cession pourra produire certains effets dans ses rapports avec le cessionnaire mais ne modifiera nullement les droits du cédant vis-à-vis du souscripteur primitif.

Celui-ci pourra former opposition au paiement du chèque, si dans l'intervalle très-court qui sépare la création de la présentation, il est devenu créancier de la personne dénommée au titre ou si celle-ci n'a pas rempli l'engagement qui était la condition de la remise du titre. Cette opposition sera valable à l'égard du tiers porteur; car le titre n'étant pas à ordre, il ne peut avoir plus de droits que la personne dénommée qui le lui a cédé.

Mais si le chèque est à *ordre*, le souscripteur ne pourra s'opposer au paiement à l'égard du tiers porteur de bonne foi, quelle que soit la forme de l'endossement, et même lorsqu'il porte la simple signature de l'endosseur. Il en est de même si le chèque est *au porteur*.

Le chèque *à ordre* est *susceptible d'endossement*, bien qu'il ne soit pas destiné à circuler plus de cinq ou huit jours. L'endossement rend la négociation plus facile en ajoutant au titre une signature nouvelle, par exemple, dans le cas d'un chèque payable dans un autre lieu et si le porteur est obligé de l'expédier à un tiers pour l'encaissement.

Le porteur d'un chèque doit en réclamer le paiement dans le délai de cinq jours, y compris le jour de la date, si le chèque est tiré de la place même sur laquelle il est payable, et dans le délai de huit jours, y compris le jour de la date, s'il est tiré d'un autre lieu. Ce délai est invariable, quelle que soit la distance entre les deux places, et quel que soit le pays d'où le chèque est tiré.

Le porteur d'un chèque qui n'a pas été représenté dans le délai légal perd son recours contre les endosseurs; il perd également son recours contre le tireur, si la provision a péri par le fait du tiré, après le délai légal. Mais, à l'égard du tiré, le retard ne modifie pas les droits du porteur; car, si le tiré a reçu provision, il est obligé au paiement, même après l'expiration du délai : s'il n'a pas reçu provision, il n'a jamais été obligé.

Le chèque, même au porteur, doit être acquitté par celui qui l'a encaissé; l'acquit doit être daté. Celui qui paierait un chèque sans exiger l'acquit se rendrait passible d'une amende de 50 francs.

L'émission d'un chèque, même lorsqu'il est tiré d'un lieu sur un autre, ne constitue pas, par sa nature, un acte de commerce, et ne saurait avoir pour effet absolu d'attribuer juridiction aux tribunaux de commerce.

En effet, le chèque n'est pas, comme la lettre de change, un acte essentiellement commercial. Tiré par un commerçant sur la maison de banque dépositaire de ses fonds, il est un acte de commerce, car le contrat de dépôt ou de compte-courant est, de la part d'un commerçant, présumé fait pour les besoins de son commerce, et le chèque n'étant qu'un moyen d'exécution du contrat en prend la nature. Mais cette présomption ne saurait s'appliquer à un individu non commerçant. Le dépôt ou le compte-courant de la part de celui-ci ne suppose pas nécessairement qu'il se livre au commerce, et d'ailleurs ne constitue pas, de sa nature, un acte commercial. Dans ce cas, le dépositaire sera donc régulièrement assigné devant le tribunal civil, et, à son tour, il pourra assigner devant le tribunal civil le tireur du chèque.

Les dispositions du Code de commerce relatives à la garantie solidaire du tireur et des endosseurs, au protêt et à l'exercice de l'action en garantie en matière de lettre de change, sont applicables aux chèques.

FORMULE *d'un Chèque.*

Avignon, le... Fr.

A présentation, veuillez payer *au porteur* (ou à M. B..., ou à l'ordre de M. B...), contre le présent Chèque, la somme de... dont vous débiterez mon compte.

A M... banquier, à..., rue... n°... (*Signature*).

Nota. — Les Chèques de place à place sont assujettis à un droit de timbre fixe de 20 centimes.

CHAPITRE IX.

Des Assurances.

(Articles 332 à 396, du Code de Commerce.)

SECTION PREMIÈRE. — Nature et forme de l'assurance.

L'assurance est un contrat par lequel une ou plusieurs personnes s'engagent envers une ou plusieurs autres, à les garantir moyennant un certain prix, contre les résultats d'un événement fortuit ou de force majeure [1].

(1) Les règles que donne la loi concernent seulement les assurances maritimes, et c'est, par analogie qu'on les applique aux assurances terrestres.

Celui qui garantit les risques s'appelle *assureur*, et celui qui est garanti *assuré*. On désigne du nom de *prime* le prix convenu entre les parties et payé par l'assuré à l'assureur.

Tout ce qui est sujet à des risques peut être assuré; ainsi l'assurance sert à réparer les pertes ou les dommages matériels qui résultent de l'incendie, de la grêle, des inondations, de la mortalité des bestiaux, des naufrages. des risques maritimes, etc...,

Ordinairement l'assurance est faite par des compagnies, qui seules peuvent réunir les capitaux considérables, exigés pour ces sortes d'opérations.

Ce contrat, aléatoire par sa nature, peut revêtir deux formes distinctes : l'assurance à prime fixe et l'assurance mutuelle,

L'assurance à prime fixe oblige l'assuré au paiement d'un prix annuel fixe.

L'assurance mutuelle est une société contractée entre plusieurs personnes dans le but d'atténuer en les partageant, certains dommages auxquels chacune d'elles est exposée. Dans cette convention chaque partie est à la fois assureur et assuré, et paie une cotisation qui varie annuellement.

SECTION II. — *Obligations de l'assuré et de l'assureur.*

L'assurance est un contrat consensuel et synallagmatique, régi par les principes suivants :

— 1° L'assurance ne peut avoir pour objet de la part de l'assuré, un gain à faire (¹) non plus qu'une perte ou un dommage causé par sa faute ou par la faute des personnes dont il est civilement responsable. Mais c'est à l'assureur à prouver qu'il y a eu fraude ou faute ;

— 2° Il faut que l'assuré soit intéressé à la conservation de la chose assurée ; sans quoi, la convention serait un pari, dépourvu d'effet légal.

---

(1) La loi défend d'assurer deux fois la même chose dans le but de toucher une double indemnité; on peut néanmoins assurer pour certains risques non compris dans le premier contrat, ou faire sur le même objet plusieurs assurances partielles dont la somme n'excède pas la valeur totale.

— 3° L'assuré est tenu de faire connaître à l'assureur, au moment du contrat, la valeur réelle de la chose assurée et toute l'étendue des risques, sans réticence et sans dissimulation.

On appelle *police* l'acte qui contient les clauses et conditions de l'assurance.

La police d'assurance énonce, outre les qualités des parties, la prime, la valeur de la chose assurée, la nature des risques et leur durée. La police peut contenir une clause emportant de plein droit la résolution du contrat (¹), à l'égard de l'assuré qui ne paie pas la prime au jour fixe ; mais la jurisprudence veut que la déchéance n'ait lieu qu'après une mise en demeure légale.

L'assureur n'a droit à la prime que si la chose assurée a été soumise aux risques prévus ; ainsi, par exemple, si un navire assuré ne quitte pas le port, la prime n'est pas due.

En cas de sinistre, l'assuré doit prendre toutes les mesures propres à servir au sauvetage des choses assurées et donner connaissance à l'assureur du sinistre et de tous les accidents survenus, dans un délai déterminé.

L'assureur s'oblige à payer la valeur de la chose assurée et les frais de sauvetage faits par l'assuré ; car l'assuré doit être indemnisé de toute la perte qu'il a subie.

Il importe d'observer qu'on peut faire assurer la prime d'assurance elle-même, parce qu'elle est soumise à des risques. Le prix de cette assurance se nomme *prime de prime*. D'autre part, l'assuré peut également faire assurer la solvabilité de l'assureur. Dans ce cas, il faut subroger le nouvel assureur dans les droits qui résultent du premier contrat.

(1) Et par suite le droit à l'indemnité.

CHAPITRE X.

De la Faillite.

(Article 437 à 614 du Code de Commerce).

La faillite est l'état du commerçant qui cesse ses paiements.

Pour que la cessation des paiements ait ce caractère, il faut qu'elle soit complète et définitive : ainsi, un embarras momentané, le défaut de quelques paiements ne constituerait pas l'état de faillite, si depuis le commerçant s'était acquitté, et avait continué de remplir ses obligations.

La faillite peut être déclarée après le décès d'un commerçant, lorsqu'il est mort en état de cessation de paiements ; mais la déclaration de faillite ne peut être soit prononcée d'office, soit demandée par les créanciers que dans l'année qui suit le décès.

SECTION PREMIÈRE. — Déclaration, forme et effets de la faillite.

Tout commerçant est tenu, dans les trois jours de la cessation de ses paiements, d'en faire la déclaration au greffe du tribunal de commerce de son domicile, et d'annexer à cette déclaration son bilan, c'est-à-dire un état contenant l'évaluation de son actif et le tableau de son passif.

Sur ce dépôt intervient un jugement qui déclare la faillite, fixe l'époque de son ouverture, désigne un membre du tribunal pour juge commissaire, nomme un ou plusieurs syndics provisoires, et ordonne l'apposition des scellés et parfois le dépôt de la personne du failli dans la maison d'arrêt pour dettes.

Le juge-commissaire est chargé de surveiller l'administration de la faillite, d'en accélérer la liquidation et de faire un rapport au tribunal de toutes les contestations qui peuvent naître.

Le jugement déclaratif de faillite emporte, du jour de sa date, dessaisissement pour le failli de l'administration de tous ses biens, même de ceux qui peuvent luiéchoir tant qu'il est en état de faillite. À partir de ce jugement, toute action mobilière ou immobilière ne peut être suivie ou intentée que contre les syndics.

Le failli est pour ainsi dire en état de minorité; les syndics exercent seuls les actions qui lui appartiennent.

Au nombre des effets de la faillite, il en est un sur lequel nous devons appeler l'attention d'une manière particulière : la loi déclare nuls et sans effets, relativement à la masse, lorsqu'ils ont été faits par le débiteur depuis l'époque déterminée par le tribunal comme étant celle de la cessation de ses paiements, ou dans les dix jours qui ont précédé cette époque, tous actes translatifs de propriétés mobilières ou immobilières à titre gratuit; tous paiements, soit en espèces, soit par transport, vente, compensation ou autrement, pour dettes non échues; et pour dettes échues, tous paiements faits autrement qu'en espèces ou effets de commerce; enfin, toute hypothèque conventionnelle ou judiciaire, et tous droits d'antichrèse ou de nantissement constitués sur les biens du débiteur pour dettes antérieurement contractées; mais les droits de privilége et d'hypothèque valablement acquis peuvent être inscrits jusqu'au jugement déclaratif de la faillite.

Au contraire, tous autres paiements faits par le débiteur pour dettes échues, et tous autres actes à titre onéreux par lui passés après la cessation de ses paiements et avant le jugement déclaratif de faillite, ne sont pas nuls de plein droit, mais seulement peuvent être annulés, en cas de fraude de la part de ceux qui ont reçu du débiteur ou qui ont traité avec lui.

La raison de cette différence, c'est que, dans le premier cas, la loi présume que le failli a voulu faire une libéralité au préjudice de la masse, et que cette présomption cesse dans le second.

Les syndics ont, pour les baux des immeubles affectés à l'industrie, au commerce ou à l'habitation du failli, huit jours, à partir de l'expiration du délai de vingt jours accordé aux créanciers pour la vérification de leurs créances, pendant lesquels ils peuvent notifier au propriétaire leur intention de continuer le bail.

Jusqu'à l'expiration de ces huit jours, toutes voies d'exécution sur les effets mobiliers servant à l'exploitation du commerce du failli et toutes actions en résiliation du bail sont suspendues ; sans préjudice des mesures conservatoires et du droit qu'a le propriétaire de reprendre possession des lieux loués.

Le bailleur doit former sa demande en résiliation dans les quinze jours qui suivent la notification que lui font les syndics. *(Loi du 12 février 1872)*.

SECTION II. — *Réalisation de l'actif.*

Dans la quinzaine du jugement déclaratif de faillite, le juge-commissaire convoque les créanciers, les consulte sur le choix des syndics, et, sur le vu de son procès-verbal, le tribunal nomme de nouveaux syndics ou maintient les premiers dans leurs fonctions. Les syndics définitifs font apposer les scellés, s'ils ne l'ont pas été, et le juge-commissaire, sur leur demande, les autorise à remettre au failli les vêtements, hardes, meubles et effets nécessaires à lui et à sa famille, et à faire vendre tous objets sujets à dépérissement.

Dans les trois jours de l'apposition des scellés, les syndics font inventaire, procèdent à la vente des effets mobiliers et marchandises, et en déposent, à la caisse des consignations, le produit, qui ne peut plus en être retiré qu'en vertu d'une ordonnance du juge-commissaire.

Quant au failli, s'il a été affranchi du dépôt, ou s'il a obtenu un sauf-conduit, les syndics peuvent l'employer pour faciliter leur gestion, et le juge-commissaire fixe les conditions de son travail.

Ces mesures conservatoires prises, on procède à la vérification et à l'affirmation des créances : à cette fin, tout créancier doit, dans les vingt jours de l'avertissement qui lui est donné par lettre ou par l'insertion contenue dans les journaux, remettre aux syndics, ou déposer au greffe du tribunal de commerce, ses titres de créance accompagnés d'un bordereau indicatif des sommes qu'il réclame.

Ce dépôt effectué et la vérification faite, les créan-

ciers sont de nouveau convoqués pour affirmer devant
le juge-commissaire, et en présence des syndics, que
le failli est bien et dûment débiteur envers eux des
sommes comprises dans leur bordereau.

Il est indispensable que le créancier fasse vérifier
et affirmer sa créance, sans quoi il peut être exclu de
toute répartition de l'actif. Cependant, tant que les
fonds ne sont pas distribués, il peut former opposition
aux distributions non encore ordonnancées par le juge-
commissaire et se faire reconnaitre créancier.

Lorsqu'une créance est contestée, le juge-commissaire renvoie les parties à l'audience du tribunal, qui
statue sur son rapport, et ordonne qu'il sera sursis
ou passé outre à la convocation de l'assemblée pour
la formation du concordat, suivant les circonstances ;
dans ce dernier cas, le tribunal peut admettre provisoirement le créancier pour une somme que son
jugement détermine.

SECTION III. — Du concordat et de l'union.

L'actif réalisé en partie ou au moins constaté, les
créances vérifiées et affirmées, la situation du failli se
trouve mise à jour, et ses créanciers peuvent délibérer
en connaissance de cause sur le parti à prendre. Y
a-t-il lieu à un concordat ou à un contrat d'union, telle
est la question qu'ils ont à résoudre? Mais avant
d'examiner ces deux positions, il en est une troisième
que nous devons signaler.

Si, à quelque époque que ce soit, dit l'art. 527, le
cours des opérations de la faillite se trouve arrêté par
l'insuffisance de l'actif, le tribunal de commerce peut,
sur le rapport du juge-commissaire, prononcer, même
d'office, la clôture des opérations de la faillite; et ce
jugement fait rentrer chaque créancier dans l'exercice
de ses actions individuelles contre le failli; toutefois,
ce dernier ou les autres intéressés peuvent, à toute
époque, faire rapporter le jugement par le tribunal, en
justifiant qu'il existe des fonds pour faire face aux opérations de la faillite, ou en consignant, entre les mains
des syndics, une somme suffisante pour y pourvoir.

Passons maintenant au cas le plus ordinaire, celui
où la faillite suit son cours. Les créanciers sont con-

voqués et réunis sous la présidence du juge-commissaire, pour délibérer sur la formation du concordat; les syndics font à l'assemblée un rapport sur l'état de la faillite, le failli est entendu, et le juge-commissaire dresse procès-verbal de la séance.

Le concordat doit être voté par les créanciers vérifiés et admis; il ne peut être consenti que par le concours d'un nombre de créanciers formant la majorité et représentant en outre les trois quarts de la totalité des créances vérifiées et affirmées; il doit être signé séance tenante.

Toute opposition au concordat doit être faite dans les huit jours et signifiée aux syndics et au failli; pendant cette huitaine l'homologation ne peut en être poursuivie.

Le concordat homologué, les fonctions des syndics cessent, et leur compte est rendu au failli en présence du juge-commissaire.

Si, plus tard, le débiteur n'exécute pas les conditions du concordat, la résolution peut en être obtenue contre lui devant le tribunal de commerce; mais elle ne libère pas les cautions qui y sont intervenues pour en garantir l'exécution totale ou partielle.

A défaut de concordat, les créanciers sont de plein droit en état d'union; dans ce cas, le juge-commissaire consulte de nouveau les créanciers sur le maintien des syndics, sur le secours à accorder au failli, et sur l'opportunité de continuer l'exploitation de l'actif (¹).

La liquidation terminée, les créanciers sont convoqués par le juge-commissaire, les syndics rendent leur compte, l'assemblée donne son avis sur l'excusabilité du failli, et le juge-commissaire présente la délibération des créanciers au tribunal, qui prononce si le failli est ou non excusable. Dans l'un et l'autre cas, depuis l'abolition de la contrainte par corps, les créanciers n'ont action que sur les biens du failli.

---

(1) La loi du 17 juillet 1856 a reconnu et sanctionné le *concordat par abandon d'actif*, qui diffère du concordat ordinaire en ce que le failli abandonne son actif en tout ou en partie à ses créanciers, qui en poursuivent eux-mêmes la réalisation au moyen des syndics, comme s'ils étaient en état d'union.

Les banqueroutiers frauduleux, les stellionataires, les personnes condamnées pour vol, escroquerie ou abus de confiance, et les comptables de deniers publics, ne peuvent jouir du bénéfice de l'excusabilité.

SECTON IV. — Des co-obligés et des divers créanciers du failli.

Les co-obligés et les cautions du failli restent, nonobstant le concordat, tenus vis-à-vis des créanciers pour la totalité de la dette; mais s'ils ont payé un à-compte à la décharge du failli, ils sont compris dans la masse pour le montant de ce paiement partiel.

Les créanciers de la faillite sont ou nantis de gages, ou privilégiés, ou hypothécaires. Les syndics peuvent toujours, en payant les premiers, retirer de leurs mains l'objet donné en nantissement; la loi admet parmi les seconds : les commis, pour les six mois qui ont précédé la faillite, et les ouvriers employés directement par le failli, pour un mois. De plus, la loi accorde aux propriétaires, en cas de résiliation du bail, privilége pour les deux dernières années de location échues avant le jugement déclaratif de faillite, pour l'année courante et pour des dommages-intérêts qui pourraient être dus.

Quant aux créanciers hypothécaires, ils ne paraissent à la faillite que pour les sommes dont ils ne sont pas payés sur les immeubles; et les femmes sont soumises à certaines restrictions basées sur ce principe, que la femme du failli ne doit pas pouvoir s'approprier indirectement l'argent des créanciers ou les biens qui leur servent de gage. Ainsi la femme ne peut reprendre, soit les immeubles acquis par elle et en son nom, soit ses effets mobiliers qu'en justifiant de son droit par un inventaire ou par tout autre acte authentique. En outre, si la femme a payé des dettes pour son mari, elle n'a de recours à exercer contre la faillite que si elle prouve qu'elle les a payées de ses deniers personnels.

Les remises en effets de commerce ou autres titres non encore payés et qui se trouvent en nature dans le portefeuille du failli, peuvent être revendiqués, lorsque ces remises ont été faites par le propriétaire avec le simple mandat d'en faire le recouvrement et d'en garder la valeur à sa disposition, ou lorsqu'elles ont été, de sa part, spécialement affectées à des paiements déterminés,

Les marchandises consignées au failli à titre de dépôt, ou pour être vendues pour le compte du propriétaire, peuvent également être revendiquées tant qu'elles existent en nature en tout ou en partie ; le prix ou la partie du prix qui n'a été ni payé, ni réglé en valeurs, ni compensé en compte-courant entre le failli et l'acheteur, peut même être revendiqué.

Il en est ainsi des marchandises expédiées au failli, tant que la tradition n'en a pas été effectuée dans ses magasins ou dans ceux du commissionnaire chargé de les vendre pour le compte du failli ; néanmoins, la revendication est non recevable si, avant leur arrivée, les marchandises ont été vendues sans fraude, sur factures et connaissements, ou lettres de voiture signées par l'expéditeur.

Enfin, le vendeur peut retenir les marchandises par lui vendues, lorsqu'elles n'ont pas été délivrées au failli ou expédiées, soit à lui, soit à un tiers pour son compte ; dans ce cas, comme dans celui qui précède, les syndics peuvent exiger la livraison des marchandises en payant le prix.

SECTION V. — De la banqueroute simple, et de la banqueroute frauduleuse.

Est déclaré de droit banqueroutier simple tout commerçant failli qui se trouve dans un des cas suivants : 1° si ses dépenses personnelles ou les dépenses de sa maison sont jugées excessives ; 2° s'il a consommé de fortes sommes, soit à des opérations de pur hasard, soit à des opérations fictives de bourse ou sur marchandises ; 3° si, dans l'intention de retarder sa faillite, il a fait des achats pour revendre au-dessous du cours ; et, si, dans la même intention, il s'est livré à des emprunts, circulation d'effets ou autres moyens ruineux de se procurer des fonds ; 4° si, après cessation de ses paiements, il a payé un créancier au préjudice de la masse,

Au contraire, peut, suivant les circonstances, être

déclaré banqueroutier simple tout commerçant :
1° s'il a contracté pour le compte d'autrui, sans recevoir des valeurs en échange, des engagements jugés trop considérables, eu égard à sa situation lorsqu'il les a contractés ; 2° s'il est de nouveau déclaré en faillite sans avoir satisfait aux obligations d'un précédent concordat ; 3° si étant marié sous le régime dotal ou séparé de biens, il n'a pas publié son contrat de mariage ; 4° s'il n'a pas fait sa déclaration au greffe dans les trois jours de la cessation de ses paiements ; 5° s'il n'a pas tenu des livres et fait exactement inventaire, ou si ses livres sont irrégulièrement tenus.

Les frais de poursuite de banqueroute simple intentée au nom des créanciers sont supportés, s'il y a condamnation, par le Trésor, et s'il y a acquittement, par la masse.

La loi déclare banqueroutier frauduleux tout commerçant failli qui a soustrait ses livres, détourné ou dissimulé une partie de son actif, ou qui, soit dans ses écritures, soit par des actes publics ou privés, soit par son bilan, s'est frauduleusement reconnu débiteur de sommes qu'il ne devait pas ; son complice est soumis aux mêmes peines.

SECTION VI. — Réhabilitation.

Le failli qui aura acquitté en principal, intérêts et frais, toutes les sommes par lui dues, pourra obtenir sa réhabilitation.

S'il fait partie d'une société, il ne pourra obtenir sa réhabilitation qu'en prouvant que toutes les dettes de la société ont été intégralement payées, quand même il aurait obtenu un concordat particulier.

La demande en réhabilitation doit être adressée, avec les quittances et pièces justificatives, à la Cour d'appel dans le ressort de laquelle le failli est domicilié.

La demande doit être affichée pendant deux mois dans la salle d'audience du tribunal civil et du tribunal de commerce, à la Bourse, s'il en existe une, à la maison commune, et publiée dans les journaux destinés à recevoir les insertions légales.

Tout créancier qui n'aura pas été payé intégralement, pourra, pendant ces deux mois, former opposition à la réhabilitation, en faisant sa déclaration au greffe du tribunal de commerce.

Les banqueroutiers frauduleux. les personnes condamnées pour vol, escroquerie ou abus de confiance, les stellionataires, les tuteurs ou comptables qui n'auront pas rendu ou soldé leurs comptes, ne pourront être réhabilités.

FORMULE d'un Bilan.

Bilan du sieur..., marchand de... demeurant à..., rue...

ACTIF.

CHAPITRE I. — *Biens immobiliers.*

1° Une maison située à..., rue..., évaluée à............... ci   »   »
2° Une maison de campagne sise à..., évaluée à.......... ci   »   »
3° Ferme située a..., évaluée à............................. ci   »   »

CHAPITRE II. — *Biens mobiliers.*

1° Argent en caisse....................................... ci   »   »
2° Meubles meublants, linge, argenterie, évalués à........ ci   »   »
3° Marchandises en magasins, évaluées à................. ci   »   »
4° Fonds de commerce, évalué à......................... ci   »   »

5° Bonnes créances (indiquer s'il y a des titres, billets, etc.)..........	M. A. 8000 / M. B. 5000	13000 fr. ci	13000 »
6° Créances douteuses (indiquer s'il y a des titres, billets, etc.)......	M. C. 3000 / M. D. 1000	4000 fr. ci	4000 »
7° Créances mauvaises (indiquer s'il y a des titres, billets, etc.)......	M. E. 2000 / M. F. 5000	2500 fr. ci	2500 »

Total de l'actif...   »   »

PASSIF.

CHAPITRE I. — *Créanciers privilégiés et hypothécaires.*

1° M. P..., propriétaire pour loyers échus............... ci   »   »
    Id.   pour loyers à échoir le........... ci   »   »
2° MM..., commis, pour appointements échus le......... ci   »   »
3° Contributions...................................... ci   »   »
4° Madame L..., pour sa dot............................ ci   »   »
5° M. X..., pour son hypothèque sur telle maison suivant
acte en date du..   »   »

CHAPITRE II. — *Créanciers chirographaires.*

M. A..., négociant, demeurant à..., pour sa facture... ci   »   »
M. B..., négociant, demeurant à..., pour billets. ci   »   »
M. C..., négociant, demeurant à..., pour prêt verbal... ci   »   »

Total du passif...   »   »

RÉCAPITULATION

Le passif s'élève donc à la somme de...................... » »

L'actif à la somme de................................ » »

Ce qui fait un déficit de... ci   »   »

Note justificative des opérations de la gestion du failli.

Profits pendant l'exercice de mon commerce (indiquer, année par année, le montant des profits)........................ ci   »   »

Total général...   »   »

Pertes pendant le même temps (indiquer, année par année le montant des pertes)................................. ci   »   »

Total général...   »   »

Dépenses de maison (faire connaître la somme à laquelle les dépenses de ménage, d'éducation des enfants et autres frais de maison se sont élevés chaque année)........................ ci   »   »

Total général...   »   »

Certifié véritable par moi, marchand de... demeurant à..., rue..., le...

(*Signature du failli*).

Enregistrement : Droit fixe de 2 fr., plus le double décime.

FORMULE *d'un Bordereau des sommes dues au sieur N...,*
Négociant à..., par la faillite du sieur X...

1º Suivant billet en date du..., payable le......... 1000

Intérêt de cette somme jusqu'au jour de la faillite, ci » »

2º Suivant facture remise le...................... 250

Total ....   »   »

Certifié par le soussigné,
(*Signature*).

Nota. — Ce bordereau doit être fait sur timbre. On le remet au syndic ou au greffe du tribunal de commerce.

FORMULE *du Pouvoir à donner au Mandataire chargé de*
représenter un Créancier dans une faillite.

Je soussigné N..., négociant à..., donne pouvoir à M... de me représenter dans les opérations de la faillite du sieur X...

En conséquence, de faire vérifier ma créance et d'en affirmer la sincérité, d'assister à toutes les réunions des créanciers, de nommer les syndics et de confirmer leurs pouvoirs, de voter au concordat conformément aux instructions qui lui seront données ultérieurement ; de recevoir et d'approuver tous les comptes rendus par les syndics ; en général, de faire pour moi tout ce que ma qualité de créancier nécessitera, promettant de le ratifier.

A..., le... 187...

(Signature).

Nota. — Ce pouvoir doit être écrit sur papier timbré.

Formule d'un Concordat sous signatures privées.

Entre M. A..., marchand de..., demeurant à..., d'une part ;

Et les créanciers soussignés dudit sieur A..., formant la majorité en nombre et représentant les trois quarts en somme, d'autre part ;

Il a été dit et convenu ce qui suit :

Les créanciers soussignés reconnaissent que la faillite du sieur A..., n'a été amenée ni par fraude, ni par aucune faute grave de sa part et qu'elle ne peut être attribuée qu'à des circonstances imprévues.

En conséquence, le passif étant irrévocablement fixé à la somme de..., ils consentent, en faveur du sieur A..., acceptant, une remise de quarante pour cent de leurs créances en principal et de tous les intérêts et frais qui peuvent être dus.

Les soixante pour cent restant seront payés moitié dans un an et l'autre moitié dans deux ans, le tout sans intérêts. A défaut de paiement aux époques fixées, le sieur A..., sera déchu du bénéfice du présent concordat, et les créanciers rentreront dans le plein et entier exercice de leurs droits.

Fait à..., le... en autant d'originaux que de parties contractantes.

(*Signatures des créanciers et du failli*).

Formule d'une Demande en réhabilitation formée par un Failli devant la Cour d'Appel de son domicile.

A MM. les Premier Président, Présidents et Conseillers composant la Cour d'Appel de...

Le sieur A..., ancien négociant, demeurant à...

A l'honneur de vous exposer, qu'en 1860, il exerçait à..., le commerce de... ; que par suite des pertes éprouvées dans ce commerce, il fut obligé de déposer son bilan à la date du... et qu'il fut déclaré en faillite par jugement du tribunal de...

Qu'il obtint, à la date du... de ses créanciers, un concordat, lequel fut homologué par jugement du tribunal de commerce de... en date du...

Que par ce concordat, il lui était fait remise de *tant* pour cent sur le montant des créances, et que les... pour cent non remis devaient être payés en trois ans sans intérêts.

Qu'il a non-seulement payé les dividendes promis par ce concordat, mais qu'il est parvenu à acquitter la totalité des sommes qu'il devait à l'ouverture de sa faillite, en principal, intérêts et frais, ainsi qu'il résulte des pièces produites à l'appui de la présente requête.

En conséquence, l'exposant conclut à ce qu'il plaise à la Cour, vu le bilan en date du..., les quittances produites au nombre de... ensemble la présente requête et y faisant droit.

Le déclarer réhabilité et rentré dans l'exercice des droits qu'il avait perdus par la faillite.

(*Date et signature*).

CHAPITRE XI.

De la Prescription en matière commerciale.

(Article 189 du Code de commerce).

Les obligations nées des titres et effets de commerce s'éteignent de la même manière que les obligations civiles. On peut, en conséquence, user des modes de libération du droit commun.

Cependant la loi a modifié le droit commun relativement à la *prescription*. En matière commerciale tout doit être bref et terminé en peu de temps ; il a donc fallu réduire considérablement le temps nécessaire pour la prescription. En effet, les usages et les besoins du commerce ne permettent pas d'admettre une négligence prolongée bien au delà du jour de l'échéance des lettres de change ou des billets à ordre.

C'est pourquoi, toutes les actions relatives aux effets de commerce souscrits par des négociants, des marchands ou banquiers, ou pour faits de commerce, se prescrivent par *cinq ans* à compter du jour du protêt ou de la dernière poursuite judiciaire.

S'il y a eu condamnation, ou si la dette a été reconnue par un acte séparé, la prescription n'aura lieu que par trente ans.

Les débiteurs qui opposeront la prescription seront tenus, s'ils en sont requis, d'affirmer par serment, qu'ils ne doivent plus rien, et leurs veuves ou héritiers qu'ils estiment de bonne foi qu'il n'est plus rien dû.

En matière de société commerciale, toutes les actions contre les associés *non liquidateurs* et leurs veuves, héritiers ou ayants-cause sont prescrites cinq ans après la fin ou la dissolution de la société.

L'engagement de la caution fournie, en cas de perte d'une lettre de change ou d'un billet à ordre, est éteint après trois ans (*article 155*).

TROISIÈME PARTIE

PROCÉDURE

INTRODUCTION

Comme complément naturel des notions élémentaires que nous venons d'exposer, il convient de les faire suivre d'un aperçu général des formalités judiciaires qui constituent, dans leur ensemble, ce qu'on nomme *la procédure*.

En effet, après avoir vu comment s'établissaient et se réglaient les droits et les devoirs réciproques des individus, quant à leurs intérêts privés, il faut voir par quels moyens on peut faire valoir et respecter ces droits, au cas où ils seraient méconnus ou usurpés ; en un mot, il faut connaître comment on *procède* pour obtenir justice. Car la procédure a pour but de poser les règles de la compétence des tribunaux, de l'instruction des procès et de l'exécution des jugements.

La procédure n'est donc autre chose que la forme suivant laquelle les justiciables et les juges doivent agir, les uns pour obtenir, les autres pour rendre la justice.

Les tribunaux sont des corps constitués pour rendre la justice au nom du chef de l'Etat, dans l'étendue d'une circonscription territoriale appelée *ressort*.

Selon la nature des contestations ou des affaires, elles sont dévolues à telle ou telle juridiction et sont de la compétence soit des tribunaux ordinaires (*tribunaux d'arrondissement et cours d'appel*), soit des tribunaux d'exception (*justices de paix, tribunaux de commerce, conseils de prud'hommes*).

Sous un autre point de vue, on peut diviser les tribunaux *en tribunaux de 1re instance* et *tribunaux d'appel*, suivant qu'ils jugent en premier ou en dernier ressort.

Les tribunaux d'appel sont : — le tribunal d'arrondissement pour les juges de paix, — le tribunal de commerce pour les conseils de prud'hommes, — la cour d'appel pour les tribunaux d'arrondissement et de commerce.

Il y a une *justice de paix* par canton ; un tribunal de 1re instance par arrondissement (¹) ; *une cour d'appel* pour un ou plusieurs départements.

Il existe *une cour de cassation* pour toute la France, dont la mission est d'annuler les jugements en dernier ressort et les arrêts où les formes ont été violées et où les lois ont été enfreintes.

Quant aux tribunaux de commerce, il en existe dans toutes les villes où l'importance commerciale l'exige, et dans les arrondissements où il n'y en pas, le tribunal civil juge, à des jours déterminés, les affaires commerciales suivant la procédure commerciale.

—————∿∿∿—————

CHAPITRE PREMIER.

———

De l'Organisation Judiciaire.

La loi fondamentale de l'organisation judiciaire est celle des 16 et 24 août 1790. L'organisation judiciaire comprend les règles relatives à la composition et aux attributions des divers tribunaux.

SECTION PREMIÈRE. — Des justices de paix.

§ I. ORGANISATION. — Il y a une justice de paix *par canton*. Le tribunal est composé d'un juge de paix nommé et révoqué par le chef de l'Etat, et par conséquent *amovible* (²).

Le traitement est, pour les juges résidant dans les

———

(1) Excepté à Paris, où il n'y a qu'un seul tribunal pour tout le département de la Seine, aussi l'appelle-t-on *tribunal de la Seine*.

Il y a en France 2,857 justices de paix, 359 tribunaux de première instance, 214 tribunaux de commerce et 26 cours d'appel.

(2) A Paris, il y a autant de justices de paix que d'arrondissements, c'est-à-dire 20. Les arrondissements de Paris correspondent à la fois aux cantons et aux communes de la province.

villes où siége le tribunal d'arrondissement, le même
que celui des juges de ce tribunal, c'est-à-dire de
2,400 à 5,000 ; — pour les autres, il varie de 1,800 à
2,340. Il y a en outre, pour remplacer le juge en cas
d'empêchement, 2 *suppléants* sans traitement.

Aucun grade en droit n'est exigé, il suffit d'être
français et âgé de 30 ans. Les juges sont souvent
choisis parmi les anciens officiers ministériels. Les
suppléants peuvent remplir d'autres fonctions ; la
plupart sont maires, notaires ou avoués. En matière
civile, il n'y a pas de *ministère public* devant la justice
de paix.

Un *greffier* nommé par le chef de l'État est attaché
à chaque justice de paix ; il a un traitement fixe, et
de plus, les droits d'expédition.

§ II. COMPÉTENCE. — Elle est exceptionnelle, et
limitée aux actions de modique intérêt ou à celles qui
exigent une prompte solution, par exemple, les actions
possessoires. Les juges de paix jugent tantôt en
premier et dernier ressort, tantôt en premier ressort
seulement.

Les juges de paix ont trois sortes de fonctions bien
distinctes :

1° Des fonctions de juridiction purement gracieuse.

Tels sont les cas où ils sont chargés de l'apposition
et de la levée des scellés, ceux où ils sont chargés de
présider les conseils de famille, de recevoir les déclarations d'émancipation, etc.

2° Un pouvoir de conciliation.

C'est en effet devant eux que doivent se présenter
les parties pour accomplir le préliminaire de conciliation, avant d'intenter un procès devant les tribunaux civils d'arrondissement.

3° Des fonctions judiciaires. (*Voir le chapitre
suivant*).

De plus, l'article 138 du code d'instruction criminelle a ajouté à ces fonctions celles de juge simple
police.

L'*appel* est porté devant le tribunal d'arrondissement ; il n'est recevable ni *avant* les *trois jours* qui
suivent celui de la prononciation du jugement ni *après*
les *trente jours* qui suivent la signification.

SECTION II.—*Tribunaux de première instance* ([1]).

§ I. ORGANISATION. — Il y a un tribunal de 1re instance par arrondissement : ces tribunaux sont divisés en six classes sous le rapport de leur importance et du traitement des membres.

Le tribunal siége au chef-lieu administratif, sauf exception : par exemple, dans l'arrondissement d'Arles (Bouches-du-Rhône), le tribunal est à Tarascon.

Chaque tribunal se compose de 3 à 12 juges (3, 4, 7, 8, 10 ou 12). Il y a, en outre, de 3 à 6 juges suppléants.

---

(1) Ces tribunaux s'appellent de 1re instance parce que, le plus souvent, ils jugent en 1er ressort, mais cette dénomination n'est pas parfaitement exacte, car ils jugent quelquefois en dernier ressort (appel des jugements des juges de paix), et quelquefois en 1er et dernier ressort (demandes de peu d'importance); aussi vaut-il mieux les appeler tribunaux d'arrondissement.

Il importe de faire connaître ici les personnes qui par leurs fonctions diverses sont les auxiliaires de la justice :

1° JUGES. — Dans un sens général, on entend, par *Juges*, aussi bien les membres d'une Cour que ceux d'un Tribunal ; mais, dans un sens spécial, les *juges* sont les membres des Tribunaux proprement dits. Les membres des Cours portent le nom de *Conseillers*.

Les décisions prennent différents noms suivant la même distinction : on appelle *Ordonnance*, la décision d'un Président ou d'un Juge agissant seul pour ordonner certaines mesures urgentes, — *Jugement*, la décision d'un Tribunal. — *Arrêt*, celle d'une Cour.

2° MINISTÈRE PUBLIC. — On désigne sous le nom de membres du Ministère public les Procureurs généraux, Avocats généraux, Procureurs de la république, Substituts, qui sont placés près les Cours et Tribunaux (justices de Paix et Tribunaux de commerce exceptés), pour veiller à l'application de la loi, à l'exécution des décisions des Tribunaux, donner leur avis dans certaines affaires, et même dans toutes s'ils le veulent, enfin, exercer certaines actions au nom de la société, par exemple les demandes en nullité de mariage.

3° AVOCATS. — Les Avocats ont seuls le privilége de donner des conseils aux parties, et de faire en leur faveur, près des tribunaux, soit des plaidoiries, soit des mémoires ; mais leur ministère n'est pas, comme celui des avoués, obligatoire pour les parties : on peut plaider sa cause soi-même, pourvu qu'on soit assisté d'un avoué. Ils ne sont pas officiers ministériels.

Pour être avocat, il faut être licencié en droit et avoir prêté serment. On est inscrit au tableau après un stage de trois ans ; alors seulement on peut siéger en cas d'insuffisance de juges.

4° OFFICIERS MINISTÉRIELS. — On appelle ainsi des agents revêtus d'un caractère public et chargés d'assister, soit les juges, soit les parties. Ce sont les greffiers, — huissiers, — avoués, — les avocats à la Cour de cassation et au Conseil d'Etat.

Les tribunaux de 3 à 4 juges n'ont qu'une chambre; — ceux de 7 à 10 en ont 2; — ceux de 12 en ont 3. Lorsqu'il y a plus d'une chambre, l'une d'elles est chargée de la police correctionnelle.

Dans le nombre des juges se trouve compris le président; plus, autant de vice-présidents qu'il y a de chambres, moins une; la chambre où siége le président n'a pas de vice-président. Les présidents, vice-présidents et juges sont nommés par le chef de l'Etat, mais ils ne peuvent être révoqués, c'est-à-dire qu'ils sont *inamovibles*.

Les conditions sont : le grade de licencié en droit, un stage de 2 ans comme avocat près d'un tribunal,

---

5° GREFFIERS. — Le Greffier est un officier ministériel chargé d'assister les juges dans leurs fonctions. Il inscrit les causes, tient la plume à l'audience, écrit la sentence et rédige l'expédition. Le greffier a la garde du dépôt des archives et minutes du tribunal ou de la cour.

6° AVOUÉS. — Ce sont des officiers ministériels chargés de représenter les parties devant les tribunaux, et, de rédiger, recevoir et transmettre les actes de procédure.

Le ministère des avoués est *obligatoire* toutes les fois que l'on doit se présenter devant les Tribunaux civils ou les Cours d'appel. Dès qu'on veut entamer une procédure ou y défendre, il faut s'adresser à un avoué, car on ne serait pas admis à se présenter pour répondre en personne à une assignation, et les tribunaux condamneraient par défaut.

Devant les justices de paix, le ministère des avoués n'est point admis : la loi veut que les parties comparaissent elles-mêmes, ou au moins par des fondés de pouvoirs spéciaux, qu'elles terminent leurs contestations à l'amiable, s'il est possible et que le juge ne prononce que si elles n'ont pu s'accorder. — Le ministère des avoués est *facultatif* en matière de contestations portées en référé, en matière correctionnelle, en matière de poursuites pour contravention aux lois sur les contributions indirectes et enfin dans les procédures d'expropriation pour cause d'utilité publique.

7° HUISSIERS. — Ils sont officiers ministériels; leur rôle consiste à signifier les actes de procédure et à mettre les jugements à exécution. Quelques-uns sont *Audienciers*, c'est-à-dire désignés par le tribunal pour faire le service des audiences; en compensation de cette charge, ils ont le monopole des significations d'actes entre avoués.

Il n'est pas nécessaire d'être en procès pour avoir recours aux huissiers, car ils font des actes extra-judiciaires tels que les congés, les protêts, etc... Dès que la marche d'une entreprise ou d'une opération quelconque devient douteuse ou embarrassée, ce sont les huissiers qui signifient, les sommations, déclarations, mises en demeure, etc... Ils délivrent les citations et les assignations, s'effacent pour faire place aux avoués ou aux avocats lorsque la justice est saisie, puis reparaissent lorsqu'elle a prononcé pour assurer l'exécution des jugements et arrêts.

et l'âge de 25 ans (27 ans pour les présidents et vice-présidents).

Il faut trois juges au moins et six au plus pour rendre un jugement. A défaut du nombre suffisant de juges ou de suppléants pour composer le tribunal, ou pour remplir les fonctions du ministère public, on appelle les avocats dans l'ordre du tableau, et, à leur défaut, les avoués, dans le même ordre.

Le *ministère public* est composé d'un procureur de la République et d'un ou plusieurs substituts. Tous sont nommés et révoqués par le chef de l'Etat, c'est-à-dire sont *amovibles*.

Près de chaque tribunal, il y a *un greffier* et un ou plusieurs commis-greffiers. Il existe, en outre, comme *officiers ministériels*, des *avoués* et des *huissiers*, dont le nombre varie suivant les villes.

Le tribunal de la Seine se compose de : un président, 11 vice-présidents, 62 juges, 15 juges suppléants, un procureur de la République, 26 substituts, un greffier et 38 commis-greffiers. — Il se divise en 11 chambres. (*Loi du 24 juillet 1875*).

§ II, COMPÉTENCE. — Les tribunaux d'arrondissement, constituant la juridiction ordinaire, ont une compétence générale : ils connaissent de toutes les actions qui ne sont pas attribuées aux tribunaux d'exception (justices de paix et tribunaux de commerce). En second lieu, ils connaissent des appels des juges de paix.

Enfin, dans les arrondissements où il n'y a pas de tribunaux de commerce, ils statuent sur les affaires réservées à ces tribunaux.

Les tribunaux d'arrondissement jugent en premier et dernier ressort les affaires personnelles ou mobilières jusqu'à 1,500 fr. en capital, et les affaires réelles et immobilières jusqu'à 60 fr, de revenu ; au-dessus de ces chiffres, ils ne jugent qu'en premier ressort *(Loi du 11 avril 1838)*.

L'*appel* est porté devant la cour d'appel, dans le délai de *deux mois*, à partir de la signification à personne ou à domicile, *pour les jugements contradictoires* ; et du jour où l'opposition n'est plus recevable, *pour les jugements par défaut*.

SECTION III. — Des Cours d'appel.

§ I. ORGANISATION. — Il y a une cour d'appel pour un ou plusieurs départements, en tout 26. Les cours d'appel se divisent en 3 classes au point de vue de leur importance et du traitement des membres.

La cour de Bastia ne comprend que le département de la Corse, celle de Paris comprend 7 départements ; en moyenne, il y a une cour pour 3 ou 4 départements.

La cour siége généralement au chef-lieu du département sur le territoire duquel elle se trouve ; quelquefois son siége est au chef-lieu d'arrondissement, ex. : dans le Puy-de-Dôme, la cour est à Riom et non à Clermont-Ferrand ; dans le Nord, la cour est à Douai et non à Lille.

Chaque cour se compose de 20 à 40 conseillers; les cours de 24 conseillers ont 3 chambres (une *civile*, — une *de mise en accusation*, — une *de police correctionnelle*). Les cours de 30 conseillers ont 4 chambres (dont 2 civiles), — celles de 40 conseillers ont 5 chambres (dont 3 civiles) (1).

Parmi les conseillers, il y a un premier président et autant de présidents qu'il y a de chambres. Les conseillers des cours sont, comme les juges des tribunaux d'arrondissement, nommés par le chef de l'Etat; de même, ils sont *inamovibles*.

On exige les mêmes conditions d'aptitude que pour les juges ; quant à l'âge, il faut 27 ans pour les conseillers et 30 ans pour les premiers présidents et présidents de chambres.

Pour rendre une décision, il faut au moins sept conseillers dans les chambres civiles, et cinq dans les chambres de mise en accusation ou correctionnelles.

Le *ministère public* près des cours d'appel se compose d'un *procureur général* qui a la direction des parquets du ressort, et qui prend la parole quand

---

(1) A Paris, il y a 72 conseillers, y compris les présidents (loi 25 mars 1863). Il y a, outre le procureur général, 7 avocats généraux et 11 substituts, 1 greffier et 12 commis greffiers. La cour de Paris a 7 chambres : 5 civiles, — une de mise en accusation, — une de police correctionnelle.

bon lui semble, puis *de deux à quatre avocats géné-raux* chargés de la parole, et de *substituts* spécialement chargés du travail de bureau au parquet, et de rem-placer les avocats généraux.

Il y a *un greffier* et plusieurs commis greffiers.

§ II. COMPÉTENCE. — La compétence civile ordinaire des cours est la connaissance des *appels* des juge-ments des tribunaux d'arrondissement, des jugements des tribunaux de commerce, et des ordonnances de référés.

Exceptionnellement, les cours connaissent en pre-mier et dernier ressort des prises à partie, — de la réha-bilitation des faillis, — de l'exécution de leurs arrêts, lorsque le jugement de 1ʳᵉ instance a été infirmé et l'exécution retenue, — des fautes disciplinaires des officiers ministériels attachés près d'elles, etc...

SECTION IV. — Des Tribunaux de commerce.

§ I. ORGANISATION. — Il y a des tribunaux de com-merce dans toutes les villes où le développement du commerce et de l'industrie l'exige. Dans certains ar-rondissements, il peut y en avoir deux (ex. : dans l'arrondissement d'Arles, il y a un tribunal de com-merce à Arles et un à Tarascon) ; dans d'autres arrondissements il n'y en a pas du tout ; c'est alors le tribunal civil qui en tient lieu.

Chaque tribunal se compose de *3 à 15 juges* dont *un président* ; il y a en outre, des juges suppléants dont le nombre dépend des besoins du service. Les juges de commerce sont aussi appelés *juges consulaires*.

Les membres des tribunaux de commerce sont nommés à l'élection par les *notables commerçants* (les notables sont les commerçants ayant exercé hono-rablement le commerce ; la liste en est dressée par le préfet et approuvée par le ministre).

Le nombre est déterminé seulement quant au mi-nimum, qui est de 25 pour les villes n'ayant pas plus de 15,000 âmes ; pour les autres villes, il y a en plus un électeur par 1,000 âmes.

Les fonctions de juges sont purement honorifiques ; elles durent 2 ans. On peut être élu une deuxième fois pour 2 ans, mais il faut ensuite un an d'intervalle.

Pour être juge, il faut avoir exercé pendant cinq ans le commerce avec honneur et distinction et avoir 30 ans ; pour être président, il faut avoir été juge et avoir 40 ans.

Les juges élus doivent, en outre, être institués par décret, puis ils prêtent serment devant le tribunal civil ou la cour du lieu.

Le jugement ne peut être rendu que par trois juges au moins. En cas d'insuffisance des juges ou des suppléants, on appelle des notables commerçants.

Il n'y a *pas de ministère public* près les tribunaux de commerce ; mais il y a un *greffier*.

Quant aux officiers ministériels, il y a des *huissiers*, mais pas d'avoués ; il n'y a pas non plus d'avocats, mais des *agréés*, c'est-à-dire des personnes investies de la confiance du tribunal et recommandées aux parties pour les représenter. Les agréés font l'office des avoués et des avocats : aucune condition d'aptitude n'est exigée. Le plus souvent, ce sont les avoués et les avocats près le tribunal civil qui sont agréés, mais leur ministère est facultatif et non obligatoire. (¹)

§ II. COMPÉTENCE. — Les attributions des tribunaux de commerce sont exceptionnelles, elles ne comprennent que les affaires spécialement déterminées (600 et suiv., c, COM). Ils connaissent des affaires commerciales entre toutes personnes commerçantes ou non, et aussi de certaines affaires qui ne sont pas commerciales, par ex., les billets faits par les comptables de deniers publics.

Les tribunaux de commerce jugent en 1ᵉʳ et dernier ressort les affaires n'excédant pas 1,500 fr., et en 1ᵉʳ ressort celles au-dessus de ce chiffre.

L'*appel* est porté devant la Cour d'appel.

En outre, les tribunaux de commerce sont juges d'appel vis-à-vis des Conseils de Prud'hommes lorsque l'affaire dépasse 200 fr.

---

(1) A Paris, le tribunal de commerce comprend dans son ressort tout le département de la Seine, il se compose d'un président, 14 juges et 10 suppléants : il est divisé en 2 sections siégeant alternativement (Décret 31 mai 1862).

§ III. — PROCÉDURE DEVANT LES TRIBUNAUX DE COMMERCE. — Les affaires commerciales sont la plupart fort simples et requièrent célérité ; en outre, elles exigent pour être bien jugées, plutôt la connaissance du commerce que la science du droit. C'est pour cela, qu'on a institué des tribunaux de commerce, composés spécialement de commerçants, et qu'on a établi, pour les affaires commerciales, une procédure plus simple et plus expéditive.

La demande est formée par un *ajournement*. Il n'y a pas d'autre acte de procédure ; le délai de l'ajournement est d'un jour franc. Dans les affaires requérant célérité, le président du tribunal peut permettre d'assigner *de jour à jour* et même *d'heure à heure*, c'est-à-dire d'assigner le lundi pour le mardi et même à midi pour une heure.

Le tribunal compétent, en matière commerciale, est, au choix du demandeur : 1° le tribunal du domicile du défendeur ; 2° le tribunal dans l'arrondissement duquel la promesse a été faite et la marchandise livrée ; 3° le tribunal dans l'arrondissement duquel le paiement devait être effectué. Ainsi, un négociant d'Avignon va à Marseille acheter et se faire livrer des marchandises qu'il s'engage à payer à Tarascon, il pourra être poursuivi devant l'un ou l'autre des tribunaux de commerce de ces trois villes.

D'après ce principe que le *juge de l'action est juge de l'exception*, (¹) les tribunaux de commerce connaissent de toutes les exceptions proposées devant eux.

Les preuves sont les mêmes qu'en matière civile ;

_____

(1) Les moyens ou arguments à faire valoir en justice contre une demande sont les défenses et les exceptions. On appelle *défenses*, les moyens qui portent sur le fond ou le mérite de la demande et qui tendent à la faire rejeter comme faite sans droit : par exemple, si l'on réclame une somme, tous les modes d'extinction de la dette, (paiement, compensation, prescription), invoqués par le défendeur sont des défenses. On appelle *exceptions*, les moyens qui, sans attaquer le fond ou le mérite de la demande tendent à la faire écarter pour le moment, et jusqu'à l'accomplissement de certaines conditions ; par exemple si l'on oppose que le tribunal est incompétent, ou l'ajournement nul pour vices de forme.

toutefois, la preuve testimoniale est admise quelle que soit la valeur du litige.

En matière commerciale, il n'y a qu'une seule espèce de défaut : *celui contre partie*, puisqu'il n'y a pas d'avoués.

Tous les jugements des tribunaux de commerce sont *exécutoires par provision*, c'est-à-dire que l'appel n'est pas suspensif.

Enfin, les tribunaux de commerce étant des tribunaux d'exception, *ne connaissent pas de l'exécution de leurs jugements*, c'est-à-dire qu'ils demeurent étrangers à toutes les difficultés qui surgiront plus tard à propos de l'exécution, car ces difficultés sont des questions de procédure en dehors de leur compétence. Ainsi, ils ne connaîtront pas des contestations relatives à la signification du jugement, à la saisie et à la vente des biens. Le tribunal civil compétent pour connaître de l'exécution des jugements de commerce est celui du lieu où l'exécution se poursuit.

SECTION V. — Des Conseils de Prud'hommes.

§ I. ORGANISATION. — Il y a des conseils de Prud'hommes dans les villes manufacturières, telles que Paris, Lyon, Lille, etc.

Le Conseil se compose de fabricants et d'ouvriers en nombre égal, le minimum est de six, non compris le président et le vice-président.

Les Prud'hommes sont élus pour 6 ans ; (tous les 3 ans ils sont renouvelés par moitié, mais ils sont rééligibles). Les patrons élisent les prud'hommes patrons ; — les ouvriers élisent les prud'hommes ouvriers.

Le président et le vice-président sont nommés pour 3 ans par le chef de l'Etat ; ils peuvent être nommés de nouveau et pris en dehors des éligibles.

Il y a un secrétaire nommé et révoqué par le préfet.

Le Conseil forme 2 bureaux : le *bureau particulier* ou *de conciliation*, composé de deux membres (un patron et un ouvrier), et le *bureau général* ou *de jugement*, composé de 4 membres au moins (deux patrons et deux ouvriers), non compris le président.

Les fonctions des prud'hommes sont, comme celles des juges de commerce, purement honorifiques.

§ II. COMPÉTENCE. — Les conseils de prud'hommes sont chargés de *concilier* les fabricants ou autres chefs d'ateliers, et les ouvriers ou compagnons ou apprentis, sur les différends relatifs à leur métier, et, à défaut de conciliation, de *juger* ces différends. Le bureau particulier ou petit Conseil est chargé de la conciliation, — le bureau général ou grand Conseil est chargé de la décision.

Ils jugent en 1er et dernier ressort jusqu'à 200 fr., et en 1er seulement au-dessus de ce chiffre.

L'*appel* est porté au tribunal de commerce.

Outre les *Prud'hommes fabricants*, il y a encore, sur certains points du littoral, des *Prud'hommes pêcheurs* qui jugent les contestations entre les pêcheurs ou patrons-pêcheurs au sujet de la pêche. Il y en a à Marseille et à Toulon.

SECTION VI. — Cour de cassation.

§ I. ORGANISATION. — La cour de cassation a été instituée pour interpréter souverainement la loi en cas de dissidence entre les cours et les tribunaux.

Elle se compose de quarante-cinq *conseillers*, plus un premier *président* et trois *présidents*; tous sont nommés par le Chef de l'État et sont *inamovibles*.

La cour de cassation se divise en trois chambres composées chacune de quinze conseillers : La chambre des requêtes ; la chambre civile ; la chambre criminelle.

Le *ministère public* se compose d'*un procureur général* et de six *avocats généraux*.

Il y a un *greffier* et quatre commis greffiers. De plus, il y a comme *officiers ministériels* soixante *avocats* qui sont en même temps avocats au conseil d'État ; leur ministère est forcé comme celui des avoués près les tribunaux.

§ II. COMPÉTENCE. — La cour de cassation juge les pourvois contre les jugements en dernier ressort pour : 1° Incompétence ou excès de pouvoir ; 2° violation expresse de la loi ; 3° violation des formes de procédure prescrites à peine de nullité ; 4° contrariété de jugements en dernier ressort rendus par des tribunaux *différents*.

La cour de cassation ne constitue pas un degré de juridiction proprement dit. Elle confirme ou casse les décisions rendues en dernier ressort qui lui sont déférées, selon qu'elles sont conformes ou contraires à la loi.

La cour n'examine jamais les faits de la cause. Elle tient pour exacts les faits tels qu'ils sont constatés par la décision qui lui est soumise, et elle décide si la loi a été bien appliquée.

Quand elle casse pour fausse interprétation de la loi, elle renvoie l'affaire devant des juges de même degré que ceux dont la décision a été annulée.

Si la cour de cassation est saisie de nouveau de la même affaire, et qu'elle soit d'avis que la seconde cour s'est encore trompée, elle interprète elle-même la loi et renvoie l'affaire à une troisième cour, qui est obligée de se conformer à l'interprétation de la cour de cassation.

Le recours en cassation ne suspend pas l'exécution de la décision référée à la cour. Celui qui a obtenu gain de cause peut poursuivre l'exécution du jugement rendu en sa faveur ; mais si cette décision est cassée par la cour suprême et qu'en définitive il soit statué autrement, la partie primitivement condamnée pourra obtenir de son adversaire la restitution des sommes par elle payées et la réparation du préjudice que la décision des premiers juges lui aura causé.

Le délai ordinaire du pourvoi en cassation est de deux mois à dater de la signification de la décision attaquée.

Si le pourvoi est rejeté, le demandeur est condamné à une amende de 300 francs.

CHAPITRE III

De la compétence des Juges de Paix.

(Loi du 25 mai 1838 ; L. du 20 mai 1854 ; L. du 2 mai 1855. C. Pr. art. 2 3).

Les affaires qui doivent être soumises à la juridiction des juges de paix ont été fixées et déterminées par la loi du 25 mai 1838 : elles se divisent en quatre classes distinctes :

1° Celles qui leur sont soumises sans appel jusqu'à cent francs et en premier ressort seulement jusqu'à concurrence de la valeur de deux cents francs ;

2° Celles dont ils connaissent, sans appel jusqu'à cent francs et, à charge d'appel, jusqu'au taux de la compétence en dernier ressort des tribunaux de première instance ;

3° Les affaires qui leur sont déférées en premier et dernier ressort jusqu'à cent francs, et en premier ressort seulement quelle que soit leur valeur ;

4° La quatrième classe comprend les affaires dont ils connaissent quelle que soit leur valeur, mais toujours à charge d'appel.

§ I. — Les juges de paix connaissent, sans appel jusqu'à cent francs et en premier ressort, seulement jusqu'à deux cents francs, de toutes les actions purement personnelles ou mobilières.

§ II. — Ils prononcent en premier et en dernier ressort, jusqu'à cent francs, et en premier ressort, seulement, jusqu'au taux de la compétence en dernier ressort des tribunaux de première instance, c'est-à-dire jusqu'à quinze cents francs.

1° Sur les contestations qui s'élèvent entre les hôteliers, aubergistes ou logeurs, et les voyageurs ou locataires en garni, pour dépenses d'hôtellerie et perte ou avarie d'effets déposés dans l'auberge ou dans l'hôtel ; entre les voyageurs et les voituriers ou bateliers pour retard, frais de route, perte ou avarie d'effets accompagnant les voyageurs ; entre les voyageurs et les ouvriers, pour fournitures ou réparations faites aux voitures de voyage.

Ces sortes de contestations ont été déférées aux juges de paix à cause de leur caractère d'urgence ; il est en effet évident que si, dans tous les cas que nous venons d'énumérer, il eût été nécessaire d'avoir recours aux tribunaux de première instance, les voyages, dont la célérité est une des principales conditions, eussent été, bien souvent entravés par les lenteurs de la procédure devant ces tribunaux.

2° Sur les indemnités réclamées par le locataire ou le fermier pour non-jouissance provenant du fait du propriétaire ; mais seulement lorsque ce droit à une indemnité n'est pas contesté ; car, si le propriétaire niait le fait de non-jouissance, l'affaire prendrait un caractère de gravité qui la ferait sortir de la compétence des juges de paix. Il est dès lors plus simple de dire que le juge de paix n'a ici que le droit d'évaluer le *quantum* de l'indemnité, et seulement lorsque les deux parties reconnaissent l'existence du dommage.

3° Sur les dégradations ou pertes arrivées par la faute du locataire ou du sous-locataire ; cependant lorsque ces dégradations sont occasionnées par incendie ou par inondation, ils ne sont compétents en premier ressort que jusqu'à la valeur de deux cents francs.

§ III. — Les juges de paix connaissent sans appel jusqu'à la valeur de cent francs et à charge d'appel, à quelque somme qu'elles s'élèvent, des affaires dont voici l'énumération :

1° Les actions en paiement des loyers ou fermages ; les congés, les demandes en résiliation de baux, fondées sur le seul défaut de paiement des loyers ou fermages, les expulsions des lieux, et les demandes en validité de saisie-gagerie. Le tout lorsque les locations, verbales ou par écrit, n'excèdent pas annuellement quatre cents francs ; il faut observer ici que la loi de 1838 n'avait établi cette somme que pour Paris ; partout ailleurs la valeur des locations ne devait pas excéder deux cents francs ; la loi du 20 mai 1851 avait étendu le chiffre de quatre cents francs aux circonscriptions des justices de paix de dix autres grandes villes : mais c'est la loi du 2 mai 1855 qui, supprimant toute distinction, établit le chiffre actuel.

2º Les actions pour dommages faits aux champs, fruits et récoltes, soit par l'homme, soit par les animaux ; et celles relatives à l'élagage des arbres ou haies, et aux curages des fossés et des canaux.

3º Les réparations locatives des maisons ou fermes, mises par la loi à la charge des locataires.

4º Les contestations relatives aux engagements des gens de travail et de ceux qui les emploient ; celles des maîtres et de leurs ouvriers.

5º Les contestations relatives au paiement des nourrices.

6º Les actions civiles pour diffamation verbale, et pour injures faites autrement que par la voie de la presse ; les mêmes actions pour rixes et voies de fait ; mais dans ces derniers cas, le juge de paix n'est compétent que si les parties ne se sont pas pourvues par la voie criminelle.

Comme on le voit, la plupart des affaires comprises dans cette classe se distinguent par leur caractère d'urgence ; du reste, toutes présentent une extrême simplicité, ce qui explique parfaitement pourquoi elles ont été classées parmi celles dont les juges de paix sont appelés à connaître.

§ IV. — Il existe enfin une quatrième classe d'affaires que le législateur a déférées à la connaissance des juges de paix. Nous voulons parler de celles qui sont énumérées dans l'article 6 de la loi de 1838 ; mais ici le pouvoir de ces magistrats est à la fois plus étendu et plus restreint que dans les autres matières. En effet, d'une part, les limites de leur juridiction s'étendent sans aucune restriction, quant à la valeur pécuniaire des intérêts engagés et quelque élevé qu'en soit le chiffre, et d'autre part, les décisions qu'ils rendent dans ces différents cas sont toujours susceptibles d'être réformées par l'appel, si modique que soit la valeur de la contestation. En voici l'énumération :

1º Les entreprises commises dans l'année sur les cours d'eau servant à l'irrigation des propriétés et au mouvement des usines et moulins ; les dénonciations de nouvel œuvre, complaintes, actions en réintégrande et autres actions possessoires, fondées sur des faits également commis dans l'année.

2° Lès actions en bornage et celles relatives à la distance prescrite par la loi ; mais il faut que la propriété ne soit pas contestée, car, autrement, l'action cesserait d'être possessoire pour devenir une action pétitoire immobilière qui dépasserait les limites de la compétence des juges de paix.

3° Les actions relatives aux constructions et travaux qui, à raison de leur voisinage dangereux ou incommode, nécessitent l'observation de certaines distances ou la construction de certains ouvrages pour éviter de nuire au voisin ; remarquons ici que la contestation ne doit pas s'élever sur le point de savoir s'il y a ou non mitoyenneté.

4° Les demandes de pensions alimentaires n'excédant pas cent cinquante francs par an, et seulement lorsqu'elles sont formées entre ascendants et descendants ou alliés au même degré. Il est facile de comprendre pourquoi ces demandes ont été attribuées à la juridiction des juges de paix ; en effet, mieux qu'aucun autre magistrat, il peut concilier des parents à un degré si rapproché et dont il connaît la position respective. Dans tous les cas, il eût été scandaleux de voir des parents se faire un procès pour une modique pension alimentaire de moins de cent cinquante francs.

Telles sont les limites que, dans ses six premiers articles, la loi de 1838 a fixées à la compétence des juges de paix ; mais les trois articles suivants contiennent encore d'autres dispositions qui ne sont que le corollaire et le complément nécessaire des articles précédents. En effet, aux actions intentées contre lui, le défendeur répond quelquefois par une demande reconventionnelle ; quelquefois, aussi, le demandeur réunit plusieurs demandes dans la même instance. Or, ce sont ces divers cas qu'ont prévus les articles 7, 8 et 9.

Le premier de ces articles porte que le juge de paix connaîtra de toutes les demandes reconventionnelles ou en compensation, pourvu qu'elles se trouvent comprises par leur valeur ou leur nature dans les limites de sa compétence ; mais alors même que ces demandes reconventionnelles ajoutées à la demande principale excèderaient le taux de deux cents francs ; c'est, en effet, séparément que ces demandes doivent être examinées par le juge. Quant aux demandes reconventionnelles en dommages-intérêts fondées exclusivement sur la demande elle-même, le juge de paix en connaîtra à quelque somme que puisse monter leur valeur et sans aucune restriction.

Si l'une des demandes principales, reconvention-nelles ou en compensation est seule susceptible d'appel, et que l'autre doive être jugée en premier et dernier ressort, l'article 8 décide que toutes deux seront jugées en premier ressort.

Si la demande reconventionnelle excède les limites de sa compétence, le juge de paix a la faculté soit de retenir le jugement de la demande principale, soit de renvoyer sur le tout à se pourvoir devant le tribu-nal de première instance, les parties qui, dans ce cas, ne sont pas soumises au préliminaire de conciliation.

L'article 9 décide que lorsque plusieurs demandes sont portées dans la même instance par la même partie, devant le juge de paix, pour reconnaître si elles sont de la compétence de ce magistrat, et si elles doivent être jugées en premier ou en dernier ressort, on devra les réunir toutes ensemble, et décider eu égard à leur valeur totale.

De l'ensemble de toutes ces règles, il résulte que dans les contestations purement personnelles ou mo-bilières et dans toutes celles dont la valeur est déter-minée d'une manière précise, la compétence des juges de paix est subordonnée à la quotité de la somme, soit pour la connaissance du litige, soit pour le premier ou le dernier ressort ; et que pour celles où cette va-leur est indéterminée, le juge est toujours compétent, quelle que soit leur importance, parce que sa décision est toujours sujette à appel.

Après avoir exposé dans quels cas les décisions des juges de paix sont en dernier ressort, et dans quels cas il est permis d'interjeter appel de leurs jugements, quelques mots sont ici nécessaires pour indiquer les délais dans lesquels cet appel peut être formé, et devant quel tribunal il doit être porté.

La même loi de 1838 règle le premier de ces deux

points ; en effet, dans son article 13, elle nous dit que
l'appel des juges de paix n'est recevable ni avant les
trois jours qui suivent celui de la prononciation du
jugement (à moins qu'il n'y ait lieu à l'exécution
provisoire), ni après les trente jours qui suivent la
signification, à l'égard des personnes domiciliées dans
le canton. Quant aux personnes domiciliées hors du
canton, elles ont pour interjeter appel, outre le délai
de trente jours, le délai réglé par les articles 73 et
1033 du code de procédure civile, c'est-à-dire que le
délai ordinaire est augmenté d'un jour par cinq
myriamètres de distance, et que si la partie est domiciliée hors de France, il peut encore être augmenté
selon la contrée où celle-ci réside.

Le tribunal compétent pour connaître de cet appel
et réformer, s'il y a lieu, la première décision, sera le
tribunal civil dans l'arrondissement duquel se trouvera la justice de paix dont sera émané l'acte attaqué.

Quant au recours en cassation, il ne sera admis que
dans le cas où l'on attaquera le jugement pour excès
de pouvoir.

Les difficultés qui pourront s'élever au sujet de
l'exécution des jugements des juges de paix seront du
ressort des tribunaux de première instance ; au
premier abord cela paraît au moins douteux, car les
textes sont absolument muets sur ce point ; mais il
suffit d'examiner, un instant, la nature de l'institution qui nous occupe, pour se convaincre qu'il ne
peut pas en être autrement. En effet la loi de 1790
dit expressément que les tribunaux de district (tribunaux civils d'arrondissement) connaîtront de toutes
les affaires, excepté de celles qui sont déférées aux
tribunaux de commerce et aux *justices de paix* : elle
indique ainsi, clairement, que les justices de paix
sont des tribunaux d'exception qui ne connaissent que
des affaires qui ont été nommément comprises dans
les limites de leur compétence. Or, comme nulle part
nous ne voyons la loi leur attribuer la connaissance
des difficultés qui surgissent au sujet de l'exécution
de leurs décisions, il faut forcément en conclure que
ces difficultés ressortissent aux tribunaux civils dont
aucune loi ne les distrait.

Après avoir indiqué les pouvoirs des juges de paix considérés comme juges civils, et avoir énuméré les affaires dont la connaissance doit leur être soumise, en un mot après avoir déterminé leur compétence absolue (*ratione materiæ*), il nous reste à dire quelques mots sur leur compétence relative (*ratione personæ*), telle qu'elle se trouve fixée par les articles 2 et 3 du code de procédure civile.

En matière purement personnelle ou mobilière, le juge de paix compétent sera celui du domicile du défendeur, ou celui de sa résidence s'il n'a pas de domicile. Il faut remarquer ici, que par ces mots *matière purement personnelle* le législateur a entendu non-seulement les actions énoncées dans l'article 1 de la loi de 1838, mais encore certaines autres actions énumérées dans les articles suivants ; néanmoins il ne les a pas toutes comprises sous cette désignation, car l'article 3 du code de procédure civile décide que le juge compétent sera celui de la situation de l'objet litigieux lorsqu'il s'agira : 1° des actions pour dommages aux champs, fruits et récoltes ; 2° des déplacements de bornes ; des usurpations de terres, arbres, haies, fossés et autres clôtures, commises dans l'année ; des entreprises sur les cours d'eau, commises pareillement dans l'année ; 3° des réparations locatives ; 4° des indemnités prétendues par le fermier ou locataire pour non-jouissance, lorsque le droit ne sera pas contesté, et des dégradations alléguées par le propriétaire.

Ici, la règle *actor sequitur forum rei* a dû subir une exception fondée dans l'intérêt commun des parties ; il est en effet, évident que le juge de paix dans le canton duquel se trouve l'immeuble dégradé, la ferme où doivent être faites les réparations locatives et où les indemnités de non-jouissance seront réclamées, sera mieux que tout autre à portée d'examiner avec célérité, économie et exactitude les questions qui font l'objet du litige.

CHAPITRE III.

De la Conciliation

(Articles 48 à 58 du Code de procédure).

Lorsqu'une contestation s'élève entre deux ou plusieurs personnes, il existe deux moyens de la régler sans recourir aux tribunaux : la *transaction* et le *compromis* ou arbitrage.

Au moyen de la *transaction*, les parties débattent leurs droits et règlent elles-mêmes à l'amiable leur litige; par le *compromis*, au contraire, elles confient à des tiers, nommés *arbitres*, le règlement du litige. (Voir ci-après le chapitre *des arbitrages*).

Mais si les parties ne sont point assez sages pour terminer de cette façon leurs contestations, ou si, à raison soit de leur minorité ou de leur interdiction, soit de la nature du litige (concernant une question d'état, par exemple), la loi leur défend de faire une transaction ou un compromis : elles doivent alors recourir à la justice.

Mais avant que l'affaire soit portée devant le tribunal (¹) la loi oblige les parties à tenter un accommodement devant le juge de paix. On appelle *préliminaire de conciliation*, ce dernier moyen d'éviter un procès.

L'essai de conciliation n'est pas une procédure préparatoire : car il a pour but d'empêcher, s'il est possible, le procès et se base sur cette maxime : *mauvais accommodement vaut mieux que bon procès*. La loi exige cette tentative de transaction *en*

(1) Quand on s'adresse aux tribunaux, il importe d'abord de savoir quelle est la juridiction compétente. Si le litige est du ressort des tribunaux administratifs (conseil de préfecture, conseil d'état), on porte l'affaire directement devant eux, et il n'y a pas lieu au préliminaire de conciliation. Si l'affaire est de la compétence des tribunaux criminels (cours d'assises, tribunaux correctionnels, tribunaux de simple police), il n'y a pas lieu également au préliminaire de conciliation; car l'intérêt public et social n'admet pas de transaction.

matière civile, avant d'introduire la demande en justice.

Les affaires *commerciales* sont réputées urgentes et comme telles, affranchies de l'essai de conciliation.

Si l'affaire est de la compétence de la justice de paix, la partie qui attaque fait prévenir son adversaire de se rendre en conciliation, au moyen d'un *avertissement*, écrit sur papier libre par le greffier et expédié par la poste. Mais, quand l'affaire est de la compétence du tribunal de première instance, l'invitation de venir en conciliation est faite par acte d'huissier.

Le juge de paix est donc chargé de concilier tant les affaires de sa propre compétence que celles de la compétence des tribunaux d'arrondissement.

Pour être soumise au préliminaire de conciliation, la demande doit être : 1° introductive d'instance ; 2° susceptible de transaction : ainsi les demandes en séparation de corps et de biens, les questions d'état, etc., ne sont pas susceptibles de transaction ; 3° en première instance, devant un tribunal civil.

Sont dispensées de conciliation : les demandes requérant célérité (paiement de loyers ou d'arrérages), et celles qui intéressent des personnes incapables de transiger, telles que les mineurs, les femmes mariées, les interdits, l'État et les communes.

Les parties comparaissent en personne ou par un fondé de pouvoir : si elles se concilient, il est dressé procès-verbal de l'accommodement. Si elles ne se concilient pas, le juge de paix mentionne sommairement le désaccord.

CHAPITRE IV.

De l'ajournement et de la constitution d'avoué.

(Articles 59 à 82 du Code de procédure civile).

§ I. — Lorsque l'affaire n'est pas susceptible de conciliation, ou lorsque la tentative de conciliation a échoué, celui qui poursuit devant le tribunal envoie à son adversaire un acte d'huissier appelé *ajournement* ou *assignation*.

C'est au demandeur (ou à son avoué), à connaître devant quel tribunal il doit intenter son action.

L'*action* est le droit de réclamer devant les juges compétents ce qui nous est dû ou ce qui nous appartient. Ainsi, pour agir en justice, il faut avoir : 1 un *droit* de créance, de propriété ou de démembrement de la propriété; 2° la *capacité d'agir*; ainsi les mineurs, les interdits, les femmes mariées ne peuvent seuls et par eux-mêmes exercer une action ni y défendre; 3° un *intérêt*; point d'intérêt, point d'action; ainsi un créancier ne pourrait valablement demander la nullité d'un paiement fait par son débiteur, si cette nullité ne devait pas lui profiter; 4° enfin, il faut avoir *qualité* pour exercer le droit en question. Ainsi, en principe, le créancier ou le propriétaire peuvent seuls agir pour faire reconnaître leur droit de créance ou de propriété. Néanmoins, la loi donne parfois à d'autres personnes qualité pour agir ; ainsi les créanciers peuvent exercer les droits et actions de leur débiteur.

On divise les actions en :

1° actions *publiques* ayant pour but l'application d'une peine, et *civiles* ayant pour but la réparation du dommage causé; mais cette division se rattache au droit pénal ;

2° Suivant leur cause, actions *personnelles, réelles, mixtes*, lorsqu'on prétend qu'une personne est notre débitrice, ou lorsqu'on prétend avoir un droit sur une chose, ou lorsque l'action réunit les deux caractères c'est-à-dire quand on peut aussi bien exercer un droit contre une personne (*droit de créance*) que sur une chose (*droit réel*) ;

3° Actions *mobilières* ou *immobilières* suivant que l'objet réclamé est un meuble ou un immeuble. — Les actions personnelles étant presque toujours mobilières et les actions réelles le plus souvent immobilières, on confond quelquefois les actions personnelles avec les mobilières et les réelles avec les immobilières ;

4° Actions *possessoires* ou *pétitoires*, suivant

qu'elles sont relatives à des questions de possession ou à des questions de propriété.

L'ajournement est donc l'acte par lequel on introduit une demande en justice. Il est fait en double par original et par copie. L'original reste entre les mains de l'huissier qui le remet ensuite au demandeur ; la copie est remise par l'huissier au défendeur.

L'exploit d'ajournement doit, à peine de nullité, contenir : 1° la date des jours, mois et an ; 2° les nom, profession et domicile du demandeur ; 3° la constitution de l'avoué ; 4° les nom, demeure et immatricule de l'huissier ; 5° les nom et demeure du défendeur ; 6° l'objet de la demande et l'exposé sommaire des moyens ; 7° la mention de la personne à qui l'exploit a été remis ; 8° le délai pour comparaître ; 9° l'indication du tribunal compétent.

Lorsqu'il n'y a pas eu citation en conciliation ou lorsqu'il s'est écoulé plus d'un mois depuis la citation, l'ajournement produit les mêmes effets que la citation : il interrompt la prescription et fait courir les intérêts.

S'il a lieu dans le mois de la citation en conciliation, il confirme les effets de cet acte.

§ II. — Le demandeur a constitué un avoué dans l'exploit d'ajournement, le défendeur doit, à son tour, constituer avoué et notifier sa constitution dans le délai de huitaine. C'est là le point de départ de toute instance judiciaire. Ensuite, l'avoué chargé de poursuivre fait les procédures nécessaires pour établir les droits et prétentions de sa partie ou pour présenter ses défenses contre la demande intentée.

CHAPITRE V.

Des audiences, de leur publicité et de leur police.

(Articles 85 à 92, Code de procédure civile).

L'un des avoués des parties (celui du demandeur en général), fait inscrire la cause sur le registre du greffe (¹), la veille au plus tard du jour de l'audience, c'est-à-dire du jour indiqué dans l'assignation. C'est ce qu'on appelle la *mise au rôle*, Elle contient les noms des parties, ceux des avoués et la nature de l'affaire. Puis, à une audience de chaque semaine, un huissier appelle les causes récemment inscrites, dans leur ordre d'inscription. Si le défendeur n'a pas constitué avoué sur cet appel, il est condamné par défaut. S'il a constitué, l'affaire est portée sur le rôle particulier, et le président désigne à quelle chambre du tribunal l'affaire sera plaidée. Il y a alors un nouvel appel des causes, les avoués prennent leurs conclusions (²), et le jour est fixé pour les plaidoiries.

Les parties, assistées de leurs avoués, peuvent se défendre elles-mêmes, le ministère des avocats n'est pas obligatoire, mais le tribunal peut interdire aux parties de plaider elles-mêmes s'il reconnaît que la passion ou l'inexpérience les empêche de discuter leur cause avec la décence convenable ou la clarté nécessaire pour l'instruction des juges.

Si les parties désirent faire plaider leur cause, elles doivent s'adresser à un avocat. Certains auteurs étendent aux matières civiles la faculté, accordée en matière criminelle, de se faire défendre par un parent ou un ami avec l'autorisation du président. Quant à nous, nous pensons que les avocats seuls ont le droit de plaider au civil.

Devant les tribunaux où le nombre des avocats est insuffisant, les avoués ont le droit de plaider ; il en est ainsi dans beaucoup de petites villes. Mais, à part cette exception, les avoués ne peuvent plaider que sur les incidents de procédure ou sur les demandes incidentes de nature à être jugées sommairement.

Les parties ne peuvent charger de leur défense, soit verbale, soit par écrit, même à titre de consultation les membres des cours et tribunaux et les officiers du ministère public, Toutefois, ces magistrats peuvent plaider leurs causes personnelles et celles de leurs

---

(1) Ce registre se nomme *rôle général*.

(2) On entend par *conclusions* l'exposé sommaire des divers points en litige soumis au tribunal.

femmes, parents ou alliés en ligne directe et de leurs pupilles. Cette prohibition ne s'applique pas aux juges suppléants, parce que la profession d'avocat n'est pas incompatible avec cette fonction judiciaire.

La loi a consacré le principe de la publicité des audiences en matière civile comme en matière pénale; c'est une garantie de la bonne administration de la justice. Cependant, il est certaines affaires où, par exception, la publicité serait un inconvénient et où le *huis-clos* est ordonné, mais ce n'est qu'à l'égard des débats et des plaidoiries, le jugement doit toujours être rendu en public.

Le président a la police de l'audience; les assistants doivent se tenir découverts dans le respect et le silence. Si quelqu'un donne des signes d'approbation ou d'improbation, soit aux paroles des défenseurs, soit aux paroles ou aux actes des membres du tribunal, il est averti par l'huissier audiencier; s'il continue, il est expulsé ou arrêté, et même, dans certains cas, condamné sur-le-champ.

CHAPITRE VI

Des Jugements.

(Articles 116 à 165, Code de procédure civile).

Après les écritures des avoués, les plaidoiries des avocats et les conclusions du ministère public, (lorsqu'il doit être entendu) (¹), la cause est généralement

---

(1) Dans les affaires civiles, le ministère public agit généralement comme partie jointe. Il a le droit d'intervenir dans toutes les causes et de donner ses conclusions à l'audience; mais dans les affaires concernant l'ordre public, l'État, les Communes, les femmes mariées, les mineurs, l'état des personnes, etc... il est *obligé de donner* ses conclusions et peut se faire remettre à l'avance les pièces du dossier, pour en prendre connaissance. Les parties et leurs défenseurs n'ont pas le droit de répliquer au ministère public; ils ont seulement la faculté de remettre au tribunal des notes écrites pour rectifier les erreurs qui auraient pu être commises.

instruite de manière que le tribunal prononce son *jugement* le jour même. Mais quelquefois, les juges, désirant examiner les dossiers, discuter entre eux la décision et préparer la rédaction du jugement, renvoient à une autre audience pour prononcer. On dit alors que l'affaire est en *délibéré*. Parfois aussi, à raison de la longueur des débats ou de la nécessité d'examiner avec soin des pièces nombreuses ou importantes, les juges chargent l'un d'entr'eux de faire un rapport sur l'affaire à une prochaine audience. C'est ce qu'on nomme le *délibéré sur rapport.*

Le mot *jugement*, dans son sens général, désigne toute décision d'une autorité judiciaire sur les affaires qui lui sont soumises. Dans un sens spécial, le jugement est la décision émanée d'un juge de paix, d'un tribunal d'arrondissement ou d'un tribunal de commerce. (¹)

On désigne au contraire : par le nom d'*arrêts*, les décisions émanées des cours d'*appel* et de la cour de cassation ; par le nom d'*ordonnance* la décision rendue par un président seul ou par un juge spécialement désigné, dans le but de prendre certaines mesures.

SECTION PREMIÈRE. — *Nature des jugements.*

Considérés au point de vue de leur objet et des circonstances dans lesquelles ils sont rendus, les jugements se divisent en :

1° Jugements *définitifs* et *avant faire droit.*

Le jugement est *définitif* lorsqu'il termine une contestation, en donnant la solution sur le fond. Mais le mot *définitif* n'est pas synonyme d'*inattaquable*, car un jugement définitif peut être attaqué par l'appel ou l'opposition.

Les jugements *avant faire droit* (ou avant dire droit), ordonnent certaines mesures, soit pour cause d'urgence, soit pour faire avancer le procès, mais jamais ils ne le terminent. Il y en a trois espèces :

---

(1) Les décisions des tribunaux administratifs, tels que le Conseil d'Etat et les Conseils de Préfecture s'appellent *arrêtés.*

1° les *provisoires* ; 2° les *préparatoires* ; 3° les *interlocutoires.*

Le jugement *provisoire* est celui qui décide, pour le moment, certaines questions urgentes, sauf à revenir sur cette décision dans le jugement définitif : par exemple, celui qui accorde à la femme une provision alimentaire au début d'une instance en séparation de corps.

Le jugement *préparatoire* est celui qui ordonne certaines mesures propres à compléter l'instruction de l'affaire et à préparer la décision définitive, mais sans *préjuger le fond*, c'est-à-dire sans faire pressentir quelle sera la solution définitive. Tel est le jugement ordonnant une communication de pièces, ou une instruction par écrit ; ces mesures n'indiquent pas, en effet, en quel sens le tribunal statuera sur le fond de l'affaire.

Le jugement *interlocutoire* a aussi pour but des mesures relatives à l'instruction, mais à la différence du préparatoire, il préjuge le fond, c'est-à-dire qu'il fait connaître quelle sera la décision définitive : par exemple, dans un procès en séparation de corps, une femme demande à prouver qu'elle a reçu des coups de son mari ; si le tribunal l'autorise à faire cette preuve, le jugement est interlocutoire, car le tribunal reconnaît par là que le fait est susceptible d'entraîner la séparation, et il indique qu'il la prononcera, si le fait est prouvé.

C'est au point de vue de l'*appel* qu'il est utile de distinguer le préparatoire de l'interlocutoire : le préparatoire n'ayant pas d'influence sur le fond, on ne peut en appeler qu'après le jugement définitif ; au contraire, l'interlocutoire peut être porté en appel avant le jugement définitif, afin d'éviter qu'il n'exerce une influence sur ce dernier.

2° Jugements *contradictoires* et *par défaut.*

Le jugement est *contradictoire* lorsque les parties ont été représentées par des avoués et que ceux-ci ont posé leurs conclusions à l'audience.

Le jugement est *par défaut,* soit lorsque le défendeur n'a pas constitué avoué, soit lorsque l'un des avoués constitués n'a pas pris ses conclusions. (¹)

Les jugements par défaut sont susceptibles d'être attaqués par une voie qui leur est spéciale, par l'*opposition*, et, en outre, · par l'*appel* ; les jugements contradictoires sont attaquables par l'*appel seulement*.

3° Jugements en *premier* et *dernier ressort*.

Le jugement est en *premier ressort* lorsqu'il est susceptible d'appel.

Le jugement est en *dernier ressort* lorsqu'il n'est pas susceptible de ce recours (cela dépend de l'importance de la demande).

4° Jugements *exécutoires* et *non exécutoires par provision*. C'est une subdivision des jugements en premier ressort.

Les jugements *exécutoires par provision* sont ceux dont l'exécution peut être poursuivie et achevée malgré l'appel.

Les jugements *non exécutoires par provision* sont ceux dont l'exécution est suspendue par l'appel.

On distingue encore d'autres sortes de jugements :

Les jugements d'*expédient (ou d'accord)*, qui sont

---

(1) 1° SIGNIFICATION DES JUGEMENTS PAR DÉFAUT. — Lorsque le défaut est *contre avoué*, la signification est faite, comme pour les jugements contradictoires, par un *huissier ordinaire*. Mais lorsque le défaut est *contre partie*, ou un défaut profit joint, la signification est faite par un *huissier commis*. c'est-à-dire désigné par le tribunal. Cette précaution est prise afin d'assurer la remise de l'exploit au défaillant, qui, peut-être, n'a pas reçu l'ajournement.

2° EXÉCUTION. — Les jugements, tant contradictoires que par défaut, ne peuvent être exécutés qu'après la signification ; seulement, le délai entre la signification et l'exécution varie suivant que le jugement est contradictoire ou par défaut. Ainsi, lorsque le jugement est contradictoire, l'exécution peut avoir lieu *24 heures* après la signification, tandis que s'il est par défaut, l'exécution ne peut être commencée que *8 jours* après la signification.

3° PÉREMPTION. — On appelle *péremption* l'extinction d'une instance par la discontinuation des poursuites pendant 3 ans. En principe, le droit d'exécuter un jugement se prescrit, comme tout autre droit, par 30 ans. Il en est ainsi pour les jugements contradictoires, et pour les jugements par défaut contre avoué. Quant au jugement par défaut contre partie, il doit être exécuté dans les *6 mois* de son obtention, passé ce délai, il est *périmé*, c'est-à-dire non avenu.

ceux où le tribunal n'a qu'à homologuer les dispositions rédigées et présentées par les avoués après avoir été agréées par les parties : par exemple, une homologation de partage.

Les jugements sur *requête* : ce sont ceux rendus sur la demande d'une partie qui n'a pas de contradicteur ; par exemple, un jugement d'envoi en possession provisoire.

Enfin, les jugements par *forclusion* ; ce sont ceux rendus contre une partie qui n'a ·pas produit ses titres, soit dans *une instruction par écrit* ([1]), soit dans des procédures spéciales telles que l'ordre et la distribution par contribution.

Le code de procédure traite, au *titre* des jugements, de deux mesures d'instruction qui peuvent être ordonnées par un jugement préparatoire ou interlocutoire et qui sont : la comparution personnelle des parties à l'audience et la prestation de serment ([2]).

Il importe également d'observer qu'un jugement (définitif) peut, outre la décision sur le fond, contenir différentes dispositions accessoires, telles que : la contrainte par corps, les dommages - intérêts, les restitutions de fruits, les frais du procès, etc...

SECTION II. — *Forme des jugements.*

Le jugement appartient aux parties à l'instant même où il est prononcé à l'audience ; le tribunal ne peut plus le modifier ; il est donc essentiel de le prendre à ce moment et d'accomplir les formalités nécessaires pour en assurer la conservation et l'intégrité. Sous la dictée du président, le greffier écrit, sur un cahier appelé *plumitif*, le prononcé du jugement (c'est-à-dire les *motifs* et le *dispositif*), puis il porte la

---

(1) Ordinairement, l'instruction des affaires est orale c'est-à-dire qu'elle se fait par plaidoiries ; cependant lorsqu'une affaire est compliquée ou difficile à suivre, le tribunal peut ordonner que l'instruction se fera par écrit, c'est-à-dire par mémoires au lieu de plaidoiries et que l'un des juges fera un rapport.

(2) Mais, il est d'autres mesures d'instruction que peut ordonner un jugement préparatoire ou interlocutoire ; ce sont les suivantes : l'interrogatoire sur faits et articles en la Chambre du Conseil, la vérification d'écritures, les enquêtes, l'expertise, la descente sur les lieux, etc...

rédaction sur une feuille appelée *feuille d'audience* où sont inscrits tous les jugements rendus le même jour ; en marge il ajoute le nom des juges et du ministère public ; il signe et fait signer le président dans les vingt-quatre heures. C'est là la minute du jugement, destinée à rester dans les archives du greffe.

On appelle *motifs* d'un jugement les raisons sur lesquelles est fondée la décision du tribunal. En principe, tout jugement doit être motivé (¹) ; toutefois, les jugements d'adoption et les jugements préparatoires n'ont pas besoin d'être motivés.

La partie la plus importante d'un jugement, c'est le *dispositif* ; il contient la solution des points en litige, la déclaration des droits des parties, les mesures ordonnées par le tribunal pour maintenir ou rétablir les droits et enfin la condamnation aux dépens.

La copie d'un jugement s'appelle *expédition* ; on l'appelle *grosse* si elle contient la formule exécutoire. Outre les éléments de la minute (noms des juges, motif et dispositif), l'expédition contient les *qualités* du jugement, c'est-à-dire les noms des avoués, les noms, profession et demeure des parties, les conclusions et l'exposé sommaire des points de fait et de droit. — Le *point de fait* est le résumé des diverses circonstances de la cause ; le *point de droit* est l'exposé des questions de droit soumises au tribunal.

La rédaction des qualités est faite par l'un des avoués (généralement par celui de la partie gagnante) et signifiée par lui à l'avoué de l'adversaire, afin que celui-ci y fasse opposition s'il ne la trouve pas exacte. Dans ce cas, on va en *règlement de qualités* devant un des juges qui ont concouru au jugement. Les qualités sont remises au greffier qui les annexe à la minute et peut dès lors délivrer expédition du jugement.

SECTION III. — *Effets des jugements.*

Le jugement a pour principaux effets de créer un titre authentique et même exécutoire, et de donner,

---

(1) L'absence complète de motifs entraîne la nullité du jugement, mais non pas leur inexactitude, car un jugement bien rendu au fonds est valable, malgré la fausseté des motifs.

pour garantir l'exécution de la condamnation, une hypothèque sur tous les biens présents et à venir de la partie condamnée.

Le jugement est réputé, à l'égard des parties en cause, être la vérité. C'est ce qu'on appelle *la vérité de la chose jugée : res judicata pro veritate habetur*.

Un jugement n'est pas considéré comme existant, tant qu'il n'a pas été signifié. Nul n'est réputé connaître les dispositions du jugement qui le condamne, quoiqu'il ait été prononcé en sa présence. La signification est nécessaire pour préparer l'exécution du jugement et faire courir les délais accordés pour attaquer le jugement.

Tout jugement définitif ou avant dire droit est signifié à l'avoué, s'il y en a un; de plus, la signification est faite à la partie quand le jugement emporte condamnation, afin que cette partie se mette en mesure d'exécuter ou d'attaquer le jugement. La signification à la partie se fait *à personne ou à domicile*.

CHAPITRE VII

Voies de recours contre les jugements.

(Art. 443 à 516, Cod. proc. civ.)

Les voies de recours contre les décisions des tribunaux (¹) sont au nombre de six :

---

(1) La partie condamnée peut *acquiescer* au jugement et renoncer aux voies de recours. Mais pour acquiescer valablement, il faut avoir la capacité générale de contracter. Voici la formule d'un acquiescement :

Je soussigné (*nom, prénoms, profession et domicile*), déclare par ces présentes, acquiescer purement et simplement et sans réserves aucunes, au jugement contre moi rendu par défaut le... par le tribunal de... lequel jugement m'a condamné à... Tenant ledit jugement pour bien rendu, renonçant à l'attaquer par voie d'opposition ou d'appel, recours en cassation ou requête civile, consentant à ce qu'il soit exécuté contre moi, selon sa forme et sa teneur, et m'engageant à... Reconnaissant d'ailleurs qu'en cela, il n'est fait aucune novation audit jugement et qu'à défaut de... le jugement sera sans aucune mise en demeure, exécuté immédiatement selon sa forme et teneur.

Avignon, le... Bon pour acquiescement.   (*Signature*).

Enregistré le... (*Droit : 2 fr. 40 cent.*).

1° *L'opposition*, pour les jugements par défaut ;

2° *L'appel*, pour les jugements en premier ressort, contradictoires ou par défaut :

3° *La tierce opposition*, au profit des personnes qui n'ont pas figuré dans un procès ;

4° *La requête civile*, pour les jugements en dernier ressort ; inattaquables par l'appel ou par l'opposition ;

5° *La prise à partie*, contre les juges, pour obtenir réparation d'un préjudice causé par eux dans l'exercice de leurs fonctions ;

6° *La cassation*, pour les jugements en dernier ressort, quand la loi a été violée ou qu'il y a eu incompétence ou excès de pouvoir.

Le recours est *une voie de rétractation* lorsqu'on s'adresse au tribunal même qui a rendu le jugement attaqué, par l'opposition, la requête civile, la tierce opposition.

Au contraire, le recours est *une voie de réformation*, lorsqu'on en réfère à un autre tribunal, par l'appel, la tierce opposition, (incidente devant un tribunal supérieur.

L'opposition et *l'appel* sont les voies ordinaires de recours contre les jugements : elles suspendent de droit l'exécution.

Ces deux voies de recours étant les plus usuelles nous allons les exposer succintement et nous laisserons de côté les voies extraordinaires que nous avons définies en les énumérant.

SECTION PREMIÈRE. — De l'opposition.

On nomme *opposition* la voie par laquelle la partie défaillante demande au tribunal même qui l'a condamnée de rétracter le jugement rendu en son absence, et de juger de nouveau, après avoir entendu sa défense.

Les règles sur les délais et la forme de l'opposition varient suivant que le jugement par défaut est contre avoué ou contre partie.

Le délai pour faire opposition est de huitaine si le jugement par défaut est contre avoué. Mais, si le jugement est par défaut contre partie, l'opposition peut être faite *jusqu'à l'exécution* du jugement. Cette différence s'explique facilement : dans le premier cas, le défendeur ayant constitué avoué a évidemment connu l'assignation et s'il ne s'est pas défendu c'est qu'il ne l'a pas voulu ; tandis que dans le second cas, on n'est pas sûr qu'il ait eu connaissance de l'assignation, ni même de la signification du jugement d'où la nécessité de lui accorder un délai assez long,

Voyons maintenant quand le jugement sera réputé exécuté, et quand l'opposition sera par suite irrecevable. Ce sera dans les cas suivants :

1° *Vente de meubles après saisie.* — Ni la signification du jugement, ni le commandement, ni la saisie elle-même ne suffisent pour empêcher l'opposition, car ces actes sont présumés ne pas être connus du défaillant ; mais la vente, n'ayant lieu qu'après une certaine publicité, fait cesser cette présomption.

2° *Notification de la saisie des immeubles.* — Ici, on n'exige pas la vente, parce que la procédure de saisie immobilière étant plus longue et plus compliquée, il est probable qu'elle n'est pas restée ignorée du débiteur.

3° *Paiement des frais*, ou *un acte quelconque* duquel il résulte que le jugement a été connu du défaillant.

Ainsi, pour que l'opposition ne soit plus admissible, il n'est pas nécessaire que l'exécution soit achevée, mais il ne suffit pas non plus qu'elle soit simplement commencée ; il faut que l'exécution ait été *connue* du défaillant, ou tout au moins qu'elle soit assez avancée pour être *réputée connue* de lui.

§ I. FORMES DE L'OPPOSITION. — Elles diffèrent suivant la nature du jugement.

Si c'est un *défaut contre avoué*, l'opposition est formée par *requête d'avoué à avoué*.

Mais si le jugement est un *défaut contre partie*, l'opposition se forme de deux manières :

1° Par *acte extrajudiciaire*, c'est-à-dire par exploit d'huissier.

2° Par *déclaration sur les actes d'exécution* au moment de leur signification ; par exemple, sur un procès-verbal de saisie.

Dans ces deux cas, l'opposition n'est valable qu'autant qu'elle a été *réitérée dans la huitaine par requête* avec constitution d'avoué de la part de l'opposant.

§ II. EFFETS DE L'OPPOSITION. — Il y en a deux : 1° l'opposition est *suspensive* de l'exécution du jugement. Aucun jugement par défaut ne peut être exécuté pendant huit jours à partir de la signification, quand même il n'y a pas eu d'opposition, mais les juges peuvent *en cas d'urgence*, ordonner l'exécution provisoire; de plus, l'opposition, dès qu'elle est formée, suspend l'exécution jusqu'au jugement à intervenir, à moins que les juges n'aient ordonné l'exécution provisoire nonobstant opposition, ce qu'ils ont le droit de faire toutes les fois qu'il y a *péril en la demeure.*

L'opposition arrête l'exécution, *même à l'égard des tiers*, en ce sens, que si le jugement ordonne à un tiers de faire une chose, par exemple, à un séquestre de restituer un objet litigieux, ce tiers ne doit exécuter le jugement que sur un certificat du greffier, constatant qu'il n'y a pas d'opposition.

2° L'opposition permet au défaillant de présenter sa défense et de faire rétracter le jugement.

Mais si l'opposant fait de nouveau défaut, il sera débouté de son opposition, sans pouvoir en former une nouvelle; c'est ce que signifie l'adage: OPPOSITION SUR OPPOSITION NE VAUT.

§ III. JUGEMENTS NON SUSCEPTIBLES D'OPPOSITION.— Tous les jugements par défaut, quelle que soit la nature ou l'importance des droits contestés, sont susceptibles d'opposition : toutefois, il y a des exceptions, entre autres :

1° Le *jugement qui déboute d'une première opposition;*

2° Le *défaut profit joint*, ou *jugement de jonction* rendu contre plusieurs défaillants au profit du défendeur présent.

3° Le *jugement par forclusion*, c'est-à-dire faute de produire un mémoire dans une instruction par écrit;

4° Les *ordonnances de référé.*

SECTION II. — De l'appel.

L'APPEL est le recours qui a pour but de faire réformer par un tribunal supérieur le jugement d'un tribunal inférieur. Le demandeur se nomme *appelant*, et le défendeur *intimé*.

L'appel est principal ou incident.

L'appel principal est celui qui est fait le premier. Il se forme par assignation et doit être fait dans les *deux mois*.

L'appel *incident* est celui fait par l'intimé dans le cours de l'instance en appel. Il se forme par requête et peut avoir lieu en tout état de cause, c'est-à-dire tant que l'appel principal n'est pas jugé, et même après le délai de deux mois.

S'il est permis à l'intimé de faire appel après deux mois, c'est-à-dire après qu'il est censé avoir renoncé à l'appel, c'est parce qu'il n'a peut-être accepté le jugement que dans son ensemble, et à la condition qu'il ne serait point attaqué par son adversaire. Dès lors, si celui-ci fait appel, il reprend le droit d'en appeler également.

§ I. — EFFETS DE L'APPEL. — Il y en a deux :

1° L'appel est *Dévolutif*, c'est-à-dire qu'il attribue la connaissance de l'affaire à un tribunal supérieur ; le différend est remis en question et les seconds juges ont la plénitude de juridiction sur toutes les dispositions attaquées : ils peuvent, ou maintenir ou modifier ces dispositions. En cassation, au contraire, la cour n'a que le droit d'annuler, sans remplacer la première décision par une autre.

2° L'appel est *Suspensif*, c'est-à-dire qu'il arrête l'exécution du jugement attaqué, excepté dans le cas où l'*exécution provisoire* est ordonnée.

§ II. JUGEMENTS SUSCEPTIBLES D'APPEL. — Ce sont toutes les *décisions en premier ressort* (qu'elles soient définitives ou avant dire droit, contradictoires ou par défaut).

Les DÉCISIONS EN PREMIER RESSORT devant les tribunaux de commerce et ceux d'arrondissement sont :

Les *Demandes mobilières au-dessus de 1,500 fr.*

Les *Demandes immobilières sur un objet au-dessus de 60 fr. de revenu.*

Certaines demandes, quel que soit l'intérêt, par exemple, celles concernant l'état des personnes, la compétence, etc...

C'est aux conclusions des parties qu'il faut s'attacher et non au chiffre de la condamnation, autrement il aurait dépendu des juges, en abaissant la condamnation, de rendre leur sentence inattaquable.

Quant à la manière de déterminer la valeur des objets litigieux, il n'y a aucune difficulté s'il s'agit d'argent ou de denrées dont le prix est fixé par des mercuriales, mais quand il s'agit de corps certains, en cas de désaccord, il faut, suivant les uns, recourir à une expertise, suivant les autres, il y a nécessairement lieu à appel.

Pour les choses immobilières, il y a deux manières de déterminer le revenu : par le prix du bail ou par le taux des arrérages ; mais si le propriétaire jouit par lui-même, il y a toujours lieu à appel.

Qu'entend-on par 1,500 fr. en principal ? On est d'accord pour ne comprendre ni les frais, ni les intérêts ou fruits dus *avant* la demande, quant aux intérêts ou fruits dus depuis, il y a controverse.

Si dans une même instance on introduit plusieurs chefs dont aucun n'atteint 1,500 fr., mais dont la réunion dépasse ce chiffre, il y a lieu à appel, si tous ces chefs proviennent de la même source ou concernent le même défendeur ; mais il en est différemment si un seul demandeur poursuit deux défendeurs non solidaires.

· Lorsqu'il y a une demande reconventionnelle, on ne cumule pas les deux demandes, mais il suffit que l'une ou l'autre dépasse 1 500 fr. pour qu'elles soient toutes les deux suscep[tibles] d'appel. Toutefois, la demande reconventionnc[lle] *de dommages-intérêts fondée exclusivement su[r] a demande principale elle-même* n'est pas susc[ept]ible d'appel, quel qu'en soit le chiffre, si la demande principale est en dernier ressort ; cette disposition a pour but d'empêcher le défendeur de rendre à son gré le procès susceptible d'appel. On entend par dommages-intérêts fondés sur la demande elle-même ceux réclamés, par exemple, à raison de l'atteinte portée à l'honneur du défendeur.

La fausse qualification donnée par les juges à leur décision est sans influence sur le droit d'appel. Ainsi, on peut appeler d'un jugement qualifié à tort on dernier ressort; et si l'on fait appel d'un jugement mal à propos qualifié en premier ressort, cet appel devra être rejeté comme non recevable, sans qu'il y ait lieu d'examiner le fond.

§ III. DÉLAIS. — 1º *Délais pendant lesquels l'appel n'est pas recevable.* — Les jugements exécutoires par provision pouvant être exécutés immédiatement, et l'appel n'en n'arrêtant pas l'exécution, on peut en appeler aussitôt la sentence rendue,. car il importe à l'appelant que le jugement soit réformé au plus tôt.

Mais les jugements *non exécutoires par provision* ne pouvant pas être exécutés de suite, la loi, dans le but de laisser aux parties le temps de réfléchir, ne permet d'en appeler qu'après un certain délai. Ainsi, lorsque le jugement est définitif ou interlocutoire, l'appel n'est recevable que *huit jours après le prononcé de la sentence.* Pendant ce délai l'exécution est interdite.

Si le jugement est préparatoire l'appel n'est recevable qu'*après le jugement définitif.* Inutile, en effet, de se plaindre des délais d'instruction avant de connaître la solution du procès. — S'il est par défaut, l'appel n'est pas recevable *pendant les délais d'opposition.* Le mode de l'opposition doit être préféré comme plus simple.

2º *Délais pendant lesquels l'appel est recevable.* — Le délai ordinaire est aujourd'hui de deux *mois.*

Ce délai court, si le jugement est *contradictoire* du *jour de la signification* à personne ou à domicile, et non du jour du jugement. — S'il est par *défaut,* du jour où l'opposition n'est plus recevable.

Ceci ne s'applique qu'à l'appel *principal*; quant à l'appel *incident,* il peut être *formé en tout état de cause.* L'intimé peut, en effet, faire appel, même après les deux mois, et bien qu'il ait signifié le jugement sans protestation, car s'il a acquiescé au jugement, c'est à la condition de le voir maintenu dans son entier ; mais du moment où on attaque ce jugement sur un chef, il reprend le droit de l'attaquer sur les autres chefs.

§ IV. PROCÉDURE. — L'acte d'appel est signifié à personne ou à domicile; il contient les mêmes indications que l'ajournement, sauf l'exposé des moyens (cet exposé est inutile, puisque l'appelant doit signifier ses griefs dans un acte spécial); — l'intimé constitue avoué ; — l'appelant a huit jours pour signifier ses griefs; — l'intimé huit jours pour y répondre. Puis vient l'audience: l'affaire est plaidée et jugée d'après les mêmes règles qu'en première instance.

Aucune demande nouvelle ne peut être formée en appel, excepté: les demandes en compensation ; — celles en défense à l'action principale, — ou pour intérêts, arrérages, loyers et autres accessoires échus depuis le jugement de première instance; — enfin, celles en dommages-intérêts pour préjudice souffert depuis ledit jugement. C'est afin qu'on ne puisse pas priver son adversaire des deux degrés de juridiction.

Par le même motif, *aucune intervention* n'est recevable, si ce n'est de la part de ceux qui pourraient former tierce opposition. Cette exception a pour but d'empêcher un nouveau procès, ou plutôt un recours extraordinaire.

§ V. PÉREMPTION. — En appel, la péremption n'a pas simplement pour effet, comme en première instance, d'anéantir les actes de procédure, elle éteint l'action, c'est-à-dire le droit de poursuivre l'appel, et donne au jugement attaqué *force de chose jugée*. L'abandon des poursuites pendant trois ans est considéré, ici, comme un acquiescement au jugement de première instance.

Amende de fol appel. — Si l'appelant succombe, il est condamné à une amende qui est de 5 fr. pour les appels des juges de paix, et de 10 fr. pour les autres tribunaux.

Exécution. — Si le jugement est *confirmé*, la connaissance des difficultés d'exécution appartient au tribunal qui a jugé en premier ressort. — S'il est *infirmé*, l'exécution appartient à la cour elle-même, ou à un tribunal du même ordre que celui qui a jugé en premier ressort, et que la cour désigne. Mais l'exécution n'appartient jamais au tribunal qui a rendu la sentence attaquée, car on craint qu'il ne tende à faire exécuter le jugement dans le sens de son opinion.

CHAPITRE VIII.

De l'exécution des Jugements, et des Saisies.

(Articles 545 à 717 du Code de procédure civile).

Nous avons examiné dans les chapitres précédents comment se formaient les demandes en justice, comment les jugements étaient rendus et réformés; en d'autres termes comment une personne peut faire reconnaître devant les tribunaux son droit méconnu ou usurpé, et obtenir contre son adversaire une condamnation décisive et souveraine.

Mais si, malgré l'autorité de la sentence judiciaire, l'adversaire condamné refuse de s'y soumettre volontairement, il faut alors, à l'aide de *violences légales*, arriver à l'exécution de cette condamnation, sous peine de voir la reconnaissance judiciaire et publique de nos droits passer à l'état de pure théorie. Ainsi donc, aux règles qui établissent la marche de la procédure et la forme des jugements, se joignent naturellement les règles concernant l'exécution forcée de ces jugements, c'est-à-dire l'emploi de la force publique appelée dans les formes voulues, à l'effet de faire exécuter les droits que nous ont attribués ou reconnus les jugements.

Avant tout, il importe de remarquer, que les jugements et actes qui sont la loi des parties ne pourront être mis à exécution, s'ils ne sont intitulés et terminés au nom du chef de l'État, c'est-à-dire revêtus de la formule exécutoire. (*Voir page 158*). Les notaires et les greffiers ont reçu mission de la loi pour apposer aux actes et aux jugements la formule exécutoire.

En outre, la formule exécutoire n'est pas la seule condition pour arriver à l'exécution forcée : il faut, pour les jugements, qu'il y ait eu signification à avoué et à partie.

Si l'exécution est poursuivie contre la partie adverse elle l'arrêtera en prouvant qu'il y *a opposition* ou *appel* (dont l'effet est suspensif) ; cette preuve pourra résulter de la présentation de l'original de l'assignation par laquelle l'opposition a été formée ou par laquelle l'appel a été interjeté. Mais si l'exécution est à la charge d'un tiers, s'il s'agit, par exemple, de radiation d'hypothèque, etc., le tiers ne sera tenu d'exécuter que sur ; 1° l'expédition du jugement, 2° le certificat de l'avoué du poursuivant, contenant la date de la signification du jugement à la partie condamnée ; 3° l'attestation par le greffier qu'il n'existe ni opposition, ni appel sur le registre à ce destiné.

Le tribunal qui a rendu le jugement connaît des difficultés relatives à son exécution, mais si les difficultés requièrent célérité, le tribunal du lieu y statuera provisoirement et renverra la connaissance du fond au tribunal d'exécution.

Les règles de l'exécution forcée ne sont que l'application du principe écrit dans l'article 2092 du code civil : « Quiconque *est obligé,* est tenu de remplir *son engagement sur tous ses biens mobiliers et immobiliers* présents et à venir. Ajoutons qu'avant l'abolition de la contrainte par corps, la personne même du débiteur répondait de l'acquittement de l'obligation. Le créancier, porteur d'un titre exécutoire, peut donc exercer des poursuites sur les biens de son débiteur par des *saisies* de meubles ou d'immeubles.

On appelle *saisie* la mise sous la main de la justice des meubles ou des immeubles d'un débiteur. Le nom de saisie n'indique pas toujours un mode d'exécution forcée, souvent elle n'est qu'une mesure de précaution qui permet de mettre un objet sous la main de la justice à titre de gage ; telles sont la saisie-conservation, la saisie-gagerie, etc...

On ne peut procéder à une saisie mobilière ou

immobilière qu'en vertu d'un titre exécutoire (*acte authentique* ou *jugement*), et pour une dette certaine, liquide et exigible ([1]).

Lorsqu'il s'agit de passer de la saisie à la vente, il faut que le *quantum* de la dette soit déterminé en argent : — pour que le débiteur puisse arrêter les poursuites, en payant ou en consignant la somme déterminée, — pour que la vente des meubles soit arrêtée lorsqu'elle aura atteint la somme due, — pour que le débiteur puisse obtenir un sursis à la saisie immobilière, en justifiant qu'une année de revenu net de ses immeubles suffit pour acquitter tout ce qu'il doit.

La seule remise de l'acte ou du jugement à l'huissier vaut pouvoir pour toutes les exécutions autres que la saisie immobilière, pour laquelle il faut de plus, un pouvoir spécial dont le débiteur peut exiger la représentation.

§ I. DE LA SAISIE-ARRÊT. — La *saisie-arrêt* qu'on appelle aussi *opposition* est un acte d'huissier par lequel un créancier (*le saisissant*) arrête entre les mains d'un tiers (*le tiers saisi*) les sommes ou effets mobiliers appartenant à son débiteur (*le saisi*) s'oppose à leur remise, et obtient la délivrance de ces sommes ou le prix de ces effets, jusqu'à concurrence de ce qui lui est dû.

Tant qu'il n'a pas été rapporté main-levée de la saisie-arrêt au tiers saisi, il ne doit se dessaisir d'aucunes sommes ou effets mobiliers, La main-levée peut être donnée par le saisissant soit par acte authentique, soit par acte sous-seing privé. Dans la pratique, le saisissant se borne à écrire, sur l'original de la saisie-arrêt, la formule suivante : « *Bon pour main-levée de la saisie-arrêt ci-dessus,* » qu'il date et qu'il signe.

---

(1) *La saisie mobilière* peut être faite un jour après le commandement. La *saisie immobilière* ne peut avoir lieu que trente jours après le commandement. Le commandement se périme après 90 jours, si, dans ce délai, il n'est suivi de la saisie. Enfin, l'incapacité de disposer de l'immeuble saisi ne commence qu'à compter du jour de la transcription du procès-verbal aux bureaux du conservateur des hypothèques des lieux de la situation.

Dans ce cas, sa signature doit être certifiée par l'huissier qui a signé la saisie-arrêt.

Le payement fait par un débiteur à son créancier, *au préjudice* d'une saisie-arrêt pratiquée entre ses mains, n'est pas valable à l'égard des créanciers saisissants ou opposants; ceux-ci peuvent le contraindre à payer de nouveau.

§ II. DE LA SAISIE BRANDON (1). — C'est l'acte par lequel un créancier, porteur d'un titre exécutoire, met sous la main de justice les fruits pendant par racines, appartenant à son débiteur, dans le but d'en opérer la vente lorsqu'ils sont parvenus à leur maturité et d'être payé sur le prix.

§ III. DE LA SAISIE CONSERVATOIRE. — La saisie conservatoire est celle qu'un créancier fait pratiquer, *même sans titre*, en vertu de l'autorisation du président du tribunal, quoique la réclamation qu'il élève contre son débiteur ne soit point encore sanctionnée judiciairement. (172 et 187 C. Com.; 417 C. pr. civ.). On l'emploie dans le cas d'extrême urgence, lorsque l'on craint que le débiteur prenne la fuite ou ne fasse disparaître son actif.

§ IV. DE LA SAISIE-GAGERIE. — C'est tout à la fois un acte conservatoire et d'exécution par lequel le propriétaire ou principal locataire d'une maison ou d'une ferme fait saisir et vendre après jugement de validité, les objets garnissant les lieux loués. Si les meubles ont été déplacés sans le consentement du propriétaire et sont en la possession d'un tiers, le propriétaire doit agir par la voie de la *saisie-revendication*.

La saisie-gagerie a lieu dans la forme de la saisie exécution. (*Art. 819 et suiv. Cod. proc. civ.*).

§ V DE LA SAISIE EXÉCUTION. — *La saisie exécution* ou saisie mobilière est celle par laquelle un créancier, porteur d'un titre exécutoire, fait, après mandement, procéder à la vente des meubles saisissables de son débiteur. (art. 583 et suiv. c. pr. civ.)

Ne peuvent être saisis mobilièrement: — 1º les objets

---

(1) Cette saisie est ainsi qualifiée parceque, dans certains pays, l'usage était de placer sur le fonds de terre dont les fruits étaient saisis, des faisceaux de paille appelés *brandons*, soutenus par des pieux.

que la loi déclare immeubles par destination, lorsque le propriétaire d'un fonds les y a placés pour le service et l'exploitation de ce fonds ; — 2° le coucher et les vêtements nécessaires du débiteur saisi et de sa famille vivant avec lui ; — 3° les outils et instruments de travail, nécessaires à la profession du saisi ; — 4° les équipements des militaires ; — 5° les farines et menues denrées nécessaires à la consommation du saisi et de sa famille pendant un mois, — 6° enfin une vache, ou trois brebis, ou deux chèvres, au choix du saisi, avec les pailles, fourrages et grains nécessaires pour la litière et la nourriture desdits animaux.

CHAPITRE IX.

Des Expertises.

(Articles 302 à 323 du Code de procédure civile).

On nomme *expertise* l'opération confiée par un tribunal à des personnes expérimentées, afin d'avoir les renseignements nécessaires pour la solution d'un litige.

Quand il y a lieu à expertise, les experts peuvent être nommés d'office par le tribunal ou désignés par les parties.

Les experts nommés d'office par le tribunal peuvent être récusés par les parties dans les trois jours de leur nomination.

Les motifs de récusation sont les mêmes que ceux pour lesquels les témoins peuvent être reprochés.

Les articles 268 et 283, qui précisent ces motifs sont ainsi conçus: « Nul ne pourra être assigné comme témoin s'il est parent ou allié en ligne directe de l'une des parties, ou son conjoint même séparé. »

« Pourront être reprochés, les parents ou alliés de l'une ou de l'autre des parties jusqu'au degré de cousin issu de germain inclusivement, les parents ou alliés des conjoints au degré ci-dessus, si le conjoint est vivant, ou si la partie ou le témoin en a des enfants vivants; en cas que le conjoint soit décédé et qu'il n'ait pas laissé de descendants, pourront être reprochés les parents et alliés en ligne directe, les frères, beaux-frères, sœurs et belles-sœurs. Pourront aussi être reprochés, le témoin héritier présomptif ou donataire, celui qui aura bu ou mangé avec la partie et à ses frais, depuis la prononciation du jugement qui a ordonné l'enquête; celui qui aura donné des certificats sur les faits relatifs au procès; les serviteurs et domestiques; le témoin en état d'accusation; celui qui aura été condamné à une peine afflictive ou infamante, ou même à une peine correctionnelle pour cause de vol. »

Les experts seront invités par la partie la plus diligente à se présenter devant le juge qui doit recevoir leur serment.

Les experts fixeront le jour, le lieu et l'heure de leur opération dans le procès-verbal de prestation de serment.

Si quelque expert n'accepte point la nomination, ou ne se présente point, soit pour le serment, soit pour l'expertise, aux jours et heure indiqués, les parties s'accorderont sur-le-champ pour en nommer un autre à sa place, sinon la nomination pourra être faite d'office par le tribunal. L'expert qui, après avoir prêté serment, ne remplira pas sa mission, pourra être condamné par le tribunal qui l'avait commis, à tous les frais frustratoires, et même aux dommages-intérêts, s'il y échet.

Les experts devront recevoir et constater dans leur rapport les dires des parties; le rapport sera rédigé aux jour, lieu et heure indiqués par les experts, afin que les parties puissent faire telles observations qu'elles jugeront convenables.

Le rapport sera écrit par un des experts et signé par tous; s'ils ne savent pas écrire, il sera écrit et signé par le greffier de la justice de paix du canton où ils auront procédé.

Les experts ne dresseront qu'un seul rapport; ils ne formeront qu'un seul avis à la majorité; néanmoins en cas d'avis différent, ils indiqueront les motifs des divers avis sans faire connaître quel a été l'avis personnel de chacun d'eux.

Les experts feront enregistrer leur rapport avant de le déposer (le droit est de 2 fr. plus le double décime); le dépôt sera fait par un des experts au greffe du tribunal qui a ordonné l'expertise.

Si l'expertise a été ordonnée par une cour d'appel, le dépôt doit être fait au greffe de la cour.

Les experts doivent indiquer, au bas de la minute de leur rapport, le nombre de vacations de trois heures qu'ils ont employées à l'opération et à la rédaction du rapport: ils ont droit en outre à une vacation pour prêter serment et à une vacation pour déposer leur rapport.

Leurs vacations sont taxées par le président du tribunal; ils peuvent se faire délivrer un exécutoire contre les parties quand ils ont été désignés par elles, ou contre celle qui aura requis l'expertise ou qui l'aura poursuivie, si elle a été ordonnée d'office.

En cas de retard et de refus de la part des experts de déposer leur rapport, ils peuvent y être condamnés, même par corps, et en outre, il peuvent être condamnés à des dommages-intérêts envers la partie à laquelle ce retard causerait un préjudice.

Formule d'un Rapport d'Expert.

L'an 18..., le..., nous, L. M... (*nom, prénoms, qualité, demeure*).

Expert nommé par jugement rendu contradictoirement entre (*indiquer les noms des parties*, le..., à l'effet de procéder (*indiquer le but de l'opération précisée dans le jugement*), dispensé de serment, ou après avoir prêté serment le... entre les mains de M. le Président du tribunal : nous sommes transporté à... ou bien : avons invité les parties à se trouver en notre cabinet pour procéder à l'opération qui nous est confiée.

(*On constate si les parties sont présentes, si elles sont assistées de leurs conseils; si l'une d'elles ne se présente pas, on constate qu'elle a été régulièrement appelée et on donne défaut contre elle*).

Là nous avons entendu les observations des parties et procédé ainsi qu'il suit :

Ou bien : là le poursuivant nous a justifié qu'il avait fait sommation à son adversaire de se trouver aux lieu, jour et heure indiqués, et attendu que le sieur... ne comparait pas, nous avons donné défaut contre lui et avons procédé ainsi qu'il suit :

Notre mission consiste à (*rappeler les termes du jugement*).

Indiquer ce que l'on a fait ;

Si les parties font des dires, les experts sont obligés d'y répondre (*art. 317, Code de procéd. civ.*), ce qui se fait de la manière suivante :

À comparu le sieur X..., lequel a dit..., ou bien le sieur X... nous a requis de constater (copier le dire).

Après avoir répondu aux dires des parties, l'expert donne son avis clairement sur tous les points qui lui sont soumis, et termine ainsi son rapport :

Après avoir prévenu les parties que nous rédigerions et que nous clorions notre rapport, le... en notre cabinet, nous les avons attendues jusqu'à... heures.

On constate si elles se sont présentées, si elles ont fait de nouveaux dires ou si elles se sont présentées sans faire de nouvelles observations, ou enfin si elles ne se sont pas prés. ntées, et on termine ainsi :

Après avoir vaqué à l'opération ci-dessus (indiquer le nombre de vacations et de jours), nous avons clos le présent rapport, le...

(Signature).

Nota. — Un rapport peut être fait le dimanche ou un jour de fête.

Il doit être écrit par un des experts ou par le greffier de la justice de paix s'ils ne savent pas écrire ; quand il y a trois experts, s'ils ne sont pas unanimes, l'avis de chacun doit être mentionné, sans faire connaître les noms des experts qui ont émis les avis différents ; cela se fait à peu près en ces termes :

L'un des experts a été d'avis que.... par telle ou telle raison...., l'autre a émis l'avis suivant... (l'avis de chaque expert doit être motivé).

Les experts doivent indiquer le nombre de vacations de trois heures qu'ils ont employées. Il leur est accordé une vacation pour prêter serment, et une vacation pour déposer leur rapport.

Pour examiner l'affaire avec les parties, ils comptent autant de vacations qu'ils auront employé de séances de trois heures ; ils évaluent de la même manière le temps employé à la rédaction de leur rapport.

CHAPITRE X.

Des arbitrages.

(Articles 1003 à 1028 du Code de procédure).

L'arbitrage est une juridiction conférée à de simples particuliers par la volonté des parties (1), pour juger les contestations sur lesquelles la loi ne défend pas de compromettre. On appelle *arbitre* celui à qui cette mission est confiée.

Les arbitres peuvent être nommés par jugement rendu contradictoirement entre les parties, par un

_____

(1) L'article 51 du Code de commerce posait en principe que toute contestation entre associés devait être jugée par des arbitres, mais cette disposition a été abrogée par la loi du 17 juillet 1856. Les arbitrages ont donc beaucoup moins d'importance aujourd'hui qu'avant la promulgation de cette loi.

acte notarié ou par un acte sous-seing privé; ils peuvent même être nommés par procès-verbal devant les arbitres.

On appelle *compromis* l'acte par lequel on soumet une difficulté à des arbitres. Le compromis doit, à peine de nullité, désigner l'objet du litige et les noms des arbitres.

Si le compromis ne fixe pas le délai dans lequel la sentence des arbitres devra être rendue, ce délai sera de trois mois. Pendant ce délai, les arbitres ne pourront être révoqués que du consentement unanime des parties. Ils ne peuvent se déporter, c'est-à-dire renoncer à juger, si leurs opérations sont commencées.

Les parties et les arbitres suivront dans la procédure les délais et les formes établis pour les tribunaux; leur sentence sera sujette à appel et à cassation comme les jugements des tribunaux, le tout à moins que les parties n'en soient autrement convenues.

Alors les arbitres prennent le nom d'amiables compositeurs, ils ne sont plus assujettis à aucune formalité et leur sentence est définitive.

Mais il faut pour cela que les parties les aient formellement autorisés à juger sans formalité de justice, et qu'elles aient renoncé à tout recours contre leur sentence.

SECTION PREMIÈRE.— Quelles personnes peuvent compromettre, et sur quelles matières.

Toutes personnes peuvent compromettre sur les droits dont elles ont la libre disposition.

Puisqu'il faut avoir la libre disposition de ses droits pour soumettre une contestation à des arbitres, les mineurs, les tuteurs, les syndics, les administrateurs en général ne peuvent pas recourir à cette juridiction exceptionnelle. On ne peut pas également soumettre à des arbitres les demandes en séparation de corps ou de biens, les contestations qui seraient sujettes à communication au ministère public et notamment :

1° Celles qui concernent l'ordre public, l'État, les domaines, les communes, les établissements publics, les dons et legs au profit des pauvres; 2° celles qui concernent l'état des personnes et les tutelles; 3° les causes des femmes non autorisées par leurs maris, ou même autorisées, lorsqu'il s'agit de leur dot, et qu'elles sont mariées sous le régime dotal; 4° les causes des mineurs, et généralement toutes celles où l'une des parties est défendue par un curateur.

§ I. QUELLES CAUSES METTENT FIN AU COMPROMIS. — Le compromis finit — par le décès, le refus ou l'empêchement d'un des arbitres, · par l'expiration du délai fixé ou du délai de trois mois, si le compromis ne fixe pas un délai — par le partage, si les arbitres ne peuvent pas prendre un tiers-arbitre.

Néanmoins on peut convenir lors du compromis, ou postérieurement, que les arbitres restant passeront outre malgré la mort ou le refus de l'un d'eux, ou qu'il sera remplacé au choix des arbitres ou des parties.

En cas de partage, les arbitres autorisés à nommer un tiers seront tenus de le faire par la décision qui prononce le partage : s'ils ne peuvent en convenir, ils le déclareront sur le procès-verbal, et le tiers sera nommé par le président du tribunal qui doit ordonner l'exécution de la décision arbitrale. Il sera, à cet effet, présenté requête par la partie la plus diligente. Dans les deux cas, les arbitres divisés seront tenus de rédiger leur avis distinct et motivé, soit dans le même procès-verbal, soit dans des procès-verbaux séparés.

Le tiers-arbitre sera tenu de juger dans le mois du jour de son acceptation, à moins que ce délai n'ait été prolongé par l'acte de la nomination : il ne pourra prononcer qu'après avoir conféré avec les arbitres divisés, qui seront sommés de se réunir à cet effet. Si tous les arbitres ne se réunissent pas, le tiers-arbitre prononcera seul, et néanmoins il sera tenu de se conformer à l'un des avis des autres arbitres.

Les causes suivantes peuvent autoriser les arbitres à se déporter : 1° Si le compromis était vicieux et nul; 2° si l'arbitre avait été injurié et diffamé par les parties, ou s'il était intervenu entre lui et elles une inimitié capitale; 3° s'il était survenu à l'arbitre une maladie ou incommodité grave qui le mit hors d'état de s'occuper de l'arbitrage; 4° si ses propres affaires demandaient instamment tous ses soins; 5° enfin, si un emploi public, accepté depuis le compromis, réclamait tous ses moments.

§ II. LES ARBITRES PEUVENT-ILS ÊTRE RÉCUSÉS ?— On décide généralement que les arbitres peuvent être récusés pour les mêmes causes que les juges ordinaires. (*Voir l'art. 378 Code proc. civ.*).

Les motifs de récusation doivent être proposés dans les trois jours de la nomination. La récusation ne peut être fondée que sur des motifs survenus depuis le compromis, à moins que les causes antérieures au compromis n'aient pu être connues que postérieurement.

SECTION II.— *Comment la sentence arbitrale devient-elle exécutoire.*

Les arbitres doivent déposer leur sentence dans les trois jours de sa date, au greffe du tribunal ou de la cour qui aurait connu de l'affaire sur laquelle ils ont statué; la sentence sera rendue exécutoire par le président du tribunal.

Aucune sentence, même celle qui ordonnerait une mesure préparatoire, ne pourra être exécutée sans être revêtue de cette formalité.

SECTION III. — *De l'appel et de la nullité des jugements arbitraux.*

L'appel des jugements arbitraux sera porté, savoir: devant les tribunaux de première instance, pour les matières qui, s'il n'y eût point eu d'arbitrage, eussent été, soit en premier, soit en dernier ressort, de la compétence des juges de paix; et devant les cours d'appel, pour les matières qui eussent été, soit en premier, soit en dernier ressort, de la compétence des tribunaux de première instance.

La sentence est nulle, si le jugement a été rendu sans compromis ou hors des termes du compromis; s'il l'a été sur compromis nul ou expiré; s'il n'a été rendu que par quelques arbitres non autorisés à juger en l'absence des autres; si'l l'a été par un

tiers sans en avoir conféré avec les arbitres partagés ;
enfin, s'il a été prononcé sur choses non demandées.

HONORAIRES DES ARBITRES. — Les arbitres ont
une action solidaire contre toutes les parties pour
obtenir le remboursement de leurs frais et honoraires,
et, quand ils ne peuvent pas se faire payer à l'amiable,
ils doivent, quelle que soit la nature de l'affaire,
assigner les parties devant le tribunal civil de leur
domicile pour faire fixer le montant de leur réclamation.

SECTION IV. — *Arbitres rapporteurs.*

La loi autorise les tribunaux de commerce à renvoyer devant des arbitres rapporteurs (C. de P., art.
429), pour les entendre et les concilier, si faire se
peut, si non donner leur avis au tribunal.

Dans un grand nombre d'affaires où il s'agit de
comptes, de pièces et de registres à vérifier, de faits à
constater, la marche de la justice serait entravée, si
les juges étaient obligés de recourir aux seuls moyens
d'instruction autorisés dans les affaires civiles; aussi
la nécessité avait introduit l'usage des arbitres rapporteurs avant que le code les eut sanctionnés.

Les arbitres rapporteurs rendent à la justice et aux
parties les plus grands services, soit en conciliant un
grand nombre d'affaires qu'ils terminent paternelle-
ment, soit en éclairant les tribunaux sur les faits qui
font l'objet de la contestation.

Ils diffèrent tout à la fois des arbitres juges et des
experts, en ce qu'ils ne rendent jamais de jugement,
et parce qu'ils sont affranchis de certaines formalités
imposées aux experts.

Cependant ils ont plusieurs points de ressemblance
avec ces derniers dont on leur donne même quelquefois le nom, en les appelant *experts rapporteurs.*

Le tribunal peut ne nommer qu'un seul arbitre
rapporteur : c'est même ce qu'il fait presque toujours.
La nomination est faite d'office par le tribunal ou sur
la présentation des parties.

Les parties peuvent récuser l'arbitre nommé d'office,
pour les mêmes motifs et dans les mêmes formes que
quand il s'agit d'experts.

L'arbitre rapporteur doit indiquer aux parties le jour où il lui plaira de les entendre ; ordinairement il les invite par lettre ; mais en cas de non-comparution, la partie la plus diligente devra faire sommation à l'autre de comparaître au jour indiqué par l'arbitre.

L'arbitre devra, comme les experts, consigner les dires des parties.

Son rapport sera déposé au greffe du tribunal de commerce.

Les frais et honoraires des arbitres rapporteurs sont taxés par le président du tribunal de commerce, par vacation, comme ceux des experts.

Formule d'un Compromis Arbitral.

Entre les sous-signés N..., et M..., a été convenu ce qui suit :
(*Exposer l'objet de la contestation*).

Voulant éviter un procès, les frais et les lenteurs qui en résulteraient, les sieurs.. sont convenus de s'en rapporter à M. M..., auxquels ils donnent pouvoir de statuer sur la difficulté qui les divisent et sur les frais en qualité d'arbitres.

On indique si les arbitres devront se conformer à la procédure tracée par la loi, ou s'ils seront autorisés à juger comme amiables compositeurs sans formalités judiciaires. On indique également si l'on veut renoncer à l'appel et au recours en cassation).

Les arbitres seront tenus de statuer dans le délai de... *la sentence rendue après le délai fixé serait nulle ; les parties peuvent, si elles le jugent convenable, proroger le délai accordé aux experts).*

Si les deux arbitres ne sont pas d'accord, ils nommeront un tiers arbitre pour les départager, et, s'ils ne peuvent s'accorder sur cette nomination, elle sera faite par le Président du tribunal sur simple requête présentée par la partie la plus diligente.

Fait double, à..., le...   (*Signatures*).

Formule d'une Sentence Arbitrale.

L'an..., le..., par-devant nous (*nom, prénoms et professions des arbitres*), réunis dans le cabinet de..., ont comparu :
1° Le sieur N... ; 2° le sieur M...

Lesquels nous ont dit que, par acte sous signatures privées, en date du..., enregistré..., ils nous avaient choisis pour leurs arbitres à l'effet de statuer sur les contestations qui les divisent, savoir :
(*Exposer l'objet de la contestation*).

Et nous ont requis d'accepter la mission qu'ils nous ont confiée, sur quoi nous, arbitres susdits et soussignés, avons déclaré accepter lesdites fonctions d'arbitres et nous constituer en tribunal arbitral, pour statuer sur les difficultés ci-dessus précisées.

En conséquence, nous avons invité les parties à se présenter devant nous dans le cabinet de M..., le..., à... heures du matin pour fournir leurs observations.

Et avons signé avec les parties après lecture faite.

(**Signatures des arbitres et des parties**).

FAITS

(Exposer sommairement les faits, transcrire littéralement les conclusions prises par les parties).

SENTENCE .

Le..., étant réunis dans le cabinet de M..., l'un de nous, avons statué ainsi qu'il suit sur toutes les difficultés qui nous ont été soumises. Après avoir entendu les parties et leurs conseils dans diverses réunions, les *(indiquer les jours)*, pris connaissance des conclusions et des pièces qui nous ont été remises et après avoir délibéré conformément à la loi.

Nous, arbitres susdits et soussignés, prononçant en premier *ou* dernier ressort, ordonnons... *(dispositif)* ; condamnons le sieur... dépens compensés.

Fait et jugé à..., le...   *(Signatures des arbitres).*

Nota. — La sentence doit être déposée dans les trois jours de sa date au greffe du tribunal de commerce ou du tribunal civil, suivant qu'il s'agit d'une contestation relative à une affaire commerciale ou à une affaire civile.

CHAPITRE XI

De l'assistance judiciaire.

(Loi du 22 janvier 1851).

L'*assistance judiciaire*, instituée dans un but humanitaire, permet aux indigents de plaider, sans être obligés d'avancer ou de payer les frais nécessaires pour ester en justice.

L'assistance judiciaire oblige les avocats, les avoués, les huissiers, à prêter gratuitement leur ministère à ceux qui obtiennent cette faveur. Tous les actes de procédure, les jugements sont affranchis du timbre et de l'enregistrement. L'assisté est aussi dispensé du payement des sommes dues aux greffiers, aux experts, aux témoins, etc...

La personne qui demande à être admise à l'Assistance Judiciaire, doit fournir : 1° un extrait du rôle de ses contributions, ou un certificat du Percepteur de sa commune, constatant qu'elle n'est pas imposée ;

2° Une déclaration attestant qu'elle est, à raison de son indigence, dans l'impossibilité d'exercer ses droits en justice, et contenant l'énumération détaillée de ses moyens d'existence, quels qu'ils soient (1) ;

3° Le réclamant doit affirmer sa déclaration devant le Maire de la commune de son domicile : le Maire lui en donne acte au bas de sa déclaration ;

4° Ces pièces sont adressées au Procureur de la République, avec une demande, sur papier libre, tendante à être admis au bénéfice de l'Assistance Judiciaire.

En matière criminelle, le président de la Cour d'assises désigne d'office un défenseur à l'accusé qui n'en a pas.

En matière correctionnelle, le président du Tribunal nomme également un défenseur d'office au prévenu indigent qui en fait la demande.

———————<><><>———————

(1) Si la déclaration d'indigence est reconnue frauduleuse, le bénéfice de l'assistance est retiré ; celui qui le réclamait devient passible de tous les frais.

Il peut même être traduit devant le tribunal de police correctionnelle ; et condamné à une amende, qui ne peut être au-dessous de 100 fr., et à un emprisonnement de huit jours au moins, et de six mois au plus.

QUATRIÈME PARTIE

DROIT CRIMINEL

On nomme *droit criminel* la législation qui a pour objet la poursuite et la répression des crimes, des délits et des contraventions.

On divise le droit criminel en deux parties : la législation pénale proprement dite et la procédure qui pose les règles à suivre pour la répression.

CHAPITRE PREMIER.

Dispositions pénales.

L'objet de la législation criminelle étant la punition des délits, pour en bien saisir les principes, il faut examiner : 1° les délits en eux-mêmes; 2° les peines dont on les punit. C'est ce que nous allons faire dans les deux sections suivantes :

SECTION PREMIÈRE. — Des délits.

§ I. DU CARACTÈRE DES DÉLITS. — Le mot *délit* désigne d'une manière générale une action ou une omission d'action d'où résulte une atteinte directe à la sûreté des personnes ou des propriétés. Le délit est toujours un fait intentionnel, à la différence du quasi-délit dont l'intention ne peut être incriminée, et qui fait encourir une responsabilité civile (*voir page 170*).

Il n'y a délit qu'autant que la loi prévoit et punit le fait ou l'omission (1); dès lors on peut dire, en

---

(1) Ainsi, pour atteindre leur but, les lois, dont nous allons parler, ne se bornent pas à défendre des actions; elles en ordonnent aussi sous diverses peines : par exemple la réparation des fours, le ramonage des cheminées, la démolition des édifices qui menacent ruine, etc. (*Article 471 du code pénal*).

général, qu'un délit est une infraction à une loi pénale (1).

Nul délit ne peut être puni des peines qui n'étaient pas prononcées par la loi avant qu'il fût commis.

De ces règles et de celles qui attribuent à des tribunaux spéciaux le jugement des délits, il résulte qu'aucune peine proprement dite (2) ne peut être appliquée à un fait qu'autant qu'il est envisagé comme délit et que la répression en est poursuivie devant les tribunaux compétents.

Il n'y a pas délit lorsqu'on a été contraint à un fait punissable par une force à laquelle on n'a pu résister, ou lorsqu'on était en démence au moment de l'action (3).

§ II. — DIVERSES ESPÈCES DE DÉLITS. — Ainsi que nous l'avons dit, le mot *délit* désigne en général toute infraction aux lois pénales. Mais on s'en sert pour indiquer particulièrement une des trois classes principales d'infractions (contraventions, délits proprement dits, crimes). On distingue ces classes les unes des autres, soit par le plus ou moins de gravité de la peine dont on les punit, soit par la nature de l'atteinte portée à l'ordre social et à la sécurité publique. Le code pénal entre dans de grands détails sur ce point; il nous suffira, pour remplir l'objet de cet ouvrage, de mentionner les subdivisions de chaque classe, avec quelques-unes des espèces particulières d'infractions qu'elles comprennent. L'indication de toutes les espèces serait trop longue pour qu'on pût les retenir exactement et se dispenser d'avoir recours au texte du code pénal.

---

(1) Promulguée antérieurement : c'est une conséquence de la maxime que la loi ne peut avoir d'effet rétroactif.

(2) Les *lois civiles* prononcent souvent des punitions contre ceux qui les enfreignent, mais ces punitions telles qu'une déchéance d'un droit, une indemnité pécuniaire et même une amende, ne sont pas proprement des peines, dans le sens que le droit criminel attache à ce mot ; aussi le soin de les infliger n'est-il pas confié aux tribunaux criminels.

Ainsi, les amendes encourues par un notaire, pour des contraventions aux lois de l'enregistrement, devant être prononcées par le tribunal civil, ne sont point considérées comme des peines, pas plus que ces contraventions comme des délits.

(3) Au contraire, les contraventions sont punissables encore qu'elles n'aient pas été commises intentionnellement.

1° Les contraventions sont les actions ou omissions punies au plus de quinze francs d'amende et de cinq jours d'emprisonnement. Ce sont des infractions aux lois de police et même aux simples règlements sur cette matière, lorsque, ayant été faits et publiés par les autorités administratives ou municipales, ils concernent les objets de police dont la surveillance a été attribuée par la loi à ces autorités (¹).

On peut diviser les contraventions en trois genres, suivant qu'elles sont relatives à la police municipale, ou à la police rurale, ou participent de l'une et de l'autre.

Les contraventions du premier genre sont en général réglées par le code pénal, telles que le *jet* (²) d'une chose de nature à nuire, le nettoyage et l'éclairage des rues par les aubergistes et autres dans les communes où ce soin est laissé à la charge des habitants, l'embarras de la voie publique, etc... (voir article 471 du code pénal).

Les contraventions de police rurale sont pour la plupart, réglées par le code rural, telles que les dégâts commis par la volaille, etc., (³) cependant plusieurs sont réglées par le code pénal, telles que le passage sur le terrain d'autrui avant l'enlèvement de la récolte, l'échenillage, le maraudage, le grapillage, etc...

Les contraventions mixtes sont réglées, soit par le code pénal, telles que les injures verbales, le refus des monnaies ayant cours, etc.., soit par des lois parti-

---

(1) Les objets confiés à la surveillance de ces autorités sont rangés en 6 classes, savoir : 1° sureté et commodité du passage dans les rues et voies publiques ; 2° rixes et autres délits qui troublent la tranquillité publique ; 3° maintien de l'ordre dans les foires, marchés et autres lieux publics ; 4° fidélité du débit des denrées au poids et à la mesure ; 5° précautions en cas d'incendie et autres fléaux ; 6° surveillance des insensés et animaux laissés en liberté. Les maires ont le droit de prescrire, sous des peines de police, des mesures rentrant dans l'une ou l'autre de ces six classes.

(2) Sans causer de blessure, car dans ce cas le jet deviendrait *un délit*.

(3) Voir la loi du 6 octobre 1791 concernant les biens et usages ruraux et la police rurale.

culières, telles que l'inobservation des · fêtes et dimanches (¹).

2° LE DÉLIT PROPREMENT DIT, autrefois nommé délit correctionnel, est une infraction plus grave que la contravention, mais beaucoup moins grave que le crime. Toutefois, comme suivant les circonstances qui les accompagnent, les délits se changent souvent en crimes et les crimes en délits, le code pénal les a réunis dans les mêmes divisions. La première et la plus générale de ces divisions est celle-ci : *crimes et délits contre la chose publique,* — *crimes et délits contre les particuliers.*

Les crimes et délits contre la chose publique se classent de trois manières, selon qu'ils portent atteinte : 1° *à la sûreté extérieure ou intérieure de l'Etat,* tels que le port d'armes contre la France, les attentats contre la personne du souverain, la guerre civile, etc... (articles 75 à 108 du code pénal); — 2° *à la constitution,* comme les entraves à l'exercice des droits civiques, les attentats à la liberté individuelle, la coalition des fonctionnaires, etc... (articles 109 à 131 du code pénal; — 3° *à la paix publique,* comme la fausse monnaie, la contrefaçon des sceaux de l'Etat, des billets de banque, des poinçons, timbres et marques, le faux en écriture publique et privée, les délits des fonctionnaires publics dans l'exercice de leurs fonc-

(1) La loi du 18 novembre 1814 qui n'a jamais été formellement abrogée mais qui, en réalité, n'est point appliquée, porte :

Les travaux ordinaires seront interrompus les dimanches et jours de fêtes reconnues par l'Etat (art. 1er).

En conséquence, il est défendu lesdits jours : 1° aux marchands, d'étaler et de vendre les ais et volets des boutiques ouverts; 2° aux artisans et ouvriers de travailler extérieurement et d'ouvrir leurs ateliers; 3° aux charretiers et voituriers employés à des services locaux, de faire des chargements dans les lieux publics (art. 2).

Les défenses précédentes ne sont applicables aux postes et voitures publiques, aux marchands de comestibles, aux ventes usitées dans les foires et fêtes patronales, aux travaux urgents de l'agriculture, etc...

Dans les villes dont la population est au-dessus de cinq mille âmes, ainsi que dans les bourgs et villages, il est défendu aux cabaretiers, marchands de vin, traiteurs, etc... de tenir leurs maisons ouvertes et d'y donner à boire et à jouer lesdits jours, pendant le temps de l'office (art. 3).

tions et ceux des ministres des cultes, la rébellion, les outrages et violences envers les dépositaires de l'autorité publique, les entraves au libre exercice des cultes, les délits commis par la voie de la presse, les associations illicites, etc... (article 132 à 294 du code pénal).

Les crimes et délits contre les particuliers sont relatifs aux personnes et aux propriétés. La première catégorie embrasse l'homicide et les blessures, les attentats aux mœurs, la bigamie, les arrestations illégales, l'enlèvement de mineurs, le faux témoignage, la subornation, les injures graves et la diffamation, etc., (articles 295 à 378 du code pénal.)

L'homicide est ou volontaire ou involontaire, ou provoqué, ou légitime. L'homicide volontaire se nomme *meurtre*, et s'il a été prémédité *assassinat*; il est puni de peines afflictives et infamantes, tandis que l'homicide involontaire n'est réprimé que par des peines correctionnelles. L'homicide *provoqué* par des violences graves est excusable. (¹) L'homicide *légitime* ou commandé par l'autorité légitime, ou par la nécessité actuelle de la légitime défense de soi-même ou d'autrui, n'est pas considéré comme un délit. Les mêmes règles s'appliquent aux blessures et aux coups.

Dans la seconde catégorie des crimes et délits contre les particuliers relativement aux propriétés, on trouve le vol, la banqueroute, l'escroquerie, l'abus de confiance, la violation des règlements relatifs aux maisons de jeu et de prêt sur gage, à la liberté des enchères, aux manufactures, au commerce et aux arts, la contrefaçon, l'infidélité dans les fournitures, les destructions et dommages volontaires tels que les incendies, démolitions de tout ou partie des édifices, dégât de denrées et marchandises, abattage d'arbres et de clôtures, déplacement des bornes, etc... (articles 370 à 462 du code pénal).

---

(1) Celui qui, sans le dessein de tuer, se porte volontairement à des voies de fait tellement graves que l'individu maltraité meurt des coups reçus, est considéré comme meurtrier, parce qu'en exerçant des violences de nature à ôter la vie, on se rend coupable de toutes les suites qu'elles peuvent avoir.

Le *vol* est la soustraction *frauduleuse* de la chose
d'autrui. Ces deux conditions sont essentielles pour
qu'il y ait vol ([1]). D'où il suit que la soustraction que le
débiteur fait *du gage* qu'il a remis à son créancier
n'est pas un vol, etc...

En outre, les soustractions commises par les maris
au préjudice de leurs femmes, par les femmes au préjudice de leurs maris, par un veuf ou une veuve
quant aux choses qui avaient appartenu à l'époux
décédé, par des enfants ou autres descendants au préjudice de leurs pères ou mères ou autres ascendants
par des pères et mères ou autres ascendants au préjudice de leurs enfants ou autres descendants, ne
pourront donner lieu qu'à une action civile et non
à une répression.

Le vol est un simple délit lorsqu'il est dégagé de
toutes circonstances aggravantes : telles qu'escalade,
effractions, nuit, maison habitée ou servant à l'habitation, réunion de deux ou plusieurs personnes, etc...
mais, il devient un crime punissable de peines plus
ou moins fortes, s'il est accompagné des circonstances
aggravantes. (Voir les articles 381 à 400 du code
pénal).

SECTION II. — *De l'action publique et de l'action civile.*

Tout délit porte nécessairement atteinte à l'ordre
social ; afin de réprimer cette atteinte, la loi a établi
deux actions, appelées publique ou criminelle, et civile ou privée. Nous allons voir quels sont les caractères et le but de ces actions, qui en a l'exercice, et
devant quels tribunaux on les porte.

§ I. DU BUT ET DES CARACTÈRES DE CES DEUX
ACTIONS. — Le délit, c'est-à-dire l'infraction à la loi
pénale, donne ouverture à l'action publique, néanmoins
il est des actes blâmables, sous certains rapports,

---

(1) La loi du 26 juillet 1873 a ajouté à l'article 401 du code pénal un
paragraphe concernant le délit (de vol), commis au préjudice des restau-
rateurs, aubergistes, cabaretiers, etc., par celui qui aura consommé des
boissons ou des aliments, dans leurs établissements, sachant qu'il était
dans l'impossibilité de payer.

tels que le vol entre parents ou alliés et le recel d'un criminel parent, qui ne sont pas sujets à l'action publique. En outre, certains délits ne sont passibles de l'action publique qu'autant que la partie lésée en a provoqué l'exercice tels sont : — l'adultère, — la chasse sur le terrain d'autrui en temps non prohibé, — la pêche dans les eaux des particuliers, en temps et avec le mode non défendus, — le rapt, dans le cas où le ravisseur a épousé la fille enlevée, etc... mais aussitôt que les parties lésées ont provoqué l'exercice de l'action publique par rapport à ces délits, le ministère public doit poursuivre, même malgré elles ; car, quel que soit le degré de gravité du délit, la renonciation à l'action civile ne peut arrêter ni suspendre l'action publique.

L'action civile a pour but la réparation du dommage causé par le délit à la personne qui en a souffert. Elle ne nait pas, comme l'action publique, nécessairement d'un délit, car il est possible, (quoique cela soit rare), que le délit n'ait causé de dommage à personne. (¹) Mais elle n'en est pas moins la conséquence ordinaire d'un délit; de telle sorte que le tribunal qui n'aura pas juridiction par rapport à un fait qualifié délit, sera par là même incompétent pour statuer sur l'action civile. dérivant du même fait. C'est surtout à ce point de vue qu'il ne faut pas confondre l'action civile naissant d'un délit, avec les autres espèces d'actions civiles qui ont pour objet la réclamation des droits accordés par la loi civile.

§ II. — DE L'EXERCICE DES ACTIONS NAISSANT D'UN DÉLIT. — L'action publique n'appartient qu'aux fonctionnaires auxquels elle est confiée par la loi. Ces fonctionnaires sont les magistrats qui composent le ministère public, c'est-à-dire, auprès des tribunaux de police, les commissaires de police (²) ; auprès des

---

(1) Par exemple, si une vache a été laissée à l'abandon dans la propriété d'autrui ; il y a délit d'après le code rural, quoiqu'elle n'ait pas commis de dégâts,, et que par conséquent il n'y ait pas lieu à une action civile. De même on allume du feu dans une forêt, c'est un délit quoiqu'il n'y ait point eu de dommages causés.

(2) A défaut de commissaire de police, le maire ou son adjoint, ou un suppléant du juge de paix. (*Voir la loi du 27 janvier 1873*).

tribunaux correctionnels, les procureurs de la république (¹) et auprès des cours d'appel et des cours
d'assises le procureur général ou ses substituts. Au
reste, le procureur général a même l'exercice de
l'action publique, non seulement pour les délits de la
compétence de ces cours, mais encore pour les délits
proprement dits.

Si, après avoir agi en première instance, le ministère public n'a pas appelé du jugement contraire à ses
conclusions, le tribunal supérieur, à qui la cause est
soumise par l'appel des autres parties, ne pourra pas
réformer ou annuler dans l'intérêt de l'action publique. En conséquence, si ce tribunal est saisi par
l'appel du prévenu, il peut bien réformer ou modifier
le jugement dans l'intérêt de celui-ci, en supprimant
ou modérant la peine prononcée, mais non pas aggraver, sous ce rapport, sa condition en augmentant la
peine. En un mot, on ne peut statuer que sur ce qui
fait l'objet et la matière de l'appel de la partie.

Si le tribunal supérieur est saisi par l'appel de la
partie lésée, il ne peut examiner, confirmer ou réformer le jugement que relativement aux dommages
qu'elle réclame. Ces règles sont fondées sur ce que le
magistrat, à qui l'action publique appartient, y a
renoncé en n'appelant pas du jugement qui y statuait ;
ce qui fournit au prévenu, pour repousser l'action
publique, l'exception tirée de la chose jugée ou de la
maxime : *non bis in idem.*

L'action civile appartient à celui auquel le délit a
causé des dommages. Par conséquent, un autre particulier n'a pas le droit de l'exercer, à moins que le
délit ne tende à compromettre ses intérêts. La partie
lésée exerce l'action civile, soit par poursuites principales, soit par intervention ; si elle s'est bornée à provoquer l'action du ministère public, le tribunal ne
pourra lui accorder des dommages-intérêts.

(3, Pour les· délits des forêts, les préposés forestiers ont également
l'exercice de l'action publique. Enfin, en principe, tous les magistrats
chargés du ministère public n'ont pas indifféremment l'exercice de l'action
publique. Cet exercice est restreint aux délits commis dans leur ressort,
ou par des individus qui l'habitent ou qui y sont trouvés.

La partie lésée est libre de porter son action devant les tribunaux civils ou devant les tribunaux de répression, mais une fois qu'elle a soumis l'action à un tribunal civil, elle n'a pas la faculté d'en abandonner la poursuite pour prendre la voie criminelle.

La maxime : *electa una via, non datur recursus ad alteram* lui est applicable. Au contraire lorsque la partie a opté pour la voie criminelle, elle peut l'abandonner pour prendre la voie civile.

Quel que soit d'ailleurs le tribunal auquel la partie lésée a porté l'action civile, la renonciation qu'elle fait à cette action ne peut arrêter ni suspendre l'exercice de l'action publique (1). En effet, les deux actions sont essentiellement distinctes, quant à leur but et à leur caractère et quant aux personnes à qui elles appartiennent.

§ III. — DES TRIBUNAUX AUXQUELS SE PORTENT LES ACTIONS NAISSANT D'UN DÉLIT. — Rigoureusement les tribunaux civils devraient connaitre seuls de l'action privée ou civile résultant d'un délit; mais comme les preuves du délit servent le plus souvent à établir et à déterminer les dommages qui sont l'objet de l'action civile, il a paru convenable de donner aux tribunaux de répression le pouvoir d'y statuer. Néanmoins, ce pouvoir ne leur est accordé que lorsqu'on exerce devant eux l'action civile dans le même temps que le ministère public leur a soumis l'action publique. En effet, à défaut d'exercice de l'action publique, ils ne seraient pas saisis de l'action civile, celle-ci n'étant qu'un accessoire de l'action publique. Si donc l'on a prononcé sur cette dernière avant qu'on ait exercé l'autre, les fonctions du tribunal de répression sont remplies, l'action civile devient principale et cesse de lui appartenir.

De ces principes découlent plusieurs conséquences : 1° si la personne lésée ne s'est pas rendu partie civile, on ne peut lui accorder des dommages-intérêts ; 2° si le tribunal de répression reconnait que le fait à

---

(1) Par exemple, quant à l'action publique relative à une escroquerie bien que la somme escroquée ait été rendue avant toute poursuite judiciaire.

lui soumis ne présente ni délit ni contravention, il ne peut accorder des dommages-intérêts à la partie lésée, quoique partie civile.

Toutefois, les Cours d'assises ayant le droit de statuer sur les dommages-intérêts réclamés par les parties, peuvent en accorder à la partie lésée, alors même que l'accusé est déclaré non coupable.

Comme la personne lésée est maîtresse de son action civile, il lui est permis de l'exercer séparément et devant les tribunaux civils; mais cette action donnant lieu à une question sur la solution de laquelle le jugement de l'action publique doit avoir de l'influence, l'exercice en est suspendu jusqu'à ce que l'on ait statué sur cette dernière, si elle a été exercée elle-même avant ou pendant la poursuite de la première (¹). C'est ce qu'exprime l'axiôme suivant : *le criminel tient le civil en état.* On conçoit facilement que le jugement de l'action publique doit avoir de l'influence sur le jugement de l'action civile, puisque le tribunal de répression, saisi de la première, est chargé de vérifier et apprécier le fait d'où résulte la seconde et qu'il a, pour atteindre ce but, des moyens qui manquent au juge civil, tels que la preuve testimoniale, qui est toujours admissible au criminel, tandis qu'au civil elle ne l'est que par exception.

Le *civil* tient aussi quelquefois le *criminel* en état; c'est ce qui a lieu dans les questions d'état et dans les questions préjudicielles civiles (²).

Dans les premières, l'action publique contre un délit de suppression d'état est écartée jusqu'au jugement civil et définitif de la reclamation *principale* d'état (³).

---

(1) Au contraire, si l'action publique n'a point encore été exercée, le tribunal civil ne doit pas renvoyer à juger une action civile instruite. Mais il suffit que l'action publique ait été mise en mouvement pour entraîner le sursis de l'action civile.

(2) On appelle *question préjudicielle* toute question qui doit être jugée avant une autre, parce que celle-ci serait sans objet si la personne qui la soulève succombait dans celle-là.

(3) Par exemple, l'action publique contre le faux résultant de l'inscription d'un enfant sur les registres de l'état-civil, comme né d'une épouse légitime déjà décédée, ne peut être suivie au criminel avant que le juge civil ait statué sur l'état de cet enfant.

Nous disons la réclamation *principale*, parce que si la question d'état ne se présente qu'*incidemment* à celle qui résulte de l'action publique, elle n'en retardera point le jugement et sera elle-même jugée par le tribunal de répression. Car, le principe est qu'un tribunal juge d'une action est nécessairement juge des faits d'exception proposés contre cette action, à moins que ces faits ne puissent être appréciés que par des éléments d'instruction en dehors des attributions de ce tribunal.

A l'égard des questions préjudicielles, l'action publique est aussi écartée temporairement par la nature des choses, lorsque l'existence du délit, objet principal de la juridiction criminelle, dépend de la solution d'une question étrangère à cette juridiction, telle qu'une pure question de propriété. Par exemple, on porte plainte à raison d'un dommage causé dans un fonds de terre; le délinquant avoue le dommage, mais il prétend avoir eu le droit de le causer parce qu'il est le propriétaire du fonds. La question de savoir s'il est propriétaire est nécessairement préjudicielle à la question du délit, car en cas d'affirmative le prétendu délinquant n'a fait qu'user d'un droit légitime. Or, cette question étant de la compétence du tribunal civil, il faut attendre qu'il l'ait jugée, pour reprendre la poursuite de l'action publique.

§ IV. — DES PERSONNES PASSIBLES DES ACTIONS PUBLIQUE ET CIVILE. — En principe, les lois de police et de sûreté obligent tous les habitants du territoire qu'elles régissent. Par conséquent, l'action publique peut être exercée contre toute personne qui a commis un délit sur le territoire français.

A l'égard des délits commis hors de ce territoire, et qui, d'après la même règle, devraient être soumis au juge du pays où on les a commis, il faut distinguer entre les délinquants français et les délinquants étrangers. Les premiers peuvent être jugés et punis en France: 1° pour les crimes commis contre un français, si ce dernier réclame, et s'il n'y a pas eu de jugement à l'étranger; 2° pour les crimes d'état et de falsification du sceau, des monnaies et effets de l'état et des billets de banque.

Les seconds peuvent l'être aussi pour ces derniers crimes, lorsqu'ils sont arrêtés en France ou lorsqu'on a obtenu leur extradition.

Les militaires, marins et employés de l'armée qui commettent des délits ne sont pas soumis aux règles communes à tous les Français. Si ces délits, de quelque nature qu'ils soient, ont été commis aux armées, ou dans les garnisons, ou pendant que les délinquants sont à leur corps, ils sont poursuivis et punis par les conseils de guerre, d'après les lois militaires, (lois des 9 juin 1857 et 21 juin 1858), mais, dans les cas non prévus par les lois militaires, on applique le code pénal.

Toutefois, si des militaires ou employés de l'armée ont commis des délits hors de leur corps ou en congé, ils deviennent justiciables des tribunaux ordinaires.

Il y a aussi certaines personnes, magistrats, prélats, généraux, grands officiers de la légion d'honneur, etc.., qui bien que soumis pour leurs délits aux règles ordinaires, ne peuvent être mis en jugement qu'en observant certaines formalités.

SECTION III. — Des peines.

La peine est dans le sens juridique, le mal infligé par la volonté de la loi, à la personne qui lui a désobéi, soit en faisant ce qu'elle défendait, soit en ne faisant pas ce qu'elle prescrivait.

Pour atteindre leur but véritable, les peines doivent être proportionnelles au délit, exemplaires, réformatrices, instructives, morales, personnelles et égales pour tous.

§ I. DE LA NATURE DES PEINES, — Il est des peines communes aux divers genres d'infraction ; il en est aussi de propres à chaque genre en particulier.

Les peines communes à toutes les infractions sont l'amende et la confiscation spéciale, relative aux objets, produits ou instruments de l'infraction.

Le renvoi sous la surveillance de la haute police est la seule peine commune aux délits et aux crimes ; elle donne au gouvernement le droit ou de déterminer certains lieux dans lesquels il sera interdit au condamné de paraître après qu'il aura subi sa peine, — ou de fixer la résidence du condamné dans un certain lieu. (*Voir la loi du 23 janvier 1874*).

Les peines propres à chaque genre d'infraction sont : l'emprisonnement depuis un jour jusqu'à cinq jours, pour les contraventions ; — l'emprisonnement à temps dans un lieu de correction, l'interdiction à temps de certains droits civiques, civils ou de famille pour les délits.

Les peines des crimes sont soit afflictives et infamantes (mort, travaux forcés à perpétuité, déportation, travaux forcés à temps, détention, réclusion), soit seulement infamantes (bannissement, dégradation civique).

Les peines sont purement personnelles, par conséquent l'infamie du condamné n'atteint pas ses parents. Les tribunaux ne peuvent infliger que les peines portées par la loi et sans les modifier au-delà des limites fixées par l'article 463 du code pénal. Celui qui est accusé de plusieurs délits, est passible de la peine la plus forte que la loi y attache, mais on ne peut lui en infliger une pour chaque délit.

La peine court du jour où le jugement est devenu irrévocable, ainsi on ne peut faire courir l'emprisonnement ni du jugement de première instance, lorsque le ministère public en a appelé, ni encore moins de l'arrestation qui est une mesure préventive et provisoire et non pas un effet de la condamnation. En principe, une condamnation pénale ne peut être mise à exécution que lorsqu'elle est devenue irrévocable.

§ II. DES PEINES EN CAS DE TENTATIVE, DE RÉCIDIVE ET DE COMPLICITÉ. — On appelle *tentative* l'action d'essayer de commettre un délit. Nous disons l'*action*, parce que la loi ne punit pas un simple projet. La tentative est punissable, lorsqu'ayant été manifestée par des actes extérieurs et suivie d'un commencement d'exécution, elle n'a été suspendue, ou n'a manqué son effet que par des circonstances fortuites ou indépendantes de la volonté de l'auteur.

La tentative de crime est assimilée au crime ; celle du délit proprement dit, n'est assimilée au délit que dans les cas déterminés par la loi.

La *récidive* est l'action de commettre un second

délit. Comme elle fait supposer une plus grande perversité, elle est punie plus rigoureusement que le crime ou le délit proprement dit ou la contravention (¹).

Mais la récidive n'est censée exister que lorsqu'il y a eu jugement de condamnation pour la première infraction, et s'il s'agit d'une contravention lorsque le jugement a été rendu dans les douze mois précédents, et l'infraction commise dans le même ressort.

La *complicité* est l'action d'exciter à commettre un délit ou d'en favoriser sciemment l'exécution (²). On peut exciter à commettre un délit par des dons, promesses, menaces, machinations ou artifices coupables, provocations, instructions. On peut en favoriser l'exécution en fournissant les moyens qui servent au coupable, en l'aidant ou assistant, en recélant ou acquérant les produits ou résultats du délit. Il est donc nécessaire que le recéleur ait su que les effets qu'il cachait étaient le produit d'un délit ; en un mot il faut qu'il ait recélé avec connaissance de cause.

La complicité est punie comme le crime ou le délit ; elle est même punie de la peine infligée à raison des circonstances aggravantes du crime. Toutefois, si le délinquant est en état de récidive, le complice n'est pas puni aussi fortement que lui.

§ III. DES MODIFICATIONS DES PEINES A RAISON DE L'AGE ET DU SEXE OU DES EXCUSES. — La loi, dans les modifications qu'elle apporte aux peines, à raison de l'âge, prend en considération la jeunesse et la vieillesse.

---

(1) Voyez, quant à la récidive des crimes ou délits, les articles 56, 57, 58 et 200 du code pénal et quant à celle des contraventions, les articles 474, 478, 482 et 483 du code pénal.

L'effet de la récidive consiste dans l'élévation de la peine d'un degré ou même au *maximum*, sans qu'il soit jamais permis de franchir l'échelle des peines correctionnelles pour les délits correctionnels.

(2) C'est à proprement parler la participation indirecte, morale ou matérielle, d'un ou de plusieurs agents au même délit. Il est important de distinguer l'auteur et le complice, car c'est dans la personne de l'auteur, c'est-à-dire de celui qui a pris dans le délit une part active et directe, qu'il faut rechercher les éléments constitutifs du délit. Si plusieurs individus *prennent part directement* à un délit, ils sont tous *co-auteurs* et non complices.

Lorsqu'un délinquant n'a pas seize ans on examine s'il a commis le crime ou le délit avec discernement. Dans le premier cas la peine du crime est commuée en une détention correctionnelle, et celle du délit est modérée. Dans le second cas, le mineur est acquitté, mais il peut être ou remis à ses parents, ou détenu et élevé dans une maison de correction.

Si le délinquant a soixante ans (¹) la peine des travaux forcés ou de la déportation sera remplacée par celle de la réclusion soit à temps, soit à perpétuité.

Si une femme est condamnée aux travaux forcés, elle n'y est employée que dans l'intérieur d'une maison de force; si elle est condamnée à la peine de mort et qu'elle soit enceinte, elle ne subit sa peine qu'après sa délivrance.

Aucune excuse ne peut affranchir de la peine ni la faire mitiger que lorsque la loi le décide expressément, comme en cas de meurtre provoqué par des violences graves. De plus, quoique le consentement soit en général nécessaire à la criminalité, le défaut d'intention n'excuse pas toujours. C'est ce qui a lieu lorsque le délit a été commis dans un état d'ivresse (²) ou lorsqu'il s'agit en général d'infraction à des lois de finances telles que celles des contributions indirectes. Enfin, il est un crime, le parricide, qui n'est jamais excusable.

Lorsque le jury admet les circonstances atténuantes, la peine peut être abaissée de deux degrés, et les tribunaux correctionnels peuvent, dans le même cas; réduire l'emprisonnement et l'amende et prononcer séparément l'une ou l'autre de ces peines.

On voit par ce qui précède que l'excuse n'ôte pas la criminalité; elle fait seulement atténuer la peine du délit.

§ IV. DES EFFETS CIVILS DES CONDAMNATIONS. — On entend par effets civils des condamnations les incapa-

---

(1) Voir la loi du 30 mai 1854 sur l'exécution de la peine des travaux forcés.

(2) Depuis la loi du 23 janvier 1873, l'état d'ivresse manifeste dans les lieux publics est une contravention.

cités civiles ou civiques et les prestations et responsabilités civiles qui y sont attachées.

Ainsi la condamnation à des peines afflictives et infamantes emporte la dégradation civique et l'interdiction légale (voir page 19).

Enfin, on ajoute quelquefois aux peines correctionnelles l'interdiction à temps de certains droits civiques, civils ou de famille.

On désigne par le nom de *prestations civiles* les dépens de la procédure criminelle et les dommages-intérêts ainsi que la restitution des objets dont on a été privé par le délit.

En principe, l'accusé condamné doit supporter les dépens et les dommages-intérêts; en cas d'acquittement, c'est le plaignant qui s'est rendu partie civile.

Le ministère public ne peut jamais être condamné aux dépens.

Tous les condamnés pour un même délit sont tenus solidairement des amendes, restitutions, dommages-intérêts et frais, même lorsque leurs degrés de culpabilité sont différents (1). Le recouvrement de ces prestations peut être poursuivi par la voie de la contrainte par corps.

On est responsable civilement, c'est-à-dire tenu des prestations précédentes, lorsqu'elles sont accordées à raison des délits de ceux qu'on a sous sa puissance, ou sous sa direction, ou sous sa surveillance, à moins qu'on ne *prouve* qu'on n'a pas pu empêcher ces délits. Ainsi, les pères, maîtres, instituteurs, artisans et aubergistes (2) sont responsables des délits de leurs enfants mineurs, domestiques, élèves, ouvriers et voyageurs (art. 1384 du code civil). — Ainsi, les communes le sont des attentats envers les personnes ou les propriétés, commis à force ouverte sur leur territoire par des attroupements.

La responsabilité étant civile, ne s'étend pas aux amendes, puisqu'en général, elles sont des peines.

---

(1) Le trésor public a un privilège pour les frais.

(2) Seulement des délits commis par les domestiques et préposés dans les fonctions dont ils sont chargés par les maîtres.

(3) Les aubergistes sont, en outre, responsables des vols et dommages relatifs aux effets de leurs hôtes.

§ V. — DE L'EXTINCTION DES PEINES ET DES ACTIONS PUBLIQUE ET CIVILE. — L'action publique et les peines s'éteignent par la mort, la prescription, la grâce et l'amnistie.

1° L'action publique s'éteint par la mort du prévenu ; par conséquent si la peine était une prestation pécuniaire, telle qu'une amende elle ne peut être poursuivie contre les héritiers. Mais l'action contre le complice subsiste encore.

Il en est autrement soit de l'action civile, soit de la peine qui consiste en une confiscation, soit des condamnations aux dépens, etc.....

2° Quant à la prescription, il faut distinguer entre les actions publique et civile et les peines prononcées par des jugements.

La prescription des actions publique et civile s'opère au bout des intervalles suivants, savoir : s'il s'agit d'un crime, dix années, à dater du crime, et en cas qu'il y ait eu des poursuites (non suivies de jugement) à dater du dernier acte ; s'il s'agit d'un délit, trois années à partir des mêmes époques ; s'il s'agit d'une contravention, une année à dater, — de l'infraction lorsqu'il n'est point intervenu de jugement de première instance, et dans le cas contraire, à dater de l'appel (1).

Les peines sont éteintes par la prescription après les intervalles suivants : — en matière criminelle, 20 ans à dater des arrêts ; — en matière correctionnelle, 5 ans à dater du jugement, s'il est en dernier ressort, et dans le cas contraire, à dater du jour où il est devenu définitif ; — en matière de contravention, 2 ans à dater des mêmes époques. A l'inverse du principe reçu en matière civile, les tribunaux doivent suppléer la prescription non proposée par les prévenus.

Quoique légalement acquise, la prescription n'anéantit pas, dans quelques circonstances, tous les effets des condamnations. Ainsi, la prescription de la peine laisse subsister la dégradation civique.

_____

(1) Ces règles ne concernent point les délits régis par les lois spéciales ; par exemple les délits forestiers se prescrivent par trois mois ; les délits de chasse par trois mois, etc...

Le condamné pour crime ne peut habiter dans le même département que celui qui a souffert du crime ou que les héritiers de ce dernier. Le condamné par défaut ou contumax, dont la peine est prescrite, n'est plus admissible à se justifier.

3° Le chef de l'État a le droit de faire grâce aux criminels des peines qu'ils ont encourues ([1]). Les lettres par lesquelles il accorde la grâce sont enregistrées dans les audiences solennelles des Cours d'appel. La grâce n'est point une improbation ou une censure du jugement et des juges qui l'ont rendu, et elle ne doit produire aucun effet ni sur la partie de la peine qui est déja acquittée, ni sur les condamnations civiles ou autres droits acquis aux intéressés.

Du droit de grâce dérive celui de *commutation de peine* qui appartient également au chef de l'état.

4° L'*amnistie* est un acte par lequel l'autorité supérieure, ([2]) d'après des considérations politiques, met à néant les poursuites et les condamnations auxquelles certains délits ont donné lieu.

L'amnistie étant une mesure extraordinaire, une exception à des lois d'ordre public, on a établi les règles suivantes : — On ne doit appliquer l'amnistie que lorsque le délinquant a satisfait à toutes les conditions prescrites par la loi qui l'accorde ; — elle est restreinte aux délits indiqués par la même loi ; — elle ne s'étend pas aux délits postérieurs ; elle ne fait pas acquérir au délinquant les objets qu'il s'est appropriés par son délit.

§ VI. DE LA RÉHABILITATION. — Lorsqu'un condamné a une peine afflictive ou infamante, ou à une peine correctionnelle, l'a subie, il peut, au bout de cinq ans, et en présentant des attestations de bonne

---

(1) En vertu de la loi du 17 juin 1871, la grâce ne peut être accordée que par une loi aux ministres et autres fonctionnaires ou dignitaires dont la mise en accusation a été ordonnée par l'Assemblée Nationale. — En outre, la grâce ne peut être accordée aux personnes condamnées pour crimes, à raison des faits se rattachant à la dernière insurrection, depuis le 15 mars 1871, que s'il y a accord entre le chef du pouvoir exécutif et l'Assemblée nationale, représentée par la *Commission des grâces.*

(2) Chef de l'état ou pouvoir législatif. — La constitution du 25 février 1875 porte que les amnisties ne sont accordées que par une loi.

conduite, délivrés par les municipalités des lieux qu'il a habités, demander sa réhabilitation ([1]).

La réhabilitation est accordée par le chef de l'état sur l'avis favorable de la Cour d'appel, et anéantit toutes les incapacités qui résultent de la condamnation ; cependant elle n'anéantit pas les effets des condamnations civiles.

Ne peuvent être réhabilités : — le condamné pour récidive, — le contumax ([2]), — celui qui a prescrit sa peine.

CHAPITRE II.

Notions générales sur la procédure criminelle ([3]).

La procédure criminelle, avons-nous dit, pose les règles à suivre pour la répression des crimes, des délits et des contraventions. Or, cette répression exige l'action et le concours de deux autorités distinctes : la police et la justice.

---

(1) Il ne faut pas confondre cette réhabilitation avec celle des faillis. — Le délai est réduit à *trois* ans pour les condamnés à une peine correctionnelle. Le condamné adresse sa demande au procureur de la république de l'arrondissement, en faisant connaître : 1° la date de sa condamnation ; 2° les lieux où il a résidé depuis sa libération ; 3° en justifiant du paiement des frais de justice, de l'amende et des dommages-intérêts auxquels il a pu être condamné, ou de la remise qui lui en a été faite.

(2) On appelle *contumax* celui que la cour d'assises a jugé par défaut.

(3) Voici quelques observations applicables à cette procédure considérée en général :

1° Le ministère des huissiers n'est pas nécessaire pour plusieurs des notifications de la procédure criminelle ; par exemple, pour les délits forestiers, de douanes et de contributions indirectes, elles peuvent être faites par les gardes et préposés.

2° La preuve testimoniale est toujours admissible au criminel ; à moins que le délit ne soit la suite d'un fait non caractérisé comme délit, et à l'égard duquel la loi civile n'admet pas cette preuve ; comme si le délit dépend de l'existence d'une convention (par exemple, délit de violation de dépôt), qui ne puisse être établie par témoins qu'autant qu'il y a un commencement de preuve par écrit. Dans ce cas, d'après le principe que *le juge de l'action est le juge de l'exception*, le tribunal pourra apprécier le commencement de preuve et, selon qu'il en reconnaîtra ou non l'existence, admettre ou rejeter la preuve testimoniale.

3° Les jugements doivent être fondés sur la conviction, pleine et entière ; le doute s'interprète en faveur du prévenu, etc...

SECTION PREMIÈRE. — Des officiers de police judiciaire.

La police judiciaire a pour but de rechercher les crimes, les délits et les contraventions, d'en rassembler les preuves et d'en livrer les auteurs aux tribunaux chargés de les punir.

La police judiciaire est exercée, sous l'autorité du procureur général et des cours d'appel et suivant les distinctions établies, par : 1° les gardes-champêtres et les gardes-forestiers; 2° les commissaires de police; 3° les maires et adjoints; 4° les procureurs de la république et leurs substituts; 5° les juges de paix; 6° les officiers de la gendarmerie; 7° les juges d'instruction.

Les préfets des départements et le préfet de police à Paris, peuvent faire personnellement, ou requérir les officiers de police judiciaire, chacun en ce qui le concerne, de faire tous actes nécessaires à l'effet de constater les crimes, délits et contraventions et d'en livrer les auteurs aux tribunaux.

SECTION II.—Des procédures de police judiciaire.

Ces procédures se font d'après les actes et dans les cas suivants, savoir : 1° d'office ; 2° d'après un avis officiel ; 3° d'après une dénonciation particulière ; 4° d'après une plainte; 5° en cas de flagrant délit.

— 1° *D'office*, c'est-à-dire immédiatement par les officiers de police; ainsi les commissaires de police, les officiers de gendarmerie, etc... dressent les procès-verbaux des crimes et délits, reçoivent les déclarations des témoins et font tous actes préliminaires d'information, puis envoient le tout au procureur de la république.

— 2° D'après *un avis officiel*, c'est-à-dire sur l'ordre du procureur général ou sur l'indication que tous les fonctionnaires publics sont tenus de donner des crimes ou délits dont ils sont informés pendant l'exercice de leurs fonctions ;

— 3° D'après *une dénonciation particulière*, il faut observer que cette dénonciation est d'obligation quand il s'agit d'un attentat contre la sûreté publique ou contre la vie ou la propriété d'un individu.

— 4° D'après *une plainte* que fait la personne lésée par le crime ou par le délit; le plaignant se constitue partie civile, soit par une déclaration expresse, faite dans la plainte ou dans un acte subséquent, pourvu que ce soit avant la clôture des débats, soit par des conclusions en dommages-intérêts prises dans la plainte.

— 5° Enfin, *en cas de flagrant délit*; on nomme *flagrant délit* le délit qui se commet actuellement ou qui vient de se commettre; et l'on répute aussi comme tel le cas où l'inculpé est poursuivi par la clameur publique ou bien est trouvé saisi d'objets qui donnent lieu de croire qu'il est auteur ou complice d'un délit récent. (*V. en outre, l'art. 46, instr. crim.*)

Tout individu arrêté en état de flagrant délit pour un fait puni de peines correctionnelles est immédiatement conduit devant le procureur de la république qui l'interroge et, s'il y a lieu, le traduit sur-le-champ à l'audience du tribunal. S'il n'y a point d'audience, le procureur fait citer l'inculpé pour l'audience du lendemain; le tribunal est, au besoin, spécialement convoqué. Mais, si l'inculpé le demande, le tribunal lui accorde un délai de trois jours pour préparer sa défense (Loi du 20 mai 1863).

Les modes de comparution et d'arrestation des inculpés, varient suivant que la procédure a été commencée par le procureur de la république ou par le juge d'instruction. Les ordres émanés de l'autorité judiciaire pour la comparution ou l'arrestation préalable portent le nom de *mandats*. On distingue quatre sortes de mandats; 1° *le mandat de comparution* par lequel le juge d'instruction assigne à comparaître devant lui, tel jour et à telle heure un individu domicilié, inculpé d'un simple délit; 2° *le mandat d'amener* par lequel le juge d'instruction prescrit à tous les agents de la force publique, d'amener devant lui, de gré ou de force, tel individu pour être interrogé sur les faits qui lui sont imputés; 3° *le mandat de dépôt*, et 4° *le mandat d'arrêt*, par lesquels le juge d'instruction ou le procureur de la république prescrivent — à tous les agents de la force publique, soit d'arrêter, soit de conduire tel individu dans la maison d'arrêt et — au gardien de cette maison de l'y recevoir et retenir jusqu'à nouvel ordre.

L'inculpé peut demander à être mis en liberté sous caution, en prenant l'engagement de se représenter à tous les actes de la procédure et pour l'exécution du jugement. Cette mise en liberté provisoire peut être demandée en tout état de cause. Elle est de droit, en matière correctionnelle, cinq jours après l'interrogatoire, en faveur du prévenu domicilié, quand le maximum de la peine prononcée par la loi sera inférieur à deux ans de prison.

SECTION III. — Des juridictions.

Lorsque les officiers de police judiciaire ont rempli toutes les obligations dont ils sont tenus, c'est-à-dire lorsqu'ils ont rédigé leurs procès-verbaux, arrêté les inculpés, fait toutes les recherches propres à éclairer sur le délit ou sur son auteur, lorsque la nature du délit, objet d'une plainte est constatée, les inculpés passent des mains de la police judiciaire devant le tribunal qui doit connaître leur affaire.

Il importe de poser ici les règles suivantes : le tribunal compétent pour appliquer la peine a *seul* le droit de déclarer le fait et la culpabilité dont la peine n'est que la conséquence et l'accessoire ; — de deux tribunaux compétents pour une cause, c'est le premier saisi qui a la juridiction ; — l'incompétence absolue peut se proposer en tout état de cause, même en appel ; ainsi, lorsqu'une personne prévenue de crime est renvoyée seulement en police correctionnelle et condamnée à une peine correctionnelle, elle peut, (comme le ministère public), appeler et proposer le déclinatoire d'incompétence.

Lorsqu'il y a connexité de délits, même de délits simples et de crimes, ils sont instruits par la même procédure et jugés par le même tribunal. Lorsque de plusieurs co-délinquants, les uns sont justiciables des tribunaux militaires et les autres des tribunaux ordinaires, c'est à ceux-ci qu'il faut renvoyer l'affaire.

La justice pour la répression des délits est administrée par des tribunaux de police, des tribunaux correctionnels, des cours d'appel et des cours d'assises.

§ I. DE LA PROCÉDURE DE SIMPLE POLICE. — *Les tribunaux de simple police,* c'est-à-dire les juges de paix, connaissent des contraventions. *(Voir la loi du 27 janvier 1873).*

Les tribunaux de police statuent en premier ressort lorsqu'ils prononcent un emprisonnement ou lorsque les amendes et réparations civiles excèdent cinq francs non compris le montant des frais. Dans les autres cas, ils prononcent en dernier ressort.

Les parties comparaissent en personne, ou par procureur spécial, devant le tribunal, ou volontairement sur un simple avertissement, ou encore en vertu d'une citation. La citation est donnée à la requête du ministère public ou du plaignant. Le délai est au moins de 24 heures.

Le défendeur cité qui ne comparait pas est jugé par défaut, sauf l'opposition dans les trois jours de la signification du jugement ; cette opposition est portée à la première audience après les délais et est réputée non avenue, si l'opposant ne s'y présente pas.

L'instruction se fait publiquement, sous peine de nullité, et dans l'ordre suivant : on lit d'abord les procès-verbaux. le juge de paix entend les témoins du ministère public (et du plaignant, s'il y a lieu), puis celui-ci prend ses conclusions ; le défendeur fait entendre ses témoins et propose sa défense.

Les preuves admissibles sont les procès-verbaux et les témoins à leur appui ou à leur défaut; car la preuve testimoniale n'est pas recevable contre et outre les procès-verbaux d'officiers de police autorisés à constater les délits ou les contraventions, tels que les gardes-forestiers, les préposés des octrois, des douanes, etc... Ces procès-verbaux font foi jusqu'à inscription de faux. À l'égard des procès-verbaux des commissaires de police et des gardes-champêtres, ils font foi seulement jusqu'à preuve contraire, preuve que néanmoins le tribunal est libre de ne pas admettre.

Les témoins ne doivent pas être ascendants ou descendants, frères et sœurs, beaux-frères ou belles-sœurs, ou conjoint du prévenu. Avant de déposer, ils prêtent sous peine de nullité, serment de dire toute la vérité, rien que la vérité.

Le jugement est motivé et fondé sur le texte de la loi ; texte qu'on doit y insérer. S'il y a contravention, il prononce la peine ; s'il n'y en a point, il annule la citation ; dans les deux cas, il statue sur les dépens, et sur les dommages-intérêts, s'il y a lieu.

L'appel doit être interjeté dans les dix jours de la signification du jugement.

§ II. DE LA PROCÉDURE CORRECTIONNELLE. — Les tribunaux d'arrondissement connaissent (en outre de leurs attributions en matière civile), sous le nom de tribunal correctionnel de tous les délits dont la peine excède cinq jours de prison et quinze francs d'amende. De plus, ils statuent en dernier ressort sur l'appel des jugements de simple police.

Les cours d'appel ont des chambres particulières nommées *chambres correctionnelles* qui statuent sur les appels des tribunaux correctionnels de leur ressort.

L'instruction des délits correctionnels pouvant passer par deux degrés de juridiction, nous allons traiter séparément des procédures de première instance et d'appel.

1° *En première instance* le tribunal est saisi ou par l'ordonnance du juge d'instruction, ou par le renvoi du tribunal de police, ou enfin par la citation, soit d'un agent forestier, soit du procureur de la république, soit de la partie civile. Les débats à l'audience ont lieu de la même manière qu'en simple police : les procès-verbaux sont lus, les dépositions reçues, les plaidoieries faites dans le même ordre. Toutefois, il existe quelques différences : ainsi, l'affaire est exposée par le procureur de la république, par la partie civile ou son défenseur ; et pour les délits forestiers, par un préposé. Si le délit n'est pas punissable de l'emprisonnement, le prévenu peut ne pas comparaître en personne. Le prévenu défaillant a cinq jours pour faire opposition, l'opposition emporte de droit citation à la première audience.

Les faits imputés sont énoncés dans le jugement et la loi appliquée est lue à l'audience. — Si le fait n'est qu'une contravention et si l'on ne demande pas le renvoi à la simple police, le tribunal y statue, et en dernier ressort.

2° Voyons maintenant comment on procède *en appel.* Indépendamment des parties et du ministère public (de simple police), le droit d'appeler appartient au procureur de la république et au procureur général. L'appel se fait au greffe dix jours au plus tard après la prononciation, faute de quoi le prévenu acquitté est élargi. Pendant ce délai et pendant l'instance d'appel il est sursis à l'exécution du jugement.

Si le jugement est par défaut, l'appel peut avoir lieu dans les dix jours après la signification.

Les moyens d'appel sont donnés dans une requête signée de la partie, ou d'un avoué, ou de tout autre fondé de pouvoir spécial et remise au greffe de première instance ou d'appel. Quant au ministère public du tribunal d'appel, il doit notifier son recours à la partie, dans le mois de la signification, ou dans les deux mois de la prononciation. (¹)

§ III. — DE LA PROCÉDURE CRIMINELE PROPREMENT DITE. — Nous venons de voir que, quand il s'agit de statuer sur une contravention ou sur un délit, les prévenus ou inculpés sont traduits presque immédiatement soit devant les tribunaux de police, soit devant les tribunaux correctionnels. Il n'en est pas de même lorsqu'il s'agit d'un crime. L'importance de l'acte délictueux, soit relativement au prévenu, soit relativement à la société, a fait établir deux principales formalités, savoir : la mise en accusation par la Cour d'appel, et le jugement de l'accusé par la Cour d'assises. (²) Nous allons en traiter sommairement.

---

(1) Les délais ci-dessus de 10 jours, un mois et 2 mois sont de rigueur et emportent la déchéance.

(2) Les cours d'assises statuent en premier et en dernier ressort sur les crimes. On les considère comme les juges ordinaires en matière criminelle.

I. — DE L'ACCUSATION. — La mise en accusation est prononcée, s'il y a lieu, par la chambre d'accusation de la Cour d'appel, sur le rapport du procureur général, sans entendre ni les parties ni les témoins. Les parties ont seulement la faculté de fournir des mémoires avant la présentation du rapport, qui est faite par un substitut, sous la direction du procureur général, dans les 10 jours au plus tard après la réception des pièces. La chambre prononce, sur la lecture de toutes les pièces et des mémoires, sans désemparer ni communiquer avec personne ; en cas d'impossibilité la chambre devra prononcer, au plus tard, dans les trois jours. Si elle n'aperçoit aucune trace d'un délit, ou si elle ne trouve pas des indices suffisants de culpabilité, elle ordonne la mise en liberté du prévenu. Si les indices suffisent, mais si le fait n'est qu'un délit proprement dit, ou une contravention, elle renvoie le prévenu devant le tribunal correctionnel ou de police, avec mise en liberté dans ce dernier cas.

Mais, si le fait est qualifié crime par la loi et si la Cour trouve les charges suffisantes pour motiver la mise en accusation, elle renvoie le prévenu devant la Cour d'assises. Le procureur général rédige alors un acte d'accusation où il expose : 1° la nature du délit qui en forme la base ; 2° le fait et toutes les circonstances qui peuvent aggraver ou diminuer la peine. Il y nomme et désigne clairement le prévenu. L'acte et l'arrêt de renvoi sont ensuite signifiés à l'accusé et dans les 24 heures on le transfère dans la maison de justice, et l'on envoie les pièces au greffe de la Cour où il doit être jugé.

Les arrêts de la chambre des mises en accusation sont passibles du recours en cassation.

II. — DE LA COUR D'ASSISES. — Les assises se tiennent quatre fois par an, au chef-lieu judiciaire du département (¹). La Cour d'assises se compose de plu-

---

(1) Elles peuvent se tenir plus souvent, s'il y a lieu, et sont convoquées par une ordonnance du premier président de la Cour.

sieurs éléments : 1° de douze jurés (1) ; 2° de trois juges (dont un conseiller de la Cour), désignés par le premier président de la Cour d'appel (2) ; 3° du procureur général ou de ses substituts ; et 4° d'un greffier.

Vingt-quatre heures après la remise des pièces au greffe et l'arrivée de l'accusé dans la maison de justice, il est interogé par le président (ou par un juge délégué par lui). Il indique alors son défenseur ou son conseil, sinon le magistrat lui en désigne un d'office, qui peut dès lors communiquer avec lui et prendre connaissance et copie des pièces de la procédure. Pendant l'interrogatoire le magistrat l'avertit qu'il peut former une demande en nullité dans les cinq jours suivants (3).

---

(1) *La loi sur le jury*, (21 novembre 1872), porte que nul ne peut être juré s'il n'est âgé de 30 ans, s'il ne jouit des droits politiques, civils et de famille, ou s'il est dans un des cas d'incapacité ou d'incompatibilité suivants. Sont *incapables* d'être jurés : 1° les individus condamnés pour faits qualifiés crimes, 2° ceux condamnés à un emprisonnement de trois mois au moins, 3° ceux condamnés pour vol, escroquerie, abus de confiance, usure, outrage à la morale publique et religieuse, etc., 4° les officiers ministériels destitués, 5° les faillis non réhabilités, 6° les interdits, les aliénés, les individus pourvus de conseils judiciaires.

Les fonctions de juré sont *incompatibles* avec celles de député, de ministre, de conseiller d'état, de préfet, de sous-préfet, de magistrat, de militaire, de fonctionnaire ou préposé des contributions indirectes ou des douanes, etc... Ne peuvent être jurés les domestiques et serviteurs à gages, ceux qui ne savent pas lire et écrire en français.

Sont dispensés des fonctions de juré : 1° les septuagénaires ; 2° ceux qui ont besoin pour vivre de leur travail manuel et journalier ; 3° ceux qui ont rempli les dites fonctions pendant l'année courante ou l'année précédente.

La liste annuelle du jury comprend un juré par cinq cents habitants ; la liste ne peut comprendre que des citoyens ayant leur domicile dans le département. Une commission, dans chaque chef-lieu de canton, dresse une liste préparatoire de la liste annuelle. Une autre commission, réunie au chef-lieu judiciaire de l'arrondissement, dresse la liste annuelle pour l'arrondissement. Le premier président de la Cour dresse ensuite une liste annuelle pour le département ; puis, dix jours avant l'ouverture des assises, il tire au sort les noms des 36 jurés qui foment la liste de la session des assises.

Le juré qui, sans excuse valable, ne se rend pas à son poste est condamné à une amende de cinq cents francs, la première fois.

(2) Le Conseiller qui doit présider les assises est nommé par ordonnance du Garde des Sceaux. (*Art. 16, loi du 20 avril 1810*).

Dans les villes où siège la Cour d'appel, les trois juges sont des conseillers; dans les autres, les assesseurs sont deux juges du tribunal.

(3) Délai fatal, qui est commun au ministère public, tandis que pour le pourvoi en cassation l'accusé n'a que trois jours.

Cette demande qui est faite au greffe, ne peut être faite que *contre l'arrêt de renvoi* à la cour d'assises, et dans l'un des quatre cas suivants : 1° pour cause d'incompétence ; 2° si le fait n'est pas qualifié crime par la loi ; 3° si le ministère public n'a pas été entendu ; 4° si l'arrêt n'a pas été rendu par le nombre de juges fixé par la loi.

La demande en nullité est soumise aussitôt à la cour de cassation, mais l'instruction sur le fond est continuée à la cour d'assisses, jusqu'aux débats exclusivement.

Après l'interrogatoire, le président peut, au besoin, faire entendre de nouveaux témoins. Il statue aussi sur les demandes du procureur général en jonction de plusieurs actes d'accusation, ou disjonction de plusieurs délits non connexes, contenus dans le même acte.

L'affaire est soumise à l'appréciation et à l'examen du jury. Le jury se forme avant l'audience, en présence des trente-six jurés, de l'accusé et du ministère public. Dans ce but, on tire d'une urne les noms des trente-six jurés qu'on a notifié la veille à l'accusé et qui ont été tirés au sort sur la liste annuelle du jury. L'accusé et le ministère public peuvent récuser les jurés à mesure que leurs noms sortent, jusqu'à ce que leur nombre soit réduit à douze. Le jury est formé aussitôt qu'il est sorti douze noms sans récusation.

Après la formation du jury de jugement, le président des assises fait prêter serment à chaque juré et on commence l'examen de l'affaire. L'acte d'accusation est lu par le greffier et résumé par le président ; le procureur général en expose le sujet et présente la liste des témoins qui sont appelés et déposent séparément l'un de l'autre (¹). Le président est chargé personnellement de diriger les jurés dans l'exercice de leurs fonctions. Il a la police de l'audience : investi d'un pouvoir *discrétionnaire*, il *peut prendre sur lui* tout ce qu'il croit utile à la décou-

---

(1) Toute personne citée en témoignage est tenue de comparaître ; sinon elle est condamnée à une amende qui peut s'élever jusqu'à 100 francs et peut même être contrainte par corps à venir donner son témoignage.

verte de la vérité, entendre par exemple, de nouvelles personnes, se faire apporter de nouvelles pièces, etc...

L'examen et les débats une fois entamés, doivent être continués sans interruption, et sans aucune espèce de communication au dehors, jusqu'après la déclaration du jury inclusivement. Le président ne pourra les suspendre que pendant le temps nécessaire pour le repos des juges, des jurés, des témoins et des accusés.

Les dépositions terminées, le ministère public expose les moyens de l'accusation; l'accusé et son conseil répondent et ont la parole les derniers. Aussitôt après, le président ferme les débats, présente un résumé de l'affaire où il indique notamment les principales preuves pour ou contre l'accusé, et pose les questions qui doivent être décidées par le jury.

Les questions étant posées et remises aux jurés, ils se retirent dans leur chambre pour y délibérer. Leur séance commence par la lecture d'une instruction sur leurs fonctions; instruction qui leur prescrit d'examiner si l'accusé est coupable, et cela uniquement d'après la conviction intime qu'ils ont pu acquérir pendant les débats.

Les jurés ne peuvent sortir de leur chambre qu'après avoir formé leur déclaration ou *verdict*. La décision du jury, tant contre l'accusé que sur les circonstances atténuantes se forme à la majorité; le vote a lieu au scrutin secret. Cette déclaration seule peut servir de base à une condamnation car la cour ne peut statuer que sur la qualification des faits qu'elle présente comme clairs et précis et l'application de la loi à ces faits.

On fait comparaître l'accusé, et le greffier lit la déclaration du jury. S'il est déclaré non coupable, le président prononce qu'il est acquitté de l'accusation et ordonne qu'il soit mis en liberté. Dès lors, il ne peut plus être repris ni accusé à raison du même fait. La cour statue ensuite sur les dommages respectivement réclamés; ou bien elle renvoie cette question à une autre audience, où elle prononce sur le rapport d'un juge.

Si l'accusé est déclaré coupable, le ministère public

requiert l'application de la peine. L'accusé peut encore se défendre, mais seulement par rapport à la peine et aux dommages-intérêts. La cour délibère ensuite; avant de prononcer le jugement, le texte de la loi appliquée est lu à l'audience. La cour prononce la peine, statue sur les dommages-intérêts et sur les restitutions d'effets dérobés, et condamne aux dépens la partie qui succombe.

Après avoir prononcé l'arrêt, le président avertit le condamné qu'il peut recourir en cassation dans le délai de trois jours. Vingt-quatre heures après le délai du pourvoi ou après réception de l'arrêt qui le rejette, le jugement est exécuté.

CINQUIÈME PARTIE

DROIT PUBLIC ET ADMINISTRATIF

INTRODUCTION.

Le droit administratif se rattache à l'étude du droit public dont il est une des principales branches (¹). Le droit administratif a pour objet de régler les rapports entre gouvernants et gouvernés.

Les sources du droit administratif sont les lois et les décrets, légalement obligatoires, d'où découlent les règles positives qui président aux rapports de l'autorité administrative avec les particuliers.

Il importe de retenir qu'aucun acte antérieur à la révolution de 1789 n'est aujourd'hui en vigueur, à moins qu'il n'ait été postérieurement maintenu et ratifié.

En outre, les circulaires et instructions ministérielles n'ont pas force de loi pour les particuliers, bien qu'elles soient obligatoires pour les administrations publiques.

Les actes du pouvoir législatif et du pouvoir exécutif sont les véritables sources du droit administratif.

On désigne sous le nom d'*actes du pouvoir législatif* : 1° les *lois* émanées d'un pouvoir législatif régulier ; 2° les *décrets-lois* ou actes ayant force de loi, rendus non par un pouvoir législatif régulier, mais par un pouvoir dictatorial réunissant et cumulant les pouvoirs législatif et exécutif ; par exemple, les décrets de la Convention de 93 et les décrets du gouvernement de la défense nationale ; — 3° les *sénatus-consultes* ou actes émanés du sénat et constitutionnellement rendus.

---

(1) En effet le droit public comprend : *le droit constitutionnel* et *le droit administratif.* Remarquons que le droit public, ayant pour base l'intérêt social, est nécessairement divers et variable ; tandis que le droit privé, fondé sur l'équité naturelle, est uniforme et permanent.

Parmi les actes que nous venons d'énumérer, on distingue les actes dits *organiques*, c'est-à-dire qui ont trait à l'organisation de quelque branche d'administration (¹), — les actes dits *réglementaires*, c'est-à-dire ceux qui règlent les formes d'exécution et qui auraient pu émaner du pouvoir exécutif tout aussi bien que du pouvoir législatif; et enfin les actes, plus nombreux, qui n'ont aucune qualification particulière et sont qualifiés par leur objet.

Les actes du pouvoir exécutif embrassent : — 1° *les arrêtés* du gouvernement rendus pendant le Directoire et le Consulat; — 2° *les ordonnances royales* ou actes émanés de la royauté depuis 1789; — 3° *les décrets impériaux* ou actes émanés du gouvernement pendant le premier et le second empire; — 4° *les décrets du Président de la république* ou actes émanés du gouvernement actuel;—5° *les règlements d'administration publique*, qui sont aussi des actes émanés du pouvoir exécutif, mais avec délibération préalable du conseil d'Etat.

CHAPITRE PREMIER.

Des Pouvoirs publics.

On appelle *constitution* l'ensemble des règles fondamentales qui déterminent la forme et l'organisation des pouvoirs publics, leurs rapports mutuels, et les garanties assurées aux citoyens.

Il est certains principes de nos précédentes constitutions, qui n'ayant point été abrogés, sont encore en vigueur et dominent tout notre droit public.

Tels sont les principes de la liberté individuelle, — de la liberté des cultes, — de l'égalité devant la loi, — de l'égalité de l'impôt pour tous, — de l'admission pour tous aux emplois civils et militaires.

En outre, « Nul ne peut être arrêté ou détenu que

---

(1) Ils ne peuvent être abrogés que par un acte semblable émané du pouvoir législatif.

» suivant les prescriptions de la loi.» (*Article 2, Constitution du 4 novembre 1848*).

« La demeure de toute personne habitant le terri-
» toire français est inviolable ; il n'est permis d'y
» pénétrer que selon les formes, et dans les cas prévus
» par la loi. » (art. 3).

« Toutes les propriétés sont inviolables, néanmoins
» l'Etat peut exiger le sacrifice d'une propriété pour
» cause d'utilité publique légalement constatée, et
» moyennant une juste et préalable indemnité. »
(art. 11).

« Aucun impôt ne peut être établi ni perçu qu'en
» vertu de la loi. » (art. 16).

Depuis le 25 février 1875 les lois constitutionnelles
sont les suivantes :

Loi relative à l'organisation des Pouvoirs publics.

Du 25 Février 1875.

ART. 1er. Le pouvoir législatif s'exerce par deux assemblées : la Chambre des députés et le Sénat.

La Chambre des députés est nommée par le suffrage universel, dans les conditions déterminées par la loi électorale.

La composition, le mode de nomination et les attributions du Sénat seront réglés par une loi spéciale.

2. Le Président de la République est élu à la majorité absolue des suffrages par le Sénat et par la Chambre des députés, réunis en Assemblée nationale.

Il est nommé pour sept ans. Il est rééligible.

3. Le Président de la République a l'initiative des lois, concurremment avec les membres des deux Chambres. Il promulgue les lois lorsqu'elles ont été votées par les deux Chambres ; il en surveille et assure l'exécution.

Il a le droit de faire grâce ; les amnisties ne peuvent être accordées que par une loi.

Il dispose de la force armée.

Il nomme à tous les emplois civils et militaires.

Il préside aux solennités nationales ; les envoyés et les ambassadeurs des puissances étrangères sont accrédités auprès de lui.

Chacun des actes du Président de la République doit être contresigné par un ministre.

4. Au fur et à mesure des vacances qui se produiront à

partir de la promulgation de la présente loi, le président de
la République nomme, en Conseil des ministres, les conseillers d'Etat en service ordinaire.

Les conseillers d'Etat ainsi nommés ne pourront être révoqués que par décret rendu en Conseil des ministres.

Les conseillers d'Etat nommés en vertu de la loi du 24 mai
1872 ne pourront, jusqu'à l'expiration de leurs pouvoirs, être
révoqués que dans la forme déterminée par cette loi. Après
la séparation de l'Assemblée nationale, la révocation ne
pourra être prononcée que par une résolution du Sénat.

5. Le Président de la République peut, sur l'avis conforme
du Sénat, dissoudre la Chambre des députés avant l'expiration légale de son mandat.

En ce cas, les colléges électoraux sont convoqués pour de
nouvelles élections dans le délai de trois mois.

6. Les ministres sont solidairement responsables devant les
Chambres de la politique générale du Gouvernement, et
individuellement de leurs actes personnels.

Le Président de la République n'est responsable que dans
les cas de haute trahison.

7. En cas de vacance par décès ou pour toute autre cause,
les deux Chambres réunies procèdent immédiatement à
l'élection d'un nouveau Président.

Dans l'intervalle, le Conseil des ministres est investi du
pouvoir exécutif.

8. Les Chambres auront le droit, par délibérations séparées, prises dans chacune à la majorité absolue des voix,
soit spontanément, soit sur la demande du Président de la
République, de déclarer qu'il y a lieu de réviser les lois
constitutionnelles.

Après que chacune des deux Chambres aura pris cette
résolution, elles se réuniront en Assemblée nationale pour
procéder à la révision.

Les délibérations portant révision des lois constitutionnelles, en tout ou en partie, devront être prises à la majorité
absolue des membres composant l'Assemblée nationale.

Toutefois, pendant la durée des pouvoirs conférés par la
loi du 20 novembre 1873 à M. le maréchal de Mac-Mahon,
cette révision ne peut avoir lieu que sur la proposition du
Président de la République.

9. Le siége du pouvoir exécutif et des deux Chambres est
à Versailles.

Loi relative à l'organisation du Sénat.

Du 24 Février 1875.

Art. 1er. Le Sénat se compose de trois cents membres :

Deux cent vingt-cinq élus par les départements et les colonies, et soixante-quinze élus par l'Assemblée nationale.

2. Les départements de la Seine et du Nord éliront chacun cinq sénateurs ;

Les départements de la Seine-Inférieure, Pas-de-Calais, Gironde, Rhône, Finistère, Côtes-du-Nord, chacun quatre sénateurs ;

La Loire-Inférieure, Saône-et-Loire, Ille-et-Vilaine, Seine-et-Oise, Isère, Puy-de-Dôme, Somme, Bouches-du-Rhône, Aisne, Loire, Manche, Maine-et-Loire, Morbihan, Dordogne, Haute-Garonne, Charente-Inférieure, Calvados, Sarthe, Hérault, Basses-Pyrénées, Gard, Aveyron, Vendée, Orne, Oise, Vosges, Allier, chacun trois sénateurs ;

Tous les autres départements, chacun deux sénateurs.

Le territoire de Belfort, les trois départements de l'Algérie, les quatre colonies de la Martinique, de la Guadeloupe, de la Réunion et des Indes françaises éliront chacun un sénateur.

3. Nul ne peut être sénateur s'il n'est Français, âgé de quarante ans au moins et s'il ne jouit de ses droits civils et politiques.

4. Les sénateurs des départements et des colonies sont élus à la majorité absolue, et, quand il y a lieu, au scrutin de liste, par un collège réuni au chef-lieu du département ou de la colonie et composé :

1º Des députés ;

2º Des conseillers généraux ;

3º Des conseillers d'arrondissement ;

4º Des délégués élus, un par chaque conseil municipal, parmi les électeurs de la commune.

Dans l'Inde française, les membres du conseil colonial ou des conseils locaux sont substitués aux conseillers généraux, aux conseillers d'arrondissement et aux délégués des conseils municipaux.

Ils votent au chef-lieu de chaque établissement.

5. Les sénateurs nommés par l'Assemblée sont élus au scrutin de liste et à la majorité absolue des suffrages.

6. Les sénateurs des départements et des colonies sont élus pour neuf années et renouvelables par tiers tous les trois ans.

Au début de la première session, les départements seront divisés en trois séries contenant chacune un égal nombre de sénateurs. Il sera procédé, par la voie du tirage au sort, à la désignation des séries qui devront être renouvelées à l'expiration de la première et de la deuxième période triennale.

7. Les sénateurs élus par l'Assemblée sont inamovibles.

En cas de vacance par décès, démission ou autre cause, il sera, dans les deux mois, pourvu au remplacement par le Sénat lui-même.

8. Le Sénat a, concurremment avec la Chambre des députés, l'initiative et la confection des lois. Toutefois, les lois de finances doivent être, en premier lieu, présentées à la Chambre des députés et votées par elle.

9. Le Sénat peut être constitué en cour de justice pour juger, soit le Président de la République, soit les ministres, et pour connaître des attentats commis contre la sûreté de l'Etat.

10. Il sera procédé à l'élection du Sénat un mois avant l'époque fixée par l'Assemblée nationale pour sa séparation.

Le Sénat entrera en fonctions et se constituera le jour même où l'Assemblée nationale se séparera.

CHAPITRE II.

Notions générales sur l'organisation administrative.

Ces préliminaires posés, nous allons passer rapidement en revue les diverses autorités administratives, en donnant la nomenclature et la date des lois et décrets qui forment la base de notre organisation politique et administrative.

§ I. ADMINISTRATION CENTRALE. — L'uniformité de l'organisation administrative date de 1789. Depuis cette époque, le chef de l'Etat a sous sa direction immédiate : *les ministres* nommés par lui, responsables et dont la fonction est d'assurer, chacun en ce qui le concerne, l'exécution des lois et décrets ; un *conseil d'état* chargé de préparer les projets de lois ou de décrets, et les règlements d'administration publique, et de résoudre les difficultés qui s'élèvent en matière d'administration. (Loi du 24 mai 1872 et décret du 21 août 1872) ; — *une cour des comptes*, chargée de vérifier et de juger tous les comptes financiers. *(Loi du 16 septembre 1807 et decret du 31 mai 1862).*

Une loi du 16 juillet 1875, a déterminé les rapports des pouvoirs publics.

Une loi organique du 2 août 1875 a réglé le mode d'élection des sénateurs.

Le pouvoir législatif s'exerce par deux assemblées : la chambre des députés et le sénat. La chambre des députés est nommée par le suffrage universel dans les conditions fixées par la loi électorale dont le projet est actuellement soumis à l'Assemblée nationale. Ce projet modifie ou abroge les lois et décrets actuellement en vigueur et qui sont les suivants :

Lois électorales des 15 mars 1849, — 10 avril et 2 mai 1871, — 18 février 1873, — décret organique et réglementaire du 2 février 1852.

§ II. ADMINISTRATION DÉPARTEMENTALE. — (Loi fondamentale du 28 pluviôse an VIII) (¹).

A la tête de chaque département, il y a : 1° *un préfet*, représentant du pouvoir exécutif; 2° *un conseil général* de département élu sur les listes dressées pour les élections à l'Assemblée nationale, et composé d'autant de membres qu'il y a de cantons dans le département; 3° *un conseil de préfecture* dont les membres sont nommés par le chef de l'Etat, sur la présentation du ministre de l'intérieur.

Les départements de la Seine et du Rhône ont chacun deux secrétaires généraux de préfecture, un pour l'administration et un pour la police; les autres départements n'ont qu'un secrétaire général de

---

(1) Les Préfets, Sous-Préfets, Maires, exercent l'autorité administrative à divers degrés, dans des limites nettement définies, sans qu'il leur soit permis d'empiéter sur les attributions de l'autorité judiciaire.

Les fonctions de l'administration sont *actives*, *délibératives* et *contentieuses*.

La partie active est exercée par les Préfets, les Sous-Préfets et les Maires. La partie délibérative appartient au Conseil d'Etat, aux Conseils de Préfecture, aux Conseils généraux, aux Conseils d'arrondissement, et aux Conseils municipaux.

La partie contentieuse constitue, entre les mains de l'administration une sorte de juridiction distincte de celle de l'autorité judiciaire. Lorsqu'il y a doute et *conflit*, l'autorité supérieure c'est-à-dire le *tribunal des conflits* (composé de Conseillers d'Etat et de Conseillers à la Cour de cassation) est appelé à décider. (*Voir la loi du 24 mai 1872, titre 4*).

préfecture qui signe les expéditions et a la garde des archives du département.

A la tête de chaque arrondissement est un *sous-préfet* nommé par le chef de l'État, exerçant son autorité sous les ordres du préfet dont il est l'agent de transmission vis-à-vis des maires. Toutefois, l'arrondissement chef-lieu est administré immédiatement par le préfet. Il y a, de plus, dans chaque arrondissement *un conseil d'arrondissement* élu comme le conseil général, et chargé de répartir les impôts directs, de donner des avis et d'émettre des vœux sur tous les intérêts de l'arrondissement.

Les attributions des préfets et sous-préfets sont réglées par les décrets des 25 mars 1852 et 13 avril 1861. Les attributions des conseils de préfecture, par les lois du 28 pluviôse an VIII et du 21 juin 1865. — Le mode de procéder devant les conseils de préfecture est réglé par le décret du 12 juillet 1865.

La loi du 10 août 1871 règle l'organisation et l'élection des conseils généraux et détermine leurs attributions. — La loi du 31 juillet 1875 a attribué au conseil d'État la vérification et la validation des pouvoirs des conseils généraux, en modifiant les articles 15, 16 et 17 de la loi du 10 août 1871.

Les lois du 22 juin 1833 et 10 mai 1838 règlent l'organisation et les attributions des conseils d'arrondissement.

La loi du 7 juin 1873 déclare démissionnaire tout membre d'un conseil général, d'un conseil d'arrondissement ou d'un conseil municipal qui se refuse à remplir ses fonctions.

§ III. ADMINISTRATION COMMUNALE. — Il y a dans chaque commune un maire et un conseil municipal. Le *maire*, agent du pouvoir central et représentant de la commune, et ses *adjoints*, sont nommés par le chef de l'État dans les chefs-lieux de département, d'arrondissement et de canton. Dans les autres communes, ils sont nommés par le préfet.

Les maires et adjoints peuvent être pris soit dans le conseil municipal, soit en dehors, mais parmi les électeurs de la commune. Dans ce derniers cas, la nomination est faite, suivant les distinctions qui précèdent, par décret délibéré en conseil des ministres ou par arrêté du ministre de l'intérieur. *(Loi du 20 janvier 1874).*

Les conseils municipaux sont élus par l'assemblée des électeurs communaux, qui comprend tous les citoyens âgés de 21 ans. Sont éligibles tous les citoyens français électeurs âgés de 25 ans.

Les lois du 18 juillet 1837, du 24 juillet 1867 et du 20 janvier 1874 fixent les attributions dss maires et des conseils municipaux.

L'organisation municipale est réglée par la loi du 5 mai 1855.

La loi électorale municipale est celle du 7 juillet 1874.

ERRATA.

Page 56, 29ᵉ ligne, lisez : 5° Des réparations usufructuaires des immeubles, etc...

Page 163, 37ᵉ ligne, lisez : La loi a assimilé les tailles, etc...

Page 329, lisez : Chapitre II.

TABLE DES MATIÈRES.

Pages

Préface.. 5
Division de l'ouvrage 7
Notions préliminaires sur les lois en général...... 9

PREMIÈRE PARTIE. — DROIT CIVIL.

Livre Premier. — Des Personnes.

Chapitre 1er. Des droits civils et de la qualité de Français. 13
  Section 1. Des droits civils .... id.
  — 2. De la qualité de Français 15
Chapitre II. De la privation des droits civils et politiques... 17
  — III. Des actes de l'état-civil 20
  — IV. Du domicile 24
  — V. Des absents 27
  — VI. De la minorité et de la tutelle............... id.
  Section 1. Du tuteur............................ 28
  — 2. Du conseil de famille...................... 30
  — 3. Du subrogé-tuteur 32
  — 4. Causes qui dispensent de la tutelle .... id.
Chapitre VII. De l'émancipation..................... 35
  — VIII. De l'interdiction 38
  — IX. Du conseil judiciaire .... id.
  — X. Du mariage....................... 39
  Section 1. Dispositions générales .... id.
  — 2. Formalités relatives à la célébration du mariage......................... 42
  — 3. Des oppositions au mariage 44
  — 4. Des droits et des devoirs respectifs des époux. id.
  — 5. Demandes en nullité de mariage 45
  — 6. Obligations qui naissent du mariage......... id.
  — 7. Incapacité de la femme mariée.............. 46
Chapitre XI. De la séparation de corps............... 53
  — XII. Du contrat de mariage 54
  Section 1. Du régime de communauté légale........... id.
  — 2. De la communauté conventionnelle.......... 65
  — 3. Du régime sans communauté 66
  — 4. Du régime de séparation de biens........... 67
  — 5. Du régime dotal .... id.
Chapitre XIII. De la filiation....................... 72
  Section 1. Des enfants légitimes................... id.
  — 2. Preuve de la filiation des enfants légitimes... 73
  — 3. Des enfants naturels 74
Chapitre XIV. De l'adoption et de la tutelle officieuse..... 76
  — XV. De la puissance paternelle 79

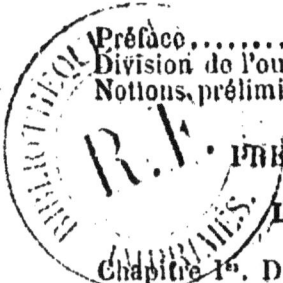

Livre Deuxième. — Des Biens et des différentes modifications de la Propriété.

.   Pages.

Chapitre I. Des biens en général 82
Section 1. De la distinction des biens .... id.
 —   2. Des biens dans leur rapport avec ceux qui les
             possèdent 84
Chapitre II. De la propriété 85
 —   III. De l'usufruit, de l'usage et de l'habitation.. 89
Section 1 De l'usufruit............................... id.
 —   2. De l'usage et de l'habitation 95
Chapitre IV. Des servitudes ou services fonciers 96
Section 1. Des servitudes naturelles 97
 —   2. Des servitudes établies par la loi. 100
 —   3. Des servitudes établies par le fait de l'homme. 107

Livre Troisième. — Des différentes manières dont on acquiert la Propriété.

Dispositions générales 113
Chapitre I. Des successions 116
Section 1 De l'ouverture des successions, de la saisine
             des héritiers et des qualités requises pour suc-
             céder 117
 —   2. Des successions régulières 118
 —   3. Des successions irrégulières. 120
 —   4. De l'acceptation, de la renonciation et du bé-
             néfice d'inventaire........................ 121
 —   5. Du partage et des rapports 123
Chapitre II. Des donations entre vifs et des testaments,... 130
Section 1. Dispositions générales...................... id.
 —   2. De la capacité de disposer ou de recevoir par
             donation entre vifs ou par testament ...... id.
 —   3. De la portion des biens disponible et de la
             réduction des donations et legs...... 132
 —   4. De la révocation des donations 134
 —   5. De la forme des testaments .... id.
 —   6. Des institutions d'héritiers et des différentes
             espèces de legs 136
 —   7. De la révocation des testaments....... 137
 —   8. Des exécuteurs testamentaires................ id.
 —   9. Des substitutions.......................... 138
 —   10. Des partages faits par les père, mère ou autres
             ascendants entre leurs descendants........ 139
 —   11. Des donations entre époux 140
Chapitre III. Des contrats ou des obligations convention-
             nelles en général. Dispositions prélimi-
             naires 144
Section 1. Des conditions essentielles pour la validité
             des conventions........................... 146

Pages.

Section 2. Des diverses espèces d'obligations 148
  — 3. De l'effet des obligations 149
  — 4. De l'extinction des obligations 152
  — 5 De la preuve des obligations 157
Chapitre IV. Des engagements qui se forment sans conven-
    tion , ... 169
  Section 1. Des quasi-contrats................................ id.
  — 2. Des quasi-délits 170
Chapitre V. De la vente..................................... id.
  Section 1. Nature et forme de la vente 171
  — 2. Qui peut acheter ou vendre................... 173
  — 3. Des choses qui peuvent être vendues......... id.
  — 4. Obligations du vendeur....................... 174
  — 5. Obligations de l'acheteur.................... 178
  — 6. De la nullité et de la résolution de la vente ... id.
  — 7. De la licitation.............................. 180
  — 8. De la vente des créances..................... id.
  — 9. De la vente d'une hérédité et de la vente d'un
        droit litigieux.............................. id.
Chapitre VI. De l'échange 185
  — VII. Du louage en général...................... 187
  — VIII. Du louage des choses .... id.
  Section 1. Règles communes aux baux des maisons et
        aux baux à ferme............................. id.
  — 2. Règles particulières aux baux des maisons... 190
  — 3. Règles particulières aux baux à ferme 192
Chapitre IX. Du louage d'ouvrage 197
  Section 1. Du louage des domestiques et ouvriers ...... id.
  — 2. Du louage des voituriers..................... 199
  — 3. Du louage des entrepreneurs 200
Chapitre X. Du bail à cheptel 202
  — XI. Du contrat de société..................... 203
  Section 1. Dispositions générales....................... id.
  — 2 Des diverses espèces de sociétés 204
  — 3. Des engagements des associés entre eux et à
        l'égard des tiers 205
  — 4. De la dissolution de la société 206
Chapitre XII. Du prêt.................................... 207
  Section 1. Du prêt à usage ou commodat,.............. id.
  — 2. Du prêt de consommation ou simple prêt..... 208
  — 3. Du prêt à intérêt et de la constitution de rente. 209
Chapitre XIII. Du dépôt et du séquestre 212
  Section 1. Du dépôt proprement dit.................... id.
  — 2. Du séquestre................................. 214
Chapitre XIV. Des contrats aléatoires 215
  Section 1. Du jeu et du pari .... id.
  — 2. Du contrat de rente viagère 216
Chapitre XV. Du mandat 218
  Section 1. Nature et forme du mandat .... id.
  — 2. Obligations du mandataire 219
  — 3. Obligations du mandant..................... id.
  — 4. Des manières dont le mandat finit........... 220
Chapitre XVI. Du cautionnement 221

Pages.

Section 1, De sa nature et de son étendue 221
— 2. De l'effet du cautionnement................... 222
— 3. De l'extinction du cautionnement 223
Chapitre XVII. Des transactions................... id.
— XVIII. De la contrainte par corps.............. 226
— XIX. Du nantissement.................. ... 227
Section 1. Du gage 228
— 2. De l'antichrèse 229
Chapitre XX. Des priviléges et des hypothèques......... 230
Section 1. Des priviléges 231
— 2. Des hypothèques.......... 236
— 3. De l'effet des priviléges et des hypothèques
contre les tiers détenteurs,.............. 240
— 4. De l'extinction des priviléges et des hypothèques............................ 241
— 5. De la purge des priviléges et des hypothèques ,... 242
Chapitre XXI. De l'expropriation forcée et des ordres
entre les créanciers 245
— XXII. De la prescription 246
Section 1. De la possession 248
— 2. Du temps requis pour prescrire 249

DEUXIÈME PARTIE. — DROIT COMMERCIAL.

Chapitre 1er. Des commerçants........................... 252
Section 1. Du mineur,........,......................... 255
— 2. De la femme mariée 256
Chapitre II. Des obligations imposées aux commerçants. . 259
— III. Des sociétés commerciales................. 262
Section 1. Société en nom collectif 263
— 2. Société en commandite.................... 264
— 3. Société anonyme...................... 268
— 4. Société à capital variable 270
— 5. Société en participation 271
— 6. De la dissolution et de la liquidation des sociétés. 272
— 7. Des sociétés pour l'exploitation des chemins
de fer.......... .... id.
Chapitre IV. Des bourses de commerce, des agents de
change et des courtiers,................... 276
Section 1. Des bourses de commerce................. id.
— 2. Des agents de change et des courtiers....... id.
— 3. Des jeux de bourse,..................... 278
Chapitre V. Du gage commercial et des warrants........ 279
Section 1. Du gage commercial .... id.
— 2. Des warrants ,.......................... 280
Chapitre VI. Des commissionnaires 284
Section 1. Des commissionnaires en général .... id.
— 2. Des commissionnaires pour les transports par
terre et par eau..................... 285
Chapitre VII. De la lettre de change et du billet à ordre.... 288

Pages.

Section 1. Nature et forme de la lettre de change 288
— 2. Droits et obligations des parties 289
— 3. Du billet à ordre 293
— 4. Billet à domicile. Billet au porteur. Traite.
Lettre de crédit 294
Chapitre VIII. Des chèques........... 296
Section 1. Forme et nature du chèque .... id.
— 2. Droits et devoirs du porteur d'un chèque..... 299
Chapitre IX. Des assurances............ 301
Section 1. Nature et forme de l'assurance .... id.
— 2. Obligations de l'assuré et de l'assureur,..... 302
Chapitre X. De la faillite 304
Section 1. Déclaration, forme et effets de la faillite...... id.
— 2. Réalisation de l'actif 306
— 3. Du concordat et de l'union................. 307
— 4. Des co-obligés et des divers créanciers du
failli 309
— 5. De la banqueroute simple et de la banqueroute frauduleuse 310
— 6. De la réhabilitation 311
Chapitre XI. De la prescription en matière commerciale,... 315

TROISIÈME PARTIE. — PROCÉDURE.

Introduction 316
Chapitre 1er. De l'organisation judiciaire 317
Section 1. Des justices de paix..................... id.
— 2. Des tribunaux de première instance.......... 319
— 3. Des cours d'appel 322
— 4. Des tribunaux de commerce................ 323
— 5. Des conseils de prud'hommes.............. 326
— 6. De la cour de cassation 327
Chapitre II. De la compétence des juges de paix.......... 329
— III. De la conciliation....................... 336
— IV. De l'ajournement et de la constitution
d'avoué 337
— V. Des audiences, de leur publicité et de leur
police................................. 339
— VI. Des jugements 341
Section 1. Nature des jugements.................... 342
— 2. Forme des jugements.................... 345
— 3. Effets des jugements.................... 346
Chapitre VII. Voies de recours contre les jugements........ 347
Section 1. De l'opposition......................... 348
— 2. De l'appel............................. 351
Chapitre VIII. De l'exécution des jugements et des saisies. 355
— IX. Des expertises...................... 359
— X. Des arbitrages...................... 362
Section 1. Quelles personnes peuvent compromettre..... 363
— 2. Comment la sentence arbitrale est exécutoire. 365
— 3. De l'appel et de la nullité des jugements arbi-
traux .... id.

                                                                    Pages.
Section 4. Des arbitres rapporteurs................... 366
Chapitre XI. De l'assistance judiciaire.................. 368

QUATRIÈME PARTIE. — DROIT CRIMINEL.

Chapitre 1er. Dispositions pénales....................... 370
   Section 1 Des délits .... id.
     —   2. De l'action publique et de l'action civile..... 375
     —   3. Des peines.......................... 381
Chapitre II. Notions générales sur la procédure crimi-
                nelle................................ 388
   Section 1. Des officiers de police judiciaire........... . 389
     —   2. Des procédures de police judiciaire.......... id
     —   3. Des juridictions............................ 391

CINQUIÈME PARTIE. — DROIT ADMINISTRATIF.

Introduction..................................'................... 400
Chapitre Ier. Des pouvoirs publics 401
Chapitre II. Notions générales sur l'organisation admi-
                nistraiive 405

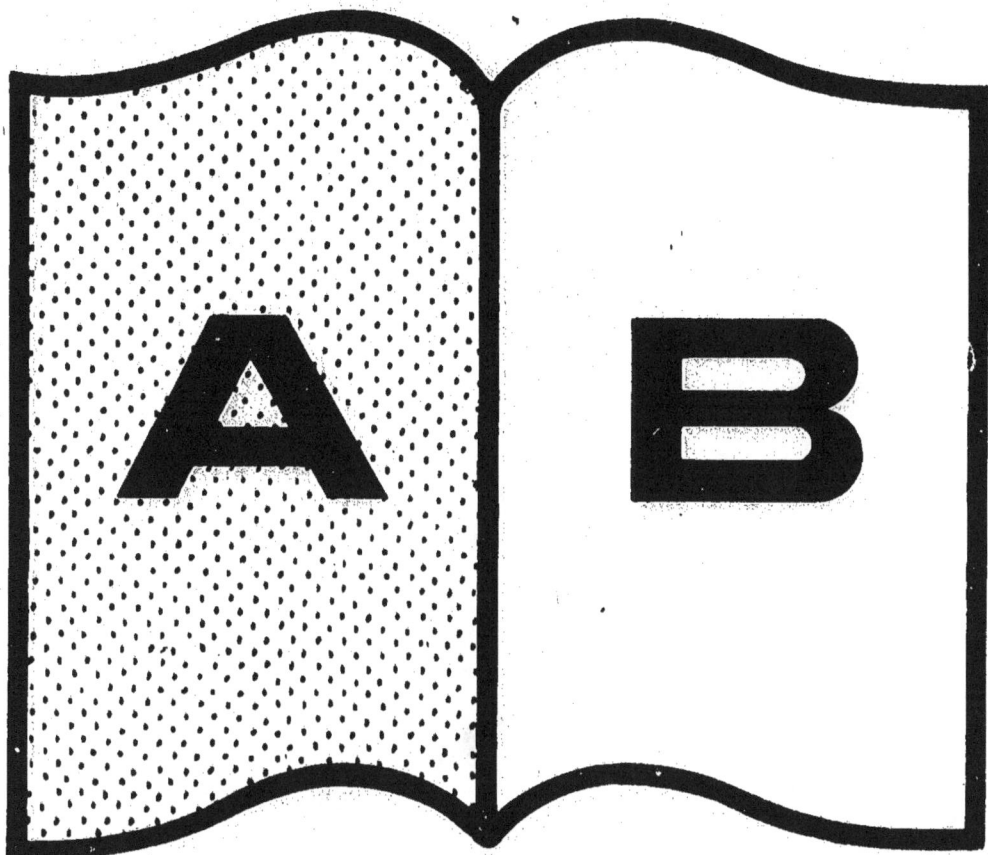

Contraste insuffisant

NF Z 43-120-14